CATALOGUE

DE LA

BIBLIOTHÈQUE

DE LA

SOCIÉTÉ IMPÉRIALE

des Sciences, de l'Agriculture et des Arts

DE LILLE

CATALOGUE

DE LA

BIBLIOTHÈQUE

DE LA

SOCIÉTÉ IMPÉRIALE

DES SCIENCES, DE L'AGRICULTURE ET DES ARTS

DE LILLE

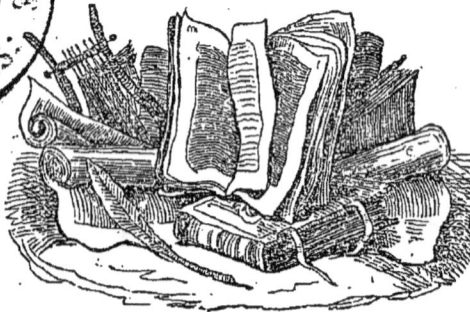

LILLE

imprimerie de BLOCQUEL-CASTIAUX, grande place, 13

1870

1871

L'origine de la Bibliothèque de la Société impériale des Sciences, de l'Agriculture et des Arts de Lille remonte aux premiers instants de la Société elle-même. Le 10 nivose, an XI, les quelques amateurs de Physique qui se réunissaient pour faire des expériences chez le citoyen Becquet, s'étant constitués en Société par l'adoption d'un premier règlement, songèrent tout d'abord à se tenir au courant de l'état de la Science en s'abonnant à des écrits périodiques.

Les premiers journaux qu'ils se procurèrent furent le *Journal de Galvanisme* de Nauche et le *Journal de Physique* de De Lamettrie. *(Séance du 7 prairial an XI)*.

Le nombre de ces publications augmenta promptement et le 5 messidor suivant, il fut décidé que la salle des séances serait ouverte trois jours par semaine, de trois à cinq heures, pour que les associés puissent venir en prendre connaissance.

Bientôt il s'ouvrit un échange de correspondances entre la Société lilloise et les autres Sociétés scientifiques ; plusieurs ouvrages importants d'Histoire, de Botanique, d'Entomologie, de Mathématiques, lui furent envoyés par leurs auteurs, tandis que les membres titulaires et correspondants déposaient dans ses Archives des mémoires ou traités imprimés et manuscrits composés par eux.

Dans la première séance publique qui fut tenue le 13 mai 1806, M. Drapiez, secrétaire-général, termina l'exposé analytique des travaux de la Société, depuis son origine, par un coup d'œil jeté sur la Bibliothèque naissante, qui peut être regardé comme un premier catalogue.

A cette époque nos prédécesseurs ne se bornaient pas à fonder une collection de livres, ils jetaient déjà les bases des différents musées qui devaient plus tard appartenir à la ville. Ils se formaient une collection d'instruments de physique, une autre d'histoire naturelle ; ils recevaient de nombreuses pièces pathologiques, et l'on peut même reporter à ce moment l'origine du musée industriel, car le 23 octobre 1807, le Maire de Lille offrait à la Société une machine à filer et à carder le coton que la Municipalité avait acquise en 1789, d'un étranger, pour en faire construire de semblables et en établir l'usage. L'année suivante M. Scrive lui faisait hommage d'une carde qui avait mérité une médaille à l'Exposition générale de l'industrie de 1806, et la Société décidait que cette carde occuperait le premier rang dans sa collection des produits de l'industrie départementale.

En cette même année, le secrétaire-général demandait à la Société un premier crédit destiné à la reliure des journaux et brochures. *(Séance du 28 février 1807).*

En 1810, nous trouvons dans les procès-verbaux un premier dépouillement régulier de la correspondance imprimée ; elle consistait surtout en journaux scientifiques, tels que les *Annales de Chimie*, la *Bibliothèque physique et économique*, la *Bibliothèque universelle*, les *Mémoires du Muséum*, etc.

Malgré la facilité qu'avaient les membres de venir trois jours par semaine lire les publications dans la salle des séances, l'usage d'emporter les livres et de les garder longtemps, s'introduisit bientôt et devint d'autant plus général que la Bibliothèque s'augmentait davantage.

De fréquentes plaintes du secrétaire-général nous révèlent le mal. Pour y remédier on introduisit dans le règlement de 1817 deux articles ainsi conçus :

Un numéro de journal ne pourra être emporté avant que le numéro précédent ne soit rendu. *(Art. 38).*

Les livres, brochures, etc., nouvellement reçus ne pourront être enlevés qu'un mois après leur arrivée, si ce n'est par une Commission chargée d'en faire l'examen. *(Art. 39).*

L'année suivante, l'inconvénient n'avait pas disparu ; sur la proposition de M. Macquart, une Commission fut nommée ; il fut décidé qu'on n'aurait le droit de conserver une publication que dans l'intervalle d'une séance à l'autre. La Commission proposait aussi la nomination d'un bibliothécaire, mais on passa à l'ordre du jour sur cette demande. *(1.er mai 1818).*

La Société n'avait donc pas de bibliothécaire, la garde des livres, journaux et instruments était confiée au secrétaire de correspondance, mais un membre titulaire lui était adjoint pour le seconder. *(Art. 21).*

Ce fut sans doute en cette qualité que M. Trachez fit en 1819 un inventaire de la Bibliothèque ; il nous montre que la Société recevait alors quarante publications périodiques et possédait environ cent trente ouvrages, et un grand nombre de manuscrits des mémoires lus dans ses séances. Nous savons aussi par ce travail que la ville prêtait des livres à la Société ; dix-huit ouvrages figurent dans cet inventaire, comme appartenant à la ville.

Le 27 décembre 1819, un nouveau règlement fut adopté, et pour la première fois, le soin de la Bibliothèque fut confié à un bibliothécaire spécial. Ses fonctions sont définies avec soin, à peu près dans les mêmes termes où elles le sont encore aujourd'hui.

Ce fut M. Mallet qui fut le premier nommé ; il entra en fonctions le 6 octobre 1820, et si nous en jugeons par ses nombreuses demandes de crédit, il prit à cœur d'augmenter le dépôt dont il était chargé. Malheureusement la Société n'était pas riche et ne pouvait être bien généreuse. En 1821, il fixait les besoins de la Bibliothèque à la somme de 2,494 fr., il lui en fut alloué 50 ! *(Séance du 21 mai 1821).*

A cette époque les abonnements aux journaux coûtaient à la Société 241 fr. ; en 1824, 182 fr. ; en 1825, 248 fr.

M. Mallet resta 10 ans bibliothécaire. M. Hauterive lui succéda en 1831, jusqu'en 1835. M. Vaillant le remplaça pendant 2 ans, puis M. Hauterive reprit ses fonctions jusqu'en 1840.

Après lui vinrent successivement MM. Dujardin, Testelin, Chon, Bachy et Chrétien [1].

En 1839, un catalogue fut composé par M. Hauterive et imprimé. Il comprend environ 1200 ouvrages et les publications d'une centaine de Sociétés savantes. Ce travail fait avec soin est dressé d'après la méthode bibliotechnique de M. Ampère qui venait d'être publiée. Sans vouloir rien ôter au mérite de l'auteur, on peut supposer que ce catalogue aurait beaucoup gagné à suivre une division plus simple [2].

Depuis cette époque, la Bibliothèque a considérablement augmenté ; les échanges de publications ont suivi une marche toujours croissante. Des dons généreux ont été faits par plusieurs des membres de la Société, surtout par M. Macquart, qui en 1854 lui donna par testament tous ses ouvrages d'Histoire naturelle, formant un ensemble d'environ 800 volumes et comprenant en outre un nombre considérable de brochures portant presque toutes la dédicace des auteurs.

Cet accroissement de nos richesses a rendu le travail de M. Hauterive tellement incomplet qu'il ne peut plus être considéré que comme un jalon marquant l'état de notre Bibliothèque en 1839. Il était devenu urgent de le remplacer par un nouveau catalogue qui en indique l'état actuel.

On peut fixer approximativement à 13,000 le nombre des volumes ou brochures que nous possédons. Un tiers à peu près de ce chiffre forme la collection des publications des Sociétés savantes avec lesquelles nous correspondons. Sans contredit cette portion de notre Bibliothèque est la plus intéressante, la plus précieuse, celle qu'il serait le plus difficile de se procurer.

---

[1] M. Chrétien avait entrepris, dans les dernières années de ses fonctions, un Catalogue qu'il n'a pas achevé, mais dont il avait inscrit un très-grand nombre de fiches.

[2] Nous avons cru devoir, sur des avis très-compétents, abandonner cette méthode et suivre celle que Brunet a exposée dans la *Table méthodique* du 6.ᵉ volume de son *Manuel du Libraire*.

Nous recevons annuellement les Mémoires d'environ 100 Sociétés correspondantes de France ou de l'Etranger (110 sont enregistrées à la fin du volume de 1868) ; cependant le nombre de celles avec qui nous sommes en rapport est beaucoup plus considérable, car toutes ne font pas paraître de travaux annuels et d'autres ne nous les font pas parvenir régulièrement. En somme la Société a dans sa Bibliothèque les publications plus ou moins complètes de 180 Sociétés ; quelques-unes, il est vrai, ne sont représentées que par de minces fascicules, mais un très-grand nombre ont des séries importantes.

Pourquoi faut-il que nous soyons obligés de constater que des lacunes regrettables existent dans ces séries ? Ce n'est pas le moment de rechercher toutes les causes de ces absences ; je me bornerai à signaler les trois principales. D'abord les déménagements successifs qu'ont subis nos livres, à des époques où les finances de la Société ne lui permettaient pas la reliure des fascicules périodiques ; puis la négligence des Sociétés qui n'expédient pas ou expédient mal ; enfin et surtout la distraction de ceux de nos membres qui empruntent des livres et oublient de les restituer.

Tous les bibliothécaires qui nous ont précédé ont fait entendre leurs plaintes à ce sujet et ont rappelé avec instance au règlement ; espérons qu'en signalant de nouveau le préjudice que nous causent ces oublis, nous obtiendrons plus d'exactitude pour l'avenir.

Nous avons pu par des démarches auprès des Sociétés et par quelques acquisitions combler un certain nombre de vides ; c'est à nos collègues à veiller à ce que nos rayons ne soient pas le tonneau des Danaïdes.

Dans l'énumération des volumes dont se compose notre Bibliothèque n'est pas comprise la réserve de nos propres Mémoires. Cette partie occupe un espace considérable, car depuis son origine la Société a toujours fait tirer ses publications à un nombre d'exemplaires qui dépassait ses besoins du moment.

Cette réserve se compose d'environ 6,000 volumes mais leur quantité pour chaque année est extrêmement variable. Ainsi le premier et le second cahier (1806 et 1807) n'y figurent plus, et le troisième (1808) n'y compte que deux exemplaires.

Dans les années suivantes, nous varions de 29 exemplaires (1847), à 280 (1865).

De 1839 à 1852, la Société publia en dehors de ses Mémoires des *Notices agricoles* qui forment 11 volumes. Un grand nombre de ces fascicules sont encore dans notre réserve, mais ils ne forment point de séries complètes.

En 1865, la Société a fait imprimer à ses frais un *Inventaire analytique et chronologique des Archives de la Chambre des comptes*. Il fut tiré à 250 exemplaires dont une partie reste encore disponible.

Enfin la Bibliothèque possède, outre ses livres, un nombreux dépôt d'archives enfermées dans 35 cartons. Il s'y est accumulé, depuis 66 ans, une grande quantité de pièces de comptabilité, de correspondances, de rapports sur les candidatures et les sujets de concours annuels, une série de documents relatifs à la fondation Wicar, une partie des manuscrits des ouvrages imprimés dans les Mémoires de la Société, et tous ceux des travaux restés inédits.

Toutes ces pièces formaient il y a quelques années un chaos inextricable. Aujourd'hui grâce à la patience infatigable de M. Albert Dupuis, naguère encore membre titulaire, devenu correspondant, l'ordre le plus parfait règne dans les cartons et les recherches peuvent s'y faire avec la plus grande facilité.

Lille, 15 décembre 1869.

A. DE NORGUET, bibliothécaire.

CATALOGUE

I. — THÉOLOGIE

1 La Religion et l'Etat, par M. A. **Vera**; br. in-8.º

2 Dieu, la Nature et ses lois, l'Homme et sa destinée, par M. L. **Lenglet**. Douai, V. Adam, 1839, br. in-8.º

3 Dissertation théologique sur l'usure du Prêt de commerce, et sur les trois Contrats, contre l'auteur du Dialogue entre Bail et Pontas. Rouen, Dumesnil, 1767, in-12.

4 L'Observation du Jour du repos, son Principe et ses Fruits, par le pasteur A. **Eschenauer**. Paris, 1866, br. in-8.º

5 Soyez miséricordieux comme votre Père est miséricordieux, ou Dieu nous exhortant à imiter sa miséricorde; discours par A. **Eschenauer**, prononcé à Paris dans l'Eglise de la Rédemption, le 15 juin 1856, à l'occasion d'une quête pour les inondés. Paris, Grassart, br. in-8.º

6 De l'Eglise visible et invisible au sens protestant, thèse de baccalauréat en théologie présentée et soutenue, le 23 mai 1851, à la Faculté de théologie protestante de Strasbourg, par M. A. **Eschenauer**. Strasbourg, V.ᵉ Berger-Levrault, 1851, br. in-8.º

7 Histoire de la Conversion d'une Dame parisienne écrite par elle-même. Paris, Lallemand, 1792, in-8.º

8 Catéchisme protestant, par Charles **Frossard**, pasteur de l'Eglise réformée; 2.ᵉ édition. Paris, Grassart, 1859, in-16.

9   Essai sur la Vie et les Ecrits de saint Paul, par M. C. **Frossard**. Paris, 1858, in-8.°

10 De la Liturgie des Cloches à propos d'une Bénédiction de Cloches à Saint-Germain d'Amiens, par l'abbé Jules **Corblet**. Amiens, Yvert, 1855, br. in-16.

11 La Liturgie ou l'Ordre du Service divin selon l'usage des Eglises réformées de France, par C. L. **Frossard**. Paris, 1859, in-8.°

12 Œuvres de saint Louis de Gonzague, de la Compagnie de Jésus, traduites, annotées et précédées, d'une introduction par le P. Alex. **Pruvost**. Paris - Tournai, 1862, in-12.

13 Discours inédit de saint Louis de Gonzague, suivi d'autres pièces pour servir de supplément à ses œuvres complètes, publié par le P. Alex. **Pruvost**. Bruxelles, Vandereyt, 1860, br. in-8.°

14 Dissertation sur la légende *Virgini parituræ*, d'après laquelle les Druides, plus de cent ans avant la naissance de J.-C., auraient rendu un culte à la Vierge Marie, et lui auraient élevé une statue et consacré un sanctuaire sur l'emplacement actuel de la cathédrale de Chartres, par A. S. **Morin**. Paris, C. Martinet, 1863, br. in-8.°

15 Psalterium hoc est psalmorum liber excerptus e bibliis sacris a Sixto V recognitis. Londini, 1822, in-8.°, avec traduction italienne en regard.

16 Biblia sacra vulgatæ editionis Sixti V et Clementis VIII jussu recognita atque edita. Editio nova, versiculis distincta; 1840, in-12.

17 L'Ancien Testament en langue grecque. Londres, in-8.°

18 Les Evangiles en langue grecque albanaise; 1827, in-8.°

19 La Bible en dialecte des Juifs d'Espagne; 1829, in-8.°

20 La Biblia, ò el antiguo y nuevo testamento traducidos al espanol de la vulgata latina, por el Rmo P. Phelipe Scio de S. Miguel. (L'Ancien et le Nouveau Testament en espagnol). Londres, Clowes, 1828, in-8.°

21 Evangelïoa san Lucassen Guissan. El evangelio segun S. Lucas traducido al vascuence. (L'Évangile selon saint Luc en langue espagnole basque). Madrid, 1838, in-12.

22 Embéo e majaro Lucas, brotoboro randado andré la chipe griega, acàna chibado andré o Romano, ò chipe es Zincâles de Sesé. El evangelio segun S. Lucas traducido al Romani ò dialecto de los Gitanos de Espana. (L'Évangile selon saint Luc en bohémien espagnol). 1837, in-12.

23 Lo nou testament de nostre senyor Jesu Christ, traduit de

la vulgata llatina en llengua catalana, ab presencia del text original. (Le Nouveau Testament en langue catalane). Londres, Watts, 1835, in.-8.º

24 Bibbia sacra contenente il vecchio e nuovo Testamento secundo la Volgata, tradotto in lingua italiana da monsignor Antonio Martini, Arcivescovo di Firenze. (L'Ancien et le Nouveau Testament en italien). Londres, 1828, in-8.º

25 'l liber d'i salm dë David; tradout ën lingua piemounteisa. (Les Psaumes de David en piémontais), 1840, in-12; avec traduction italienne en regard.

26 Il nouf Testamaint da nos Segner Jesu Christo tradüt in rumansch d'Engadina bassa. (Le Nouveau Testament dans la langue de la Basse-Engadine). Basel, Schneider, 1812, in-8.º

27 Il nouf Testamaint da nos Segner Jesu Christo, tradüt in rumansch d'Engadina bassa. (Le nouveau Testament dans la langue de la Basse-Engadine). Paris, Smith, 1836, in-12.

28 Il vangelo di nostro Signore Gesù Christo, secondo san Giovanni, tradotto in lingua italiana e maltese, secondo la Volgata. (L'Evangile selon saint Jean en italien et en maltais). Londres, Watts, 1822, in-8.º

29 Het nieuwe Testament von onzen heere Jesus-Christus, vertaelt volgens de gemeyne latynsche overzettinge; bevattende de vier evangelien, de werken der Apostelen, de XIV brieven van Paulus, de VII catholyke brieven, en het boek der veropenbaringen van Joannes. (Le Nouveau Testament en flamand). Anvers - Gand - Bruxelles, 1825, in-12.

30 Bijbel, dat is de gansche heilige Christ, vervattende al de kanonijke boeken des ouden en nieuwen Testaments, door last van de hoog-mog. heeren staten generaal der Vereenigde Nederlanden en volgens het besluit van de synode nationaal, etc. (L'Ancien et le Nouveau Testament en hollandais). Londres, 1838, in-8.º

31 Die Bibel, over die ganze heilige Christ des alten und neuen Testaments. (L'Ancien et le Nouveau Testament en langue allemande). London, 1837, in-8.º

32 Le Nouveau Testament en langue russe; 1823, in-12.

33 La Bible en langue polonaise. Posen, 1838, in-8.º

34 La Bible en langue serbe; 1834, in-8.º

35 Le Nouveau Testament en langue valache; 1838, in-8.º

36 La Bible en langue turque; in-4.º

37 Les Evangiles et Epitres en langue norwégienne-lapone, in-8.°

38 L'ancien Testament en langue finnoise. Pétersbourg, 1822, in-8.°

39 Le Nouveau Testament en langue estonienne de Revel. Pétersbourg, 1825, in-8.°

40 Le Nouveau Testament en langue estonienne de Dorpat. Mittau, 1836, in-8.°

41 Le Nouveau Testament en langue lithuanienne. Tilsit, 1834, in-8.°

42 La Bible en dialecte des Lettes, Province de Riga et Prusse orientale, in-8.°

43 Bibelen eller den heliga Ckrist, innehållande gamla och nua Testamentets canonista bôcter. (Bible en Suédois). Stockolm, 1839, in-8.°

44 Bibelen eller den hellige Ckrist indeholdende det gamle og nue Testamentes canoniste bôger. (L'Ancien et le Nouveau Testament en langue danoise). Christiania, 1835, in-8.°

45 An Biobla naomhtha ann a bhfuilid an tsean tiomnadh ; ar na tharruing go firinneach as a neabhra ughdarach. Ris an tathair ro onorach a ndia William Bhedel, easpug chille moire. (L'Ancien et le Nouveau Testament en langue irlandaise, caractères romans). London, 1817, in-8.°

46 In vible casherick, ny yn chenn chonaant, as yn conaant noa : veih ny chied ghlaraghyn ; dy kiaralagh chyndait ayns gailck, ta shen dy ghra, chengey ny mayrey ellan vannin. (Bible en idiome de l'île de Man).London, 1819, in-8.°

47 La Bible en langue irlandaise (caractères nationaux). Dublin, 1827, in-8.°

48 Leabhraichean an t-seann tiomnaidh agus an tiomnaidh nuaidh; air an tarruing o na ceud chananibh chum gaelic albannaich.(L'Ancien et le Nouveau Testament en langue gaëlique albanaise). London, 1839, in-8.°

49 Y bibl cyssegr-lan sef yr hen Destament a'r nerwydd. (La Bible et le Nouveau Testament en langue galloise). Londres, 1839, in-8.°

50 The thirty-seventh report of the british and foreign bible Society ; M DCCC XLI with an appendix, and a list of subscribers and benefactors. Londres, 1841, in-8.°

II. — JURISPRUDENCE

51 Nouvelle introduction à la Pratique, contenant l'explication des termes de Pratique, de Droit et de Coutumes, par M. Claude-Joseph **de Ferrière**, doyen des docteurs régents de la Faculté de droit de Paris. 2.e édition. Paris, 1764, 4 volumes reliés en deux.

52 Dissertation sur les sources morales du Droit et de la Législation, par H. **Laserre.** Genève, Barbezat et Delarue, 1827, in-8.º

53 Trois premiers Traictez de Jehan **Bacquet**, advocat du Roy en la Chambre du Trésor : des Droits du domaine de la couronne de France avec l'establissement et jurisdiction de la Chambre du Trésor, reveuz et augmentez par l'autheur. Paris, Sébastien Nivelle, 1580, in-4.º

54 Cinquième Traité de Jehan **Bacquet**, advocat du Roy en la Chambre du Trésor : des Droits du domaine de la couronne de France concernant les Droicts de justice haute, moyenne et basse. Paris, Sébastien et Robert Nivelle, 1587, in-4.º

55 Le grand Coustumier général, contenant toutes les Coustumes générales et particulières du royaume de France et des Gaulles, mesmement toutes celles qui ont esté rédigées par les Trois-Etats et homologuées, corrigées et annotées de plusieurs décisions et arrêts, diligemment et fidellement, par messire Charles **du Molin**, docteur ès-droits, jurisconsulte de France et Germanie, ancien advocat en la cour de Parlement de Paris ; t. i. Paris, Jacques du Puys, 1568, in-folio.

56 Nouveau Coutumier général ou corps des coutumes générales et particulières de France, et des provinces connues sous le nom des Gaules, par M. Charles **Bourdot de Richebourg**, avocat au Parlement ; t. ii. Paris, Michel Brunet, 1724, in-folio.

57 Recueil des Edits, Déclarations et Arrests rendus en faveur des curez, vicaires perpétuels, vicaires amovibles, chanoines et autres bénéficiers, concernant les dimes, portions congrues, bénéfices, honoraires, etc. etc.; nouvelle édition. Paris, Guillaume Saugrain, 1706, in-8.º

58 Recueil des principales Ordonnances des magistrats de la ville de Lille. Lille. J.-B. Henry, 1771, in-4.º

59. Recueil des Edits, Arrêts, Lettres-Patentes, Déclarations, Réglemens et Ordonnances imprimés et mis à exécution par ordre de M. l'Intendant ou par les différens tribunaux de la ville de Lille. 1774-1789. Lille, Petérinck-Cramé, 8 vol., in-4.°

60 Résumé analytique de l'ouvrage d'Hermann Muller intitulé : *Der lex salica un der lex Angliorum et Werniorum alter nud Heimath*, par le B.°ⁿ Ferdinand **de Roisin**; br. in-8.°

61 Traité historique et chronologique des Dixmes, suivant les Conciles, Constitutions canoniques, Ordonnances et Coutumes du royaume conformément aux Arrêts, par **Michel du Perray**. Paris, Pierre Paulus Du Mesnil, 1724, 2 vol. in-8.°

62 Répertoire chronologique et par ordre de matières des principales Lois, Ordonnances, Circulaires, etc., relatives à la Marine(1554-1843). Paris, imprim. royale, 1844, in-8.°

63 Recueil des Ordonnances de Louis XIV des mois de juin 1680 et juillet 1681 sur le fait des aides; 3.° édition augmentée des Edits, Déclarations, Arrêts et Règlements rendus en conséquence jusqu'en 1724. Paris, V.° Saugrain et Pierre Prault, 1724-1749, 3 vol., in-12.

64 Recueil des Edits, Déclarations, Arrests et Règlements qui sont propres et particuliers aux provinces du ressort du Parlement de Flandre, publié par l'ordre de Mgr. le chancelier. Douay, Jacq. Willerval, 1730, in-4.°

65 Code rural français, ou recueil méthodique des Lois civiles, administratives, forestières et de pêche fluviale, de procédure et de police qui concernent les campagnes, publié par l'Académie de l'industrie agricole, manufacturière et commerciale. Paris, in-12.

66 Choix de Dissertations sur des questions de procédure civile et de droit pénal, avec un travail d'histoire, par M. H. **Bourdon**. Paris-Lille, 1861, br. in-8.°

67 Traité du Droit Constitutionnel positif de la France, par M. **Gand**. Numéro spécimen. Paris, 1842, in-8.°

68 Etudes sur la Législation militaire et sur la Jurisprudence des Conseils de guerre et de révision, par Pierre **Legrand**. Paris-Lille, 1835, in-8.°

69 Esquisse d'un Code criminel de l'armée ; organisation, compétence, procédure, délits et peines, par M. Pierre **Legrand**. Paris-Lille, 1857, in-8.°

70 De quelques Réformes à introduire dans la Législation pénale en France, par A. **Corne**. Paris, 1867, in-12.

71 Leçons élémentaires de Droit commercial à l'usage des Ecoles primaires supérieures et des Ecoles professionnelles, par

84 Coutumes de la ville d'Estaires au xv.e siècle, par Al. de **la Fons-Mélicocq.** Lille, Danel, br. in-8.º

85 Recherches sur l'ancienne Législation et l'Organisation judiciaire en Bretagne, par un membre de la Société des sciences et arts de Rennes. Rennes, Chausseblanche, 1809, br. in-8.º

86 Lois et Documents relatifs au Drainage. Paris, imprimerie impériale, 1854, in-4.º

87 Des Irrigations suivant la Loi du 16 septembre 1807, par Alphonse **de P*****. Paris, Paul Dupont, 1844, br. in-8.º

88 Code des Desséchements ou recueil des Règlements rendus sur cette matière depuis le règne d'Henri IV jusqu'à nos jours. Paris, 1817, in-8.º

89 Comice agricole de Lille : Conférences sur la Loi du Drainage, par M. Pierre **Legrand.** Lille, Lefebvre-Ducrocq, 1855, br. in-8.º

90 Répertoire méthodique de la Législation des Chemins de fer, indiquant les dispositions législatives et réglementaires insérées au Bulletin des Lois, publié par le Ministère du commerce. Paris, imprimerie impériale, 1862, in-4.º

91 Guide des propriétaires de Biens soumis au métayage, par le comte **de Gasparin.** Paris, Dusacq, 1847, in-8.º

92 Procès des Mines de Bruay, cour impériale de Douai, 2.mc Chambre. Paris, H. Carion, 1859, in-8.º

93 Statistique des Crimes commis en Angleterre en 1842, par A. **Moreau de Jonnès.** 1843, br. in-4.º

94 Statistique judiciaire des Francks, des Anglo-Saxons et autres peuples du moyen-âge, par M. **Moreau de Jonnès.** Paris, Panckoucke, 1850, br. in-8.º

95 Ministère de la Justice — Compte général de l'Administration de la Justice civile et commerciale en France pendant les années 1835 et 1836. Paris, imprimerie royale, 1838, in-4.º

96 Compte général de l'Administration de la Justice civile et commerciale en France présenté à l'Empereur par le Ministre de la Justice. Années 1858-1865; (*incomplet*). Paris, imprimerie impériale, 7 vol., in-4.º

97 Compte général de l'Administration de la Justice criminelle en France, présenté à l'Empereur par le Ministre de la Justice. Années 1858-1867; (*incomplet*). Paris, imprimerie impériale, 6 vol., in-4.º

98 Examen des Comptes de l'Administration de la Justice criminelle, publiés depuis 1825 jusqu'en 1843, par M. **Vingtrinier.** Rouen, Alfred Péron, 1846, br. in-8.º

99 Rapport sur le Compte-rendu de la Justice criminelle pour l'année 1857, par M. **Vingtrinier**. Rouen, Rivoire, 1859, br. in-8.º

100 Examen historique et critique des diverses théories pénitentiaires, ramenées à une unité de système applicable à la France, par L. A. **Marquet-Vasselot**. Lille, Vanackere, 1835, 3 vol., in-8.º

101 Ecole des Condamnés, conférences sur la Moralité des Lois pénales, par L. A. **Marquet-Vasselot**. Paris, Joubert, 1837, 2 vol., in-8.º

102 Des Enfants dans les Prisons et devant la Justice, ou des Réformes à faire dans les Lois pénales et disciplinaires qui leur sont appliquées (statistique de 1837 à 1854), par M. **Vingtrinier**. Rouen, A. Péron, 1855, in-8.º

103 Opinions produites sur la Réforme des Lois pénales appliquées aux Enfants à l'occasion d'un Mémoire publié en 1855 par le docteur **Vingtrinier**, sous le titre : Des Enfants dans les Prisons et devant la Justice. Rouen, H. Rivoire, 1856, br. in-8.º

104 Du système cellulaire de nuit pour la Réforme de nos Prisons, par L. A. **Marquet-Vasselot**. Paris, M.me Remy-Brégeaut, 1837, br. in-8.º

105 Des Travaux des détenus et de l'industrie dans les Maisons centrales de force et de correction, par un entrepreneur général des Maisons centrales ; in-folio.

106 Des Prisons et des Prisonniers, par le D.r **Vingtrinier**. Versailles, Klefer, 1840, in-8.º

107 Des Prisons telles qu'elles sont et telles qu'elles devraient être, par Louis **Villermé**. Paris, Méquignon-Marvis, 1820, in-8.º

108 Discours prononcé par M. **de Lamartine**, député du Nord, contre la peine de Mort. Paris, Petit, 1834, br. in-8.º

109 Deuxième discours sur l'Abolition de la peine de Mort, par M. **de Lamartine** ; br. in-8.º

110 Note pour M. Thierry contre M. Guy-Richer et M. Renier de la Pontonnerie ; br. in-4.º

III. — SCIENCES

Ouvrages Généraux.

111 Encyclopédie ou Dictionnaire raisonné des sciences, des arts et des métiers, par une Société de gens de lettres, mis en ordre et publié par MM. **Diderot** et **d'Alembert** (1751-1765); 17 vol. in-f.º de texte et 11 vol. de pl.

112 Encyclopédie méthodique, ou par ordre de matières, par une Société de gens de lettres, de savants et d'artistes, ornée des portraits de MM. Diderot et d'Alembert, premiers éditeurs de l'Encyclopédie. Paris, Panckoucke, 1783-1787, 140 volumes de texte in-4.º et 20 volumes de planches.

113 Revue encyclopédique, ou Analyse raisonnée des productions les plus remarquables dans la littérature, les sciences et les arts, par une réunion de membres de l'Institut et d'autres hommes de lettres. Paris, 1819-1833, 60 vol. in-8.º avec 2 vol. de tables.

114 Histoire de l'Académie royale des sciences depuis son établissement en 1666 jusqu'à 1686, et depuis cette dernière date jusqu'à son renouvellement en 1699. Paris, 1733, 2 vol. in-4.º

115 Histoire de l'Académie royale des sciences, années 1699 à 1776, avec les Mémoires de mathématique et de physique. Paris, 80 vol. in-4.º

116 Mémoires de l'Académie royale des sciences, depuis 1666 jusqu'en 1699. Paris, 1733, 11 vol., in-4.º

117 Table alphabétique des matières contenues dans l'Histoire et les Mémoires de l'Académie royale des sciences, de 1666 à 1760, dressée par M. **Godin** et après lui par M. **Demours**. Paris, 1734-1758, 6 vol. in-4.º

118 L'Institut, journal des Académies et Sociétés scientifiques de France et de l'Étranger; 1.re section : Sciences mathématiques, physiques et naturelles (années 1835, 1837, 1865). 2.e section : Sciences historiques, archéologiques et philosophiques (années 1833, 1837, 1855). Paris, 34 vol. in-f.º

119 Comptes-rendus hebdomadaires des séances de l'Académie des sciences, publiés par décision de l'Académie en date du 13 juillet 1835. (Janvier 1855 à décembre 1858). Paris, Mallet-Bachelier, 8 vol. in-4.°

120 Comptes-rendus hebdomadaires des séances de l'Académie des sciences, 1857, 1.er semestre, tome 44, n.° 15. Paris, Mallet-Bachelier, 1857, in-4.°

121 Le Journal des Sçavants de 1722 à 1775; (*Manque l'année* 1723). Paris, 53 vol. in-4.°

122 Journal des Savants; (fin d'année 1816 et années 1817 à 1820, 1838 à 1840). Paris, 8 vol. in-4.°.

123 Journal des Savants, des mois de juin, juillet, septembre et décembre 1866. Paris, in-4.°

124 Journal central des Académies et Sociétés savantes. 1810. Paris, in-8.°

125 Le Moniteur scientifique, journal des Sciences pures et appliquées, par le docteur **Quesneville.** Prospectus. Paris, in-8.°

126 Bulletin des Sciences, publié par la Société philomatique de Paris. 1791-1833; (*incomplet*). Paris, 14 vol. in-4.°

127 Bibliothèque britannique ou Recueil des ouvrages anglais périodiques et autres, des Mémoires et Transactions des Sociétés de la Grande-Bretagne, d'Asie, d'Afrique et d'Amérique; t. 58, 59, 60. Genève, 3 vol. in-8.°

128 Bibliothèque universelle des sciences, belles lettres et arts, faisant suite à la Bibliothèque britannique, rédigée par les auteurs de ce dernier recueil; t. 1 à 60. Genève, 60 vol. in-8.°

129 Bibliothèque universelle de Genève; nouvelle série, t. 1 à 30. Genève, 30 vol. in-8.°

130 Bibliothèque universelle, Revue suisse et étrangère; tome 1. 1858. Genève, in-8.°

131 Revue scientifique et industrielle publiée sous la direction du D.r **Quesneville.** N.os d'avril et de novembre 1840. Paris, in-8.°

132 Revue européenne, lettres, sciences, arts, voyages, politique. Paris, 1859; 2 vol. in-8.°

133 Le Mercure du Nord, journal des sciences, des arts, de l'agriculture, économie domestique, etc., publié par une Société de gens de lettres, de savants, de cultivateurs et de manufacturiers; t. 1. Lille, Blocquel, 1826, in-8.°

134 Journal du génie civil, des sciences et des arts, dirigé par

M. Alexandre **Torréard**. Année 1846-47, 41.ᵉ à 45.ᵉ livraisons. Paris, 5 vol. in-8.º

135 Prospectus de l'Ecole centrale des arts et manufactures, destinée à former des ingénieurs civils, des directeurs d'usines, etc. Paris, 1829, br. in-8.º

136 L'Institut et les Académies de province, par M. F. **Bouillier**. Lyon, Vingtrinier, 1857, br. in-8.º

137 Pétition adressée à l'opinion publique pour la réforme des élections de l'Institut et les autres changements que réclame son organisation, par M. **Roget**, baron **de Belloguet**. Paris, Dentu, 1862, in-8.º

138 De la Confédération des Corps savants, par le comte A. **Godde de Liancourt**. Paris, Vassal, 1841, in-8.º

139 Congrès des Délégués des Sociétés savantes des Départements; 2.ᵉ session : 1851. Paris, E. Thunot, 1851, br. in-8.º

140 Annuaire des Sociétés savantes de la France et de l'Etranger, publié sous les auspices du Ministère de l'Instruction publique; 1.ʳᵉ année. Paris, V.ᵒʳ Masson, 1846, in-8.º

141 Annuaire des Sociétés savantes de la France et de l'Etranger, par le comte Achmet **d'Héricourt**; 1.ᵉʳ vol. : France, Belgique, Hollande, Angleterre — 2.ᵉ vol. : Suisse, Confédération Germanique, Danemarck, Suède et Norwège, Turquie, Grèce, Italie, Espagne, Portugal, Afrique, Amérique, Asie et Océanie. Paris et pays étrangers, 1863-1865, 2 vol. in-8.º

142 Inauguration de l'Amphithéâtre du Conservatoire royal des arts et métiers. Paris, Paul Dupont, 1847, br. in-4.º

143 Extrait de la Revue des Sociétés savantes relatif aux Mémoires de la Société impériale des sciences, de l'agriculture et des arts de Lille, année 1854, 2.ᵉ série, 1.ᵉʳ vol. in-8.º

144 Discours prononcé par M. **Fée**, le 31 juillet 1831, à la Société des sciences et arts de Lille; br. in-8.º

145 Discours prononcé le 12 octobre 1847 à la salle académique de l'Université de Liége, à l'occasion de la réouverture solennelle des Cours, par M. **Gloesener**. Liége, Desoer, 1847, br. in-8.º

146 Discours prononcé par S. Ex. M. le Ministre de l'Instruction publique, à la Réunion des Sociétés savantes le 22 avril 1865. Paris, br. in-4.º

147 Discours sur les Sciences et les Arts, et sur l'influence qu'ils exercent sur les progrès de la civilisation, prononcé le 21 septembre 1837 à l'Académie des sciences de Bordeaux, par le président **Grateloup**. Bordeaux, Deliège, br. in-8.º

148 Discours du docteur B. **Danvin**, directeur de la Bibliothèque et du Musée de Saint-Pol, en réponse à celui de M. Graux-Capron, installé le 17 juillet 1861 en qualité d'administrateur de l'établissement. Saint-Pol, Becquart, 1862, br. in-8.º

149 Discours prononcé à l'Ouverture de la 15.ᵉ session du Congrès de l'Association normande, à Carentan, le 15 juillet 1847, par M. **Castel.** Caen, Delos, 1848, br. in-8.º

150 Discours prononcé lors de la Rentrée de la Société libre d'Emulation de Rouen, par P.-J.-E.-V. **Guilbert.** Rouen, Guilbert, an XIV, br. in-8.º

151 Discours de Réception de M. **Davaine**, ingénieur, à l'Académie d'Arras, le 26 août 1857. Arras, A. Courtin, br. in-8.º

152 Réponse du Président de l'Académie de Stanislas P.-G. **de Damast**, aux récipiendaires MM. Renard, Alexandre et Leupol. Nancy, V.ᵉ Raybois, 1862, br. in-8.º

153 Coup d'œil sur les Progrès des sciences, des lettres et des arts, en 1826, par M. A. **Jullien,** de Paris. Paris, br. in-8.º

154 Essai sur la Philosophie des sciences, ou Exposition analytique d'une classification naturelle de toutes les connaissances humaines, par André **Ampère.** Paris, Bachelier, 1838, in-8

155 Congrès scientifique de France; 3.ᵉ-6.ᵉ sessions, 17.ᵉ, 19.ᵉ, 22.ᵉ, 25.ᵉ, 27.ᵉ et 31.ᵉ sessions. 1836-1865, 14 vol. in-8.º

156 Assises scientifiques tenues, en août 1860, par l'Institut des provinces, à Dunkerque. Caen, A. Hardel, 1861, in-8.º

157 Traduction du Mémoire présenté au roi Guillaume II par les membres de l'Institut des Pays-Bas au sujet de la suppression de ce Corps savant; 1851, br. in-8.º

158 Sur les Travaux de l'ancienne Académie de Bruxelles, discours prononcé le 16 décembre 1858 par M. **Quetelet.** Bruxelles, br. in-8.º

159 Société de Secours des Amis des Sciences, fondée le 5 mars 1857 par M. Thénard. Comptes-rendus des 12 premières séances publiques annuelles. Paris, 12 vol. in-8.º

160 Notice de M. **Ducros** sur les œuvres de M. Boucher de Perthes. Abbeville, P. Briez, 1861, br. in-8.º

161 Charles Lenormant et le Prosélytisme de la Science, par M. Félix **Nève.** Bruxelles, A. Decq, 1861, in-8.º

162 Thèses présentées à la Faculté des sciences de Paris pour obtenir le grade de Docteur ès-sciences, par M. Alvaro **Reynoso.** Paris, Mallet-Bachelier, 1856, in-4.º

163 Rapports à M. Villemain, ministre de l'Instruction publique, sur leur Mission scientifique dans les Alpes, par M. A. **Bravais** et Ch. **Martins**. Paris, in-8.º

164 Manuel des Candidats à l'Ecole polytechnique, par Eugène **Catalan** ; t. I. Paris , Mallet , 1857, in-12.

165 Nouveau Manuel des aspirants au Baccalauréat ès-sciences d'après le programme officiel de 1852, par MM. **Langlebert** et **Catalan** (2.me partie). Paris , J. Delalain , 1852-53 , in-8.°

166 Nouveau Manuel des aspirants au Baccalauréat ès-sciences , par **Langlebert** et **Catalan** (3.me partie). Paris , J. Delalain , 1852-53 , in-8.°

167 Nouveau Manuel des aspirants au Baccalauréat ès-sciences, par MM. **Langlebert** et E. **Catalan** (4.me partie). Paris, J. Delalain, 1853-54 , in-8.°.

168 Nouveau Manuel des aspirants au Baccalauréat ès-sciences , par **Langlebert** et E. **Catalan** (8.me partie). Paris , J. Delalain , 1855 , in-8.°

169 Extrait des Procès-Verbaux des séances de la Société philomatique de Paris. Paris , 1836-1862 , 10 vol. in-8.° ; (*incomplet*).

I. — SCIENCES PHILOSOPHIQUES

A. **Généralités.**

170 Nouveau système d'Etudes philosophiques, par M. George **Ozaneaux**. Paris, A. Delalain , 1830 , in-8.°

171 Manuel de Philosophie à l'usage des élèves qui suivent les cours de l'Université, par M. C. **Mallet.** Paris, Amiens, 1835 , in-8.°

172 Histoire dialoguée de la Philosophie , par Constant **Portelette**, professeur ; — origines de la Philosophie, dialogue premier : Thalès et Pythagore. Besançon , Charles Deis , 1845 ; br. in-8.°

173 Histoire de la Philosophie ionienne , par M. C. **Mallet.** Paris, V.c Maire-Nyon , 1842, in-8.°

174 Divini Platonis opera omnia Marsilio ficino interprete. Recens editio , summo studio et diligentia à vitiis emaculata , et ad exemplar graecum fideliter collata. Lugduni, Antonium Vincentium , 1570, in-f.°

175 Platonis, Aristotelis et Hegelii de medio termino doctrina quaestio philosophica, ab A. **Vera**. Paris, Joubert, 1845, br. in-8.°

176 Examen critique de la psychologie de Platon , par J.-B. **Tissandier.** Lyon , Paris, Périsse frères, 1851 , in-8.°

177 Histoire de l'École de Mégare et des Écoles d'Élis et d'É-
rétrie, par M. C. **Mallet**. Paris, Ladrange, Amyot, etc.,
1845, in-8.°

178 L. Annæi Senecæ philosophi opera quæ exstant omnia a
Justo Lipsio emendata et scholiis illustrata. Editio tertia
atque ab ultima Lipsi manu : aucta Liberti Fromondi
scholiis ad quæstiones naturales et Ludum de morte
Claudii Cæsaris. Antverpiæ, Balthasaris Moreti, 1632,
in-f.°

179 Recueil de diverses pièces sur la Philosophie, la Religion
naturelle, l'Histoire, les Mathématiques, etc., par
MM. **Leibnitz**, **Clarke**, **Newton** et autres auteurs
célèbres ; 2ᵉ édition. Amsterdam, François Changuion,
1740, 2 vol. in-12.

180 Discours de réception de M. C. **Mallet**, professeur de philosophie au collége royal de Rouen ; 1839, br. in-8.°

181 Discours prononcé par M. **Véra**, professeur de philosophie
le 13 août 1844, à la distribution des prix aux élèves du
Collége de Lille ; br. in-8.°

182 Cours de Philosophie ; Leçon d'ouverture lue à la Faculté
des Lettres de Douai, le 14 mai 1864, par J.-B. **Tissandier**. Douai, Wartelle, 1864, br. in-8.°

183 Leçon d'ouverture du cours de Philosophie à la Faculté des
Lettres de Douai, par M. **Tissandier**. Douai, Vᵉ Wartelle, 1868, br. in-8.°

184 Leçon d'ouverture, lue le 1ᵉʳ décembre 1868, au cours de
Philosophie de la Faculté des Lettres de Douai, par
M. **Tissandier**, professeur. Douai, 1868, br. in-8.°

185 Facultas litterarum in Academia Parisiensi. Thesis philosophica de Boethii consolationis philosophicæ libro.
Paris, Rignoux, 1832, br. in-8.°

186 Les Femmes, par Ferdinand **Teinturier**. Paris, Sartorius,
1860, in-12.

187 Les Hommes, par Ferdinand **Teinturier**. Paris, Albessard
et Bérard, 1860, in-12.

188 Rapport sur les Mémoires envoyés à l'Institut pour concourir
au prix de Philosophie, proposé en 1843 et à décerner
en 1846, au nom de la section de Philosophie, par
M. **Franck**. Paris, Didot, 1847, in-4.°

189 Thomas Morus, parallèle entre sa vie et ses doctrines par
M. **Franck**. Paris, Didot, 1854, br. in-4.°

190 Mémoire sur la vie et les écrits philosophiques de S'Gravesande, par M. C. **Mallet**. Paris, A. Durand, 1858,
br. in-8.°

191 Essai historique sur la vie et la doctrine d'Ammonius-Saccas, chef d'une des plus célèbres écoles philosophiques d'Alexandrie, par L. J. **Dehaut**. Bruxelles, Hayez, 1836, in-4.°

192 Coup d'œil historique et critique sur l'idéalisme par A. **Véra**. Paris, Panckoucke, 1847, br. in-8.°

193 Du Courage civil et de l'éducation propre à inspirer les vertus publiques, par Hyacinthe **Corne**. Paris, Gayet, 1828, in-8.°

194 Du Patronage ou de l'Influence, par M. **Boucher de Perthes**. Abbeville, Jeunet, 1846, br. in-8.°

195 Du Vrai dans les mœurs et les caractères.—Les masques, par M. **Boucher de Perthes**. Abbeville, Briez, 1856, br. in-8.°

196 Du Courage, de la Bravoure, du Courage civil, par **Boucher de Perthes**. Abbeville, A. Boulanger, 1837, in-8.°

197 Discours sur l'Émulation, par P. J. E. **Guilbert**, membre de la Société d'Émulation de Rouen. Rouen, Guilbert, an XIII, br. in-8.°

198 Des Sciences occultes et du Spiritisme, par J.-B. **Tissandier**. Paris, Londres, New-York, Madrid, 1866, in-8.°

199 De l'initiation chez les Gnostiques, par A. J. **Matter**. Paris, 1834, br. in-8.°

200 Etudes philosophiques sur l'instinct et l'intelligence des animaux, par M. A. L. A. **Fée**. Strasbourg, Paris, 1853, in-12.

201 Eléments de Philosophie phrénologique, par H. **Scoutetten**. Metz, Alcan et Warion, 1861, br. in-8.°

202 Discours prononcé le 6 juin 1856 au Comité central des artistes, sur la Nature et la Loi des progrès, par M. **Valat**. Paris, Émile Allard, 1857, br. in-8.°

203 Coup d'œil sur la Philosophie et les Lettres en Europe au dix-huitième siècle par M. **Roux-Ferrand**. Paris, Hachette, 1841, br. in-8.°

204 De la Santé et du Bonheur possibles dans ce monde, par E. J. N. **Bidaut**, 2e édition. Paris, Dentu, Diard, in-18.

205 De la Santé et du Bonheur, petit cadeau à des amis, par J. N. **Bidaut**. Paris, Dentu, 1858, in-16.

206 Les Petits Livres de la rue de Fleurus; un préjugé par mois, prospectus. Paris, Guiraudet, 1861, br. in-12.

207 Sur les besoins intellectuels de la France d'à présent, par P. G. **de Dumast**. Nancy, Vᵉ Raybois, 1868, br. in-8.°

208 Un mot sur l'Harmonie naturelle, la Sympathie humaine et l'inspiration divine, par Jules **Rovière**. Dunkerque, C. Drouillard, 1853, br. in-8.°

209 Promenade d'automne dans les champs de la vérité, ou examen de quelques opinions reçues, par P. G. **de Dumast**. Paris, Nancy, 1862, in-8.°

210 Manuel de logique rédigé d'après les nouveaux programmes officiels de la classe de logique des lycées et les programmes du baccalauréat ès-lettres et ès-sciences, par M. C. **Mallet**. Paris, Delalain, 1853, in-12.

211 Problème de la certitude, par A. **Vera**. Paris, Joubert, 1845, in-8.°

212 L'Autorité, considérée comme principe de la certitude, par par V.or **Derode**. Lille, Danel, 1830, br. in-8.°

B. **Philosophie morale.**

213 La Philosophie morale de M. **Descartes** touchant les passions de l'âme et, par occasion de toute la nature de l'homme ; dernier ouvrage qu'il a donné au public ; nouvelle édition. Bruxelles, Foppens, 1707, in-16.

214 La Morale et les Académies ; philosophie pratique, par J. M. **de la Codre**. Paris, Dentu, 1868, br. in-8.°

215 Rapport sur les Mémoires envoyés à l'Institut pour concourir au Prix de Morale à décerner en 1852, au nom de la Section de Morale, par M. **Franck**. Paris, Didot, 1854, in-4.°

216 Eléments de morale rédigés conformément au programme officiel de l'enseignement secondaire spécial, par M. C. **Mallet**. Paris, Delalain, in-12.

217 Les Œuvres morales de Plutarque, translatées du grec en françois, par Jacques **Amyot**, grand aumônier du Roy. Paris, François Huby, 1516, 2 vol. reliés en un.

218 Les Œuvres morales de Plutarque, translatées de grec en françois, reveues et corrigées en plusieurs passages par le translateur **Amyot**, t. 2. Paris, Fr. Huby, 1516, in-8.°

219 Les Œuvres morales et meslées de Plutarque, translatées du grec en françois, reveues et corrigées en plusieurs passages par le translateur Jacques **Amyot**, évêque d'Auxerre. Paris, Jacob Stoer, 1604, in-f.°

220 Petit Code philosophique et moral. Exposé sommaire de douze lois générales qui se reproduisent dans toutes les œuvres de la nature, et dans toutes les choses humaines

et Souvenirs de deux Congrès scientifiques de France et d'Italie, par Marc-Antoine **Julien**. Paris, Lacour, Hachette, etc., 1844, prosp. in-8.º

221 Caractère des passions, tant au physique qu'au moral, moyens de les mouvoir, de les diriger et de les rendre utiles à l'individu, à la société, à la patrie, par **Vernier**, membre du Conseil des Anciens. Paris, Lacroix et Vᵉ Thionville, 1797, in-8.º

222 Physiologie des passions ou nouvelle doctrine des sentiments moraux, par J. L. **Alibert**. Paris, Béchet, 1825, 2 vol. in-8.º

223 Du dix-neuvième siècle sous le rapport moral et sous le rapport scientifique, par M. Alf. **Malherbe**. Metz, Lamort, 1854, br. in-8.º

224 Journal de la Société de la morale chrétienne, 1829-1835. Paris, 7 vol. in-8.º

C. **Pédagogie.**

225 Enseignement universel, par J. **Jacotot**; 2ᵉ édition; 1.ᵉʳ vol., langue étrangère; 2.ᵉ vol., musique; 3.ᵉ vol., 3.ᵉ édition, mathématiques; 4.ᵉ vol., 4.ᵉ édition, langue maternelle. Paris, Boulland, 1830, 4 vol. in-8.º

226 Prolégomènes d'un traité philosophique d'éducation, par J.-B. **Tissandier**. Lyon, 1852, br. in-8.º

227 De l'Education publique dans ses rapports avec la famille et avec l'état, par M. H. **Corne**. Paris, Hachette, 1844, in-8.º

228 Rapport sur l'ouvrage de M. Corne intitulé : de l'Éducation publique considérée dans ses rapports avec la famille et avec l'état, par M. **Parmentier**. Douai, Adam d'Aubers, 1844, br. in-8.º

229 Essai sur l'éducation des femmes, par Mᵐᵉ **Clément-Hémery**. Cambrai, 1840, Chanson, br. in-8.º

230 Nouvelles tusculanes, ou traité encyclopédique d'éducation et d'instruction par **Baillot Saint-Martin**. Paris, Dutuit, Pichard, etc., 1822, prospectus, in-8.º

231 Quelques propositions sur l'organisation de l'enseignement national, par le dʳ D..., de Lille. Lille, E. Reboux, 1848, br. in-8.º

232 Discours de M. **de Lamartine**, député du Nord, sur les Frères des Ecoles chrétiennes. 1834, br. in-8.º

233 Assemblée générale de la Société pour l'instruction élémentaire, mai 1834. Paris, br. in-8.º

234 Discours prononcé par M. **de Lamartine**, député du Nord, à la Chambre des députés, sur l'Instruction publique. Paris, Petit, 1834, br. in-8.°

235 Avis aux parents sur la nouvelle méthode perfectionnée d'enseignement élémentaire, mutuel et simultané, adoptée par le Gouvernement français, par J. C. **Herpin**. Paris, Louis Colas, 1818, in-8.°

236 M. Curieux, dit Pourquoi, ou entretiens d'un jeune homme avec ses élèves sur la maison que Pierre a bâtie, par M. A. **Wacquez-Lalo**. Lille, Paris, 1867, in-12.

237 Syllabaire gradué, ou méthode analytique de lecture, par L. **Dessaux Le Brethon**. Paris, Lille, Saint-Omer, 1836, br. in-8.°

238 Stétilégie, ou méthode lafforienne pour apprendre à lire en peu de leçons aux personnes de tout âge; prospectus. Paris, Gaultier-Laguionie, 1828, br. in-8.°

239 Livre universel de lecture et d'enseignement prescrit ou autorisé par la loi pour les écoles primaires, ou Encyclopédie de l'instruction primaire, par C. J. B. **Amyot**, 7e édition. Paris, Larousse et Boyer, in-12.

240 Belles actions des enfants, livre de lecture pour les écoles, par M. **Amyot**, 3e édition. Paris, Larousse et Boyer, br. in-12.

241 Rapport sur les belles actions des enfants et élèves des écoles, fait par M. **Amyot** à la société, pour l'instruction élémentaire, le 15 juin 1851. Paris, br. in-8.°

242 Rapport sur les belles actions des enfants et des instituteurs, fait à la société pour l'instruction élémentaire, par M. **Amyot**. Paris, 1855, br. in-8.°

243 Discours sur les belles actions des enfants, prononcé le 4 juillet 1852, à la société pour l'instruction élémentaire, par M. **Amyot**. Paris, br. in-8.°

244 Rapport sur les belles actions des enfants et élèves des écoles fait par M. **Amyot** à la société, pour l'instruction élémentaire, le 17 juillet 1853. Paris, br. in-8.°

245 Programme général des études musicales établissant trois degrés de l'instruction qui se rapportent à la lecture, à la grammaire et à la rhétorique dans l'étude des langues. par M. B. **Wilhem**. Paris, Ducessois, 1839, br. in-8.°

246 Exposé d'un plan d'un enseignement primaire basé sur l'analyse, par M. A. **Wacquez-Lalo**. Lille, Paris, 1867, in-12.

247 Rapport du Conseil départemental de l'Instruction publique

sur la situation de l'instruction primaire dans le département du Nord, 1859-1860. Lille, Danel, br. in-4.°

248 Rapport sur le cours théorique et pratique de pédagogie et de méthodologie de M. Th. **Braun**. Paris, 1856, br. in-8.°

249 Sur l'enseignement supérieur tel qu'il est organisé en France, et sur le genre d'extension à y donner, par P. G. **de Dumast**. Paris, V.ᵉ Duprat, 1865, br. in-8.°

250 Discours prononcés au Sénat, les 22 et 23 mai 1868, par le Ministre de l'Instruction publique et M. Charles **Robert**, secrétaire-général du Ministère de l'Instruction publique, au sujet d'une pétition relative à l'enseignement supérieur. Paris, Lahure, 1868, in-8.°

251 Des Sciences dans l'éducation, discours prononcé à la distribution des prix de l'école de Pont-Levoy, le 8 août 1839, par M. **Nouel**, professeur. Blois, Dézairs, 1839, br. in-8.°

252 Traité des intonations oratoires appliqué à tous les genres d'éloquence, soit théâtrale, soit judiciaire, ou sacrée, par **Dubroca**. Paris, Debray et Petit, 1810, in-8.°

253 Préceptes de rhétorique, tirés des meilleurs auteurs anciens et modernes, par l'abbé **Girard**, 4ᵉ édition. Paris, Lyon, 1811, in-12.

254 Nécessité de l'Instruction professionnelle, par M. **Jobard**. Bruxelles, Grégoir, 1847, br. in-8.°

255 Discours prononcé par M. Ch. **Ruelle**, régent de rhétorique, le 16 août 1843, à la distribution des prix aux élèves du collége de Lille ; br. in-8.°

256 Cours élémentaire, méthodique et progressif de sténographie, par M. Eugène **Drouet**, d'après le système d'Auguste Grosselin ; br. in-8.°

257 Discours prononcé par le Proviseur à la distribution des prix du lycée impérial de Pau, le 23 août 1853. Pau, Vignancour, br. in-8.°

258 Discours prononcé le 21 août 1832, à la distribution solennelle des prix aux élèves du collège municipal de Rollin à Paris, par M. A. M. **Laisné**, professeur de mathématiques. Avranches, Tostain, br. in-8.°

259 Discours prononcé le 7 août 1857, par M. Jules **Deligne**, à la distribution des prix de l'institution dirigée par MM. Preys et Desbœufs ; br. in-8.°

260 Discours prononcé par le Proviseur du lycée de Troyes à la distribution solennelle des prix, le 10 août 1858. Troyes, Bouquot, br. in-8.°

261 Discours prononcé par M. **Tissandier**, professeur de logique, à la distribution des prix du lycée de Chaumont, le 9 août 1860; br. in-8.°

262 Discours prononcé à la distribution des prix du lycée impérial de Bar-le-Duc, le 18 août 1860, par M. Gustave **Hinstin**, professeur. Bar-le-Duc, Guérin, br. in-8.°

263 Distribution solennelle des prix du lycée impérial de Lille; année 1861-1862. Lille, Horemans, br. in-8.°

264 Allocution prononcée par le Proviseur à la distribution solennelle des prix du lycée de Lille, le 11 août 1862. Lille, Alcan Levy, br. in-8.°

265 Discours prononcé à la distribution des prix du lycée de Lille, le 11 août 1862, par H. **Bos**, professeur. Lille, Danel, br. in-8.°

266 Discours prononcé par M. **Chon**, professeur d'histoire, à la distribution des prix du lycée impérial de Lille, le 11 août 1863. Lille, br. in-8.°

D. **Politique.**

267 De l'avenir des nationalités de l'Europe, par M. **R**..., Paris, Houdaille, 1834, br. in-8.°

268 Du Gouvernement démocratique, aspect pratique par J. **Pichery**. Paris, Garnier, 1849, br. in-8.°

269 Débris des opinions démocratiques littéraires et scientifiques de J. S. Chevalier, de St-Pol. Paris, Amiens, 1844, in-12.

270 Explication philosophique du Musée de Versailles ou Paradoxes sur la politique et sur le pouvoir royal par M. **Guilmot**. Paris, Bréauté, 1840, in-18.

271 Discours prononcé par M. **de Lamartine**, député du Nord, à la Chambre des députés sur les crédits additionnels. Paris, Petit, 1834, br. in-8.°

272 Discours prononcé au Sénat, le 28 avril 1835, par M. **de Lamartine**, sur les 1,200,000 fr. de fonds secrets. Paris, br. in-8.°

273 Dialogue entre A et B sur la situation politique intérieure de la France au 1er août 1851, par A. D. **Maizière**; br. in-8.°

274 Essai sur le calcul de l'opinion dans les élections, mémoire traduit de l'espagnol du D.r Joseph Morales, par D. **Bourgeois**. Paris, Bachelier, 1839, in-8.°

275 La France sera-t-elle toujours sous la tutelle de l'Angleterre ou quel est le moyen pour recouvrer notre indépendance par A. **Ledentu**. Paris, Dumaine, 1844, br. in-8.°

276 Dangers de la situation actuelle de la France, aux hommes sincères de tous les partis, par A. **Maurize**. Paris, 1832, in-8.º

277 Turin, Florence ou Rome, étude sur la capitale de l'Italie et sur la question romaine, par Rodolphe **Rey**. Paris, Dentu, 1864, br. in-8.º

278 Exposé des moyens de mettre en valeur et d'administrer la Guiane, par Daniel **Lescallier**. Paris, Du Pont, an VI, in-8.º

279 Pourquoi l'Algérie a-t-elle été jusqu'ici un fardeau pour la France? par M. A. **Ledentu**. Paris, Dentu, 1845, br. in-8.º

280 Mémoire sur la centralisation des actes de l'état-civil au domicile d'origine, par le Dr J. **Noir**. Paris, Cotillon, 1857, br. in-8.º

281 La France et l'Espagne en Orient, question d'équilibre international, par Léon **de Rosny**. Paris, Maisonneuve, 1860, br. in-12.

282 Proposition d'embrigadement des gardes-champêtres, présentée au Comité d'agriculture de l'arrondissement de Beaune, le 15 mars 1846, par M. **Lebrun**; br. in-4.º

283 La Pologne et 1815; réponse à M. Proudhon par Constant **Portelette**. Paris, E. Dentu, 1864, br. in-8.º

E. Economie domestique, politique et sociale.

284 Dictionnaire économique, contenant divers moyens d'augmenter son bien et de conserver sa santé, avec plusieurs remèdes assurez et éprouvez pour un très-grand nombre de maladies, et de beaux secrets pour parvenir à une longue et heureuse vieillesse, par Noël **Chomel**, curé de Saint-Vincent de Lyon. Paris, Vᵉ Estienne, 1740, 1743, 4 vol. in-f.º

285 Journal des Connaissances usuelles et pratiques, publié par MM. **Gillet de Grandmont** et le comte **de Lastayrie**; t. XV à XXVIII; (*manque* t. XX). Paris, 1832-1840, 13 vol. in-8.º

286 Journal des connaissances usuelles et pratiques, nº de janvier 1831. Paris, Dezanche, br. in-8.º

287 Journal des connaissances utiles indiquant à tous les hommes qui savent lire leurs devoirs, leurs droits, leurs intérêts, 1831-1837. Paris, 6 vol. in-8.º

288 Journal des connaissances utiles, manuel pratique d'éco-

nomie rurale, usuelle et professionnelle, année 1840. Paris, Aug. Desrez, in-8.°

289 Petit cours de politique et d'économie sociale à l'usage des ignorants et des savants. Paris, 1844, br. in-12.

290 Recherche des principes de l'économie politique, ou Essai sur la science de la police intérieure des nations libres, par le chevalier Jacques **Steuart**. Paris, Didot aîné, 1789-1790, 5 vol. in-8.°

291 Principes d'économie politique, par N. F. **Canard**. Paris, Buisson, 1801, in-8.°

292 Lettres critiques adressées à Michel Chevalier, par M. C. H. **Carey** (des Etats-Unis), traduites de l'anglais et précédées d'une étude sur l'économie politique et sur son introduction dans l'enseignement secondaire, par Auguste **Humbert**. Paris, Lacroix et Cie, 1864, br. in-8.°

293 Notions élémentaires de la Science sociale de Fourier par l'auteur de la Défense du Fouriérisme. Paris, 1844, in-16.

294 Du désordre dans la Science de l'Homme et de la Société; moyens progressifs de l'atténuer, par J. **Prévost**. Paris; Ledoyen, 1869, in-8.°

295 Economie pratique des nations ou système économique applicable aux différentes contrées et spécialement à la France, par M. Them. **Lestiboudois**. Paris, Louis Colas, 1847, br. in-8.°

296 De l'économie politique moderne, discours fondamental sur la population. Londres, Hookham, 1786, in-8.°

297 Introduction générale à l'étude de la politique, des finances et du commerce, par M. **de Beausobre**, t. 1er, 2e édition. Bruxelles, B. Lefrancq, in-8.°

298 Introduction générale à l'étude de la politique des finances et du commerce, par M. **de Beausobre**, conseiller privé du Roi. Amsterdam, Schneider, 1765; nouv. édit. Bruxelles, Lefrancq, 1791, 3 vol. in-12.

299 Nouvelle économie sociale, ou Monotopole industriel, artistique, commercial et littéraire, fondé sur la pérennité des brevets d'invention, dessins, modèles et marques de fabrique, par J.-B. **Jobard**. Paris, Bruxelles, 1844, in-8.°

300 Introduction à l'étude de la Science sociale, contenant un abrégé de la théorie sociétaire, précédé d'un coup d'œil général sur l'état de la Science sociale, et sur les systèmes de Fourier, d'Orven et de l'école Saint-Simonienne, par A. **Pajet**. Paris, 1838, in-12.

301 Essai sur la politique industrielle et commerciale, par Emile **de Brouwer**; 1re partie : de la politique intérieure ; 2e partie : de l'échange et de la politique extérieure. Bruges, Bogaert, 1850, 2 vol. in-8.°

302 La science de la législation, par le chevalier Gaetano **Filangieri**, ouvrage traduit de l'italien, d'après l'édition de 1784, 2e édition. Paris, Dufart, an VII, 7 vol. in-8.°

303 Recherches sur la nature et l'origine de la richesse publique et sur les moyens et les causes qui concourent à son accroissement, par le comte de Landerdale, traduit de l'anglais, par E. **Lagentie de Lavaisse**. Paris, Dentu, 1808, in-8.°

304 De l'Aristocratie en France ; de l'avenir des nationalités de l'Europe, par M. **R**... Paris, Houdaille, 1834, br. in-8.°

305 Séance d'une assemblée illustre, compétente, et au-dessus de tout reproche d'un intérêt privé, sur les points culminants de la vie temporelle des hommes par A. **Maizière**. Reims, 1854, br. in-8.°

306 Du Sort des femmes en France, par Charles **Malo**. Paris, Terzuolo, 1841, br. in-8.°

307 L'ouvrière, par Jules **Simon**, 3me édition. Paris, Hachette, 1861, in-12.

308 Œuvres diverses, économie politique, instruction publique, haras et remontes par **Mathieu de Dombasle**. Paris, 1843, in-8.°

309 Théorie de M. **du Mesnil-Marigny** sur la richesse des nations et réponse de l'auteur de cette théorie aux objections qui lui ont été faites par MM. Horn, Wolowski, de Lavergne, J. Garnier et Renouard, objections consignées dans le *Journal des Economistes* du 15 janvier 1861, br. in-8.°

310 Jarnac enferré par lui-même, réponse à M. E. Levasseur, à propos du Catéchisme d'économie politique de M. du Mesnil-Marigny, par A. **Humbert**. Paris, E. Dentu, 1864, br. in-8.°

311 Etat économique et social de la France, depuis Henri IV jusqu'à Louis XIV, 1589 à 1715, par A. **Moreau de Jonnès**, Reinwald, 1867, in-8.°

312 Sur la loi divine du travail ; dialogue entre l'adjoint et le maître d'école, par A. **Maizière**. Reims, 1848, br. in-4.°

313 Organisation générale ou véritables conditions d'avenir et de bonheur de tous les hommes de travail, par M. Camus **M**... Paris, Bouchard-Hozard, 1841, br, in-8.°

314 De l'organisation du travail avec une pétition à l'Assemblée nationale, par A. **Maizière**. Reims, 1848, in-4.º

315 Des richesses créés par l'industrie et les arts, par Em. **de Brouwer**. Bruges, Bogaert, 1849, in-8.º

316 Economie politique : Mémoire sur le morcellement, par M. A. **Maizière**. Reims, Regnier, 1846, br. in-8.º

317 Considérations sur le morcellement de la propriété territoriale en France, par M. le Vicomte **de Morel-Vindé**. Paris, Mᵐᵉ Huzard, 1828, br. in-8.º

318 Etude sur le morcellement de la propriété, suivie de notions élémentaires sur l'échange par M. L. **Bonne**. Bar-le-Duc, Rolin, 1860, in-16.

319 Entente cordiale du propriétaire et du prolétaire, dialogue par M. **Jobard**. Bruxelles, Wouters, 1847, br. in-8.º

320 Organon de la Propriété intellectuelle, par M. J.-B. **Jobard**. Paris, Bruxelles, 1851, in-12.

321 Quelques erreurs de M. Troplong au sujet de la propriété, extrait de la *Belgique judiciaire*. Bruxelles, Briard, 1849, br. in-8.º

322 Création de la propriété intellectuelle ; de la nécessité et des moyens d'organiser l'Industrie, de moraliser le Commerce et de discipliner la Concurrence, par M. **Jobard**, Bruxelles, de Mat, 1843, br. in-8.º

323 Chacun doit-il être propriétaire et responsable de ses œuvres ? par M. **Jobard**. Bruxelles, Wouters, 1847, br. in-8.º

324 De l'application du droit commun à la propriété littéraire et artistique, publication du Comité de l'Association pour la défense de la propriété littéraire ; 2ᵉ édition.

325 La propriété littéraire et artistique, publication du Comité de l'Association pour la défense de la propriété littéraire. Paris, L. Hachette 1862, br. in-8.º

326 Sur la théorie de la population, ou observations sur le système professé par M. Malthus et ses disciples, par le vicomte **de Morel-Vindé** ; 2ᵉ édit. Paris, M. Huzard, 1829, br. in-8.º

327 De l'influence réciproque des races sur le caractère national, par M. F. **Edwards** ; br. in-8.º

328 De l'influence du libre arbitre de l'homme sur les faits sociaux et particulièrement sur le nombre des mariages, par M. A. **Quetelet**. Bruxelles, br. in-4.º

329 Sur l'âge et l'état-civil des mariés en Belgique, pendant le dernier quart de siècle (1841 à 1865), par M. A. **Quetelet**. Bruxelles, Hayez, 1868, br. in-8.º

330 Sur les anciens recensements de la population belge, par M. A. **Quetelet**. Bruxelles, br. in-4.º.

331 De la distribution par mois des conceptions et des naissances de l'homme considéré dans ses rapports avec les saisons, avec les climats, par L. R. **Villermé**; br. in-8.º

332 Dissertation sur les Variétés naturelles qui caractérisent la physionomie des hommes des divers climats et des différents âges, suivie de réflexions sur la beauté, particulièrement sur celle de la tête, par M. Pierre Campier, traduit du hollandais, par H. **Jansen**. Paris, La Haye; 1791, in-4.º

333 Sur la loi statistique des tailles humaines, et sur la régularité que suit cette loi dans son développement, à chaque âge, par M. Ad. **Quetelet**. Bruxelles; Hayez, 1868, br. in-8.º

334 Tableau de la population de toutes les provinces de France, et de la proportion, sous tous les rapports, des naissances, des morts et des mariages depuis dix ans, d'après les registres de chaque généralité; mémoire sur les milices, leur création, leur vicissitude et leur état actuel; examen de la question sur la prestation du service militaire en nature, ou sur la conversion en une imposition générale, par le chevalier **des Pommelles**. Paris, 1789, in-4.º

335 Tableau des populations spécifiques des départements français, par le baron **de Prony**. Paris, 1834, br. in-18.

336 Lettre au sujet des incendies, adressée par M. **Maillet**, au préfet de l'Aisne; 1846, br. in-8.º

337 Lettre au Préfet de l'Aisne, sur les moyens d'empêcher la fréquence des incendies, par M. **Maillet**; 1846, br. in-8.º

338 Analyse de la discussion de la Chambre des députés et de la Chambre des pairs, relative à l'émancipation des esclaves, par M. F. **de Montroi**. Paris, Paul Dupont, 1835, br. in-8.º

339 Sur l'émancipation des esclaves, discours prononcé à la Chambre des députés dans la séance du 23 avril 1835, par M. **de Lamartine**. Paris, Gosselin et Furne, br. in-8.º

340 Recherches statistiques sur l'esclavage colonial et sur les moyens de le supprimer, par Alex. **Moreau de Jonnés**. Paris, De Bourgogne et Martinet, 1842, in-8.º

341 Méthode à la portée des Instituteurs primaires pour enseigner aux Sourds-muets la langue française sans l'intermédiaire du langage des signes, par J.-J. **Valade-Gabel**. Paris, Bruxelles, 1857, in-8.º

342 Le Mot et l'Image ; Premier livre des Sourds-muets , publié par J.-J. **Valade-Gabel.** Paris, Tandou , 1863 , 2 br. in-8.º

343 Guide des Instituteurs primaires pour commencer l'éducation des Sourds-muets, par J.-J. **Valade-Gabel.** Paris , Tandou , 1863 , in-8.º

344 Mémoire sur l'état actuel des Institutions de Sourds - muets et d'Aveugles et sur les réformes à y apporter, par M. **Hubert-Valleroux.** Paris, Victor Masson, 1852 , br. in-8.º

345 Mémoire sur l'état actuel des Institutions des Sourds-muets et Aveugles et sur les réformes à y apporter, par M. **Hubert-Valleroux** ; 2.ᵉ édition. Paris, Victor Masson , 1853 , br. in-8.º

346 Des Signes méthodiques et des Signes dits réguliers ; réponse aux Observations publiées au sujet du Rapport de M. Franck sur les Méthodes d'enseignement en usage pour instruire les Sourds-muets, par J.-J. **Valade-Gabel.** Paris , 1862 , in-8.º

347 Rapport au Ministre de l'intérieur sur divers ouvrages relatifs à l'Instruction des Sourds-muets , par une Commission de l'Institut. Paris, 1861 , in-8.º

348 L'Enfant ne saurait-il apprendre à parler sans l'intervention des Signes? Réponse à un examen critique du Rapport de M. Franck sur la Méthode intuitive pour enseigner la langue française aux Sourds-muets, par J.-J. **Valade-Gabel.** Paris , 1862 , br. in-8.º

349 Théorie philosophique de l'Enseignement des Sourds-muets, exposée dans le discours de réception prononcé à la Société des Sciences de Nancy le 10 juillet 1831 , par M. **Piroux,** suivie de la réponse de M. le président. Nancy, Paris , 1831 , br. in-8.º

350 Discours prononcés par le docteur **Le Glay,** les 23 juillet 1835 et 28 juillet 1836 , aux Exercices publics des Élèves sourds-muets de l'Institution établie à Lille sous la direction de M. Massieu. Lille, Vanackere , 2 br. in-8.º

351 Distribution des prix à l'Institution départementale des Sourds-muets à Lille , le 30 août 1840. Lille , Vanackere , br. in-8.º

352 Distribution des prix à l'Institut des Sourds-muets à Lille , dirigé par les Frères de l'Instruction chrétienne de Saint-Gabriel et les Religieuses de la Sagesse; discours du Préfet et de l'abbé **Bernard** , aumônier des Sourds-muets. Lille, 1841 , 2 br. in-8.º

353 Discours prononcé par M. **Héroguer,** curé de Saint-André à

Lille, à la première Communion des Sourds-muets des deux sexes, le 30 juin 1842. Lille, Vanackere, br. in-8.º

354 Paroles prononcées par M. **Le Glay** à la Distribution des prix aux Sourdes-muettes et jeunes Aveugles de l'Institution dirigée par les Sœurs de la Sagesse, à Lille, le 1.ᵉʳ septembre 1847; br. in-8.º

355 Organisation, situation et méthode de l'Institut des Sourds-muets de Nancy, par M. **Piroux**. Paris, Nancy, 1834, br. in-4.º

356 Institution des Sourds-muets de Nancy, distribution des prix du 31 août 1859. Nancy, Grimblot et C.ⁱᵉ, br. in-8.º

357 Distribution des prix à l'Institution des Sourds-muets de Nancy, le 30 août 1862. Nancy, V.ᵉ Raybois, br. in-8.º

358 Distribution des prix à l'Institution des Sourds-muets et des Enfants arriérés de Nancy, le 30 août 1863. Nancy, V.ᶜ Raybois, 1864, br. in-8.º

359 Mémoire sur les Travaux de M. Piroux, directeur-fondateur de l'Institution des Sourds-muets de Nancy, pour faire commencer l'éducation et l'instruction des enfants sourds-muets dans les familles et dans les écoles primaires. Paris, Hachette, 1864, br. in-4.º

360 Le Saint Evangile selon saint Marc, à l'usage des Aveugles; 1.ʳᵉ partie. Paris, 1840.

361 Syllabaire à l'usage des Aveugles. Paris, Marcellin-Legrand, 1840.

362 Lettre sur les Aveugles, faisant suite à celle de Diderot, ou Considérations sur leur état moral, comment on les instruit, comment ils jugent des couleurs, de la beauté, ainsi que leur méthode pour converser avec les Sourds-muets; suivies de Notices biographiques sur les Aveugles les plus remarquables, par A. **Rodenbach**, aveugle. Bruxelles, J. Sacré, 1828, br. in-32.

F. Art militaire.

363 De l'Armement des Romains et des Celtes à l'époque de la guerre des Gaules d'après les commentaires de César, par Léon **Fallue**. Havre, Le Pelletier, 1866, br. in-8.º

364 Etude sur la Castramétation des Romains et sur leurs Institutions militaires, par M. **Masquelez**. Paris, J. Dumaine, 1864, in-8.º

365 Traité de la défense des Places par le Maréchal **Vauban**,

nouvelle édition par F.-P. **Foissac**, chef de brigade au corps du génie. Paris, Magimel, an III, in-8.º

366 Essai méthodique et historique sur la tactique navale, en 4 parties, ouvrage écrit en anglais par Jean **Clerk**, écuyer, membre de la Société des Antiquaires d'Ecosse, et traduit par le citoyen Daniel **Lescallier** ; 1.er vol.— 1.re partie. Paris, Firmin Didot, Dezauches, etc., an VI, in-4.º

367 Mémoire sur les Chemins de fer considérés au point de vue militaire, par M. **Charlé-Marsaines**. Paris, Dunod, 1862, br. in-8.º

368 Interprétation en résultats chiffrés des dispositions principales du projet de loi sur une nouvelle Organisation de l'armée et sur la Création d'une garde nationale mobile; contre-projet conçu d'après l'autorité des hommes les plus compétents dans la question ; novembre 1867. Paris, J. Dumaine, 1867, in-8.º

369 De l'Assimilation des étrangers aux nationaux en matière de recrutement, par Pierre **Legrand**. Lille, br. in-8.º

370 Journal d'un officier de zouaves, suivi de considérations sur l'Organisation des armées anglaises et russes et accompagné de l'itinéraire de Gallipoli à Andrinople, par M. **Masquelez**. Paris, Corréard, 1858, in-8.º

371 Mémoire sur la conservation des farines principalement au point de vue de l'alimentation des troupes en campagne, par H. **Scoutetten**. Metz, Blanc, 1859, br. in-8.º

372 Les Haras et les Remontes, la Guerre et les Brochures, par Adolphe **Dittmer**. Paris, L. Mathias, 1842, br. in-8.º

373 Observations d'un ancien officier de cavalerie sur la brochure intitulée : Des Remontes de l'armée, leurs rapports avec les Haras, par le marquis Oudinot. Paris, 1842, br. in-8.º

374 Projet pour la Remonte de la cavalerie et l'amélioration de la race chevaline, présenté au Roi le 23 janvier 1842, par Frédéric **L'Enfant**. Paris, Dentu, 1842, br. in-8.º

375 Développement et moyens d'exécution du projet pour la Remonte de la cavalerie par les chevaux de la gendarmerie et l'amélioration de la race chevaline, présenté au roi par Frédéric **L'Enfant**. Paris, Dentu, 1842, br. in-8.º

376 Rapport sur le projet de M. Frédéric L'Enfant pour la Remonte de la cavalerie par les chevaux de la gendarmerie et l'Amélioration de la race chevaline, adressé à la Société académique, agricole et industrielle de Falaise, par G. **Maussion**; 1843, br. in-8.º

377 Rapport sur le mode le plus avantageux d'acquisition des chevaux de Remonte de l'armée, adressé à la Société

académique agricole de l'arrondissement de Falaise, par une Commission nommée le 26 février 1843 ; br. in-8.°

378 Mémoire sur les Harnais de l'artillerie belge, par M. **Dupont.** Louvain, 1833, in-8.°

379 Notions élémentaires sur la fabrication et l'emploi des Armes et des Munitions de l'infanterie, par M. **Masquelez.** Paris, J. Corréard, 1857, in-8.°

380 Lettre à M. le lieutenant général Sébastiani par M. **Gay-Lussac,** au sujet de la fabrication de la Poudre à canon. Paris, Thuau, br. in-8.°

381 Nouveau moyen d'éprouver la Poudre de guerre ; nouveau Chronomètre, par M. **B*****, officier d'artillerie. Valenciennes, J. Prignet, 1828, br. in-4.°

382 Recherches sur les Pensions militaires, par M. **Liagre.** (Extrait des Mémoires couronnés de l'Académie de Belgique). Br. in-8.°

G. **Industrie.**

383 Annales de l'Industrie nationale et étrangère renfermant la description du Musée des produits de l'Industrie française exposés au Louvre en 1819, par MM. **Lenormand** et **de Moléon.** Paris, Bachelier, 1820-1821, 4 vol. in-8.°

384 Annales de l'Industrie française et étrangère, et Bulletin de l'Ecole centrale des arts et manufactures, par MM. Bérard, Payen, Benoit, Brongniart, Bineau, Dumas, Gourlier, Guillemot, Olivier, Péclet et Leblanc ; t. III. Paris, Béchet jeune, 1829, in-8.°

385 Annales de l'Industrie nationale et étrangère, ou Mercure technologique, par MM. **Le Normand** et **de Moléon.** T. I à IV. Paris, Bachelier, 1820-1827, 24 vol. in-8.°

386 Annales de l'Industrie manufacturière, agricole et commerciale, de la salubrité publique et des beaux-arts, par J.-G.-V. **de Moléon.** T. I à XXVIII ; 2.° série, t. I, II, IV, VII et partie de l'année 1837. Paris, Bachelier, 1827-1837, 33 vol. in-8.°

387 Dictionnaire universel de Commerce, ouvrage posthume de Jacques **Savary des Bruslons**, continué et donné au public par son frère Philémon Louis Savary, chanoine de Saint-Maur. Paris, Jacques Estienne, 1723, 2 vol. in-f.°

388 Journal des Usines, publié par J.-B. **Viollet.** Paris, bureau du Journal, 1841-1846, 6 vol. in-8.°

389 Bulletin du Musée de l'industrie publié par M. J.-B. **Jobard.** Spécimen. Bruxelles, br. in-8.º

390 Bulletin du Musée de l'industrie, publié par J.-B. **Jobard.** Années incomplètes de 1842 à 1846. Paris, 12 vol. in-8.º

391 Journal mensuel des travaux de l'Académie nationale agricole, manufacturière et commerciale, fondée en 1830, et de la Société française de Statistique universelle; 1850-1854. Paris, 5 vol. in-8.º

392 L'Observateur de l'Industrie et des Arts; prospectus. Paris, br. in-8.º

393 Un Coup d'œil en arrière sur l'état de l'Industrie avant la Révolution française; — Coup d'œil sur la propriété de la pensée, par M. **Jobard**; br. in-8.º

394 Programmes des Prix proposés par la Société d'encouragement pour l'Industrie nationale. An XIV à 1842 (*incomplet*). Paris, 2 vol. in-4.º

395 De l'Exercice du commerce, ou Tableau des diverses espèces de professions, d'industries qui s'exercent, en vertu de patente, dans tout l'Empire français, sous chacun desquels on trouve le droit de patente auquel il est soumis, sa définition, etc., par M. ***, ancien docteur en droit. Paris, Alexis Eymery, 1813, in-12.

396 Direction générale des Douanes et des Contributions indirectes; — Tableau général du Commerce de la France avec ses Colonies et les puissances Etrangères pendant l'année 1856. Paris, in-4.º

397 Annales des Arts et Manufactures (seconde collection), par J.-N. **Barbier-Vémars.** T. III, IV et V, 1816-1817. Paris, Chaignieau aîné, 3 vol. in-8.º

398 Annales des Arts et Manufactures, par MM. **O'Reilly** et **Barbier-Vémars**; t. 56. Paris, Blaise jeune, 1818, in-8.º

399 Mémorial universel de l'Industrie française, des Sciences et des Arts; t. II. Paris, J.-L. Chanson, 1820, in-8.º

400 L'Industriel, ou Revue des revues, journaux, etc., par une Société, 1829-1831. Bruxelles, lithographie impériale, 6 vol. in-8.º et deux fascicules.

401 Le Guide des artistes, ou répertoire des Arts et Manufactures, par J.-R. **Armonville.** Paris, Chaigneau, 1818, in-8.º

402 L'Agriculteur manufacturier, publié par M. **Dubrunfaut**, T. I à III. Paris, Gaultier-Laguionée, 1830-1831, 3 vol. in-8.º

403 Nouveaux Secrets des arts et métiers, recueillis et mis en ordre par M. **Desbrières.** Paris, 1819, 2 vol. in-8.º

404 Report of the Commissioner of patents : arts and manufactures ; années 1855 à 1862, (*manque* 1858). Washington, 14 vol. in-8.°

405 Traité général du Commerce, par Samuel **Ricard**; édition refaite et rédigée par M. **de M***. Yverdon, 1784, 2 vol. in-4.°

406 Manuel des Poids et Mesures, par M. Jules **Vilain.** Bruxelles, Bruylant-Christophe et C.ie, 1862, in-8.°

407 L'Actionnaire, Revue industrielle contenant la cote des actions, numéro du 29 octobre 1837. Paris, br. in-8.°

408 Almanach du Commerce, des Arts et Métiers pour les villes de Lille, Douay et Dunkerque pour l'année 1786 ; par le sieur **Vanackere** ; in-18.

409 Almanach du Commerce de Paris, des départements de la France et des principales villes du Monde, de J. de la Tynna, continué et mis en meilleur ordre par S. **Bottin.** Années 1819 et 1823. Paris, 2 vol. in-8.°

410 Annuaire-almanach du Commerce et de l'Industrie, ou Almanach des 500,000 adresses ; (Didot-Bottin). Paris, 1869, gros in-8.°

411 Diverses particularités sur les péripéties du Commerce maritime dans les deux Indes vers la fin du xvi.e siècle, par M. **Foucques de Wagnonville.** Douai, Lucien Crépin, 1864, in-8.°

412 De l'Envahissement du Commerce et de l'Industrie sur les Lettres, les Sciences et les Arts; aperçu statistique par A. **de Roosmalen.** Paris, Mansut fils, 1842, br. in-8.°

413 Discours et Leçons sur l'Industrie, le Commerce, la Marine et sur les Sciences appliquées aux Arts, par le baron Charles **Dupin.** Paris, Bachelier, 1825, 2 vol. in-8.°

414 Exposé de la Situation du Commerce et de l'Industrie, soumis au Roi par le Ministre du Commerce en novembre 1832. Paris, imprimerie royale, 1832, in-4.°

415 Vade-mecum de l'Agent de change et du Courtier de commerce. Lille, L. Jacqué, 1830, in-8.°

416 Notice sur l'histoire, les progrès et l'avenir de l'Industrie du fer dans le département du Nord, par M. L. **Comte.** Lille, L. Danel, 1843, br. in-8.°

417 Tableau indicatif des Produits de l'Industrie du département du Nord exposés à la Bourse de Lille, à l'occasion du séjour du premier Consul en cette ville (messidor an xi). Lille, Jacqué, in-4.°

418 Coup d'œil sur la première Exposition des Produits de l'Industrie agricole et manufacturière dans les Etats du roi

de Sardaigne, par M. **Bonafous.** Paris, Mme Huzard, 1830, br. in-8.°

419 Rapport sur les Produits de l'Industrie française exposés en 1823, présenté par le Jury central au Ministre de l'Intérieur. Paris, imprimerie royale, 1824, in-8.°

420 Rapport du Jury départemental du Nord sur les Produits de l'Industrie admis au concours de l'Exposition de 1834, par M. **Kuhlmann.** Lille, Danel, br. in-4.°

421 Rapport du Jury central sur les Produits de l'Industrie française exposés en 1834 et 1839. Paris, 1836-1839 ; 6 vol. in-8.°

422 Avis du Jury du département de la Charente-Inférieure sur le mérite de divers objets présentés pour l'Exposition des Produits de l'Industrie française en 1839. Paris, L. Bouchard-Huzard, br. in-4.°

423 Rapport du Jury départemental du Nord sur l'Exposition des Produits de l'Industrie en 1844 et 1849 ; analyse de la situation industrielle du département. Lille, Danel, 2 br. in-4.°

424 Mémoire de la Société du Commerce et de l'Industrie de Rouen sur l'Exposition universelle de Londres en 1851, et considérations sur le libre-échange. Rouen, A. Péron, br. in-4.°

425 Rapport sur l'Exposition universelle de Londres, par M. P.-A. **Castel.** Bayeux, Duvant, 1851, in-8.°

426 Exposition universelle de 1851 : travaux de la Commission française sur l'Industrie des nations, publiés par ordre de l'Empereur. Paris, imprimerie impériale, 1854-1864, 13 vol. in-8.°

427 Rapport du Secrétaire de la Commission de l'Exposition de Dunkerque, novembre 1853. Dunkerque, Drouillard, br. in-8.°

428 Catalogue de l'Exposition permanente des Produits de l'Algérie à l'Exposition universelle de Paris en 1855. Paris, in-8.°

429 Guide du Visiteur à l'Exposition permanente de l'Algérie et des Colonies, par E. **Cardon** et A. **Noirot.** Paris, E. Causin, 1860, in-8.°

430 Exposition universelle de 1855 : Rapport du Comité de l'arrondissement de Valenciennes, Edmond **Pesier** rapporteur. Valenciennes, B. Henry, in-8.°

431 Le département du Calvados à l'Exposition universelle de Paris en 1855, par M. J. **Morière.** Caen, veuve Pagny, 1856, br. in-8.°

432 L'Algérie à l'Exposition universelle de 1855 ; gr. in-4.º

433 Exposition des Produits de l'Industrie de toutes les nations en 1855 : Catalogue officiel. Paris, E. Panis, in-8.º

434 Système de classification pour servir de base à la composition des collections de Produits à mettre à l'Exposition universelle de 1855. Paris, in-8.º

435 Société libre d'Emulation du commerce et de l'industrie de la Seine-Inférieure : Rapport sur l'Exposition universelle de 1855, par MM. J. **Girardin**, **Cordier** et E. **Burel**. Rouen, A. Péron, 1856, in-8.º

436 Rapport sur l'Exposition universelle de 1855 présenté à l'Empereur par S. A. I. le prince Napoléon, président de la Commission. Paris, imprimerie impériale, 1857, in-4.º

437 Rapport de M. Natalis **Rondot**, secrétaire de la Commission impériale, sur l'Exposition universelle de 1862. Paris, Napoléon Chaix et C.ie, 1863, br. in-4.º

438 Exposition universelle de 1867 : Souscription au capital de l'Association de garantie formée sous les auspices de la Commission impériale. Lille, Danel, 1865, br. in-4.º

439 Exposition universelle de 1867 à Paris : Rapports du Jury international publiés sous la direction de M. Michel **Chevalier**. Paris, 1868, 13 vol. in-8.º

440 Causerie sur l'Exposition universelle, par M. Alph. **Meugy**. Troyes, Dufour-Bouquot, 1868, br. in-8.º

441 Causerie sur l'Exposition (galerie de l'Histoire du travail), par M. **Meugy**. Troyes, Dutour, 1868, br. in-8.º

442 Les nouvelles Inventions aux Expositions universelles, par M. J.-B. **Jobard**. Bruxelles, Leipzig, Emile Flatau, 1857-1858, 4 vol. in-8.º

443 Rapport pour la Société de Statistique et des Arts utiles du département de la Drôme, sur le projet d'établir, dans la ville de Valence, une exposition publique des Produits de l'industrie départementale, par M. **de Payan-Dumoulin** ; br. in-8.º

444 Enquête faite par ordre du Parlement d'Angleterre, pour constater les progrès de l'Industrie en France et dans les autres pays du Continent, traduction de l'Anglais par M. **Maiseau**. Paris, Beaudouin, 1825, in-8.º

445 Essai sur l'état du Commerce d'Angleterre, d'après John Cary. Londres, frères Vaillant, 1755, 2 vol. in-12.

446 Notice sur les principales Productions naturelles et fabriquées de l'île de la Réunion, par M. G. **Imhaus**. Paris, Paul Dupont, 1858, in-8.º

447 Nouveau carnet de Recensements de 20 à 1,000 litres, par
M. **Puisaye.** Lille, Puisaye, 1863, in-8.º

448 Pétition sur les Falsifications, adressée à l'Assemblée nationale par A. **Chevallier** ; 1848, br. in-8.º

449 Rapport sur les Viandes salées d'Amérique fait par M. J.
Girardin à la Société libre d'Emulation du Commerce
de la Seine-Inférieure. Rouen, A. Péron, 1855, br. in-8.º

450 Rapport fait à la Société libre d'Emulation du Commerce et
de l'Industrie de la Seine-Inférieure sur les Viandes salées
d'Amérique, par M. J. **Girardin** ; 1855, br. in-8.º

451 De la Pêche, du Parcage et du Commerce des Huitres en
France, par M. P. A. **Lair.** Caen, br. in-8.º

452 Notice sur les moyens les plus simples d'utiliser les Animaux
morts, par M. **Payen.** Paris, M.ᵐᵉ Huzard, 1830, br. in-8.º

453 Notice sur les moyens d'utiliser toutes les parties des Animaux morts dans les campagnes, par M. **Payen.** Paris,
M.ᵐᵉ Huzard, 1830, in-8.º

454 Système Cheval pour la conservation, l'amélioration, la
conduite et le transport des Boissons. Paris, 1856, feuille
in-f.º autographiée.

455 Documents sur les Appareils de panification Rolland. Paris,
Lesobre, 1855, br. in-8.º

456 Rapport sur la Boulangerie de M. Macron, de Warloy, par
M. **Moullart.** Amiens, T. Jeunet, 1856, br. in-8.º

457 Description du Torréfacteur mécanique de M. E. Rolland.
Paris, veuve Bouchard-Huzard, br. in-4.º

458 Mémoire sur la fabrication de la Chicorée torréfiée, par M.
Ch. **Belanger.** Valenciennes, B. Henry, 1854, b. in-8.º

459 Histoire de la Canne et Précis sur les moyens de la cultiver
et d'en extraire le sucre, par J.-F. **Dutrône** ; 3.ᵉ édition.
Paris, Brochot père et C.ⁱᵉ, 1801, in-8.º

460 De la Betterave à sucre, par C. **Hannequand-Brame.**
Lille, Paris, 1836, in-8.º

461 Le Sucre colonial et le Sucre indigène, par L. **Fournier.**
Paris, Gosselin, 1839, br. in-8.º

462 De l'industrie du Sucre de fécule et des conditions de la
co-existence de cette industrie et de celle des autres
Sucres d'origine métropolitaine et coloniale, par M.
Fréd. **Kuhlmann** ; br. in-8.º

463 Quelques Considérations sur la fabrication des Sucres en
France. Valenciennes, Prignet, 1828, br. in-4.º

464 Mémoire sur le Sucre de betteraves, par M. le comte **Chaptal.** Paris, M.ᵐᵉ Chaptal, 1816, br. in-8.º

465 Sucre indigène : le procédé de Macération en 1841, par C. Mathieu **de Dombasle**. Paris, Bouchard-Huzard, 1841, br. in-8.º

466 Quelques expériences concernant la fabrication du Sucre, par Fréd. **Kuhlmann**. Lille, Danel, 1850, br. in-8.º

467 Les Rapes, les Presses et leurs Produits : Lettres au Directeur de la *Sucrerie indigène*, par M. **Dubrunfaut**. Paris, 1869, in-8.º

468 Encore les Procédés soi-disant nouveaux des Sucreries, par M. **Dubrunfaut**. Paris, 1869, in-8.º

469 Présence des Glucoses dans les Sucres bruts et raffinés: Lettre au Directeur de la *Sucrerie indigène*, par M. **Dubrunfaut**; 1869, br. in-8.º

470 Mémoire sur la Saccharification des fécules, par M. **Dubrunfaut**. Paris, M.ᵐᵉ Huzard, 1823, br. in-8.º

471 Rapport sur les Filtres à charge permanente et à fonctions intermittentes, propres à la décoloration des jus sucrés et des sirops, fait à l'Académie de Marseille par une Commission spéciale. Marseille, 1837, br. in-8.º

472 Chambre syndicale de l'union générale des Distillateurs agricoles : Mémoire sur le Vinage des vins. Paris, b. in-4.º

473 Fabrication de l'Alcool au moyen du Gaz dit d'éclairage, par A. **Mallet**; 1862, manuscrit in-4.º

474 La rectification des Alcools et les Agents chimiques : Lettres au Directeur de la *Sucrerie indigène*, par M. **Dubrunfaut**. Paris, 1869, br. in-8.º

475 Notice sur la Fabrication des Alcools, dits Alcools fins, fins fécule, fins betterave, ou autres, suivie de renseignements sur la direction à donner aux Distilleries de betteraves, par M. **Dubrunfaut**. Paris, Guiraudet, 1854, br. in-8.º

476 Filtration et épuration des Alcools de betterave : Procédé et appareil Vilette et Fontaine; prospectus. Valenciennes, E. Prignet, 1856, feuille in-f.º

477 Résumé des Conférences publiques sur les Distilleries de betteraves, par M. J. **Morière**. Paris, Rouen, Caen, 1860, br. in-18.

478 Sucrage des Vendanges avec les Sucres raffinés de canne, de betterave, etc., par M. **Dubrunfaut**. Paris, M.ᵐᵉ Bouchard, 1854, br. in-8.º

479 De l'Eau au point de vue industriel et de l'économie domestique, par M. E. **Ducastel**; 1861, br. in-8.º

480 Rapport sur l'Appareil vinificateur de Mademoiselle Gervais présenté à la Société royale d'Agriculture du département

du Rhône, le 4 janvier 1822, par J.-F. **Terme**. Lyon, Barret, br. in-8.º

481 Les Congrès de Vignerons français, par M. **Guillery** aîné. Paris, 1860, in-8.º

482 Compte-rendu de l'exposition des Produits vinicoles du département de Maine-et-Loire, précédé de quelques généralités sur la Viticulture et l'Œnologie de l'Anjou. Angers, Cosnier, 1851, in-8.º

483 Origine et développement du Commerce de vin de Champagne, par M. A. **Maizière**. Reims, L. Jacquet, b. in-8.

484 Colloque sur le Vin mousseux entre M. et M.me A***, par M. **Maizière**. Reims, Luton, 1846, br. in-8.º

485 Souscription pour un préservatif contre la casse la plus furieuse du vin qui forme sa mousse, par A. **Maizière**. Reims, Luson, in-8.º

486 Mémoire sur le Paracasse, appareil infaillible et économique pour préserver de la casse et du coulage le vin de Champagne, à l'époque où il forme sa mousse, par A. **Maizière**. Reims, Luton, br. in-4.º

487 Extrait du Rapport de la Commission de l'Académie de Reims sur le Paracasse de M. **Maizière**. Reims, Luton, in-8.º

488 Dialogue sur le Paracasse, par A. **Maizière**. Reims, Luton br. in-8.º

489 Allocution de l'inventeur du Paracasse, par M. A. **Maizière**. Reims, Luton, 1842, br. in-8.º

490 Lettre de M. **Maizière** au sujet du Paracasse. Reims, Luton, 1846, br. in-8.º

491 Objections contre le Paracasse et leur réfutation, par A. **Maizière**. Reims, Luton, br. in-8.º

492 Mon Programme aujourd'hui, par A. **Maizière**. Reims, Luton, br. in-8.º

493 Description d'un nouvel Alambic à l'usage des Pharmaciens et des Liquoristes, par J.-Ch. **Herpin**. Paris, 1823, br. in-12.

494 Nouveau Procédé industriel de fabrication du Vinaigre, par M. L. **Pasteur**. Paris, Mallet-Bachelier, 1862, b. in-4.º

495 Considérations théoriques et pratiques sur la fabrication d'un Cidre économique, par M. L. **Besnou**. Caen, A. Hardel, 1858, br. in-8.º

496 Amélioration des Cidres; lettre au Préfet de la Seine-Inférieure, par MM. **Dubreuil** et J. **Girardin**. Rouen, N. Périaux, br. in-8.º

497 Résumé des Conférences agricoles sur la préparation et la conservation du Cidre, par M. J. **Morière** ; 7.e édition. Caen, Rouen, 1860, br. in-18.

498 Observations sur le Poirier saugier et sur ses Produits, par J. **Girardin**. Rouen, N. Périaux, 1834, br. in-8.º

499 Notes sur le Saugier ou Poirier de sauge considéré par rapport à l'économie rurale et domestique, par M. **Piérard**. Paris, M.me Huzard, 1820, br. in-8.º

500 Sur la Distillation des Pommes de terre dans les ci-devants départements de la rive gauche du Rhin, par M. **Bottin**. Paris, M.me Huzard, br. in-8.º

501 Recherches historiques, chimiques, agricoles et industrielles sur le Maïs ou Blé de Turquie, suivies de l'art de fabriquer le Sucre et le Papier avec la tige de cette plante, par Em. **Pallas**. Paris, Saint-Omer, 1837, in-8.º

502 Notes sur des Bières économiques, par M. **Bosc**. Paris, M.me Huzard, br. in-8.º

503 Rapport au Conseil central de salubrité du Nord, sur quelques procédés employés pour clarifier les Bières. Lille, Lefebvre-Ducrocq, 1853, br. in-8.º

504 Traité pratique sur la filature de laine peignée, cardée peignée et cardée, par M. Ch. **Leroux**. Abbeville, Vitoux, 1860, in-8.º

505 Atlas du traité pratique sur la filature de laine peignée, cardée peignée et cardée, par Ch. **Leroux**. Abbeville, Vitoux, 1860.

506 Enquête industrielle sur l'état de la manufacture des draps, dans les Pays-Bas au commencement du XVIIe siècle, par M. L. **Deschamps de Pas**. Arras, A. Courtin, 1863, br. in-8.º

507 Du rouissage du lin, du chanvre, de l'ortie de Chine et autres textiles, rendu manufacturier et salubre. Mode français de Louis **Terwangne**. Lille, br. in-8.º

508 Rouissage manufacturier par fermentation continue (avec emploi de la craie) du lin, du chanvre, etc., par Louis **Terwangne**. Lille, Lefort, 1856, br. in-8.º

509 Rouissage par fermentation continue des plantes textiles, par M. Louis **Terwangne**. Lille, Reboux, br. in-8.º

510 Nouveau procédé de rouissage du chanvre et du lin, par MM. **Bisson** et **Pradel de Saint-Charles**. Paris, Ph. Cordier, br. in-8.º

511 Rapports au Ministre de l'Agriculture et du Commerce sur le rouissage du lin, le drainage, la nouvelle exploitation de la tourbe, la fabrication et l'emploi des engrais arti-

ficiels et des engrais commerciaux. Paris, Imprimerie nationale, 1850, br. in-8.º

512 Nouveau procédé de rouissage du chanvre et du lin, par MM. **Bisson** et **Pradel de Saint-Charles** : Pièces relatives aux expériences à la suite desquelles le Gouvernement de Hanôvre a acheté le brévet accordé par lui, traduites de l'allemand, par M. **Flesch**. Paris, Juteau et Cⁱᵉ, 1846, br. in-8.º

513 Appendice contenant la description complète de deux nouvelles machines (systèmes de bancs-à-broches) l'une comme boudinerie, l'autre comme métier à filer en fin, par D. **Drapier**. Rouen, 1854, br. in-8.º

514 Invention de la filature mécanique du lin : notice chronologique. Paris, Guiraudet et Jouaust, br. in-4.º

515 Brévet d'invention de François Durand; nouvelle broche de filature. Paris, 1859, br. in-8.º

516 Sur la nouvelle broche de filature, brévetée de M. François Durand. Paris, 1859, br. in-4.º

517 Filatures de lin de France et d'Angleterre. Lille, Ducrocq, 1838, br. in-4.º

518 Guide de l'ouvrier pour la filature du lin et de l'étoupe ; 2.ᵉ édit. Lille, M.ᵐᵉ Bayart, 1865, in-32.

519 Résumé pratique de la filature du lin et du chanvre par C. **Ancelin**. Lille, Lefebvre-Ducrocq, 1854, br. in-16.

520 Procès-verbal de l'Assemblée générale des filateurs de lin et négociants en lin du 3 mars 1869, à Lille ; br. in-8.º

521 Rapport et loi ayant pour objet d'accorder aux héritiers de Philippe de Girard, inventeur de la filature mécanique du lin, une pension à titre de récompense nationale, par M. **Seydoux**. Paris, Panckoucke, 1853, br. in-8.º

522 Rapport fait par le baron Charles **Dupin** au Sénat, au nom de la Commission chargée d'examiner le projet de loi qui confère, à titre de récompense nationale, des pensions aux héritiers de feu Philippe de Girard, inventeur de la filature mécanique du lin. Paris, Noblet, 1853, br. in-8.º

523 Cours complet et pratique de filature de coton, par M. D. **Drapier**. Rouen, 1834, in-8.º

524 Rapports de la Chambre de commerce de Rouen sur l'emploi du china-gras comme substitut du coton. Rouen, Boissel, 1865, in-8.º

525 Rapport adressé à l'Empereur par le maréchal **Vaillant**, ministre de la Guerre, sur la culture du coton en Algérie, 1854. Paris, Panckoucke, 1855, br. in-8.º

4

526 Le Fibrilia, substitut pratique et économique du coton, traduit de l'américain, par M. Hipp. **Wattemare**, suivi d'un travail de M. l'abbé Moigno sur la cotonisation du lin. Paris, Paul Dupont 1861, in-8.°

527 Notice sur un séchoir à volant appliqué au métier à tisser, par M. **Vimort-Maux**. Perpignan, Melle Tastu, 1840, br. in-8.°

528 Rapport au Ministère de l'agriculture, du commerce et des travaux publics sur le commerce et le prix des fils et des tissus en 1867, par M. Natalis **Rondot**, président de la quatrième section de la commission permanente des valeurs. Paris, Paul Dupont, 1868, in-8.°

529 Observations de la Chambre de commerce de Lille au Ministre de l'agriculture sur la question des fils et des tissus de lin et de chanvre. Lille, Parvillez-Roussel, 1842, br. in-8.°

530 Annales de la Société séricicole pour la propagation et l'amélioration de l'industrie de la soie en France, 1837-1852. Paris, 15 volumes in-8.°

531 Mémoire sur la filature de la soie, par M. **Robinet**. Paris, Ve Huzard, in-8.°

532 Le Propagateur de l'industrie de la soie en France, rédigé par M. **Amans-Carrier**, juillet 1838 - mai 1844. Rodez, Carrière aîné, 6 vol. in-8.°

533 Chapitre XVI de la statistique du Haut-Rhin ou historique de l'indienne à Mulhouse, jusqu'en 1830. Mulhouse, Bader, 1838, br. in-4.°

534 De la Perrotine, nouvelle machine pour l'impression des indiennes, par M. J. **Girardin**; 1.er et 2.e art. Rouen, N. Périaux, 2 br. in-8.°

535 Du blanchiment des toiles, par M. **Besnou**. Cherbourg, A. Mouchel, br. in-8.°

536 Notice du vert de Chine et de la teinture en vert chez les Chinois, par M. Natalis **Rondot**, suivie d'une étude des propriétés chimiques et tinctoriales du Lo-Kao, par M. **Persoz** et de recherches sur la matière colorante des Nerpruns indigènes, par M. A. **Michel**. Paris, Charles Lahure et Cie, 1858, in-8.°

537 Chambre de Commerce de Lyon: Concours pour la recherche du vert de Chine. Lyon, Louis Perrin; 1860, br. in-8.°

538 Manuel universel de teinture ou précis historique de l'art du teinturier, par M. **Lambert**; 1817-1823, 2 vol. in-f.° manuscrit.

539 Cours élémentaire de teinture sur laine, soie, lin, chanvre et

coton et sur l'art d'imprimer les toiles, par J.-B. **Vitalis**. Paris, E. Périaux, 1823, in-8.º

540 Cours élémentaire de teinture sur laine, soie, lin, chanvre et coton et sur l'art d'imprimer les toiles, par J.-B. **Vitalis**; (2.e édition). Paris, E. Périaux, 1827, in-8.º

541 Traité sur le pastel et l'extraction de son indigo, par M. **Giobert**. Paris, Imprimerie impériale, 1813, in-8.º

542 Mémoire sur les altérations frauduleuses de la garance et de ses dérivés contenant un procédé usuel propre à les reconnaître, par M. D. **Fabre** jeune. Avignon, Amédée Chaillot, 1860, br. in-8.º

543 De l'écorce du Robinier et de ses usages dans les arts et l'économie domestique, par M. **Giobert**. Paris, M.me Huzard, br. in-8.º

544 Mémoire sur les falsifications qu'on fait subir au Rocou, par M. J. **Girardin**. Rouen, Baudry, 1836, br. in-8.º

545 Guide pratique de la fabrication des vernis, par M. H. **Violette**. Paris, Eugène Lacroix, 1866, in-8.º

546 Rapport à la Société d'agriculture de Caèn par M. **Decourdemanche**, sur une fabrique de chandelles nouvellement établie en ladite ville. Caen, Poisson, 1830, br. in-8.º

547 Instruction sur la fabrication du salpêtre, publiée par le Comité consultatif institué près de la Direction générale du Service des poudres et salpêtres de France. Paris, Imprimerie royale, 1820, br. in-4.º

548 Sur la fabrication de la soude au four tournant, par M. **Lamy**; br. in-4.º

549 Les allumettes chimiques avec et sans phosphore, par H. **Gaultier de Claubry**. Paris, Londres, New-York, 1859, br. in-8.º

550 Rapport de Th. **Lachez** à la Société centrale des architectes, sur l'indicateur permanent des fuites de gaz de M. Périn. Paris, E. Thunot et C.ie, 1857, br. in-8.º

551 Rapport de M. Th. **Lachez** sur l'indique-fuites de M. Cantagrel. Paris, 1861, br. in-8.º

552 Rapport au Conseil d'administration de la Société d'encouragement pour l'Industrie nationale sur les lampes astrales de MM. Bordier et Pallebot. Paris M.me Huzard, 1809, br. in-4.º

553 L'Industrie potière dans le département du Calvados, par M. **Morière**. Caen, A. Hardel, 1848, br. in-4.º

554 Manuel monétaire et d'orfévrerie, ou nouveau traité des

monnaies, par M. Auguste **Bonnet**. Paris, Rouen, 1810, in-4.°

555 De l'art du fontenier sondeur et des puits artésiens, par M. F. **Garnier**. Paris, M.ᵐᵉ Huzard, 1822, in-4.°

556 Manuel du zingueur ou l'art de couvrir en zinc, par H. **Gardissard**. Paris, 1851, in-12.

557 Essai pratique sur l'art du briquetier au charbon de terre, par M. J. F. **Clerc**. Paris, Carillian-Gœury, 1828, in-8.°

558 Rapports scientifiques et industriels et autres documents authentiques sur la galvanisation du fer, procédé Sorel. Paris, M.ᵐᵉ Smith, 1849, in-8.°

559 Rapport à la Société d'agriculture de Caen sur les plaques de porcelaine de la fabrique de M. Langlois, destinées à indiquer les noms des rues et les numéros des maisons, par M. **Pattu**; 1823, br. in-8.°

560 Recherches sur les potasses du commerce, moyen de reconnaître leur falsification par la soude, par Ed. **Pezier**. Paris, A. Réné et C.ⁱᵉ, 1844, br. in-4.°

561 L'Art de la marine, ou principes et préceptes généraux de l'art de construire, d'armer, de manœuvrer et de conduire des vaisseaux, par M. **Romme**. Paris, Barrois, 1787, in-4.°

562 Traité de navigation, par J.-B. **Du Bourguet**, ancien officier de la Marine. Paris, Fain, 1808, in-4.°

563 Nouvelle architecture navale, avec une pétition de l'auteur à l'Assemblée nationale constituante, par A. **Maizière**. Reims, Maréchal-Gruat, 1848, br. in-4.°; Reims, Luson, 1853, br. in-8.°

564 Du doublage des navires, par M. **Besnou**. Cherbourg, A. Mouchel, 1860, br. in-8.°

565 Traité du gréement des vaisseaux et autres bâtiments de mer, par M. **Lescallier**. Paris, Londres, Amsterdam, 1791, 2 vol. in-4.°

566 Journal de la Société générale des naufrages et de la marine, t. II, août 1838. Paris, br. in-8.°

567 Traité pratique des moyens de sauvetage, par le comte A. **Godde de Liancourt**. Paris, 1841, in-8.°

568 Les Carènes en fer et les balanes ou cravans, par A. **Jouvin**. Paris, Paul Dupont, 1867, br. in-8.°

569 Silicatisation ou application des silicates alcalins solubles au durcissement des pierres poreuses, des ciments et des plâtrages, à la peinture, à l'impression, etc., par M. Fréd. **Kuhlmann**; 3ᵉ édition. Paris, V.ᵒʳ Masson, 1858, in-8.°

570 Instruction pratique sur l'application des silicates alcalins solubles au durcissement des pierres et à la peinture; par F. **Kuhlmann**. Lille, Danël, 1857, br. in-8.º

571 Application des silicates alcalins solubles au durcissement des pierres calcaires poreuses, à la peinture, à l'impression, etc., par M. Fréd. **Kuhlmann**. Paris, V.ᵒʳ Masson, 1855, br. in-8.º

572 Mémoire sur les chaux hydrauliques, les pierres artificielles et sur diverses nouvelles applications des silicates alcalins solubles, par M. F. **Kuhlmann**. Paris, Mallet-Bachelier, br. in-4.º

573 Rapport à la Société centrale des architectes sur le procédé Ransome, pour durcir et conserver la pierre, au moyen du silicate de chaux. Paris, 1861, br. in-8.º, autographe.

574 Rapport sur la production et l'emploi du sel en Angleterre adressé au Ministre de l'Agriculture et du Commerce, par M. **Milne-Edwards**. Paris, 1850, in-4.º

575 Traité inédit de géographie métallurgique, par J. P. **Chevalier**. Amiens, Allo-Poiré, 1835, in-8.º

576 Notice sur les travaux de M. T. F. Calard, fabricant de feuilles perforées. Paris, Bénard, br. in-8.º

577 Mémoire sur le plomb laminé qui se fabrique à Paris et à Déville-lez-Rouen. Paris, Hénée, 1807, br. in-8.º

578 Note sur l'importance des marbrières de France à propos de l'exposition des produits de l'industrie de 1844, par M. J. J. **Huot**. Versailles, Montalant-Bougleux; br. in-8.º

579 Rapport sur la fabrique de céruse de Clichy, fait à la Société d'encouragement pour l'industrie nationale le 21 juillet 1813, par MM. **Boullay**, **d'Arcet** et **Mérimée**; br. in-8.º

580 Mémoire sur les questions proposées par la Société des arts de Boulogne-sur-Mer concernant les recherches entreprises à différentes époques, dans le département du Pas-de-Calais, pour y découvrir de nouvelles mines de houille, etc., par M. F. **Garnier**. Boulogne, Leroy, 1828, in-4.º

581 Note sur la découverte de la houille dans l'arrondissement de Valenciennes, par M. Ed. **Grar**. Valenciennes, A. Prignet, 1843, br. in-8.º

582 Modèle d'exploitation et d'extraction de la houille appliqué à plusieurs puits de la Compagnie d'Anzin. Valenciennes, E. Prignet, 1855, br. in-8.º

583 Considérations sur la combustion, quelques combustibles et

les fourneaux, présentées par MM. **Mallet** et **Casalis** jeune. Saint-Quentin, Cottenest, br. in-8.º

584 Fours d'un nouveau système pour la carbonisation des différents combustibles, proposés par M. G. **Lambert**; br. in-8.º

585 Mémoire sur la carbonisation du bois par la vapeur d'eau surchauffée, par M. **Violette**. Lille, Blocquel, br. in-8.º

586 Mémoire sur les charbons de bois, par M. **Violette**. Paris, Bachelier, br. in-8.º

587 Rapport à l'Institut de France sur plusieurs mémoires présentés par M. Violette sur les charbons de bois. Paris, Mallet-Bachelier, br. in-4.º

588 Résultats d'expériences comparatives sur le chauffage d'une chaudière à vapeur avec le foyer ordinaire et avec celui de M. Duméry, par M. **Meugy**; br. in-8.º

589 Mémoire sur les fourneaux fumivores, par M. **Lefroy**. Paris, M.ᵐᵉ Huzard, 1833, br. in-4.º

590 Rapport fait à MM. les président et conseillers de la Cour royale à Paris, par M. **de Prony**, sur la nouvelle et l'ancienne machine à vapeur établies à Paris, au Gros-Caillou. Paris, M.ᵐᵉ Huzard, 1826, in-8.º

591 Rapport sur l'explosion d'une chaudière à vapeur, à Seclin, par M. **Meugy**. Paris, 1845, br. in-8.º

592 Rapport sur l'explosion d'une chaudière à vapeur, à Roubaix, par M. **Meugy**. Paris, 1847, br. in-8.º

593 Rapport au Conseil central de salubrité du Nord, sur les accidents occasionnés par les appareils à vapeur et autres moteurs, par MM. **Bailly, Delezenne** et **Gosselet**. Lille, Vanackère, 1854, br. in-8.º

594 Aide-mémoire du chauffeur-mécanicien, par M. **Thorain**. Lille, 1867.

595 Note sur l'emploi du sucre pour préserver les chaudières à vapeur des incrustations salines, par M. **Guinon**. Lyon, Barret, 1847, br. in-8.º

596 Essai pratique sur l'établissement et le contentieux des usines hydrauliques, par J.-B. **Viollet**. Paris, 1840, in-8.º

597 Quelques machines hydrauliques applicables à plusieurs sortes d'usages, mais plus particulièrement à l'élévation des eaux par M. F. J. **Duburguet**. Marmande, Pélousin, 1853, br. in-4.º

598 Description d'une boussole de mineur à niveau constant, par M. G. **Lambert**. Bruxelles, Vandooren, 1846, br. in-8.º

599 De la descente et de l'ascension des ouvriers dans les mines ; échelles d'un nouveau système, par G. **Lambert**. Mons, Em. Hoyois, 1848, br. in-8.°

600 Des moyens de soustraire l'exploitation des mines de houille aux chances d'explosion. Recueil publié par l'Académie royale de Belgique. Bruxelles, Hayez, 1840, in-8.°

601 Description et prix de revient approximatif de cinq ferrements et de deux plates cuves en maçonneries exécutés dans les travaux souterrains du puits des Andrieux du charbonnage de Bellevue-sur-Elouges, par M. G. **Lambert**. Bruxelles, Vandooren, 1845, br. in-8.°

602 Théorie du calcul des éléments des escaliers à l'usage des constructeurs, par M. **Mahistre**. Paris, Bachelier, 1853, br. in-8.°

603 Monographie des bois d'ébénisterie, par M. **Jonglez de Ligne**. Paris, Paul Dupont, 1864, br. in-8.°

604 De la pourriture sèche qui détruit les bois employés à la construction des vaisseaux, des moulins, etc., par Ambroise **Bowden**, traduit de l'anglais par le baron **de Puymaurin**. Paris, A. Egron, 1819, br. in-8.°

605 Mémoire sur un papier de sûreté, destiné à prévenir toute espèce de faux en écritures publiques ou privées, et sur une encre dite chimico-specimut. Paris, V.ᵉ Delaguette, 1834, br. in-8.°

606 Rapport sur les papiers dits de sûreté de M. Mozard, par M. J. **Girardin**. Rouen, Baudry, 1835, br. in-8.°

607 Troisième rapport sur le papier dit de sûreté de M. Mozard, par M. J. **Girardin**. Rouen, Baudry, 1836, br. in-8.°

608 Rapport fait à l'Athénée des Arts de Paris par M. **Fabré-Palaprat** sur les nouvelles lampes hydrostatiques de l'invention de M. Thilorier. Paris, V.ᵉ Ballard, 1827, br. in-4.°

609 Traité de Taxidermie, par M. **Dupont**. Paris, Parmentier, 1823, in-8.°

610 Importance de l'aluminium dans la métallurgie, par M. Ch. **Tissier**. Rouen, Lecointe, 1862, br. in-4.°

H. **Législation commerciale**.

611 Discours prononcé à l'Assemblée des industriels réunis pour l'adoption de la marque obligatoire, par M. **Jobard** ; br. in-8.°

612 La marque ou la mort, pamphlet anonyme ; **7.**e édition. Bruxelles, C. J. de Mat, 1845, br. in-8.°

613 Aperçu sur les législations relatives aux inventions industrielles, tant en Europe qu'aux Etats-Unis d'Amérique, extrait du recueil industriel publié par M. **de Mauléon**; br. in-8.°

614 Projet de loi sur les brevets d'invention rédigé à la demande du Ministre de l'Intérieur et considéré comme moyen d'introduire des industries nouvelles dans les Flandres, par M. **Jobard**. Bruxelles, 1848, in-8.°

615 Analyse des réponses aux questions proposées pour la révision des lois sur les brevets d'invention, extraites du recueil industriel publié par M. **de Mauléon** ; br. in-8.°

616 Brevets de priorité. — Projets de loi rédigé avec la collaboration des principaux inventeurs et industriels de la Belgique ; par M. **Jobard**. Bruxelles, Biénez, 1849, br. in-8.°

617 Rapport fait par M. **Kuhlmann**, au Conseil général de l'agriculture, des manufactures et du commerce, au nom de la Commission chargée d'examiner la question relative à la législation des brevets d'invention ; 1850, br. in-8.°

618 Courte réfutation d'un long rapport de la Commission des brevets belges. Fleurus, Félix Oudart, 1851, br. in-8.°

619 De la législation sur les brevets d'invention, par Armand **Maizière**. Reims, 1851, br. in-8.°

620 Extrait de la délibération de la Chambre de commerce de Lille du 31 juillet 1829, sur les inconvénients qui existent dans la législation actuelle des brevets d'invention et sur les améliorations qu'il serait utile d'y introduire ; br. in-8.°

621 Essai sur les brevets d'invention obtenus par les industriels de la Normandie depuis l'origine de cette institution, par MM. J. **Girardin** et **Ballin**. Caen, H. Le Roy, 1841, br. in-8.°

622 Instruction théorique et pratique sur les brevets d'invention, de perfectionnement et d'importation, par le Chef du bureau des manufactures au ministère du Commerce. Paris, 1829, in-8.°

623 Considérations et opinion sur cette question : Continuera-t-on de délivrer, pour les inventions industrielles, des titres qui, sous la dénomination de brevets, conféreront le droit privatif d'exploiter ces inventions pendant un temps déterminé, par A. B. **Vigarosy**. Castelnaudary, Labadie, 1829, br. in-8.°

624 Etude industrielle motivée par un nouveau procès en contre-

façon intenté par un manufacturier de Sedan à un manufacturier d'Elbeuf. Rouen, H. Rivare et C.ⁱᵉ, 1859, br.
in-8.°

625 Le Moniteur des brevets d'invention dirigé par A. **Lauza**,
n.ᵒˢ de mars, mai, juillet et août 1862. Paris, 3 br. in-4.°

626 Catalogue des brevets d'invention, d'importation et de perfectionnement délivrés du 1ᵉʳ janvier 1828 au 31 décembre
1842 et encore en vigueur à cette dernière époque, dressé
par ordre de M. Cunin-Gridaine, ministre de l'agriculture.
Paris, V.ᵉ Bouchard-Huzard, in-8.°

627 Catalogue des spécifications de tous les principes, moyens
et procédés pour lesquels il a été pris des brevets d'invention, de perfectionnement et d'importation depuis le
1.ᵉʳ juillet 1791, jusqu'en 1867. Paris, 1826-1867, 27 vol.
in-8.°

628 Description des machines et procédés consignés dans les
brevets d'invention, de perfectionnement et d'importation dont la durée est expirée et dans ceux dont la
déchéance a été prononcée, publiée par les ordres de
M. le Ministre de l'agriculture et du commerce. Paris,
V.ᵉ Bouchard-Huzard, 1818-1863, 93 vol. in-4.°

629 Description des machines et procédés pour lesquels des
brevets d'invention ont été pris sous le régime de la loi
du 5 juillet 1844, publiée par les ordres du Ministre de
l'agriculture et du commerce. Paris, Imprimerie impériale, 1850-1869, 65 vol. in-4.°

630 Conseil d'Etat. — Enquête sur l'application des tarifs des
chemins de fer. Paris, imprimerie nationale, 1850,
in-4.°

631 Délibération de la Chambre de commerce de Toulouse
adressée au Ministre de l'agriculture et du commerce,
ayant pour objet de s'opposer au maintien du tarif publié
par l'administration du canal du midi le 18 septembre
1841; — Rapport de la Commission chargée de l'examen
des effets du nouveau tarif; — Consultation prise par la
Chambre relativement à l'illégalité de ce tarif. Toulouse,
V.ᵉ Sens et Janot, 1852, br. in-4.°

632 Pétition de la Société d'agriculture, sciences et arts de Douai
adressée aux Chambres législatives concernant la navigation intérieure et l'établissement d'une tarification
uniforme. Douai, Adam d'Aubers, 1846, br. in-8.°

633 Observations de la Chambre de commerce de Lille contre
l'affermage des canaux et la tarification uniforme du péage
des voies navigables. Lille, Danel, 1853, br. in-4.°

634 Tarif des droits d'entrée et de sortie des cinq grosses fermes

ordonnés d'être perçus par l'édit de 1664, sur toutes les marchandises ; nouvelle édition. Rouen, Lallemant, 1758, 2 vol. in-8.°

635 De la protection en matière d'industrie et des réformes de sir Robert Peel, par le vicomte **de Romanet** ; 2.e édition. Paris, Renard, 1845, br. in-8.°

636 Révolution commerciale en France ; réflexions sur la situation présente ; moyens de l'améliorer, par Ad. **Terwagne**. Paris, Marc-Aurel, 1846, br. in-8.°

637 Union douanière. — Seconde lettre à M. Deschamps, ministre des affaires étrangères à l'occasion du traité du 13 décembre, par M. **Vandecasteele**. Bruxelles, Stingeneyer, 1846, br. in-8.°

638 Défense du travail national : Association contre le libre-échange ; séance du 12 octobre 1846. Lille, Vanackere, br. in-8.°

639 Le libre-échange combattu par des chiffres, par M. **Brun-Lavainne**. Tourcoing, Mathon, 1846, br. in-18.

640 Programme de réforme douanière proposé par l'Association pour la liberté des échanges. Paris, Guillaumin, 1847, br. in-8.°

641 Des intérêts maritimes et de la protection : — Réponse de la Chambre de commerce de Bordeaux aux membres du Comité central pour la défense du travail national. Bordeaux, Suwerinck, 1847, br. in-8.°

642 Les économistes appréciés ou nécessité de la protection, par S. O. **Protin** ; 1.er et 2.e parties. Paris, E. Dentu, in-12.

643 A Messieurs les membres du Comice agricole de l'arrondissement de Chartres, sur la question du libre-échange ; 1847, br. in-8.°

644 Lettre adressée aux membres des Sociétés d'agriculture des départements, par l'Association pour la liberté des échanges ; 1847, br. in-4.°

645 Association pour la défense du travail national ; mémoire présenté aux Chambres sur le projet de loi des douanes. Paris, Guiraudet et Jouaust, 1847, br. in-4.°

646 Association pour la défense du travail national ; examen des théories du libre-échange et des résultats du système protecteur ; 1847, br. in-4.°

647 Association pour la défense du travail national ; compte-rendu de la réunion du Comité de Lille, le 22 décembre 1847. Lille, Vanackere, br. in-8.°

648 Association pour la défense du travail national ; réponse du

Comité central à MM. les membres de la Chambre de commerce de Bordeaux. Paris, Guiraudet et Jouaust, 1847, br. in-4.º

649 Réponse des membres du Comité central d'Association pour la défense du travail national, aux membres de la Chambre de commerce de Bordeaux. Paris, 1847, br. in-4.º

650 Quatrième compte-rendu adressé par la Commission permanente de l'Association pour la défense du travail national, aux membres du Comité central et aux Comités des départements ; br. in-4.º

651 Observations adressées par la Chambre de commerce de Lille, au Ministre du commerce, sur les tendances qui menacent le système de protection établi en faveur de l'industrie nationale. Lille, Parvillez-Rouselle, br. in-4.º

652 Résolutions adoptées dans la discussion publique qui a eu lieu le 11 janvier 1847, à l'occasion du libre-échange, dans la salle du Tribunal de commerce de Nevers, sur la proposition de M. Ach. Dufaud. Nevers, Fay, 1847, br. in-4.º

653 Pétition adressée à MM. les Représentants, par la Société d'agriculture de Douai à propos de la loi proposée pour régler le commerce de l'Algérie ; 1850, br. in-8.º

654 Discours de M. **Thiers** sur le régime commercial de la France, prononcés à l'Assemblée nationale les 27 et 28 juin 1851. Paris, Paulin, L'Heureux et C.ⁱᵉ, 1851, in-8.º

655 Solution des problèmes relatifs à la protection et au libre-échange, par J. **du Mesnil-Marigny**. Paris, E. Brière, 1861, br. in-8.º

656 Rapport à la Société d'émulation de la Seine-inférieure, au nom de la Commission nommée pour examiner la question des prohibitions, par M. **Laurens**, 1861, in-8.º

657 Comment la Belgique doit répondre à la guerre des tarifs. Bruxelles, Lelong, 1852, br. in-8.º

658 Délibération de la Chambre de commerce de Lyon sur un rapport de M. Rondot, au sujet du commerce de la France avec la Chine. Lyon, Louis Perrin, 1860, br. in-8.º

659 Tableaux statistiques des patentables de la Belgique en 1833, publiés par l'Etablissement géographique de Bruxelles ; br. in-8.º

660 Considérations générales sur le colportage pour servir de développement à une pétition présentée à la Chambre des

députés par un grand nombre de négociants français, par J. Ch. **Herpin**. Paris, etc., 1820, br. in-8.º

661 La question des houilles ; pétition de la Chambre de Commerce au Ministre de l'agriculture, du commerce et des travaux publics ; 1866, br. in-8.º

662 La question de la législation des céréales, par la Société des sciences, agriculture et arts du Bas-Rhin. Strasbourg, br. in-8.º

663 Notes remises, sur sa demande, à la Chambre des Députés chargée de l'examen du projet de loi concernant les eaux-de-vie et esprits rendus impropres à la consommation comme boisson, par J. **Robert**. Paris, Firmin Didot, 1845, br. in-8.º

664 Les graines oléagineuses. — Réponse des délégués de l'agriculture, du commerce et de la propriété des départements du Nord, du Pas-de-Calais, de la Somme, de l'Aisne, de l'Oise, de Seine-et-Oise, de la Seine-Inférieure et du Calvados aux observations des délégués marseillais ; br. in-4.º

665 Projet de loi de douane ; graines oléagineuses et matières de lin ; pétition aux deux chambres, par la Société d'agriculture, sciences et arts de Douai. Douai, Adam d'Aubers, 1844, br. in-8.º

666 Rapport fait à la Chambre de commerce de Lille, au nom d'une Commission chargée par elle d'examiner la question des huiles oléagineuses. Lille, Vanackère, 1844, br. in-4.º

667 Considérations sur le mode d'exercice applicable aux fabriques de soude artificielle, présentées aux Ministres des finances et de l'agriculture, du commerce et des travaux publics, publiées par M. Fréd. **Kuhlmann** ; br. in-4.º

668 Note sur l'impôt du sel et sur ses effets, publiée par l'administration des douanes ; 1831, br. in-8.º

669 Le Sucre indigène. — Appel de l'agriculture aux Conseils généraux des départements. Paris, Everat, 1836, br. in-4.º

670 Question des sucres ; br. in-8.º

671 Observations présentées par des fabricants de sucre de betterave au comte de Saint-Cricq, Ministre du commerce et des manufactures, président de la Commission d'enquête commerciale. Dunkerque, V.e Weins, 1828, br. in-4.º

672 Discours prononcé le 24 mai 1837, à la Chambre des députés, par M. A. **de Lamartine**, sur la discussion des sucres ; br. in-8.º

673 Observations sur la question des sucres présentées aux Chambres des Pairs et des Députés par les agriculteurs-fabricants de sucre des arrondissements de Valenciennes et d'Avesnes. Valenciennes, Prignet, 1839, in-4.°

674 Question des sucres; opinion de M. Thém. **Lestiboudois**, député du Nord. Paris, Proux, 1840, br. in-8.°

675 Examen de la question des sucres, par P. **Molroguier**. Rennes, A. Marteville, 1840, in-8.°

676 Pétition sur la question du sucre indigène adressée à la Chambre des Pairs et à la Chambre des députés. Lille, Danel, février 1842, br. in-4.°

677 Avis de la Chambre de commerce de Toulouse, sur la question des sucres; br. in-8.°

678 Discours du comte d'Argout, pair de France, dans la discussion générale du projet de loi relatif au sucre indigène; 1843, br. in-8.°

679 Solution de la question des sucres, par E. **Degrand**, 1843, br. in-8.°

680 Solution de la question des sucres proposée par la Société d'agriculture de Valenciennes. Valenciennes, Prignet, 1843, in-8.°

681 Analyse de la question des sucres, par le prince Napoléon-Louis **Bonaparte**. Paris, 1842, br. in-8.°

682 La loi des sucres et le budget de 1844, par le vicomte **de Romanet**. Paris, 1843, br. in-8.°

683 Pétition présentée à la Chambre des pairs et à la Chambre des députés par la Société centrale d'agriculture de la Seine-Inférieure, relativement aux projets de loi sur la suppression du sucre indigène. Rouen, 1843, br. in-4.°

684 Extrait des mémoires de la Société d'agriculture, sciences et arts de Valenciennes, sur la question des sucres. Valenciennes, A. Prignet, 1847, br. in-8.°

685 Rapport sur le projet de décret relatif à l'importation et à l'exportation des sucres étrangers, présenté au Comité central de l'agriculture, par le citoyen F. **Jusserand**: août 1848, br. in-8.°

686 Rapport présenté au Conseil général de l'agriculture, des manufactures et du commerce, par M. **Lestiboudois** au nom de la Commission chargée d'examiner le projet de loi sur le tarif des sucres, et discours prononcé par M. **Kolb-Bernard** le 7 mai; br. in-18.

687 Première lettre sur la question des sucres adressée à MM. les Membres de l'Assemblée nationale législative, par la

Société d'agriculture de l'arrondissement de Valenciennes. Valenciennes, Henry, 1850, br. in-8.º

688 Première et deuxième lettres de la Société d'agriculture de Valenciennes à MM. les Membres de l'Assemblée nationale législative sur la question des sucres, — marine, — agriculture. Valenciennes, B. Henry, 1850-51, 2 br. in-8.º

689 Discours prononcé à l'Assemblée nationale, le 18 mars 1851, par M. Antony **Thouret**, représentant du peuple (Nord), dans la discussion générale du projet de loi relatif aux tarifs des sucres et cafés; br. in-8.º

690 Académie des sciences et de l'agriculture du département de la Somme; question des sucres. Amiens, Duval et Herment, 1851, br. in-8.º

691 Observations présentées dans la discussion de la loi sur le tarif des sucres des Colonies françaises, par M. **Legrand**, député du Nord. Lille, 1856, br. in-8.º

692 Note sur la question des sucres, par B. **Corenwinder**. Lille, Leleux, 1863, br. in-8.º

693 Examen de l'article 4 du projet de loi sur les sucres, relatif à l'abonnement, par une réunion de fabricants de sucre du Nord et du Pas-de-Calais. Lille, Danel, br. in-8.º

694 Observations sur la prise en charge de la régie des contributions indirectes dans les fabriques de sucre indigène, par M. B. **Corenwinder**. Lille, Danel, br. in-8.º

695 Question du Sésame; pétition adressée aux Chambres législatives, par la Société centrale d'agriculture de Douai. Douai, Adam d'Aubers, 1843, br. in-8.º

696 Observations soumises à la Commission des douanes (Chambre des députés) au nom de l'agriculture, contre l'importation, en France, du Sésame et autres graines oléagineuses étrangères, par M. **Goudemez**. Arras, Aug. Thierry, 1844; br. in-8.º

697 Mémoire sur la question des Sésames, par M. F. **Maure**. Draguignan, H. Bernard, 1844, br. in-8.º

698 Rapport de la Commission de la Société d'agriculture de l'arrondissement de Saint-Pol, chargée d'étudier les questions soulevées par l'introduction de la graine de Sésame en France, lu à l'Assemblée le 15 mars 1845; br. in-8.º

699 Rapport fait par M. **Perrier**, le 15 février 1844, sur la question du Sésame, à la Société d'agriculture du département de la Marne. Châlons, br. in-12.

700 Le Sésame considéré sous les points de vue maritime, com-

mercial, agricole et industriel, par le vicomte **de Romanet**. Paris, 1845, br. in-8.º

701 Rapport présenté à la Chambre de commerce de Lille, sur la question des tabacs. Lille, Parvillez-Rousselle, 1836, in-4.º

702 Coup d'œil sur le monopole et la culture du tabac en France et spécialement dans le Pas-de-Calais, par le Dʳ B. **Danvin**. Saint-Pol, A. Thomas, 1845, br. in-8.º

703 Observations adressées par la Chambre de commerce de Lille aux membres de l'Assemblée nationale sur l'arrêté du pouvoir exécutif du 6 juin concernant le nankin, les glaces et l'iode. Lille, Vanackère, 1848, br. in-4.º

704 Avis à la Chambre des Pairs de France sur le projet de loi des modèles, dessins et tissus de fabrique suivi d'un mot à la Chambre des Représentants belges sur l'utilité et la nécessité du privilège industriel pour organiser l'industrie et le commerce et donner du travail aux ouvriers, par M. **Jobard**. Bruxelles, 1845, br. in-8.º

705 De l'importation en France des fils et tissus de lin et de chanvre d'Angleterre, par M. **Estancelin**. Paris, A. Henry, 1842, br. in-8.º

706 Observations présentées au Ministre de l'agriculture et du commerce en avril 1844, par la Chambre de Commerce de Lille sur la question des lins, des fils et tissus de lin et de chanvre. Lille, Vanackère, br. in-4.º

707 Résumé de la question des fils et des toiles de lin et de chanvre; br. in-8.º

708 Rapport sur la question de l'importation des laines en France fait par M. **Huot** à la Société centrale d'agriculture de Seine-et-Oise; br. in-8.º

709 Note sur l'établissement formé à Paris, sous le nom de dépôt des laines, par M. C. **Morel de Vindé**. Paris, M.ᵐᵉ Huzard, 1816, br. in-8.º

710 Mémoire sur la valeur des laines, présenté à la Société d'agriculture d'Eure-et-Loire; 1828, br. in-8.º

711 Deuxième mémoire sur la valeur des laines en réponse aux observations de la Commission d'enquête établie par le Ministre du commerce. Chartres, 1829, br. in-8.º

712 Faits et observations sur la question de l'exportation des mérinos et de leur laine hors du territoire français, par MM. **Gabiou**, **Yvart**, **Tessier**, etc. Paris, M.ᵐᵉ Huzard, 1814, in-8.º

713 Mémoire sur les dangers de la loi qui défend l'exportation des béliers mérinos, par M. **Morel de Vindé**; br. in-8.º

714 Doléances des sociétés et conseils d'agriculture des départements, des agriculteurs et propriétaires de bestiaux sur la question des laines, présentées au ministre de l'intérieur. Paris, 1830, br. in-8.º

715 Rapport de la Commission des laines et des céréales du Comice agricole de Nîmes. Paris, 1835, br. in-8.º

716 Procès-verbal des séances du Congrès d'agriculteurs producteurs de laine, tenu à Senlis en 1843 ; br. in-4.º

717 Rapport sur les résolutions prises par les producteurs de laine, en leur réunion tenue à Compiègne, le 24 octobre 1842, fait à la société d'agriculture de la Marne, par M. **Caquot**. Châlons, Bonier-Lambert, 1843, br. in-8.º

718 Rapport au Ministre de l'agriculture et du commerce sur l'industrie lainière de la Belgique en 1847, par Natalis **Rondot**. Paris, Guillaumin, 1849, in-8.º

719 Du dernier traité de commerce avec l'Angleterre, des mesures à prendre par l'industrie elbeuvienne pour en atténuer les conséquences, par M. **Auber**. Paris, 1860, br. in-8.º

720 Rapport fait au Conseil général de l'Indre, par M. **Charlemagne**, député, rapporteur de la Commission chargée d'examiner la question relative à l'introduction des bestiaux étrangers. Châteauroux, br. in-8.º

721 Rapport fait à la Société impériale des sciences de l'agriculture et des arts de Lille, sur la question des bestiaux, par Thém. **Lestiboudois** ; br. in-8.º

722 Rapport à la Société d'agriculture de Caen sur diverses questions du Ministre de l'agriculture relatives au maintien ou à la suppression des droits de douanes sur les bestiaux étrangers ; 1850, br. in-8.º

723 Loi du 20 mai 1828 sur les vices rédhibitoires et la garantie dans les ventes et échanges d'animaux domestiques, par M. **Arbaud**. Draguignan, Garcin, 1840, in-8.º

I. Travaux publics.

724 Des chemins de fer et des dispositions propres à assurer, avec le plus de convenances, leur exécution et leur usage, par M. **de Marivault**. Paris, 1839, in-8.º

725 Rapport à M. le ministre des travaux publics sur les chemins de fer, par M. Edmond **Teisserenc**. Paris, imprimerie royale, 1843, in-4.º

726 Ministère des travaux publics. — Documents statistiques sur les chemins de fer. Paris, Imprimerie impériale, 1856, gr. in-4.º

727 Ministère des travaux publics. — Enquête sur les moyens d'assurer la régularité et la sûreté de l'exploitation sur les chemins de fer. Paris, Imprimerie impériale, 1858, gr. in-4.º

728 Ministère des travaux publics. — Enquête sur l'exploitation et la construction des chemins de fer. Paris, Imprimerie impériale, 1863, gr. in-4.º

729 Devis estimatif des dépenses d'établissement et d'entretien du chemin de fer d'Anvers à Liège, formant la première section de la route en fer d'Anvers à Cologne, par MM. P. **Simons** et G. **de Ridder**; 1832, br. in-f.º

730 Exposé général des études faites pour le tracé des chemins de fer de Paris en Belgique et en Angleterre, et d'Angleterre en Belgique, desservant, au Nord de la France, Boulogne, Calais, Dunkerque, Lille, et Valenciennes, présenté, par L. L. **Vallée**. Paris, Imprimerie royale, 1837, in-4.º

731 Chemin de fer du Nord : Paris, Londres, Bruxelles. Paris, Vinchon, 1838, br. in-4.º

732 Rapport fait à la Chambre des députés, le 8 juin 1838, au nom de la Commission chargée d'examiner le projet de loi tendant à autoriser l'établissement d'un chemin de fer de Calais à Lille, par Watten et Saint-Omer, avec embranchement sur Dunkerque, par M. **Delebecque**; br. in-8.º

733 Opinion de la Chambre de commerce de Calais sur l'urgence d'une ligne de transit de Calais à Lille, en opposition à celle d'Ostende à Malines. Calais, D. Leroy, 1838, br. in-4.º

734 Compagnie du chemin de fer du Nord ; embranchements de Lille à Dunkerque et à Calais, plan parcellaire de la partie comprise entre Lille et Dunkerque, profil en long présentant le degré d'avancement des travaux ; 1848, 2 vol. in-f.º

735 Conseil d'arrondissement de Lille, session de 1843 : Rapport de M. **Kuhlmann** sur l'établissement du Chemin de fer du littoral. Lille, Danel, br. in-4.º

736 Deux chemins de fer de Lille à Dunkerque ; br. in-4.º

737 Mémoire à l'appui de l'établissement des voies ferrées économiques de Lille aux houillières de Fresnes et Condé, de Douai aux fours à chaux et carrières de Tournai, suivi d'un appendice sur le projet d'agrandissement de

Lille et un nouveau plan proposé par G. **Love**, ingénieur civil. Lille, Reboux, 1858, br. in-4.º

738 De trois lois à faire sur les travaux publics, par L. L. **Vallée** N.º 5 faisant suite à l'écrit intitulé : Concession des chemins de fer de Paris en Belgique. Paris, Carilian-Gœury, 1838, br. in-8.º

739 Considérations sur le tracé des voies nouvelles destinées à relier au chemin de fer du Nord, le bassin houiller du Pas-de-Calais, par G. **Lamarle** ; 1854, br. in-4.º

740 Observations de la Société d'agriculture de Valenciennes adressées au Ministre des travaux publics au sujet de la concession du chemin de fer projeté d'Erquelines à Saint-Quentin ; 1850, br. in-8.º

741 Grand tunnel des Alpes de 12,290 mètres, proposé par M. le chevalier **Maus** ; br. in-8.º

742 Considérations de la Chambre de commerce de Lille sur la concession des chemins de fer à des compagnies financières. Lille, Vanackere, 1845, br. in-8.º

743 Sulla possibilita ed utilita de una ferrovia intorno il promontorio garnanico, par A. M. **Lombard** ; br. in-8.º

744 Avant-projet d'un chemin de fer à traction animale d'Arras à Etaples ou Verton, mémoire à l'appui, par M. E. **Davaine**. Arras, Alph. Brissy, 1859, br. in-8.º

745 Avant-projet d'un chemin de fer à traction de chevaux d'Arras à Etaples et à Verton ; mémoire complémentaire par M. E. **Davaine**. Arras, Alph. Brissy, 1859, br in-8.º

746 Rapport sur les voies ferrées à traction de chevaux en projet d'Arras à Etaples, par M. E. **Davaine**. Arras, A. Courtin 1860, br. in-8.º

747 Mémoire sur la comparaison des chaussées pavées et empierrées et sur la force de traction du cheval, par M **Charié-Marsaines**. Paris, V.ºr Dalmont, 1857, br in-8.º

748 Rapport sur l'état et les besoins des routes impériales, par M. E. **Davaine**. Arras, A. Courtin, 1860, br. in-8.º

749 Rapport de l'ingénieur en chef du département du Nord sur les effets produits, par les gelées de l'hiver de 1855, sur les différentes voies de communication de ce département ainsi que sur les résultats de l'application, à ces mêmes voies, du règlement d'administration publique, en date du 10 août 1852, sur la police du roulage. Lille, Lefebvre-Ducrocq, br. in-4.º

750 Observations sur un spécimen de chaussée bitumineuse

exécuté à Clermont-Ferrand, par M. C. **Auclerc**. Paris, Paul Dupont, br. in-8.º

751 Mémoires sur les routes anglaises dites routes Mac Adam, par sir J. **Byerley**. Paris, M.me Huzard, 1824, br. in-8.º

752 Rapport au Roi sur la navigation intérieure de la France, par M. **Becquey**. Paris, M.me Huzard, 1820, br. in-8.º

753 Rapport sur la navigation intérieure présenté au Conseil général du commerce. Lille, Vanackere, 1846, br. in-8.º

754 Conseil général du Nord : Rapport sur la navigation intérieure, par M. **Kuhlmann**. Lille, Danel, 1862, br. in-4.º

755 Examen relatif aux projets de barrage de la Seine dans le voisinage du Havre, par M. le baron **de Prony**. Paris, Carilian-Gœury ; 1831, br. in-8.º

756 Mémoire sur un projet de flottage et de navigation de l'Ain entre Champagnole et le port de Thoirette, par M. Ern. **de Chamberet**. Paris, Lons-le-Saulnier, 1835, br. in-8.º

757 Etudes sur la navigation fluviale par la vapeur, par Ferd. **Mathias** et Ch. **Callon**. Paris, L. Mathias, 1846, in-8.º

758 Mémoire sur l'ouverture d'un canal de jonction de la Sambre à l'Escaut ; enquête de 1840. Valenciennes, Prignet, 1841, br. in-4.º

759 Du Rhône et du lac de Genève, ou des grands travaux à exécuter pour la navigation du Léman à la mer, par M. L. L. **Vallée**. Paris, L. Mathias, 1843, in-8.º

760 Projet du canal de la Sensée, tracé de niveau du bassin rond, sur l'Escaut, au bassin de Brebières, sur la Scarpe, présenté par M. J. **Cordier**, 1816, in-4.º

761 Mémoire sur les travaux de la rigole dérivée de l'Yonne pour l'alimentation du point de partage du canal du Nivernais, par M. **Charié-Marsaines**. Paris, Carilian-Gœury et V.or Dalmont, 1851, in-8.º

762 Note sur les travaux exécutés pour l'alimentation du canal de jonction de la Sambre à l'Oise, par M. **Lamarle**. Paris, Fain et Thunot, br. in-8.º

763 Du régime des cours d'eau non navigables ; rapport fait au nom de la Commission chargée par le Congrès de Saint-Quentin de l'examen de cette question, par M. le baron **de Tocqueville**. Compiègne, Escuyer, 1844, br. in-8.º

764 De l'établissement d'un dock à Dunkerque, par V.or **Derode**. Dunkerque, Kien, 1857, br. in-8.º

765 Mémoire sur la dérivation des eaux pluviales qui entrainent les terres des sols en pente et qui inondent les vallées, par M. **de Saint-Venant**. Paris, 1846, br. in-4.º

766 De l'aménagement des eaux pluviales pour améliorer le sol et pour prévenir les inondations, par M. **de Saint-Venant**. Paris, V.ᵒʳ Dalmont, 1856, in-8.º

767 Rapport des ingénieurs à l'appui du projet de distribution d'eau de Roubaix et Tourcoing. Lille, Lefebvre-Ducrocq, 1853, in-4.º

768 Eaux de Paris. — Lettre à un conseiller d'Etat pour servir de réponse aux adversaires des projets de la ville de Paris, par M. **Robinet**. Paris, V.ᵉ Bouchard-Huzard, 1862, in-8.º

769 Etude de l'alimentation de la ville de Lille en eaux potables; rapport de la Commission instituée par le maire, le 24 juillet 1863, en juin et décembre 1864. Lille, Lefebvre-Ducrocq, 1864, br. in-4.º

J. Finances.

770 Considérations sur les finances avec des réflexions sur la nécessité de comprendre l'étude du commerce et des finances, dans celle de la politique, par **Forbonnais**; seconde édition. Madrid et Paris, 1781, in-16.

771 De l'Administration des finances de la France, par M. **Necker**. Paris, 1784, 2 vol. in-8.º

772 Des fonds publics français et étrangers et des opérations de la Bourse de Paris, par Jacques **Bresson**; huitième édition. Paris, 1843, in-8.º

773 De l'impôt et des valeurs mobilières par L. **Foubert**. Paris, 1869, br. in-8.º

774 Epargne et prévoyance, lettres à un jeune laboureur, par L. **L**... Paris, 1840, br. in-16.

775 L'ordre et le calcul, par M. **de Triqueti**; deuxième édition. Paris, Meyrueis, 1856, br. in-8.º

776 Rapport présenté au Congrès central d'agriculture au nom de la Commission des assurances, par M. **Duchataux**. Valenciennes, A. Prignet, 1847, br. in-8.º

777 Rapport fait à l'Assemblée nationale au nom du Comité d'agriculture et du Crédit foncier sur la proposition du citoyen Pézerat tendant à l'organisation d'assurances agricoles par l'Etat, par le citoyen **Loiset**; 1849, br. in-8.º

778 Observations sur le projet de loi relatif à la création d'une caisse d'assurance en cas d'accidents résultant

des travaux agricoles et industriels, par A. **Longhaye**. Lille, Danel, 1868, br. in-4.°

779 Banque agricole, par M. **Constant**. Clermont-Ferrand, Thibaut-Landriot, 1854, br. in-8.°

780 Projet de décret sur les banques agricoles ou moyens pratiques de prêter sur le mobilier des agriculteurs et de liquider la dette hypothécaire, par M. **Constant**. Clermont-Ferrand, 1854, br. in-8.°

781 Institution du Crédit foncier par la mobilisation du contrat hypothécaire. Bayeux, Nicolle, 1843, br. in-4.°

782 Des institutions de crédit foncier en Allemagne et en Belgique, par M. **Royer**. Paris, imprimerie royale, 1845, br. in-8.°

783 Critique du projet de loi de la Commission de l'Assemblée nationale sur le Crédit foncier, et contre-projet, par M. **Amyot**; 1851, br. in-8.°

784 Crédit foncier : Rapport au Président de la République par M. **Dumas**, Ministre de l'agriculture et du commerce, suivi d'un rapport sur la publication de nouveaux documents relatifs aux institutions du Crédit foncier qui existent dans les divers états européens, présenté au Ministre de l'agriculture et du commerce, par M. J.-B. **Josseau**, commissaire du Gouvernement. Paris, imprimerie nationale, 1851, br. in-8.°

785 Rapport sur le concours : Histoire des associations ouvrières jusqu'à nos jours, lu dans la séance de l'Académie de Lyon du 23 décembre 1862, au nom d'une Commission, par M. **Dareste**; br. in-8.°

786 Les institutions de prévoyance en général, et des assurances sur la vie en particulier, par le major **Liagre**. Bruxelles, M. Hayez, 1862, br. in-8.°

787 Projet de règlement à l'usage des sociétés de prévoyance proposé par la Société royale des sciences, de l'agriculture et des arts de Lille. Lille, Lefebvre-Ducrocq, 1847, br. in-12.

788 Mémoire sur l'organisation des Caisses de veuves, avec des applications à la Caisse des veuves et orphelins des officiers de l'armée belge, par J.-B. **Liagre**; br. in-8.°

789 Réflexions concernant les avantages que présentent les compagnies d'assurances mutuelles sur la vie, par A. **Ballin**. Rouen, br. in-8.°

790 Des Caisses d'épargne, discours de M. **de Lamartine** à la Chambre des députés, le 3 février 1835; br. in-8.°

791 Compte-rendu des opérations de la caisse d'épargne de Ver-

sailles, pendant l'année 1848. Versailles, Montalant-Bougleux, 1849, br. in-4.°

792 Des avantages d'une assurance générale contre l'incendie, étendue à tous les immeubles de France, sous le contrôle des Chambres. Paris, Mongie aîné, 1825, br. in-8.°

793 Annuaire des sociétés par actions anonymes, civiles, et en commandite pour 1839 et 1840, publié par Jacques **Bresson**. Paris, 2 vol. in-8.°

794 Etudes économiques et sociales sur les faillites et les banqueroutes, par Auguste **Meulemans**. Bruxelles, 1868, br. in-12.

795 Libre monétisation de la propriété ou nouveau système d'emprunt hypothécaire avantageux pour les emprunteurs, pour l'état, pour les prêteurs en particulier, par Ch. **Boutard**. Paris, Guillaumin, 1854, br. in-12.

796 Rapport fait par M. **Houssard** sur le livre intitulé : Libre monétisation de la propriété, par M. Ch. Boutard ; br. in-8.°

797 De l'usure considérée dans ses rapports avec l'intérêt du commerce et celui de l'Etat. Lille, Jacqué, an XI, in-16.

798 Le prétendu mystère de l'usure dévoilé, ou le placement d'argent, connu sous le nom de prêt à intérêt, démontré légitime par l'autorité civile et par l'autorité ecclésiastique, par l'abbé **Barounat**. Paris, 1822, 2 vol. in-8.°

799 Ordonnances et règlements des magistrats de Lille sur la Bourse, les agents de change et les courtiers de commerce, promulgués depuis la réunion de cette ville au royaume, jusqu'à l'époque de la suppression des intermédiaires légaux du commerce par le décret de l'Assemblée nationale des 2 et 17 mars et 8 mai 1791, recueillis par **D*****, syndic des agents de change. Lille, 1831, br. in-8.°

800 Observations présentées au Tribunal correctionnel de Lille dans son audience du 10 janvier 1832, par le sieur **D*****, syndic des agents de change, à l'occasion d'un procès intenté contre les personnes qui, sans titre légal, s'immiscent dans les fonctions d'agent de change. Lille, 1832, br. in-8.°

801 De l'usurpation des fonctions des agents de change et de quelques abus dans la négociation des lettres de change et effets de commerce, ou consultation sur cette matière spéciale, par MM. **Coffinières**, **Berryer** père, **Berville**, **Odilon-Barrot**, **Bruneau**, **Roty**, **Delacroix**, **Leroy** (de Falvy) et **Leroy** (de Béthune), avocats ; 2.ᵉ édition. Lille, L. Jacqué, 1832, br. in-8.°

K. Assistance publique.

802 De l'assistance publique, par M. **Bonnier**. Lille, L. Lefort, in-8.º

803 Assistance publique : de l'insuffisance à domicile du secours médical et de la nécessité d'hôpitaux cantonnaux, mémoire présenté à l'Académie d'Arras en 1852, par le D.ʳ B. **Danvin**, avec un rapport de M. **Billet**. Arras, V.ᵉ Degeorge, 1853, br. in-8.º

804 Plan de tutelle paternelle, publique et temporaire de la classe prolétaire, par Ad. **Maizière**. Reims, Luton, 1852, br. in-8.º

805 Rapport sur les moyens d'améliorer la condition des travailleurs agricoles, adressé au citoyen Ministre de l'agriculture, au nom de la Société d'agriculture de Compiègne, par E. **de Tocqueville**. Compiègne, J. Escuyer, 1848, br. in-8.º

806 Question sur l'amélioration du sort des ouvriers, résolue dans le dialogue entre monsieur A. et madame B., par A. **Maizière**. Reims, 1848, br. in-4.º

807 Misère des classes laborieuses et ses causes, démontrées par les faits, par l'abandon des intérêts agricoles et notamment de l'industrie des lins, par M. **Moret de Moy**. Saint-Quentin, 1840, br. in-8.º

808 De l'abolition de la misère, étude, par J. **Fuix**. Amiens, E. Yvert, 1864, br. in-8.º

809 Essai sur la destruction de la mendicité dans le département du Pas-de-Calais, par M. **Billet**. Boulogne, Leroy-Mabille, 1835, br. in-8.º

810 Notice sur les fourneaux économiques pour la vente de portions d'aliments à cinq centimes, par Pierre **Klein**. Paris, 1856, br. in-8.º

811 Logements des classes pauvres, par le docteur Télèphe **Desmartis**. Bordeaux, 1860, br. in-8.º

812 Exposé de l'état actuel des ressources, des proportions de la distribution de l'assistance hospitalière en France, et des moyens d'étendre cette assistance à toutes les contrées qui en sont dépourvues, par la création d'hôpitaux-hospices régionaux, par le docteur B. **Danvin**. Arras, Brissy, br. in-8.º

813 Lettres d'un réformateur sur les établissements charitables

de la ville de Lille, leurs fondations, leur administration intérieure, etc., par J. **Sproit**. Lille, Blocquel,
1832, br. in-8.º

814 Histoire de la Société de Charité maternelle de Rouen, par
Ch. **des Alleux**, avec une notice nécrologique sur cet
auteur, par M. A. **Ballin**. Rouen, Péron, 1854, br. in-8.º

815 Compte-rendu des opérations de la Société de charité maternelle de Rouen pendant la période décennale de 1854
à 1863, par M. A. **Ballin**. Rouen, Boissel, 1864, br. in-8.º

816 Statuts et règlements de la Société de charité maternelle de
Rouen révisés le 7 décembre 1855 et approuvés le 4 février
1856. Rouen, A. Péron, br. in-8.º

817 La Société de secours mutuels et de retraite, l'*Alliance*,
fondée à Rouen, le 1.er janvier 1850 ; br. in-8.º

818 Réflexions sur les sociétés de secours mutuels et particulièrement sur le règlement de l'*Alliance* fondée à Rouen,
le 1.er janvier 1850 et compte-rendu de la situation de
cette société au 31 décembre 1851, par M. **Vingtrinier**.
Rouen, Lecointe, 1852, br. in-8.º

819 Situation des Sociétés de secours mutuels de Rouen en
1843 et 1848, par M. **Vingtrinier**. Rouen, H. Rivoire,
1848, br. in-8.º

820 Projet de loi relatif aux caisses de secours mutuels, précédé
de l'exposé des motifs, présenté par M. **Dumas**, Ministre de l'agriculture et du commerce; 1849, br. in-8.º

821 Rapport à l'Empereur sur la situation des sociétés de
secours mutuels, présenté par la Commission supérieure
d'encouragement et de surveillance des sociétés de
secours mutuels, — année 1861. Paris, imprimerie impériale, 1864, in-4.º

822 Ministère de l'intérieur. — Enfants assistés ; — enquête
générale ouverte en 1860 dans les quatre-vingt-six départements de l'Empire ; rapport de la Commission. Paris,
Imprimerie impériale, 1862, in-4.º

823 Enfants trouvés. — Suppression des tours, par le docteur
Télèphe **Desmartis**. Bordeaux, 1862, br. in-8.º

824 De l'utilité des orphelinats, par P. **Mignard**, extrait de
l'*Union bourguignonne*. Dijon, 1862, br. in-18.

825 Sur les hôpitaux, par le docteur **Tanchou**. Paris, Germer-
Baillière, 1848, br. in-8.º

826 De l'organisation d'un service de santé pour les indigents
des campagnes, considéré au point de vue administratif,
hygiénique et thérapeutique, par F. J. **Cazin**. Reims,
P. Régnier, 1852, br. in-8.º

827 Situation matérielle et morale des pauvres patronés par la Société de Saint Vincent de Paul, à Lille ; novembre 1843, in-8.°

828 Société de Saint Vincent de Paul, de Lille ; séance du 31 juillet 1843. Lille, Lefort, 1842, br. in-8.°

829 Discours lu à la conférence de Saint Vincent de Paul, de Lille, le 24 novembre 1844 ; br. in-8.°

830 Société de Saint Vincent de Paul ; conférence d'Arras. Arras, Degeorges, 1843, br. in-8.°

831 Notice sur l'asile des aliénés de Rouen, par A. **Ballin**. Rouen, N. Périaux, 1828, br. in-8.°

832 Considérations sur les colonies de fous, par C. **Rodenbach** ; br. in-8.°

833 La Société du prince impérial ; prêts de l'enfance au travail et les petits cultivateurs, par Jules **Prignet**. Valenciennes, E. Prignet, 1866, br. in-8.°

L. **Subsistances**.

834 Considérations sur les subsistances, par M. **de Gasparin**. Paris, 1847, br. in-4.°

835 Etude de la question des subsistances, par M. A. **Gleizes**. Toulouse, Charles Douladoure, 1861, br. in-8.°

836 Plus de famines, plus de disettes, ou les substances alimentaires décuplées ; lettre au Ministre de l'agriculture et du commerce, par l'auteur de la nouvelle théorie de la végétation. Paris, M.me Huzard, 1840, br. in-8.°

837 Des forces alimentaires des états et des devoirs du Gouvernement dans la crise actuelle, par M. Michel **Chevalier**. Paris, 1847, br. in-8.°

838 Recherches sur les moyens de prévenir le retour des crises en matière de subsistances et sur la possibilité d'obtenir une bonne statistique annuelle des ressources alimentaires de la France, par M. le baron **de Tocqueville**. Compiègne, Escuyer, 1847, br. in-8.°

839 A MM. les membres des sociétés d'agriculture et des comices agricoles au sujet de la disette à prévenir pour l'année prochaine, 1848, par des primes offertes aux ensemencements printaniers, par M. **Dutrône** ; br. in-8.°

840 Rapport au Congrès central d'agriculture sur les subsistances et sur l'amélioration du sort des classes agricoles, par M. **de Kergorlay** ; 1847, br. in-8.°

841 Mémoire sur le manque de subsistances en France, par M. J. **Toucas**. Toulon, Monge, 1847, br. in-8.º

842 Question alimentaire ; — Lettre et pièces adressées aux Conseils généraux et aux sociétés d'agriculture ; — Exposé de la situation des expériences faites par autorisation de l'Empereur ; Concours réclamé à l'effet de réaliser les démonstrations encore à faire. Saint-Denis, A. Moulin, 1861, br. in-8.º

843 Des causes morales de l'insuffisance et de la surabondance périodiques de la production du blé en France, par le docteur **Herpin**. Cherbourg, Mouchel, 1860, br. in-8.º

844 Suppression des disettes par l'impôt ou suppression des disettes par les réformes agricoles; réformes agricoles par les réformes alimentaires; réformes alimentaires par les réformes fiscales, par M. **Dubrunfaut**. Paris, Guiraudet et Jouaust, 1854, br. in-8.º

845 La question du pot-au-feu, par Victor **Borie**. Paris, 1857, br. in-8.º

846 Les greniers d'abondance appropriés à notre époque, par M. **de Marolles**. Paris, V.ᵉ Bouchard-Huzard, 1850, br. in-8.º

847 Des bases qui doivent servir à asseoir la taxe du pain, par la société d'émulation d'agriculture, sciences, et arts du département de l'Ain. Bourg, Millet-Bottier, 1843, br. in-8.º

848 Observations sur les principales causes de l'élévation du prix du pain et de la viande ; br. in-8.º

849 Ville de Lille. — Commission officieuse de la boulangerie; 1854, br. in-4.º

850 Mémoire sur la fondation des banques agricoles et des assurances et la création de réserves des grains, par N. **Hertel**. Quimperlé, Clairet, 1868, br. in-8.º

851 Rapport à la Société royale et centrale d'agriculture sur les moyens de suppléer au déficit des produits de la pomme de terre. Paris, br. in-8.º

852 De la cherté des grains et des préjugés populaires qui déterminent des violences dans les temps de disette, par V.ᵒʳ **Modeste**. Paris, Guillaumin et C.ⁱᵉ, 1854, in-12.

II. — SCIENCES PHYSIQUES ET CHIMIQUES

A. Physique.

853 Journal de physique, de chimie, d'histoire naturelle et des arts, par J. Cl. **Delamétherie**, continué par H. **Ducrotay de Blainville** ; (nivôse an XI – janvier 1823). Paris, Fuchs, 41 vol. in-8.°

854 Prospectus des annales générales des sciences physiques, par MM. **Bory de Saint-Vincent, Drapier** et **Van Mons**. Bruxelles, Weissenbruch, 1819, br. in-8.°

855 Thèses de physique mathématique et d'astronomie, par M. Ed. **Roche**. Montpellier, Bœhm, 1844, br. in-4.°

856 Rapport sur le traité élémentaire de physique de M. Haüy, par M. J. **Tonnellier** ; br. in-8.°

857 Œuvres d'Augustin **Fresnel**, publiées par M. Henri **de Senarmont**, Emile **Verdet** et Léonor **Fresnel**. Paris, imprimerie impériale, 1866, 2 vol. in-4.°

858 Analyse des travaux de la classe des sciences mathématiques et physiques de l'Institut, pendant l'année 1810, (partie physique, par M. **Cuvier**, secrétaire perpétuel). Paris, Baudouin, br. in-4.°

859 Analyse des travaux de l'Académie royale des sciences pendant l'année 1827 (partie physique), par M. le baron **Cuvier**, secrétaire perpétuel. Paris, Firmin Didot, in-4.°

860 Positions de physique ou résumé d'un cours de physique générale, par A. **Quetelet**. Bruxelles, J.-B. Tircher, 1834 ; 3 vol. in-18.

861 Notions préliminaires de physique, par M. E. **Gripon**. Paris, Eugène Belin, 1868, in-8.°

862 Précis de physique de Deguin ; nouvelle édition, par M. **Gripon**. Paris, 1869, in-12.

863 Cours élémentaire de physique appliquée aux arts industriels, par M. E. **Gripon** ; 1.er 2.e et 3.e année. Paris, Eugène Belin, 1868, 3 vol. in-12.

864 Eléments ou principes physico-chymiques, par Mathurin-Jacques **Brisson** ; 2.e édition. Paris, 1803, in-8.°

865 Nouvelles lettres inédites de Mairan à Bouillet. Béziers, V.e Millet, br. in-8.°

866 Quatre mémoires :
1.º Sur les erreurs de La Place ; — 2.º sur les résultats
obtenus par M. Becquerel ; — 3.º sur les expériences de
Simon, de Metz, — 4.º sur les résultats obtenus par
M. Dufour, par J. F. **Artur**. Paris, 1869, br. in-8.º

867 Recueil de mémoires et d'observations de physique, de météorologie, d'agriculture et d'histoire naturelle, par le
baron L. A. **d'Hombres-Firmas**. Nîmes, Baillivet et
Fabre, 1838, in-8.º

868 Rapport fait à l'Académie royale des sciences des Pays-Bas,
section physique, dans la séance du 25 janvier 1868.
Amsterdam, C. G. Van der Post, 1868, br. in-8.º

869 Discours prononcé par le citoyen **Liégeard** à l'ouverture du
cours de physique et de chimie expérimentales de l'Ecole
centrale de Boulogne-sur-Mer, le 2 brumaire, an VIII.
Calais, Leroy-Berger, in-8.º

870 Sur la physique du Globe en Belgique, par M. A. **Quetelet**. Bruxelles, Hayez, br. in-8.º

871 Physique sociale ou essai sur le développement des facultés
de l'homme, par Ad. **Quetelet** ; t. I. Bruxelles, Paris,
Saint-Pétersbourg, 1869, in-8.º

872 Nouveau théorème sur les attractions locales, par M. Yvon
Villarceau. Paris, 1868, br. in-4.º

873 Sur la vitesse du son dans l'air, par M. **de Saint-Venant**.
Paris, Mallet-Bachelier, br. in-4.º

874 Mémoire sur la compression des liquides et la vitesse du son
dans l'eau, par M. D. **Colladon** et C. **Sturm**. Paris,
imprimerie royale, 1837, in-4.º

875 De la vitesse du son entre deux stations également ou inéga-
lement élevées au-dessus du niveau de la mer, par A.
Bravais et Ch. **Martins**. Paris, Bachelier, br. in-8.º

876 Vibrations d'une masse d'air renfermée dans une enveloppe
biconique, par M. **Gripon** ; br. in-4.º

877 Acoustique et optique des salles des réunions publiques,
théâtres, etc., par Théodore **Lachez**. Paris, Lemoine,
1848, in-8.º

878 Annali di fisica, publiés par F. **Zantedeschi**. Padoue,
1849-1850, 3 fascicules (*incomplets*).

879 Mémorie de fisica, par F. **Zantedeschi**. Padoue, 1852,
in-8.º

880 Delle dottrine del terzo suono, ossia della coincidenza delle
vibrazioni sonore, con un cenno sulla analogia che
presentano le vibrazione luminose dello spettro solare,
par **Zantedeschi**. Vienne, 1857, br. in-8.º

881 Della corrispondenza che mostrano fra loro i corpi sonori
nella risonanza di più suoni in uno ; 2.me mémoire, par
Zantedeschi. Vienne , 1857 , br. in-8.º

882 Della unità di misura dei suoni musicali, dei loro limiti,
della durata delle vibrazioni sul nervo acustico dell'uomo,
e dell'innalzamento del tono fondamentale avvenuto nei
diapason di acciajo , in virtu di un movimento spontaneo
molecolare , 3.e mémoire de **Zantedeschi.** Vienne,
1857, br. in-8.º

883 Dei limiti dei suoni nelle linguette libere , etc. , 4.º mémoire
de **Zantedeschi.** Vienne , 1858 , br. in-8.º

884 Della legge archetipa dei suoni armonici delle corde , etc. ,
5.e mémoire de **Zantedeschi.** Vienne , 1858 , in-8.º

885 Dello sdoppiamento delle onde correspondenti ai suoni armonici , etc. , 6.e mémoire de **Zantedeschi.** Vienne ,
1858, br. in-8.º

886 Della lunghezza delle onde aeree, etc. , 7.e mémoire de **Zantedeschi.** Vienne, 1858, br. in-8.º

887 Studio critico-sperimentale del metodo comunemente se-
guito dai fisici nella determinazione dei nodi e ventri
delle colonne aeree vibranti entro canne a broca, 8.e mémoire de **Zantedeschi.** Vienne, 1858 , br. in-8.º

888 Instruction élémentaire sur les moyens de calculer les inter-
valles musicaux , par M. le baron **de Prony.** Paris,
Firmin Didot , 1832 , in-4.º

889 Sur la formule de la corde vibrante , par M. **Delezenne.**
Lille , br. in-8.º

890 Expériences et observations sur le *ré* de la gamme, par
M. **Delezenne** ; in-8.º

891 Solution du problème des sons continus sur le piano, par
J. **Roy.** Paris, Bureaux de l'*Univers musical*, 1862 , br.
in-8.º

892 Mémoire sur la théorie des battements, application à
l'accord de l'orgue et des autres instruments, par M. A.
Vincent. Paris, Bachelier, 1849 , br. in-8.º

893 De l'électricité, par M. A. **Guérard.** Paris, Rignoux,
1835 , br. in-8.º

894 De la méthode dans l'électricité et le magnétisme, par M. E.
Wartmann. Genève , br. in-8.º

895 Principe d'électricité, en confirmation de la théorie électrique de Franklin, par J. B. **Van Mons.** Bruxelles, E.
Flon , an XI, in-8.º

896 Précis des expériences de M. de Mélis, de Malines, qui

explique les phénomènes électriques en admettant le système d'un seul fluide, par M. **Becquet de Mégille**; in-8.°

897 Nouvelles bases d'une théorie physique et chimique, réunion en un même agent de l'électricité, de la lumière et de la chaleur, par Auguste **Nougarède de Fayet**. Paris, Amyot, 1848, br. in-8.°

898 Osservazioni ed esperienze sull'elettricita, par Ferdinando **Elice**. Genève, br. in-8.°

899 De la différence de pouvoir dispersif des deux électricités, note de M. Zandeteschi, suivie d'une autre note de M. Babinet sur les raies longitudinales observées dans le spectre prismatique, par M. **Zantedeschi**. Paris, Bachelier, br. in-4.°

900 Sur le principe électrostatique de Palagi et ses expériences, lettre de M. **Zantedeschi** à M. Quetelet. Padoue, Sicca, 1854, in-4.°

901 Nuovi esperimenti risguardanti l'origine dell'elettricita atmosferica, par **Zantedeschi**. Venise, G. Antonelli, 1854, br. in-8.°

902 All'insigne chimico Dumas, membro dell'Instituto di Francia. Dell'azione reciproca di due correnti elettriche dirette nel medesimo senso e in senso opposto nello stesso filo; et dell'azione induttiva laterale nelle medesime in fili isolati paralleli vicinissimi, di **Zantedeschi**. Padoue, Sicca, 1854, in-4.°

903 Rapporti fra le accumulazioni elettriche sopra due sfere conduttrici di raggio cognito assegnati generalmente in termini finiti, nota con appendice del prof. P. **Volpicelli**. Rome, 1863, br. in-4.°

904 Sulla polarita elettrostatica, quarta comunicaziome del prof. Paolo **Volpicelli**. Rome, 1859, br. in-4.°

905 Sugli elettrometri, memoria del prof. P. **Volpicelli**. Rome, 1858 br. in-4.°

906 Sulla ellettricita dell'atmosfera, seconda nota del prof. P. **Volpicelli**. Rome, 1861, br. in-4.°

907 Determinazione di un integrale definito relativo alla elettrostatica ed applicazioni del medesimo, nota del prof. P. **Volpicelli**. Rome, 1862, br. in-4.°

908 Alcune osservabili formule che si ottengono da un integrale definito relativo alla elettrostatica, nota del prof. Paolo **Volpicelli**. Rome, 1862, br. in-4.°

909 Sur la distance explosive du courant induit direct entre des

électrodes identiques, par Elie **Wartmann**. Genève, 1865, br. in-8.°

910 Essai sur la théorie de la variation diurne barométrique, sur la constitution de l'éther et sur l'analogie de ce fluide avec le fluide électrique, par le docteur C. L. **Henry**. Troyes, Bouquot, 1860, in-8.°

911 Sur l'électricité de l'air, d'après les observations de Munich et de Bruxelles, par M. **Quetelet**. Bruxelles, 1852, br. in-8.°

912 De l'épreuve galvanique ou bioscopie électrique, par le docteur **Crimotel**. Paris, J. B. Baillière, 1866, br. in-8.°

913 Conservation des navires en fer. Notice sur les procédés électro-chimiques, par M. A. **Jouvin**. Paris, 1868, br. in-8.°

914 Histoire du magnétisme dont les phénomènes sont rendus sensibles par le mouvement, par le docteur **de Haldat**. Nancy, Grimblot et V.e Raybois, 1845, br. in-8.°

915 Essai historique sur le magnétisme et l'universalité de son influence dans la nature, par le docteur **de Haldat**. Nancy, 1850, br. in-8.°

916 Théorie élémentaire du magnétisme, par M. A. D. **Maizière**; br. in-8.° autographiée.

917 Notice succincte des mémoires publiés sur le magnétisme, par le docteur **de Haldat**, depuis 1828 jusqu'en 1846; br. in-8.°

918 Voyages en Scandinavie, etc. Examen des variations diurnes de la déclinaison magnétique à Bossekop (Finmark), par MM. **Lottin** et **Bravais**; br. in-8.°

919 Sur les variations de l'intensité magnétique horizontale, observées à Bossekop en 1838 et 1839, par M. A. **Bravais**. Paris, A. Bertrand, 1847, br. in-8.°

920 Recherches sur la cause du magnétisme par rotation, par M. **de Haldat**. Nancy, Raybois, br. in-8.°

921 Nouvelles recherches sur l'attraction magnétique et sur la disposition générale des corps à acquérir cette force, par le docteur **de Haldat**. Nancy, V.e Raybois, br. in-8.°

922 Observations de l'intensité du magnétisme terrestre, en France, en Suisse et en Savoie, par A. **Bravais**. Paris, Bachelier, 1846, br. in-8.°

923 Magnétisme terrestre: déclinaison et inclinaison de l'aiguille, par MM. A. et E. **Quetelet**. Bruxelles, br. in-8.°

924 Sur l'état du magnétisme terrestre à Bruxelles pendant les douze années de 1827 à 1839, par M. A. **Quetelet**. Bruxelles, Hayez, 1839, br. in-4.°

925 Second mémoire sur le magnétisme terrestre en Italie, par M. A. **Quetelet**. Bruxelles, Hayez, 1840, br. in-4.º

926 Note sur la condensation de la force magnétique vers les surfaces des aimants, par M. **de Haldat**. Nancy, Thomas, br. in-8.º

927 Mémoire sur l'échange simultané de plusieurs dépêches télégraphiques entre deux stations qui ne communiquent que par un fil de ligne, par E. **Wartmann** ; br. in-4.º

928 Télégraphe à aiguille perfectionné, par M. **Glœsener**. Liège, J. Descœr, br. in-8.º

929 Sur le pouvoir des pointes, par M. **Perrot**. Paris, Gauthier-Villars, br. in-4.º

930 De legibus caloris in terris polaribus et de isothermarum situ tum in eisdem terris tum in America septentrionali, par Carol. Guilhelm. **Burghardt**. Halæ, Fr. Schimmelpfennig ; 1842, in-4.º

931 Observations sur le calorique et sur la lumière, par S. **Pugh**. Rouen, Marie, 1826, br. in-8.º

932 Mémoire sur la constitution physique du calorique et sur sa prétendue force répulsive, par M. A. D. **Maizière**. Reims, Luton, br. in-8.º

933 Recherche du pouvoir conducteur du mercure pour la chaleur, par M. E. **Gripon**. Lille, Danel, br. in-8.º

934 Mémoire sur le refroidissement de quelques métaux, pour déterminer leur chaleur spécifique et leur conductibilité extérieure, par M. **Despretz**. Paris, Feugueray, br. in-8.º

935 La Termocrosi di Melloni dimostrata insussistente, e l'autore in opposizione con sè stesso ; ricerche del professore Fr. **Zantedeschi**. Padoue, Sicca, 1853, in-4.º

936 Observations faites dans les Alpes sur la température d'ébullition de l'eau, par MM. **Peltier** et **Bravais**. Paris, Bachelier, br. in-4.º

937 Théorie de la lumière ; solution du prisme, par **Gandon**. Paris, Guiraudet et Jouaust ; br. in-8.º

938 Mémoires physico-chimiques sur l'influence de la lumière solaire pour modifier les êtres des trois règnes de la nature, et surtout ceux du règne végétal, par Jean **Senebier**. Genève, Barthelémi Chirol, 1782, 3 vol in-8.º

939 Nouvelles considérations sur les agents généraux, moteurs de l'action universelle admis comme éléments de la lumière, par M. C.-A. **Hugueny**. Strasbourg, Silbermann, 1834, br. in-8.º

940 Sur les sources de lumière et les causes de non-interfé-
rence, par M. Em. **Liais**. Cherbourg, A. Lecauf, 1853;
br. in-8.°

941 Sur la récente et brillante expérience d'optique d'où l'on a
conclu à tort le renversement de la théorie newtonienne
de la lumière, par M. A. D. **Maizière**. Reims, Luton,
br. in-8.°

942 Mémoires d'optique météorologique, par M. **Babinet** ; br.
in-4.°

943 Notice historique sur la vitesse et sur l'aberration de la
lumière, par le major **Liagre**. Bruxelles, M. Hayez,
br. in-8.°

944 Précis d'un mémoire sur les caractères optiques minéraux,
par M. **Babinet** ; br. in-4.°

945 Raies longitudinales du spectre, lettre de M. **Porro** à M.
Babinet. Paris, Bachelier, br. in-4.°

946 Rapport fait à l'Athénée des Arts de Paris sur le microscope pancratique construit par M. Chevalier. Paris, V.ᶜ
Huzard, br. in-8.°

947 Ricerche di analisi spettrale comunicate dal prof. P. **Volpicelli**. Rome, 1862, br. in-4.°

948 Recherches expérimentales sur le mécanisme de la vision,
par M. **de Haldat**. Nancy, Raybois, br. in-8.°

949 Optique oculaire, suivi d'un essai sur l'achromatisme de
l'œil, par M. **de Haldat**. Paris, Nancy, 1849, br. in-8.°

950 Mémoire sur le daltonisme ou la dyschromatopsie, par M.
E. **Wartmann** ; 2.ᵉ édition. Genève, 1845, br. in-8.°

951 Deuxième mémoire sur le daltonisme ou la dyschromatopsie, par M. E. **Wartmann**. Genève, Jules Fick,
1849, br. in-4.°

952 Observations d'achromatopsie ; br. in-8.°

953 Mémoire sur un nouveau système d'éclairage des phares,
par M. A. **Fresnel**. Paris, Imprimerie royale, 1822,
br. in-4.°

954 Essai d'une théorie sur la peinture d'une roue en mouvement, par M. **Maizière**. Reims, Jacquet, 1845, br.
in-8.°

955 Etudes consciencieuses sur la physique élémentaire des
fluides subtils, par M. A. **Maizière**. Reims, E. Luton,
br. in-8.°

956 Sur les phénomènes que présente une masse liquide libre
et soustraite à l'action de la pesanteur, par M. **Plateau**.
Bruxelles, br. in-8.°

6

957 Rapport à l'Académie de France sur un mémoire de M. Roche, relatif aux figures ellipsoïdales qui conviennent à l'équilibre d'une masse fluide soumise à l'attraction d'un point éloigné. Paris, Bachelier, br. in-4.º

958 Notice sur une disposition particulière de la glace, par M. F. **Clère** ; br. in-8.º

959 Sur la scintillation des bois charbonnés, par M. **Lemaistre**; br. in-8.º

960 Tables barométriques servant à ramener à une température donnée, les hauteurs du baromètre observées à une température quelconque. Paris, J. Klostermann fils, 18:2, br. in-8.º

961 Comparaisons barométriques faites dans le Nord de l'Europe, par A. **Bravais** et Ch. **Martins**. Bruxelles, Hayez, 1841, br. in-4.º

962 Note sur la hauteur absolue d'Alais. Montpellier, Pierre Grollier, br. in-8.º

963 Nivellement barométrique des Cévennes, par le baron **d'Hombres Firmas**. Nîmes, Durand-Belle, 1832, br. in-8.º

964 Note sur la variation de la pesanteur à l'intérieur de la terre, par M. Ed. **Roche**. Montpellier, Bœhm, 1855, br. in-4.º

965 Mémoire sur les limites des vitesses qu'on peut imprimer aux trains des chemins de fer sans avoir à craindre la rupture des rails, par M. **Mahistre**, suivi d'autres mémoires sur les machines à vapeur. Lille, Danel, 1857, br. in-8.º

966 Réfutation d'un principe de statique élémentaire ou erreur sur la mesure des pressions, par A. **Vène**. Arras, Bocquet, br. in-12.

967 Théorie analytique du gyroscope de M. L. Foucault, par M. Yvon **Villarceau** ; br. in-8.º

968 Ricerche fisico-matematiche sulla deviazione del pendolo dalla sua trajettoria, par Francesco Cav. **Zantedeschi**. Padoue, Angelo Sicca, 1852, br. in-4.º

969 Mémoire sur les effets des pompes du système de M. Arnollet. Paris, M.me Huzard, 1824, br. in-8.º

970 Descrizione di un nuovo anemometrografo e sua teorica, par le professeur Paolo **Volpicelli**. Rome, 1859, br. in-4.º

971 Lettre à M. le baron A. de Humboldt sur l'invention de la boussole, par M. J. **Klaproth**. Paris, Dondey-Dupré, 1834, in-8.º

972 Recherches sur le mouvement et la compensation des chro-

nomètres, par A. Yvon **Villarceau**. Paris, Mallet-Bachelier, 1862, in-4.°

973 Mémoire sur deux balances à réflexion et sur quelques recherches auxquelles on peut les employer, par M. Elie **Wartmann**; br. in-4.°

974 Recherches sur les causes d'un incendie qui a éclaté à Elbeuf, dans une sécherie de laine, le 3 février 1856, par MM. **Girardin** et **Lévy**; br. in-8.°

975 Nouvelles recherches sur les relations qui peuvent exister entre la forme cristalline, la composition chimique et le phénomène de la polarisation rotatoire, par M. L. **Pasteur**. Paris, Bachelier, 2 br. in-8.°

976 Rapport à l'Institut sur un mémoire de M. Pasteur, intitulé : Nouvelles recherches sur les relations qui peuvent exister entre la forme cristalline, la composition chimique et le phénomène rotatoire moléculaire. Paris, Bachelier, br. in-4.°

977 Cinquième, sixième et septième mémoires sur l'induction, par le professeur M. Elie **Wartmann**. Genève, 1848, 3 br. in-8.°

978 Sulla legge di Mariotte sopra un congegno nuovo per dimostrarla nelle sperimentali lezioni e su varie applicazioni di essa, Mémoria del prof. P. **Volpicelli**. Rome, 1859, in-4.°

979 Note sur la loi de Mariotte et sur la liquefaction des gaz dans leur rapport avec l'état de siccité de ces gaz, par M. **Dubrunfaut**; br. in-4.°

980 Ricerche sulle leggi della capillarita, par C. F. **Zantedeschi**. Venise, G. Antonelli, 1856, br. in-8.°

981 Première et deuxième notes sur la sursaturation, la surfusion et la dissolution, par M. **Dubrunfaut**; br. in-4.°

982 Mémoire sur les variations de la pente totale de la Seine dans la traversée de Paris, et détermination de la valeur absolue de cette pente pour chaque jour des années 1788, 1789 et 1790, par M. **de Prony**. Paris, 1791, br. in-4.°

983 Note sur la loi de Bode, par M. Ed. **Roche**. Montpellier, Ricard, br. in-8.°

984 Rapport à l'Académie royale des sciences de France sur un mémoire de M. A. Bravais, relatif aux lignes d'ancien niveau de la mer dans le Finmarck. Paris, 1842, br. in-4.°

985 Relation des expériences entreprises par ordre de M. le Ministre des travaux publics pour déterminer les principales lois physiques et les données numériques qui entrent dans le

calcul des machines à vapeur, par M. V. **Regnault**; 1.re partie. Paris, Firmin Didot, 1847, in-4.°

986 Sulla secunda lettera di Galileo a Marco Velseri, appendice du professeur P. **Volpicelli**; br. in-4.°

987 Thèses présentées à la Faculté des sciences de Lille pour obtenir le grade de docteur és-sciences physiques, par M. Charles **Viollette**. Lille, Danel, 1856, in-4.°

B. Météorologie.

988 Traité de météorologie, par le professeur **Cotte**. Paris, Imprimerie royale, 1774, in-4.°

989 Traité de météorologie ou physique du Globe, par M. **Garnier**. Paris, Lille, 2 vol. in-8.°

990 Traité de météorologie ou physique du Globe, par M. **Garnier**. Bruxelles, Hauman et Cie, 1837, in-8.°

991 Meteorology in its connection with agriculture, par Joseph **Henry**. Washington, 1858, br. in-8.°

992 Sur les météores, par M. **Garnier**. Gand, Vandekerckhove, 1826, in-8.°

993 Sur divers phénomènes météorologiques, par M. Elie **Wartmann**. Genève, br. in-8.°

994 Description et usage des instruments météorologiques de M. J. Leslie, traduit de l'anglais, par J.-B. **Ajasson de Grandsagne**. Paris, A. Belin, 1828, br. in-4.°

995 Opinion de M. Biot sur les observatoires météorologiques permanents que l'on propose d'établir en divers points de l'Algérie. Paris, 1855, br. in-4.°

996 Variations annuelles et horaires des instruments météorologiques à Bruxelles, par M. A. **Quetelet**. Bruxelles, M. Hayez, br. in-8.°

997 Conférence maritime tenue à Bruxelles en août et septembre 1863, pour l'adoption d'un système uniforme d'observations météorologiques à la mer. Bruxelles, M. Hayez, in-4.°

998 Académie de Belgique : Instructions pour l'observation des phénomènes périodiques ; br. in-4.°

999 Instructions pour l'observation des phénomènes périodiques, par M. **Quetelet** ; br. in-8.°

1000 Observations des phénomènes périodiques. Bruxelles, Hayez, in-4.°

1001 Observations des phénomènes périodiques de la Belgique pendant l'année 1851. Bruxelles, Hayez, br. in-4.º

1002 Observations des phénomènes périodiques pendant les années 1865 et 1866, publiées par l'Académie royale de Belgique. Bruxelles, 1867, in-4.º

1003 Mémoire sur les variations périodiques et non-périodiques de la température, d'après les observations faites pendant vingt ans, à l'Observatoire de Bruxelles, par M. A. **Quetelet**. Bruxelles, Hayez, br. in-4.º

1004 Météorologie de la Belgique comparée à celle du Globe, par M. Ad. **Quetelet**. Bruxelles, Paris, 1867, in-8.º

1005 Mémoire sur les variations diurne et annuelle de la température, et en particulier de la température terrestre à différentes profondeurs, d'après les observations faites à l'Observatoire de Bruxelles, par M. A. **Quetelet**. Bruxelles, Hayez, 1837, in-4.º

1006 Deuxième mémoire de M. **Quetelet** sur les variations annuelles de la température de la terre à différentes profondeurs. Bruxelles, Hayez, 1840, in-4.º

1007 Annales météorologiques de l'Observatoire royal de Bruxelles, par le directeur Ad. **Quetelet** ; (première et deuxième années). Bruxelles, Hayez, 1867 - 1868, 2 vol. in-4.º

1008 Résumé des observations météorologiques faites en 1838 et 1839 à l'Observatoire de Bruxelles, par M. A. **Quetelet**. Bruxelles, Hayez, 1839 - 1840, 2 br. in-4.º

1009 Rapport de M. **Quetelet** au Ministre de l'intérieur de Belgique sur l'état et les travaux de l'Observatoire de Bruxelles pendant les années 1842, 1846, 1848, 1852, et 1853 ; cinq brochures in-8.º

1010 Résumé des observations sur la météorologie, sur le magnétisme, sur les températures de la terre, etc. ; faites à l'Observatoire de Bruxelles, en 1840, par M. A. **Quetelet**. Bruxelles, Hayez, 1841, in-4.º

1011 Sur l'état de l'atmosphère à Bruxelles, pendant l'année 1865, par M. Ernest **Quetelet**. Bruxelles, Hayez, br. in-8.º

1012 Mémoire sur la température de l'air, à Bruxelles, par Ernest **Quetelet**. Bruxelles, Hayez, 1867, in-4.º

1013 A Collection of meteorological tables, with other tables useful in practical meteorology, par Arnold **Guyot**. Washington, 1852, in-8.º

1014 Magnetische ortsbestimmungen ausgeführt an verschiedenen puncten des Konigreichs Bayern und an einigen auswartigen stationen, par le docteur J. **Lamont**. Munich, Hübschmann, 1854-1856, 2 vol. in-8.º

1015 Beobachtungen des meteorologischen Observatoriums auf dem hopenpeissenberc von 1792-1850, par le D.ʳ J. **Lamont**. Munich, Hübschmann, 4 vol. in-8.º

1016 Annuaire météorologique pour l'an 1809, par M. J.-B. **Lamarck**. Paris, in-8.º

1017 Observations météorologiques, limitées par les équinoxes lunaires, faites à Douai, par M. **Liégeard**, durant les mois de brumaire à thermidor an XIII; 22 feuilles manuscrites.

1018 Observations météorologiques faites à Cambrai en 1847 et 1848, par M. Cl. **Evrard**; br. in-8.º

1019 Observations météorologiques faites à Lille pendant les années 1853 à 1863, par Victor **Meurein**. Lille, Ernest Vanackere, Danel; 7 br. in-8.º

1020 Observations météorologiques faites à Lille par Victor **Meurein**, 1854-1867. Lille, 4 br. in-8.º

1021 Observations météorologiques faites à Lille pendant l'année 1863-64. Lille, Danel, 1865, br. in-8.º

1022 Observations météorologiques faites à Lille pendant l'année 1865-1866, par V.ᵒʳ **Meurein**. Lille, Danel, 1867, br. in-8.º

1023 Observations météorologiques, faites à Lille pendant l'année 1866-67 et récapitulation des observations faites pendant une période de quinze années (1852-66). par V. **Meurein**. Lille, Danel, 1868, br. in-8.º

1024 Observations météorologiques faites à Luxembourg, par F. **Freuter**. Luxembourg, V. Buck, 1867, in-8.º

1025 Climatologie de la ville de Fécamp pendant les années 1853 à 1862, par E. **Marchand**. Fécamp-Havre, 1863, br. in-8.º

1026 Considérations sur le climat de Cherbourg, par Emm. **Liais**. Cherbourg, Thomine, 1849, br. in-8.º

1027 Ueber das clima von München, par Charles **Kuhn**. Munich, 1854, in-4.º

1028 Connaissance des temps pour l'année bissextile 1788, publiée par ordre de l'Académie royale des sciences et calculée par M. **Méchain**. Paris, Imprimerie royale, 1785, in-8.º

1029 Note sur la théorie des atmosphères, par M. Ed. **Roche**. Montpellier, Ricard, in-8.º

1030 De l'atmosphère primitive de la terre considérée dans ses rapports avec les phénomènes géologiques, par J. **Huot**. Paris, br. in-8.º

1031 Les aurores boréales, par A. **de La Rive**. Genève, 1859, br. in-8.º

1032 Sur les aurores boréales vues à Bossekop et à Jupvig en 1838 et 1839, par M. A. **Bravais**. Paris, A. Bertrand, 1846, in-8.º

1033 Traité physique et historique de l'aurore boréale, par M. **de Mairan**; seconde édition. Paris, Imprimerie royale, 1754, in-4.º

1034 Nouvelles recherches sur les aurores boréales et australes et description d'un appareil qui les reproduit avec les phénomènes qui les accompagnent, par A. **de La Rive**. Genève, Jules Fick, 1862, br. in-4.º

1035 Sur les étoiles filantes, par Ad. **Maizière**. Reims, Luton, 1843, br. in-12.

1036 Sur les étoiles filantes et leurs lieux d'apparition, par MM. Ad. **Quetelet, Leverrier, Haidinger** et **Pocy**. Bruxelles, br. in-8.º

1037 Sur les étoiles filantes et le magnétisme terrestre, par A. **Quetelet**. Bruxelles, M. Hayez, br. in-8.º

1038 Catalogue des principales apparitions d'étoiles filantes, par M. A. **Quetelet**. Bruxelles M. Hayez, 1839, br. in-4.º

1039 Nouveau catalogue des principales apparitions d'étoiles filantes, par M. A. **Quetelet**. Bruxelles, br. in-4.º

1040 Etoiles filantes de la période du 10 août 1863, par M. Ad. **Quetelet**. Bruxelles, Hayez, br. in-8.º

1041 Sur les étoiles filantes, l'aérolithe, et l'ouragan de décembre 1863, par M. Ad. **Quetelet**. Bruxelles, Hayez, br. in-8.º

1042 Sur les étoiles filantes périodiques du mois d'août 1867, et sur les orages observés en Belgique, pendant l'été de 1867, communications recueillies par M. A. **Quetelet**. Bruxelles, M. Hayez, br. in-8.º

1043 Sur le phénomène de l'arc-en-ciel blanc, par M. A. **Bravais**. Paris, Bachelier, br. in-8.º

1044 Notice sur le tonnerre, par M. **Jobard**; br. in-8.º

1045 Essai sur la rosée et sur divers phénomènes qui ont des rapports avec elle, par W. C. **Wells**, traduit de l'anglais, par Aug. **Tordeux**. Paris, Crochard, 1817, in-8.º

1046 Relation d'un voyage fait dans le département de l'Orne pour constater la réalité d'un météore observé à Laigle le 26 floréal an XI, par J.-B. **Biot**. Paris, Baudouin, an XI, in-4.º

1047 Mémoire sur un bolide observé dans le département de la Manche le 18 novembre 1851, par M. Emm. **Liais**. Cherbourg, Lecauf, 1852, br. in-8.º

1048 Note sur les pierres tombées de l'atmosphère à Weston,

dans les Etats-Unis de l'Amérique septentrionale, le 14 décembre 1807, par M. **Tonnellier** ; br. in-8.º

1049 De la conclusion à laquelle est arrivé un Comité de l'Académie des sciences de France qui prétend que les ouragans sont causés par la chaleur, par le docteur **Hare**. New-York , 1853 , br. in-16.

1050 Explanations and sailing directions to accompany the wind and current charts, approved by Commodore Charles **Morris** , and published by authority of William A. **Graham** , by M. F. **Maury** ; fourth édition. Washington , C. Alexander, 1852, in-4.º

1051 De l'influence de la latitude sur la pression moyenne du baromètre et sur la direction générale du vent à la surface du sol, par M. Emm. **Liais**. Versailles , Beau jeune, 1854 , br. in-8.º

1052 Mémoires sur les vents alizés , premier mémoire, par M. A. **Maizière**. Lille , Danel, br. in-8.º

1053 Second mémoire sur la théorie élémentaire des vents. — Origine de presque tous les vents irréguliers, par M. A. **Maizière**. Reims , br. in-16.

1054 Précis succinct sur mes deux mémoires relatifs aux vents réguliers et aux vents irréguliers, par M. A. **Maizière** ; br. autographiée de 3 pages.

1055 Tremblement de terre à Cambrai ; observation de M. **Tordeux**. Cambrai , Simon , br. in-8.º

1056 Quelques particularités concernant les brouillards de différente nature , par J.-B. **Van Mons** ; 1827, br. in-4.º

1057 Du flux et du reflux de la mer avec cartes, par le docteur **Verhaeghe** ; 6.e édition. Bruxelles, Ostende , 1864, br. in-8.º

1058 Mémoire sur les halos et les phénomènes optiques qui les accompagnent, par M. A. **Bravais**. Paris, Bachelier , 1847 , in-4.º

1059 Recherches sur les offuscations du Soleil et les météores cosmiques , par Edouard **Roche**. Paris, Leiber, 1868 , br. in-4.º

C. **Chimie**.

1060 Journal de chimie et de physique, par J.-B. **Van Mons**, N.os 11, 12 et 13 de l'an XI et XII. Bruxelles, E. Flon, 3 vol. in-8.º

1061 Journal de chimie et de physique , par J.-B. **Van Mons** ; t. vi. Bruxelles , E. Flon , in-8.º

1062 Conspectus mixtionum chemicarum quas ad rationes perpetuas ordinavit signisque alphabeticis expressit, J.-B. **Van Mons**. Louvain , Vanlinthout et Vandenzande , 1827 , in-8.º

1063 Lettre à Bucholz sur la formation des métaux en général et en particulier de ceux de Davy, ou essai sur une réforme générale de la théorie chimique , par J.-B. **Van Mons**. Bruxelles , Rampelbergh , 1811 , in-8.º

1064 Table des combinaisons les plus connues en chimie , avec les noms de leur résultat , dressée par le C.en **Decroix**, apothicaire et chymiste à Lille ; feuille in-f.º imprimée en 1770 et réimprimée 1772.

1065 Exposition des acides , alkalis , terres et métaux , de leurs combinaisons en sels et de leurs affinités électives en douze tableaux , par M. **Trommsdorff**, professeur de chimie et de pharmacie à l'Université d'Erfurt, traduit et annoté par P. **Leschevin** , commissaire des poudres et salpêtres à Dijon. Dijon, Paris, 1802, in-f.º

1066 Tableaux méthodiques de chimie , présentant l'état actuel de cette science d'après les meilleurs auteurs , par M. **Lambert**. Lille , Danel , in-f.º

1067 Dictionnaire des analyses chimiques, par J. H. **Violette** et P. J. **Archambault**. Paris, Londres, New-York, Madrid, 1851 , in-8.º

1068 Annales de chimie et de physique , rédigées par MM. **Gay Lussac** et **Arago** de 1816 à 1840 , t. 1 à 75. Paris, Crochard , 77 vol. in-8.º

1069 Annuaire de chimie comprenant les applications de cette science à la médecine et à la pharmacie , par E. **Millon**, J. **Reiset** et J. **Nicklès**. Paris , Londres , New-York , Madrid , 1850 , in-8.º

1070 Eléments de chimie de J. A. **Chaptal** ; 2.e édition. Paris, Deterville , an iii, 3 vol. in-8.º

1071 Manuel abrégé de chimie, traduit de l'anglais de M. Henry, par **Bornot**. Paris , 1803 , in-12.

1072 Traité de chimie élémentaire , théorique et pratique , par L. J. **Thénard** ; 3.me édition. Paris , Crochard , 1821 , 4 vol. in-8.º

1073 Répertoire de chimie , pharmacie , matière pharmaceutique et chimie industrielle , par C. J. **Hensmans**. Louvain , F. Michel , 1827-1829 , 3 vol. in-8.º

1074 Répertoire de chimie , de physique et d'application aux arts, rédigé par Ch. **Martin**, sous la direction de M. Gaultier de Claubry. Paris, L. Mathias, 1837, in-8.°

1075 Eléments de chimie théorique et pratique, par C. **Despretz**. Paris, Bruxelles, 1830, 2 vol. in-8.°

1076 Leçons élémentaires de chimie appliquée aux arts et à l'industrie, professées au cours public et gratuit de Saint-Quentin, par A. **Mallet**; première partie. St-Quentin, Doloy, 1838, in-8.°

1077 Traité de chimie organique, par M. Th. **Graham**, traduit de l'anglais par M. E. **Mathieu-Plessy**. Paris, 1843, in-8.°

1078 Le Moniteur scientifique du chimiste et du manufacturier, par le docteur **Quesneville**; tome I., 2.ᵉ partie. Paris, Quesneville, 1859, br. in-4.°

1079 Chimie générale et appliquée, par M. J. **Girardin**; première, deuxième, troisième et quatrième années. Paris, V.ᵒʳ Masson, 4 vol. in-12.

1080 OEuvres de **Lavoisier**, publiées par les soins de Son Exc. M. le Ministre de l'instruction publique. Paris, Imprimerie impériale, 1862, 4 vol. in-4.°

1081 Traité élémentaire de chimie, par **Lavoisier**; 2.ᵐᵉ édition. Paris, Cuchet, 1793, 2 vol. in-8.°

1082 Recueil de diverses notes de chimie, publiées par M. **Tordeux**; in-8.°

1083 Nouvelles manipulations chimiques simplifiées, par H. **Violette**. Paris, L. Mathias, 1839, in-8.°

1084 Considérations élémentaires sur les proportions chimiques, les équivalents et les atômes, par M. **Colin**. Paris, Versailles, 1841, br. in-8.°

1085 Discours d'inauguration de l'amphithéâtre de chimie de Lille, par M. F. **Kuhlmann**. Lille, juin 1824, br. in-8.°

1086 Déposition de M. **Kuhlmann**, dans l'enquête sur les produits chimiques, au Conseil supérieur du commerce. Lille, Danel, 1860, br. in-4.°

1087 Observations chimiques et notes diverses, par Fréd. **Kuhlmann**, Lille, Danel, 1841, br. in-8.°

1088 Notices sur diverses questions de chimie agricole et industrielle, par M. J. **Girardin**. Rouen, N. Périaux, 1840, br. in-8.°

1089 Mémoire sur le proportionnement chimique pesé et mesuré des corps, par P. J. **Hensmans**. Louvain, G. Cuelens, 1824, br. in-8.°

1090 Réponse à la question de chimie : De l'emploi du système des doubles vapeurs, par M. **Besnou**. Cherbourg, Mouchel, br. in-8.°

1091 Recherches sur l'emploi des sels neutres dans les analyses végétales, et application de ce procédé à l'opium, par M. **Robinet**. Paris, H. Fournier, 1825, in-8.°

1092 On two new crystalline compounds of zinc and antimony, and on the cause of the variation of composition observed in their crystals, by Josiah P. **Cooke**. Cambridge, Metcalf, 1855, in-4.°

1093 Note sur la préparation du bichlorure de mercure, et sur un nouvel oxydo-chlorure de ce métal, par M. **Roucher**. Paris, Hauquelin et Bautruche, 1845, br. in-8.°

1094 Experimenta chimica de quibusdam venenis metallicis, auctore Eduardus **Jacquemyns**. Liège, P.J. Collardin, 1830, br. in-4.°

1095 Méthode sûre pour trouver et pour doser quantitativement l'arsenic dans des matières empoisonnées, par M. **de Fellenberg**. Lausanne, Blanchard, br. in-8.°

1096 Analyse de plusieurs produits d'art, d'une haute antiquité, par M. J. **Girardin**. Caen, A. Hardel, 1846, br. in-8.°

1097 Analyse de plusieurs produits d'art, d'une haute antiquité, par M. J. **Girardin**. Paris, Imprimerie royale, 1846, br. in-4.°

1098 Analyse de plusieurs produits d'art d'une haute antiquité; 2.e mémoire, par J. **Girardin**. Paris, Imprimerie impériale, 1860, br. in-4.°

1099 Note sur la composition de l'alliage qui forme la cloche d'argent renfermée dans le beffroi de Rouen, par J. **Girardin**. Rouen, N. Périaux, br. in-8.°

1100 De l'existence d'un nouveau métal, le thallium, par M. A. **Lamy**. Lille, Danel, 1862, br. in-8.°

1101 De l'existence d'un nouveau métal, le thallium, par M. A. **Lamy**. Paris, Mallet-Bachelier, br. in-8.°

1102 Le thallium, et ses principaux composés par M. **Lamy**. Paris, Gauthier-Villars, 1865, br. in-4.°

1103 Leçon sur le thallium professé le 30 janvier 1860 devant la Société chimique de Paris, par M. A. **Lamy**. Paris, Ch. Lahure, br. in-8.°

1104 Etudes chimiques, optiques et cristallographiques sur les sels de thallium, par MM. **Lamy** et **Descloiseaux**; br. in-8.°

1105 Rapport fait à l'Institut de France sur six mémoires de M. Ch. Brame, ayant pour objet l'étude des phénomènes qui accompagnent la cristallisation du soufre, du phosphore, etc. Paris, Mallet-Bachelier, br. in-8.º

1106 Analyse du domite léger du Puy-de-Dôme, par M. J. **Girardin**. Clermont-Ferrand, Thibaud-Landriot, 1828, br. in-8.º

1107 Note sur la décomposition de l'eau par le charbon, par M. **Tordeux**; br. in-8.º

1108 Analyse de l'eau du ruisseau qui traverse le *Jardin du labyrinthe* à Cambrai, par M. A. **Tordeux**. Cambrai, br. in-8.º

1109 Analyse chimique de l'eau de l'Escaut, par M. A. **Tordeux**. Cambrai, br. in-8.º

1110 Analyse chimique de l'eau du puits artésien foré au nord dans la grande cour de la caserne de cavalerie, à Cambrai, par M. A. **Tordeux**. Cambrai, br. in-8.º

1111 Etudes sur les eaux de teinture en noir de campêche, par M. **Viollette**. Lille, 1869, br. in-4.º

1112 Rapport de MM. **Girardin** et **Morin** au Préfet du département de la Seine-Inférieure sur une nouvelle source d'eau minérale découverte à Forges-les-Eaux, par le docteur Cisseville. Rouen, N. Périaux, 1837, br. in-8.º

1113 Analyse des eaux thermales de Borcette, par Jean-Pierre **Monheim**. Aix-la-Chapelle, Paris, Francfort-sur-Mein, 1811, br. in-8.º

1114 Analyse de l'eau minérale de Weissenburg (canton de Berne), par M. le docteur L. **de Fellenberg**. Lausanne, Blanchard, 1846, br. in-8.º

1115 Analyse chimique des eaux minérales de Saint-Allyre à Clermont-Ferrand, et du travertin qu'elles déposent, par M. J. **Girardin**, suivie d'une analyse des eaux minérales d'Auvergne, par M. **Vauquelin**. Rouen, N. Périaux, 1836, br. in-8.º

1116 Rapport sur la composition et l'usage industriel des eaux de la Lys, du canal de Roubaix, des puits du sable vert, de la marne et du calcaire bleu, par M. J. **Girardin**. Lille, Danel, 1862, br. in-8.º

1117 Mémoire sur les mélanges ou combinaisons de l'eau avec l'alcool et avec l'acide sulfurique, par M. **Delezenne**. Lille, Leleux, br. in-8.º

1118 Table exacte de la pesanteur spécifique de mélanges d'alcool et d'eau, faite par centième de volumes, par C. A. de **Gouvenain**. Dijon, Douillier, 1825, br. in-8.º

1119 Mémoire sur une question relative aux esprits alcooliques proposée par l'Académie de Bruxelles dans son concours de 1822, par M. **Hensmans**. Bruxelles, P. J. de Mat, 1824, in-4.º

1120 Mémoire sur la synthèse du carbone pur ou diamant, par M. D. **Gonfreville**. Paris, Guiraudet et Jouaust, br. in-8.º

1121 Dissertatio inauguralis de acido hydro-cyanico, auctore Eduardo **Jacquemyns**. Liège, P. J. Collardin, 1829, br. in-4.º

1122 Mémoire sur les moyens de reconnaître l'existence de l'acide sulfurique dans l'acide hydrochlorique, par J. **Girardin**. Rouen, F. Baudry, 1835, br. in-8.º

1123 Etude sur la fabrication de l'acide sulfurique considérée au point de vue théorique et technologique, et sur les changements de volumes qui accompagnent les combinaisons d'acides sulfuriques et d'eau, par M. J. **Kolb**. Lille, Danel, 1865, in-4.º

1124 Note sur la non-existence de l'acide sulfo-synapique, et sur la présence du sulfo-cyanure de calcium dans la semence de moutarde, par M. J. **Pelouze**. Paris, V.ᵉ Thuau, br. in-8.º

1125 Transformation des acides tartriques en acide racémique. Découverte de l'acide tartrique inactif. Nouvelle méthode de séparation de l'acide racémique en acide tartrique droit et gauche, par M. L. **Pasteur**. Paris, Mallet-Bachelier, br. in-4.º

1126 Nouveaux faits relatifs à l'acide racémique, par M. **Kestner**, suivis d'une notice sur l'origine de cet acide, par M. L. **Pasteur**. Paris, Bachelier, br. in-4.º

1127 Recherches sur les propriétés spécifiques des deux acides qui composent l'acide racémique, par M. L. **Pasteur**. Paris, Bachelier, br. in-8.º

1128 Mémoires sur les acides aspartique et malique, par M. L. **Pasteur**. Paris, Bachelier, br. in-8.º

1129 Sur l'acide lactique, par MM. J. **Gay-Lussac** et J. **Pelouze**. Paris, V.ᵉ Thuau, br. in-8.º

1130 Observations sur le vinaigre et la détermination de sa richesse en acide acétique, par M. Emile **Bigo**. Lille, Danel, br. in-8.º

1131 Recherche sur le principe actif de la salsepareille, par M. **Poggiale**. Paris, Fain, 1834, br. in-8.º

1132 Analyse chimique de la racine de garance, par M. Fréd. **Kuhlmann**. Paris, Feugueray, br. in-8.º

1133 Expériences pour servir à l'histoire de l'alcool, de l'esprit de bois et des éthers, par M. Fréd. **Kuhlmann**. Lille, Danel, 1840, br. in-8.º

1134 Recherches sur les alcaloïdes des quinquinas, par M. L. **Pasteur**. Paris, Mallet-Bachelier, br. in-4.°

1135 La Chimie des éthers, par J.-B. **Van Mons**; t. I. Louvain, Dusart et Vandenbrouck, 1830, in-12.

1136 Notes sur un nouveau caractère spécifique de la strycnine et sur un procédé pour préparer l'azote pur, par E. **Marchand**. Fécamp, Couillard, 1843, br. in-8.°

1137 Rapport sur de nouveaux guanos du Commerce, par M. J. **Girardin**. Lille, Blocquel-Castiaux, br. in-8.°

1138 Analyses de divers engrais, par J. **Girardin**. Lille, Leleux, 1862, br. in-8.°

1139 Analyse des tourbes de Montoires, par **P.-D.** Nantes, Mellinet-Malassis, br. in-8.°

1140 Exposé d'un procédé de désinfection durable dite permanente, par Rudolph **Turecki**; prospectus in-8.°

1141 Faits pour servir à l'analyse des sucres, par M. Louis **Cazac**. Toulouse, br. in-8.°

1142 Résultat de quelques expériences sur la fermentation vineuse, par C. A. **de Gouvenain**. Dijon, Frantin, br. in-8.°

1143 Expériences relatives à l'action de l'air sur les huiles grasses d'origine végétale, par M. S. **Cloez**. Paris, Pillet, br. in-8.°

1144 Du sel marin et de la saumure, par M. Arm. **Goubaux**. Paris, Rignoux, 1856, br. in-8.°

1145 Influence du gaz sur les arbres des promenades publiques, par M. J. **Girardin**. Lille, Danel, br. in-8.°

1146 Scènes du monde animé, par Henri **Lecoq** : — La migration du carbone. Paris, Baillière, br. in-8.°

III. — SCIENCES NATURELLES

A. **Généralités.**

1147 C. Plinii Secundi historiæ mundi libri xxxvii denuo ad vetustos codices collati, et plurimis locis emendati, ut patet ex adjunctis iterumque auctis Sigismundi Gelenii annotationibus. In calce operis copiosus index est additus; Basileæ. 1549, in-f.°

1148 L'Histoire du monde de C. Pline Second, collationnée et corrigée sur plusieurs vieux exemplaires latins, tant imprimez qu'escrits à la main, et enrichie d'annotations en marge, servans à la conférence et déclaration des anciens et modernes noms des villes, régions, simples et autres lieux et termes obscurs compris en icelle, le tout mis en françois par Antoine **du Pinet**, seigneur de Noroy. Lyon, Antoine Tardif, 1584, 2 vol. in-f.º

1149 Dictionnaire pittoresque d'histoire naturelle et des phénomènes de la nature contenant l'histoire des animaux, des végétaux, des minéraux, des météores, etc. rédigé par une Société de naturalistes sous la direction de M. F. E. **Guérin.** Paris, 1833-1839, 9 vol. in-4.º

1150 Dictionnaire classique des sciences naturelles, présentant l'analyse, la définition et l'histoire de tous les êtres qui composent les trois règnes, par M. **Drapier**; tome I. Bruxelles, Meline, Cans et C.ᶦᵉ, 1837, in-8.º

1151 Dictionnaire raisonné, étymologique, synonymique et polyglotte des termes usités dans les sciences naturelles, par A. J. L. **Jourdan.** Paris, Londres, Baillière, 1834, 2 vol. in-8.º

1152 Dictionnaire raisonné universel d'histoire naturelle, contenant l'histoire des animaux, des végétaux et des minéraux, et celle des corps célestes, des météores et des autres principaux phénomènes de la nature, avec l'histoire des trois règnes, par M. **Valmont-Bomare**; 4.ᵉ édition. Lyon, Bruyset, 1791, 15 vol. in-8.º

1153 Dictionnaire universel d'histoire naturelle dirigé par M. Charles **d'Orbigny.** Paris, 1841-1846, 7 vol. gr. in-8.º (*incomplet*)

1154 Comptes-rendus des séances et Mémoires de la Société de biologie, 1849-1865.; (*incomplet*). Paris, 9 vol. in-8.º

1155 Annales des sciences naturelles comprenant la physiologie animale et végétale, l'anatomie comparée des deux règnes, la zoologie, la botanique, la minéralogie et la géologie. Paris, Crochard, 1824 à 1832, 30 vol. in-8.º

1156 Annales des sciences naturelles. Atlas des tomes 1 à 12, années 1824 à 1827. Paris, Crochard, 4 vol. in-4.º

1157 Extracts from the annals of natural history by the rev. M. J. **Berkeley**; in-8.º

1158 Mémoires du muséum d'histoire naturelle de Paris, par les professeurs de cet établissement; t. XVI. Paris, A. Belin, 1828, in-4.º

1159 Quelques mémoires sur différent sujets, la plupart d'histoire naturelle ou de physique générale et particulière, par M. **Dupont de Nemours**. Paris, Delance, 1807, in-8.º

1160 Bulletin des sciences naturelles et de géologie, par MM. **Delafosse**, **Raspail** et **Lesson**; t. 10, 11 et 12. Paris, Dufour, d'Ocagne, etc., 1827, 3 in-8.°

1161 On the power wisdom and goodness of God ad mani- fested in the creation of animals and in their history, habits and instincts by the rev. William **Kirby**, rector of Parham. Londres, Pickering, 1835, 2 vol. in-8.°

1162 William Smellies. Philosophie der naturgeschichte, aus dem englischen ubersekt mit zufaken des herrn Rector Lichtenstein herausgegeben und mit erlauterungen ver- sehen von E. V. **Zimmermann**. Berlin, Bossischen, 1791, 2 vol. in-8.° relié en un seul.

1163 Des révolutions du Globe; conjecture formée d'après les découvertes de Lavoisier sur la décomposition et la re- composition de l'eau, par M. **Morel de Vindé**; 3.ᵉ édi- tion. Paris, M.ᵐᵉ Huzard, 1811, br. in-8.°

1164 Théorie de la nature, par A. **Ecrement**. Lille, Leleux, 1824, in-8.°

1165 Théorie de la terre, d'après M. **Ampère**. Paris, Paul Renouard, br. in-8.°

1166 Traité pratique du microscope, et de son emploi dans l'étude des corps organisés, par le docteur L. **Mandl**, suivi de recherches sur l'organisation des animaux infusoires, par D. C. G. **Ehrenberg**. Paris, Baillière, 1839, in-8.°

1167 Handbuch der naturgeschichte fur die gebildeten stande Gimnasien und schuten besouders in hinsicht auf géo- graphie ausgearbeitet von D.ʳ Christian **Van Stein**. 2.ᵉ vol. Leipzig, 1820, in-8.°

1168 Handbuch der naturgeschichte von Joh. Fried. **Blumen- bach**. Gottingen, 1830, in-8.°

1169 Traité élémentaire d'histoire naturelle par A. M. Constant **Duméril**. Paris, Crapelet, 1807, 2 vol. in-8.°

1170 Principes de physiologie et exposition de la loi divine d'har- monie, ou Traité de la distribution légale des espèces dans la nature, par J. E. **Cornay**. Paris, Baillière, 1862, in-12.

1171 Physiologie des corps organisés, ou examen analytique des animaux et des végétaux comparés ensemble, à dessein de démontrer la chaine de continuité qui unit les diffé- rents règnes de la nature, édition françoise du livre publié en latin à Manheim, sous le titre de *Physiologie des mousses*, par M. **de Necker**, botaniste et historio- graphe de l'Electeur Palatin. Bouillon, 1775, in-12.

1172 Philosophie de l'histoire naturelle ou phénomènes de l'organisation des animaux et des végétaux, par J. J. **Virey**. Paris, Baillière, 1835, in-8.º

1173 Phytozoologie philosophique, dans laquelle on démontre comment le nombre des genres et des espèces concernant les animaux et les végétaux, a été limité et fixé par la nature, avec les moyens de donner l'histoire la plus parfaite de ces corps organisés différens, selon la découverte du système naturel, par Noël Jh. **de Necker**, botaniste de S. A. S. E. Bavaro-Palatine, historiographe du Palatinat du Rhin et des duchés de Berg et de Juliers. Neuwied, 1790, in-8.º

1174 Considérations historiques sur les sciences naturelles, par M. I. **Geoffroy-Saint-Hilaire**. Paris, Fournier, 1837, br. in-8.º

1175 Leçons sur l'histoire naturelle des corps organisés, professées au Collège de France, par M. G. **Duvernoy**; 1.er fascicule. Paris, Crochard, 1839, br. in-8.º

1176 Leçons sur l'histoire naturelle des corps organisés, professées au Collège de France par M. G. L. **Duvernoy**. 2.e fascicule. Paris, Renouard, 1842, br. in-8.º

1177 Résumé des vues sur l'espèce organique émises par les principaux naturalistes français du XVIII.e siècle et du commencement du XIX.e siècle, et de la théorie de la variabilité limitée de l'espèce, par M. **Geoffroy-Saint-Hilaire**. Paris, Masson, 1859, br. in-8.º

1178 De l'acclimatation dans le nord de la France, par M. Léon **Maurice**. Paris, 1862, br. in-8.º

1179 Caroli **Linnæi**, Sueci, doctoris medicinæ, Systema naturæ, sive Regna tria naturæ systematice proposita per classes, ordines, genera et species, editio prima reedita, curante A. L. A. **Fée**. Paris, Levrault, 1830, in-8.º

1180 Caroli **Linnæi** Systema naturæ sistens regna tria naturæ, in classes et ordines genera et species redacta tabulisque æneis illustrata. Leipzig, 1748, in-8.º

1181 Caroli a **Linné** Systema naturæ per regna tria naturæ, secundum classes, ordines, genera, species; cum characteribus, differentiis, synonymis, locis; 12.e édition. Holmiæ, 1766-67, 2 vol. in-8.º

1182 Caroli a **Linné**, equitis aurati de stella polari, archiatri Regii, med. et botan. profess., etc.; Systema naturæ per regna tria naturæ, secundum classes, ordines, genera, species, cum characteribus, differentiis; 13.e édition. Lyon, 1796, 7 vol. in-8.º; *manque la 1.re et la 2.e partie du tome I.*

1183 Caroli a **Linné** Systema naturæ per regna tria naturæ, se-

7

cundum classes, ordines, genera, species; cum characteribus, differentiis, synonymis, locis. Cura Frid. **Gmelin**
philos. et med. doctor; 13.ᵉ édition, tome ı. Lyon,
Delamollière, 1789, in-8.º

1184 Introduction aux lettres inédites de **Linné** à Boissier de
Sauvages; br. in-8.º

1185 Caroli **Clusii** atrebatis, aulæ cæsareæ quondam familiaris,
exoticorum libri decem : quibus animalium, plantarum,
aromatum, aliorum peregrinorum fructuum historiæ des-
cribuntur; item Petri **Belonii** observationes, eodem Carolo Clusio interprete. Plantiniana Raphelengii, 1605, in-f.º

1186 Les observations de plusieurs singularités et choses mémo-
rables, trouvées en Grèce, Asie, Inde, Egypte, Arabie
et autres pays estrangers, rédigées en trois livres par
Pierre **Belon**, du Mans. Anvers, 1555, Jean Steelsius,
in-8.º

1187 Histoire naturelle, générale et particulière, avec la description du cabinet du roi, par **Buffon**, Intendant du
jardin royal des plantes, et **Daubenton**, garde et démonstrateur du cabinet royal d'histoire naturelle. Paris,
Imprimerie royale, 1749-1754, 11 vol. in-4.º

1188 Histoire naturelle, par **Buffon**, dédiée au citoyen Lacépède.
Paris, Saugrain, an vii, in-16; Matière générale, 24
volumes; Quadrupèdes, 14 volumes; Oiseaux, 18 volumes; Poissons, 14 volumes; Ovipares et Serpents, 4
volumes.

1189 Histoire naturelle de **Buffon**. Paris, Deterville, an x., in-16;
(*suite de la précédente*); Crustacés, par **Bosc**, 2 volumes;
Coquilles, par le même, 5 volumes; Vers, par le même,
3 volumes; Insectes, par **de Tigny**, 10 volumes;
Botanique, par **Lamarck** et **de Mirbel**, 15 volumes;
Minéraux, par **Patrin**, 5 volumes.

1190 Suites à Buffon, formant avec les œuvres de cet auteur un
Cours complet d'histoire naturelle, collection accompagnée de planches. Paris, Roret, 77 vol. in-8.º

1191 Planches de **Seba** (*Locupletissimi rerum naturalium thesauri
accurata descriptio*) accompagnées d'un texte explicatif
mis au courant de la science et rédigé par une réunion
de savants, MM. le baron Cuvier, Desmarest, Geoffroy-
Saint-Hilaire, Audouin, Bois-Duval, Guillemin, Valenciennes, baron de Férussac, Lesson, Guérin, Eudes
Deslongchamps, ouvrage publié sous les auspices des
professeurs administrateurs du Muséum royal d'histoire
naturelle de Paris, par les soins de M. E. **Guérin**. Paris,
Levrault, 1827-1828, in-f.º

1192 Recherches sur la structure comparée et le développement des animaux et des végétaux, par B. **Dumortier**. Bruxelles, Hayez, 1832, br. in-4.º

1193 Atlas méthodique des cahiers d'histoire naturelle adoptés par le Conseil royal de l'Instruction publique ou Introduction à toutes les zoologies, par Achille **Comte**. Paris, Crochard, 1838, in-f.º

1194 Tableaux synoptiques d'histoire naturelle médicale (règne organique), ou végétaux et animaux envisagés sous les rapports physique, pharmacologique, chimique et thérapeutique, par M. P. J. E. **de Smyttere**. Paris, Levrault, 1830, in-f.º

1195 Histoire et description du Muséum royal d'histoire naturelle, par M. **Deleuze**. Paris, Royer, 1823, in-8.º

1196 De l'influence de la lumière sur les êtres organisés en général, et l'homme en particulier, par Aimé **Hautrive**, docteur en médecine. Paris, Didot le jeune, 1828, br. in-4.º

1197 Histoire naturelle des principales productions de l'Europe méridionale et particulièrement de celle des environs de Nice et des Alpes maritimes, par A. **Risso**. Paris, Levrault, 1826, 5 vol., in-8.º

1198 Essai sur l'histoire naturelle de la France équinoxiale, ou denombrement des plantes, des animaux et des minéraux, qui se trouvent dans l'isle de Cayenne, les isles de Remire, sur les côtes de la mer et dans le continent de la Guyanne, par Pierre **Barrère**, professeur en médecine à l'Université de Perpignan. Paris, V.e Piget, 1749, in-12.

1199 Uittreksels uit de berigten van de heeren Boie en macklot, geschreven aan boord van de dijkzigt, gedurende hunne reis naar Java, door W. **de Haan**; br. in-8.º

1200 Paléontologie; suite des mémoires et observations de physique et d'histoire naturelle, par M. le baron **d'Hombres-Firmas**; br. in-8.º

1201 Rapport sur l'excursion provinciale faite en Savoie en juillet 1861, par M. **Lethierry**. Paris, br. in-8.º

1202 Excursions au pic d'Anic et au pic Amoulat dans les Pyrénées, par M. Léon **Dufour**. Bordeaux, Lafargue, 1836, br. in-8.º

1203 Histoire naturelle du Morbihan : Catalogue raisonné des productions naturelles recueillies dans le département. Vannes, 1866; br. in-8.º

1204 Compte-rendu des travaux de la Société linnéenne de Paris depuis sa réorganisation jusques et compris l'année 1821, par M. Arsène **Thiébaut de Berneaud**. Paris, 1822, in-8.º

1205 Boletin de la Sociedad de naturalistas neo-granadinos. Londres, Bogota, 1860, prospectus in-8.°

1206 Promenades de la Société linnéenne de Normandie ; excursions entre la Houblonnière et Lisieux et à Arromanches. Caen, A. Hardel, 1856, br. in-4.°

1207 Discours prononcé à l'ouverture de la session de la Société helvétique des sciences naturelles, tenue à Genève, le 11 août 1845, par le président M. **de la Rive**. Genève, Ferd. Ramboz, 1845, br. in-4.°

1208 Discours prononcé à la séance solennelle de rentrée des Facultés de droit, des sciences, des lettres et de l'Ecole de médecine, le 15 novembre 1862, par M. **Morière**, professeur d'histoire naturelle à la Faculté des Sciences de Caen. Caen, Hardel, 1862, br. in-8.°

1209 Discours sur l'agriculture et les sciences naturelles prononcé par M. **Fée**, le 4 novembre 1828, à la séance publique de la Société des sciences, de l'agriculture et des arts de Lille ; br. in-8.°

1210 Discours d'ouverture du Cours d'histoire naturelle de la ville d'Auxerre en 1858. Auxerre, C. Gallot, br. in-8.°

1211 Discours prononcé le 21 août 1865 à l'ouverture de la quarante-neuvième session de la Société helvétique des sciences naturelles réunie à Genève, par M. Auguste **de La Rive**. Genève, Ramboz, 1865, br. in-8.°

1212 Discours d'ouverture de la troisième séance annuelle de la Société impériale d'acclimatation, par M. Is. **Geoffroy Saint-Hilaire**. Paris, 1859, br. in-8.°

B. Minéralogie et Géologie.

1213 Traité de minéralogie, par M. l'abbé **Haüy** ; seconde édition. Paris, Bachelier, 1822, 4 vol., in-8.°

1214 Traité de minéralogie, par M. l'abbé **Haüy** : Atlas ; 2.° édition. Paris, Bachelier, 1823, in-4.°

1215 Traité élémentaire de minéralogie, par F. S. **Beudant** ; 2.me édition. Paris, Verdière, 1830-1832, 2 vol, in-8.°

1216 Traité élémentaire de minéralogie et de géologie, par A. **Baudrimont**. Paris, Cousin, V.e Legras et C.ie, 1840, in-8.°

1217 Eléments de minéralogie appliquée aux sciences chimiques, ouvrage basé sur la méthode de M. Berzélius, suivi d'un précis élémentaire de géognosie, par J. **Girardin** et. H. **Lecoq**. Paris, Thomine, 1826, 2 vol. in-8.º

1218 Essai d'une théorie sur la structure des crystaux, appliquée à plusieurs genres de substances crystallisées, par M. l'abbé **Haüy**. Paris, Gogué et Née de la Chapelle, 1784,. in-8.º

1219 Nouvelles observations sur le métamorphisme normal, par M. **Virlet d'Aoust**. Paris, 1857, br. in-8.º

1220 Sur le dimorphisme dans les substances actives ; par M. L. **Pasteur**. Paris, Mallet-Bachelier, br. in-8.º

1221 Recherches sur le dimorphisme, par M. L. **Pasteur**. Paris, Bachelier, br. in-8.º

1222 Tableau méthodique des espèces minérales, 1.re partie, par J. A. **Lucas**. Paris, d'Hautel, 1806, in-8.º

1223 Compte-rendu par M. **Tonnellier** du livre de M. J. A. H. Lucas, intitulé : Tableau méthodique des espèces minérales, extrait du Traité de minéralogie de M. Hauy, et augmenté des nouvelles découvertes. Paris, 1806, br. in-8.º

1224 Histoire naturelle des minéraux : t. v. : — Traité de l'aimant et de ses usages, par M. le Comte **de Buffon**. Paris, imprimerie des bâtiments du Roi, 1788, in-4.º

1225 Taschenbuch fur die gesammte mineralogie mit heinsich auf die neue entdeckungen, herausgegeben von Carl Cæsar **Leonhard**. Francfort-sur-Mein, 1811, in-8.º

1226 Topographie minéralogique du département du Puy-de-Dôme, par J.-B. **Bouillet**. Clermont-Ferrand, Berthier, 1829, in-8.º

1227 Note sur la présence de la strontiane dans la baryte sulfatée des terrains primitifs, par MM. **Pihan-Dufcillay** et **Dubuisson**. Nantes, br. in-8.º

1228 Mémoire sur le chrome oxydé natif du département de Saône-et-Loire, par M. **Leschevin**. Paris, Bossange, 1810, br. in-8.º

1229 Note sur la meionite, avec quelques observations sur un Mémoire de M. F. Mohs, dans lequel cette substance est. considérée comme une variété des feld-spath, par M. **Tonnellier**. Paris, 1806, 5 br. in-8.º

1230 Note sur le diopside, espèce nouvelle établie par M. Hauy, comprenant deux variétés trouvées dans les Alpes piémontaises, par M. **Bonvoisin** et par M. **Tonnellier**. Paris, Bossange, 1806, br. in-8.º

1231 Extrait de l'ouvrage de M. l'abbé Hauy intitulé : Tableau comparatif des résultats de la cristallographie et de l'analyse chimique, par M. **Tonnellier**. Paris, br. in-8.º

1232 Note sur quelques pseudomorphoses observées dans les substances qui font partie de la collection minéralogique du Conseil des mines, par M. **Tonnellier**. Paris, br. in-8.°

1233 Note sur la koralevskite, nouvelle espèce minérale, par M. J. J. N. **Huot**; br. in-8.°

1234 Note sur le gisement de l'anthracite nouvellement découvert par M. Omalius de Halloy, dans le département de l'Ourthe, par M. **Tonnellier**; br. in-8.°

1235 On the amber beds of east Prussia, by Dr K. Thomas. Communicated by the rev. M. J. **Berkeley**; br. in-8.°

1236 La géologie dans ses rapports avec l'agriculture et l'économie politique. — Modifications graves à introduire dans notre système d'économie politique, et notamment dans le cadre général de l'instruction publique, par M. **Nérée Boubée**. Paris, 1840, in-8.°

1237 L'Histoire naturelle éclaircie dans deux de ses parties principales, la lithologie et la conchyliologie, dont l'une traite des pierres et l'autre des coquillages, par M. **Desaillier d'Argenville**. Paris, Debure, 1742, in-f.°

1238 L'Histoire naturelle éclaircie dans une de ses parties principales, l'oryctologie, qui traite des terres, des pierres, des métaux, des minéraux et autres fossiles, par M. **Desaillier d'Argenville**. Paris, Debure, 1755, in-f.°

1239 Première lettre géologique adressée à l'Académie des sciences et aux principales sociétés savantes de Paris et des départements, par E. L. **Guiet**. Mamers, Jules Fleury, 1857, br. in-8.°

1240 Recherches géogéniques, par M. E. L. **Guiet**. Mamers, Jules Fleury, 1856, br. in-8.°

1241 Des cavernes, de leur origine et de leur mode de formation, par M. Th.^{re} **Virlet**. Avesnes, C. Viroux, 1836, br. in-8.°

1242 Tableau synoptique d'oréognosie, ou connaissance des montagnes ou roches, donné par M. **Tondi**. 1811, br. in-8.°

1243 Recherches expérimentales sur les gisements spontanés des terrains argileux, accompagnées de considérations sur quelques principes de la mécanique terrestre, par M. A. **Collin**; (texte et atlas). Paris, Carillan-Gœury et V.^{or} Dalmont, 1846, 2 vol. in-4.°

1244 Premier mémoire sur les kaolins ou argiles à porcelaine, sur la nature, le gisement, l'origine et l'emploi de cette sorte d'argile, par M. Alexandre **Brongniart**. Paris, Gide, 1839, br. in-4.°

1245 Itinéraire de Clermont au Puy-de-Dôme ou description de cette montagne et de la vallée de Royat et Fontanat, par H. **Lecoq**. Clermont-Ferrand, Thibaut-Landriot, 1831, in-8.º

1246 Mémoire de géozoologie sur les oursins fossiles qui se rencontrent dans les terrains calcaires des environs de Dax, par M. **Grateloup**. Bordeaux, 1836, br. in-8.º

1247 Mémoire sur la géognosie du département du Nord, par P. **de Saint-Brice**. Lille, Danel, 1826, br. in-8.º

1248 Essai de géologie pratique sur la Flandre française, par M. A. **Meugy**. Lille, Paris, Bruxelles, 1852, in-8.º

1249 Mémoire sur le terrain crétacé du Nord de la France, et notamment sur le gisement, l'âge et le mode de formation des minerais de fer de l'arrondissement d'Avesnes et de la Belgique, et des minerais de fer en général, par M. **Meugy**. Paris, V.ᵒʳ Dalmont, 1855, br. in-4.º

1250 Carte géologique de la Flandre française, comprenant les arrondissements de Lille, Hazebrouck, Douai et Dunkerque, par M. **Meugy**. Paris, 1850.

1251 Carte géologique des arrondissements de Valenciennes, Cambrai et Avesnes, par M. **Meugy**. Paris, 1860.

1252 Carte géologique agricole ou agronomique de Belgique, dressée par M. **Malaise**. Bruxelles, 1868, br. in-8.º

1253 Note sur un dépôt de grès situé dans la commune de Sainte-Opportune (Orne), par M. **Morière**. Caen, A. Hardel, 1853, br. in-4.º

1254 Note sur le grès de Sainte-Opportune et sur la formation liasique dans le département de l'Orne, par M. **Morière**. Caen, A. Hardel, 1863, br. in-8.º

1255 Observations sur les calcaires d'eau douce du nord-est de l'Aquitaine, par M. J. **Gosselet**. Bordeaux, br. in-8.º

1256 Note sur l'existence du gault dans le Hainaut, par M. J. **Gosselet**. Paris, 1859, br. in-8.º

1257 Sur les terrains primaires de la Belgique, par M. J. **Gosselet**; br. in-8.º

1258 Observations sur les terrains primaires de la Belgique et du Nord de la France, par M. **Gosselet**. Paris, 1860, br. in-8.º

1259 Observations sur quelques gisements fossilifères du terrain dévonien de l'Ardenne, par M. **Gosselet**. Paris, 1862, br. in-8.º

1260 Programme d'une description géologique et minéralogique du département du Nord, par M. J. **Gosselet**. Lille, Danel, 1867, br. in-8.º

1261 Sur le terrain nommé *Système ahrien* par André Dumont;

lettre de M. **Gosselet** à M. d'Omalius d'Halloy. Bruxelles, Hayez, 1868, br. in-8.º

1262 Note sur le terrain dévonien de l'Ardenne et du Hainaut, par M. J. **Gosselet**. Paris, L. Martinet, br. in-8.º

1263 Observations sur le terrain silurien de l'Ardenne, par MM. J. **Gosselet** et C. **Malaise**. Bruxelles, M. Hayez, 1868, br. in-8.º

1264 Notice géologique sur la formation ardoisière du département des Ardennes, par J. F. **Clerc**; br. in-8.º

1265 Sur des corps organisés trouvés dans les terrains ardennais de Dumont, par M. **Malaise**. Bruxelles, br. in-8.º

1266 Sur des roches usées avec cannelures de la vallée de la grande Geele, par M. **Malaise**. Bruxelles, br. in-8.º

1267 Sur le terrain cretacé de Lonzée, par M. **Malaise**. Bruxelles, br. in-8.º

1268 Sur l'existence en Belgique de nouveaux gites fossilifères à Faune silurienne, par M. **Malaise**. Bruxelles, br. in-8.º

1269 Note sur quelques fossiles du massif silurien du Brabant, par M. **Malaise**. Bruxelles, br. in-8.º

1270 Le sol de la Flandre maritime, par Victor **Derode**. Dunkerque, Kien, 1867, br. in-8.º

1271 Notice géologique sur l'espèce et la nature du terrain des environs de Maëstricht, par M. J. **Clerc**. Paris, 1814, br. in-8.º

1272 Notice sur les cavernes à ossements fossiles des carrières du calcaire grossier, situées aux environs de Lunel-Vieil, département de l'Hérault, par M. Marcel **de Serres**. Paris, 1826, br. in-8.º

1273 Mémoire sur la Constitution géologique du bassin houillier d'Eschweiler, situé dans le pays de Juliers, par J. F. **Clerc**. Paris, 1814, br. in-8.º

1274 Mémoire sur la constitution géologique de la portion du département de la Côte d'Or dans laquelle doit se trouver le point de partage du Canal de Bourgogne, par M. **Leschevin**. Paris, 1813, in-8.º

1275 Notice géologique sur une montagne calcaire près Chessy, département du Rhône, par M. L. **Lemaistre**. Paris, br. in-8.º

1276 Coup d'œil sur la Constitution tellurique de l'arrondissement de Falaise, par M. **de Caumont**. Caen, A. Hardel, 1864, br. in-8.º

1277 Excursion à la montagne de Saint-Pierre, près de Maëstricht, suivi d'un essai sur la climature du département du Gard, par M. le baron **d'Hombres** ; br. in-8.º

1278 Historique des mines de Rive-de-Gier (Loire), précédé d'une notice géologique sur le bassin houiller de cette localité, par M. A. **Meugy**. Paris,. Carillian-Gœury et V.ᵒʳ Dalmont, 1848, in-8.º

1279 Itinéraire minéralogique et historique de Clermont-Ferrand à Aurillac, par Massiac, Saint-Flour, etc., par J.-B. **Bouillet**. Clermont-Ferrand, Landriot, 1832, br. in-8º.

1280 Aperçu sur les gisements métallifères du Chili, par J. **Lenoir**. Lyon, Barret, 1855, br. in-8.º

1281 Report on the geology of the lake superior land district, by J. W. **Foster** and J. D. **Whitney**. Part II. the iron region, together with the general geology ; avec un atlas. Washington, A. Boyd Hamilton, 1851, 2 vol. in-8.º

1282 Ascension à l'Etna, par Alfred **Malherbe**. Metz, Lamort, 1841, br. in-8.º

1283 Coup d'œil géologique sur les mines de la monarchie autrichienne, par le chevalier Fr. **de Hauer** et Fr. **Fœtterie** avec une introduction, par Guillaume Haidinger, traduit de l'allemand par M. le comte Auguste **Marschall**. Vienne, Imprimerie impériale, 1855, in-8.º

1284 Notes géologiques sur les îles du nord de la Grèce, et, en particulier, sur un terrain de calcaire d'eau douce à lignites, par M. Th. **Virlet** ; br. in-8.º

1285 Fragments sur la géologie de la Guadeloupe, par M. **Lescallier** ; an XIII (1805) ; br. in-4.º

1286 Coup d'œil sur les montagnes de la Sibérie et sur l'origine et les progrès de la richesse minérale dans l'empire russe, par M. J. J. **Huot**. Paris, Lenormant, 1835, br. in-8.º

1287 Observations générales sur la constitution géognostique du département de l'Hérault, par M. Marcel **de Serres**. Caen, 1827, br. in-8.º

1288 Rapport sur les recherches paléontologiques faites en Bretagne et en Anjou, par M. Marie Rouault, fait à l'Académie des sciences, par MM. Elie **de Beaumont**, **Dufrénoy**, **Milne-Edwards**. Paris, 1847, br. in-4.º

1289 Notes géologiques et minéralogiques recueillies en Normandie, par M. **Morière**. Caen, Le Blanc-Hardel, 1865, br. in-8.º

1290 Notice géologique sur la formation des argiles plastiques et des lignites existant sur le territoire de la commune de la Chapelle (Seine-et-Oise), par M. **Poirier de Saint-Brice**. Paris, br. in-8.º

1291 Note sur quelques-unes des principales substances renfermées dans une suite de laves du Vicentin, par M. le comte Joseph **Marzari - Pencati**. Paris, 1806, br. in-8.º

1292 Mémoire sur le gisement, l'âge et le mode de formation des terrains à meulières du bassin de Paris, par M. A. **Meugy**. Paris, 1856, br. in-8.º

1293 Discours sur la géologie d'application à l'agriculture et aux arts industriels pour le département de la Gironde, par M. **Grateloup**; br. in-8.º

1294 Conférence de géologie faite à Rodez, le 20 janvier 1865, par M. **Meugy**; br. in-8.º

1295 Sur les lignes d'ancien niveau de la mer dans le Finmark, par M. A. **Bravais**. Paris, Firmin Didot, br. in-8.º

1296 Essai géologique et minéralogique sur les environs d'Issoire (Puy-de-Dôme) et principalement sur la montagne de Boulade avec la description et les figures des fossiles qui y ont été recueillis, par MM. **Devèze**, **de Chabriol** et **Bouillet**. Clermont-Ferrand, Landriot, 1827, in-f.º

1297 Notice géognostique sur les roches de Tercis aux environs de Dax (Landes), par M. **Grateloup**. Bordeaux, Th. Lafargue, 1833, br. in-8.º

1298 Détermination des caractères spécifiques des roches, appliquée particulièrement aux départements de la Drôme et de l'Ardèche, par M. **Johanys**; br. in-8.º

1299 Observations sur un terrain d'origine météorique ou de transport aérien qui existe au Mexique, et sur le phénomène des trombes de poussière auquel il doit principalement son origine. — Notes sur le reboisement des montagnes, par M. **Virlet d'Aoust**. Paris, 1857, br. in-8.º

1300 Sur les caractères du terrain de craie dans les départements du Nord, de l'Aisne et des Ardennes, par M. **Meugy**. Paris, Martinet, br. in-8.º

1301 Analyse critique du mémoire de sir H. Davy, sur les phénomènes des volcans, par J. **Girardin**. Paris, Firmin Didot, br. in-8.º

1302 Des métamorphoses et des modifications survenues dans certaines roches des Vosges, par M. Ern. **Puton**. Paris, Londres, etc., 1838, in-8.º

1303 Rapport sur le mémoire de M. l'abbé Paramelle, relatif à la recherche des sources, par M. **Maillet**. Reims, Regnier, 1846, br. in-8.º

1304 Etudes hydrogéologiques sur les puits artésiens, par M. le baron **d'Hombres**; br. in-8.º

1305 Mémoire sur les puits artésiens dans les environs de. Reims et dans les départements réunissant les mêmes conditions géologiques, par M. **Maillet**. Reims, Assy, 1846, br. in-8.°

1306 Premier mémoire sur les puits artésiens forés dans le département de la Seine-Inférieure, par M. J. **Girardin**. Rouen, Périaux, 1838, br. in-8.°

1307 Note sur la température, le forage et la nature géologique du sol du puits artésien de New-Salzwerck, par M. J. J. **Huot**. Versailles, Montalant-Bougleux, br. in-8.°

1308 Examen de la question relative à la reprise des travaux de recherche des eaux artésiennes de Bordeaux, adressée à l'autorité administrative de cette ville par la Société linnéenne. Bordeaux, Lafargue, 1841, br. in-8.°

1309 Considérations géologiques et physiques sur le gisement des eaux souterraines, relativement au jaillissement des fontaines artésiennes, et recherches sur les puits forés en France à l'aide de la sonde, par M. le vicomte **Héricart de Thury**. Paris, 1828, br. in-8.°

1310 Précis des travaux géologiques de la Société linnéenne de Bordeaux, par M. **Grateloup**. Bordeaux, Th. Lafargue, 1835, in-8.°

C. Botanique

a' *Généralités.*

1311 Considérations générales sur la nature de la végétation qui couvrait la surface de la terre aux diverses périodes de la formation de son écorce, par M. Adolphe **Brongniart**. Paris, Crochard, 1828, br. in-8.°

1312 Prodome d'une histoire des végétaux fossiles, par M. Adolphe **Brongniart**. Paris, Levrault, 1828, in-8.°

1313 Plantarum seu stirpium historia, Mathiæ **de Lobel**, Insulani. Dans le même volume on trouve : Nova stirpium adversaria, perfacilis vestigatio, luculentaque accessio ad priscorum, præsertim Dioscoridis, et recentiorum materiam. Auctoribus Petro **Pena** et Matthia **de Lobel**, medicis. Anvers, Christophe Plantin, 1576, in-f.°

1314 Elementa botanica, genera genuina, species naturales omnium vegetabilium detectorum eorumque characteres diagnosticos ac peculiares exhibentia, secundum systema omologicum seu naturale evulgata, Auctore Nat. Jos. **de Necker**. Neuwied, 1790, 3 vol. in-8.º

1315 Philosophia botanica in qua explicantur fundamenta botànica cum definitionibus partium, exemplis terminorum, observationibus rariorum, adjectis figuris æneis. Auctore Caroli **Linnæi**, archiatr. reg. medic. et botan. profess. Upsal. acad. imperial. Monspel. Berol. Tolos. Upsal. Stockh. et Paris, corresp. Vienne, H. Trattner, 1755, in-8.º

1316 Miscellanea botanica ubi et rariorum horti botanici stirpium, minusque cognitarum descriptiones, ac additamentum alterum ad floram pedemontanam, et ad elenchum plantarum circa Taurinensem urbem nascentium cum locorum natalium indicatione, observationes botanicæ continentur, auctore J.-B. **Balbis**. Turin, in-4.º

1317 Encyclopédie du règne végétal accompagnée de monographies de genres, destinée à former progressivement une Flore universelle, publiée sous la direction de M. **Drapier**; 6 livraisons dépareillées. Bruxelles, in-f.º

1318 Encyclopédie portative, ou résumé universel des sciences, des lettres et des arts, en une collection de traités séparés, par une Société de savants et de gens de lettres, sous la direction de M. C. Bailly de Merlieux; t. I. et II.: résumé complet de botanique, par J. P. **Lamouroux**. Paris, Bachelier, 1826, 2 vol, in-32.

1319 Histoire naturelle des végétaux classés par familles, par J.-B. **Lamarck** et B. **Mirbel**; t. III. Paris, Deterville, 1803, in-16.

1320 Botanographie élémentaire, ou principes de botanique, d'anatomie et de physiologie végétale, par Thém. **Lestiboudois**. Paris, Lille, 1826, in-8.º

1321 Nouveau manuel de botanique, ou principes élémentaires de physique végétale, à l'usage des personnes qui suivent les cours de botanique du Jardin royal, des facultés des sciences et de médecine, par MM. J. **Girardin** et J. **Juillet**. Paris, Compère, 1827, in-18.

1322 Bulletin botanique, ou collection de notices originales et d'extraits des ouvrages botaniques, par M. C. **Seringe**; prospectus. Genève, Paris, 1830, br. in-8.º

1323 Tableau des systèmes de botaniques généraux et particuliers, par le citoyen **Mouton-Fontenille**. Lyon, Bruyset, 1801, in-8.º

1324 Mélanges de botanique et de voyages, par Aubert **du Petit Thouars.** Paris, Bertrand, 1811, in-8.º

1325 Annales des sciences naturelles ; botanique , rédigée par MM. Ad. **Brongniart** et **Guillemin.** Paris, Crochard, 1834-1840 , 14 vol. reliés en 7 , in-8.º

1326 Annales des jardiniers amateurs, publiées par la Société d'agronomie publique (1831); *incomplet.* Paris, Renard, in-8.º

1327 Archives de botanique ou recueil mensuel de mémoires originaux , d'extraits et analyses bibliographiques, d'annonces et d'avis divers concernant cette science, rédigées sous la direction M. A. J. **Guillemin.** Paris, 1833, 2 vol. in-8.º

1328 Botanische Zeitung. Mois de juillet 1848 ; in-4.º

1329 Essai historique et critique sur la phytonymie , ou nomenclature végétale , par A. L. A. **Fée** ; br. in-8.º

1330 Pathologie végétale : Maladies des végétaux, par M. **Mérat.** Paris, 1839, br. in-8.º

1331 Physiologie et pathologie des plantes du docteur **Plenck**, premier médecin de l'Empereur, traduites du latin, par P. **Chanin.** Paris, Barreau, an x, in-8.º

1332 Observations phytologiques, par Thém. **Lestiboudois.** Lille, Leleux, 1826, in-8.º

1333 Leçons de Flore. Cours de botanique, explication des principaux systèmes , introduction à l'étude des plantes, par J. L. M. **Poiret.** Paris, Panckoucke , 1823, in-8.º

1334 Observations sur les plantes , par M. **Guettard**, docteur en médecine de la Faculté de Paris, de l'Académie royale des sciences , médecin botaniste de S. A. S. Monseigneur le duc d'Orléans. Paris, Durand, 1747, in-8.º

1335 Observations sur les plantes, par M. **Guettard** ; t. II. Paris, Durand, 1747, in-12.

1336 Recherches sur la reproduction des végétaux, par H. **Lecoq.** Clermont, Thibaud-Landriot, 1827, br. in-4.º

1337 De la reproduction des végétaux, par A. L. A. **Fée.** Strasbourg, Levrault, 1833, br. in-4.º

1338 Sur la respiration des plantes, par MM. **Edwards** et **Colin** ; br. in-8.º

1339 Essais sur l'organisation des plantes , considérée comme résultat du cours annuel de la végétation ; 1805, in-8.º

1340 Mémoire sur l'utilité de la botanique et des exercices microscopiques au point de vue de la toxicologie, de la médecine légale, de la matière médicale, etc., par L. **Garreau.** Montpellier, Boehm, 1860, br. in-8.º

— 110 —

1341 Der naturen Bloeme, van Jacob van Maerlant, met inleiding, varianten van hirs., aenteekeningen en glossarium, op gezag van het gouvernement eae in naem der Koninglijke akademie van wetenschappen letteren en fraye kunsten, voor de eerste mael uitgegeven, door J. H. **Bormans**. Bruxelles, Hayez, 1857, in-8.°

1342 Examen de la théorie des rapports botanico-chimiques, par Antoine **Fée**. Strasbourg, Levrault, 1833, br. in-4.°

1343 Mémoires sur la disposition géométrique des feuilles et des inflorescences, par L. et A. **Bravais**. Paris, Renouard, 1838, in-8.°

1344 Phyllotaxie anatomique, ou recherches sur les causes organiques des diverses distributions des feuilles, par M. Th. **Lestiboudois**. Paris, Martinet, 1848, br. in-4.°

1345 Essai sur la disposition générale des feuilles rectisériées, par A. et L. **Bravais**; br. in-8.°

1346 Nature de la cuticule; son rôle dans l'organisme de l'ovule; sa physiologie; nouveau principe immédiat, la cuticulose, par M. L. **Garreau**; br. in-8.°

1347 Mémoire sur la respiration des plantes, par M. **Garreau**. Paris, Dumaine, 1851, br. in-8.°

1348 Nouvelles recherches sur la respiration des plantes. Mémoire sur un principe immédiat nouveau : la corycolurnine, par M. L. **Garreau**. Paris, Noblet., 1852, br. in-8.°

1349 Remarques critiques sur le mémoire de R. Courtois intitulé: *Commentarius in Remberti Dodanœi pemptades*, par A. L. S. **Lejeune**; br. in-4.°

1350 Caroli **Clusii** Atrebatis ad Thomam Redigerum et Joannem Cratonem epistolæ; accedunt Remberii Dodanaei, Abrahami Ortelii, Gerardi Mercatoris et Ariæ Montani ad eumdem Cratonem epistolæ, edidit P. S. X. **de Ram**. Bruxelles, Hayez, 1847, in-8.°

1351 Discours sur les Jussieu et la méthode nouvelle, prononcé à l'ouverture du cours de botanique de la Faculté de médecine de Strasbourg, le 3 mai 1857, par **M. Fée**. Strasbourg, Silbermann, 1837, br. in-8°

1352 Porlieria hygrometrica. Deuxième mémoire sur les plantes dites sommeillantes, par M. A. **Fée**. Paris, 1858, br. in-8.°

1353 Mémoire sur l'influence de l'air et de diverses substances gazeuses dans la germination de différentes graines, par François **Huber** et Jean **Senebier**. Genève, Paschoud, 1801, in-8.°

1354 Expériences sur l'action de la lumière solaire dans la végétation par Jean **Senebier**, ministre du Saint-Evangile et bibliothécaire de la république de Genève. Genève, Paris, 1788, in-8.º

1355 De l'hybridation et de son importance, par H. **Lecoq**; br. in-8.º

1356 De la fécondation naturelle et artificielle des végétaux et de l'hybridation, considérée dans ses rapports avec l'horticulture, l'agriculture et la silviculture, par H. **Lecoq**. Paris, Audot, 1845, in-8.º

1357 Essai sur la géographie des plantes, accompagné d'un tableau physique des régions équinoxiales, fondé sur des mesures exécutées depuis le 10.ᵉ degré de latitude boréale jusqu'au 10.ᵉ degré de latitude australe, pendant les années de 1799 à 1803, par Al. de **Humboldt** et A. **Bonpland**. Paris, Levrault, 1805, in-f.º

1358 Les arbres et arbrisseaux d'Europe et leurs insectes, par J. **Macquart**. Lille, Danel, 1852, in-8.º

1359 Les plantes herbacées d'Europe et leurs insectes, pour faire suite aux arbres et arbrisseaux d'Europe et leurs insectes, par J. **Macquart**. Lille, Danel, 1854-1856, 3 vol. in-8.º

1360 Atlas botanique, ou clef du jardin de l'Univers, d'après les principes de Tournefort et de Linné réunis, par M. **Lefébure**. Paris, Villet, 1807, in-8.º

1361 La Flore des insectophiles, précédée d'un discours sur l'utilité des insectes et de l'étude de l'insectologie, par Jacques **Brez**. Utrecht, Wild et Altheer, 1791, in-8.º

1362 Catalogue de la Bibliothèque et de l'herbier, riche de 40,000 plantes, de M. N. A. **Desvaux**. Angers, Cosnier et Lachèse, 1857, in-8.º

1363 Discours prononcé à Strasbourg le 22 Juillet 1858, à la clôture de la session extraordinaire de la Société botanique de France par M. A. **Fée**; br. in-8.º

1364 Catalogue méthodique et chronologique des publications du professeur A. L. A. **Fée**. Strasbourg, Simon, br. in-8.º

1365 Note sur deux cas de tératologie végétale, par M. **Morière**. Caen, Hardel, 1861, br. in-8.º

1366 Observations botaniques et zoologiques par J.-B. **Desmazières**. Lille, Leleux, 1826, in-8.º

1367 Observations botaniques par B. **Dumortier**. Tournay, Castermann, 1822, in-8.º

1368 Tableau de l'Ecole de botanique du Muséum d'histoire naturelle de Paris. Paris, in-8.º

1369 Flora Gallica seu enumeratio plantarum in Gallia sponte
nascentium, secundum Linnæanum systæma digestarum,
addita familiarum naturalium synopsi, auctore J. L. A.
Loiseleur-Deslongchamps. Paris, Baillière, 1828,
2 vol. in-8.º

1370 Flore française, ou description succincte de toutes les
plantes qui croissent naturellement en France, par le
citoyen **Lamarck**. 2me éd. Paris, Agasse, an III, 3 vol.
in-8.º

1371 Nouvelle notice sur les plantes à ajouter à la Flore de
France (Flora Gallica) par P. L. A. **Loiseleur-Deslongchamps**. Paris, 1827, br. in-8.º

1372 Flore du Nord de la France, ou description des plantes
indigènes et de celles cultivées dans les dép.ts de la Lys,
de l'Escaut, de la Dyle et des Deux-Nêthes, y compris
les plantes qui naissent dans les pays limitrophes de ces
départements, par F. **Roucel**. Paris, veuve Richard,
1803, 2 vol. in-8.º

1373 Essai sur les qualités et propriétés des arbres, arbrisseaux,
arbustes et plantes ligneuses, qui croissent naturellement
dans le département du Nord, ou que l'on peut y natu-
raliser, par le citoyen **Hécart**. Valenciennes, Varlé,
an III, br. in-4.º

1374 Catalogue raisonné des plantes vasculaires de l'arrondissement de Cherbourg par MM. **Besnou** et Bertrand **Lachenée**. Cherbourg, Mouchel, 1862, in-8.º

1375 Catalogue raisonné des plantes vasculaires du plateau cen-
tral de la France, comprenant l'Auvergne, le Velay, la
Lozère, les Cévennes, une partie du Bourbonnais et du
Vivarais, par Henri **Lecoq** et Martial **Lamotte**. Paris,
Masson, 1848, in-8.º

1376 Catalogue raisonné des plantes vasculaires qui croissent
spontanément dans le département de la Marne par le
comte Léonce **de Lambertye**. Paris, Chamerot, 1846,
in-8.º

1377 Catalogue des plantes omises dans la Botanographie
Belgique, et dans les Flores du Nord de la France, par
J.-B. **Desmazières**. Lille, Leleux, 1823, in-8.º

1378 Flore de l'arrondissement d'Hazebrouck, par Henri **Vandamme**. Hazebrouck, Vandamme, 1850, in-8.º

1379 Description des jardins de Courset, situés aux environs de
Boulogne-sur-Mer, par M. Pierre Aimé **Lair**. Paris,
Déterville, 1814, br. in-8.º

1380 Note extraite de l'Histoire du jardin botanique de Strasbourg, offerte en 1858 aux membres de la session extraor-

dinaire de la Société botanique de France; brochure autographiée.

1381 Notes sur quelques végétaux qui croissent spontanément dans le département du Gard, et qui mériteraient une culture particulière par leurs vertus médicales ou leurs usages dans les arts, par M. L. A. baron **d'Hombres**. Nîmes, Durand, 1834, br. in-8.º

1382 Flore lyonnaise, ou description des plantes qui croissent dans les environs de Lyon et sur le Mont Pilat, par J.-B. **Balbis**. Lyon, Coque, 1827-1828, 3 vol. in-8.º

1383 Flore complète d'Indre-et-Loire publiée par la Société d'agriculture de Tours. Tours, Mame, 1833, in-8.º

1384 Flore d'Auvergne, ou recueil des plantes de cette ci-devant province, par A. **Delarbre**. Clermont-Ferrand, Beauvert et Deschamps, 1795, in-8.º

1385 Note sur deux végétaux fossiles trouvés dans le département du Calvados, par M. J. **Morière**. Caen, Le Blanc-Hardel, 1866, br. in-4.º

1386 Inauguration de la nouvelle galerie du Jardin des plantes de Caen, le 6 Mai 1863. Caen, Philippe, br. in-12.

1387 Note sur quelques herborisations faites en 1861, par M. **Morière**. Caen, br. in-8.º

1388 Une herborisation aux environs d'Avranches, par MM. L. **Remon** et **Le Hericber**; br. in-8.º

1389 Coup d'œil sur la végétation de la Basse Normandie considérée dans ses rapports avec le sol et les terrains, par M. Alphonse **de Brébisson**. Caen, Chalopin, 1829, br. in-8.º

1390 Aperçu de la végétation de la Normandie, par A. **de Brébisson**. 1835, br. in-8.º

1391 Aperçu de la végétation des cinq départements de l'ancienne Normandie, par M. Alphonse **de Brébisson**. Caen, br. in-8.º

1392 Histoire de la botanique en Bourgogne, suivie de la détermination exacte de toutes les plantes dont il a été question dans les catalogues et les Flores de cette province, par M. **Vallot**. Dijon, 1827, br. in-8.º

1393 Catalogue provisoire publié pour servir à la Flore de la Charente-Intérieure par la Société des sciences naturelles de ce département. La Rochelle, Mareschal, 1840, br, in-4.º

1394 Essai sur les plantes marines des côtes du golfe de Gascogne, et particulièrement sur celle du département de

8

la Charente-Inférieure, par C. **D'Orbigny**. Paris, 1820, br. in-4.º

1395 Florula belgica , operis majoris prodromus , auctore B. **Dumortier**. Tournai, Casterman , 1827, in-8.º

1396 Revue de la Flore des environs de Spa, par A. H. S. **Lejeune**. Liège, veuve Duvivier, 1824, in-8.º

1397 Manuel de la Flore de la Belgique, par M. **Malaise**. Bruxelles, br. in-8.º

1398 Annotations à la Flore de la partie septentrionale du Brabant, par MM. A. **Thielens** et A. **Wesmael**. Bruxelles, br. in-8.º

1399 Pugillus secundus et tertius plantarum adhuc ineditarum, seu minus cognitarum, quas, annis 1842-1846, praeter alias alio loco descriptas vel describendas, coluit hortus botanicus universitatis litterarum Lipsiensis ; scripsit D. Gustavius **Kunze** ; 2 br. in-8.º

1400 Iter Hispaniense or a synopsis of plants collected in the southern provinces of Spain and in Portugal, with geographical remarks, and observations on rare and undescribed species, by Philip. **Barker Webb**. Paris et Londres, 1838, br. in-8.º

1401 Synopsis plantarum Horti botanici Taurinensis, ann. 1801 et 1803; br. in-8.º

1402 Catalogus plantarum Horti botanici Taurinensis ad annum 1810, auctore Joannes Baptista **Balbis**; in-8.º

1403 Catalogus stirpium Horti academici Taurinensis ad annum 1813, auctore J.-B. **Balbis**; in-8.º

1404 Horti academici Taurinensis stirpium minus cognitarum aut forte novarum icones et descriptiones , auctore J. B. **Balbis**. Fasciculus 1us. Taurini, 1810 , br. in-4.º

1405 Elenco delle piante crescenti ne contorni di Torino, compilato dal cittadino Gioanni Batista **Balbis**. Turin, 9e année républicaine, in-8.º

1406 Sulla Flora della provincia Senese e maremma Toscana, studi del dott. Attilio **Tassi**. Siena, 1862, br. in-8.º

1407 Una visita all'esposizione dei fiori in Firenze. prof. Attilio **Tassi**. Milan, Andrea Ubicini, 1856, br. in-8.º

1408 Florula Caprariæ sive enumeratio plantarum in insula Capraria vel sponte nascentium, vel ad utilitatum latius excultarum , auctoribus J. **Moris** et J. **de Notaris**. Taurini, 1839, in-4.º avec planches.

1409 Florula Hannoniensis , auctore Gabr. Ant. **H**. Valenciennes, Prignet, 1836 , br. in-8.º

1410 Mémoire sur la nature des parfums et sur quelques fleurs cultivables en Algérie, par M. **Millon**; br. in-8.°

1411 Catalogue alphabétique des arbres et arbrisseaux qui croissent naturellement dans les Etats-Unis de l'Amérique septentrionale, traduit de l'Anglais de M. **Humphry Marschall**, par M. **Lézermes**, adjoint à la direction des pépinières du roi. Paris, Cuchet, 1783, vol. in-8.°

1412 Flore d'Oware et de Benin en Afrique, par A. M. F. J. **Palisot-Beauvois**. Paris, Fain, 1804, 2 vol. in-f.°, dont un de texte et un de planches.

1413 Rumphia, sive commentationes botanicæ imprimis de plantis Indiæ orientalis, tum penitus incognitis, tum quæ, in libris Rheedii, Rumphii, Roxburghii, Wallichii, aliorum, recensentur, auctore C. L. **Blume**, cognomine Rumphio. Prospectus, in-8.°

1414 Icones lithographicæ plantarum Australasiæ rariarum. Decades duæ quas botanicis offert J. B. A. **Guillemin**. Paris Londres, 1827, in-4.° et planches.

1415 De la préparation des herbiers pour l'étude de la botanique; par H. **Lecoq**. Paris, Levrault, 1829, br. in-8.°

b⁺ *Plantes phanérogames.*

1416 Recherches sur la génération et le développement de l'embryon dans les végétaux phanérogames par M. Adolphe **Brongniart**; atlas. Paris, Thuau, 1827, in-4.°

1417 Catalogue des plantes phanérogames qui croissent naturellement dans les fortifications de Douai, par l'abbé **Bourlet**. Douai, Adam.d'Aubers, 1847, in-8.°

1418 Agrostographie des départements du Nord de la France ou description de toutes les graminées qui croissent naturellement où que l'on cultive généralement dans ces départements, par J.-B. H. **Desmazières**. Lille, Vanackère, 1812, in-8.°

1419 Chloris austro-hispanica; e collectionibus Willkommianis, à maio 1844 ad finem maii 1845 factis, composuit G. **Kunze**. Ratisbonne, 1846, in-8.°

1420 Observations sur les graminées de la Flore Belgique, par B. C. **Dumortier**. Tournai, Casterman, 1823, in-8.°

1421 Mémoire sur l'*Ægilops triticoides* et sur les questions d'hybridité, de variabilité spécifique, qui se rattachent à l'histoire de cette plante, par Alexis **Jordan**. Paris, Victor Masson, 1856, br. in-8.º

1422 Nouveau mémoire sur la question relative aux *Ægilops triticoïdes* et *spelaformis*, par Alexis **Jordan**. Paris, Baillière, 1857, br. in-8.º

1423 Quelques observations critiques sur les espèces du genre *Monotropa*, par M. **Morière**. Paris, 1862, br. in-8.º

1424 Transformation des étamines en carpelles dans plusieurs espèces de Pavots, par M. **Morière**. Caen, Hardel, 1862, br. in-4.º

1425 Descriptions succinctes des Orchidées qui croissent naturellement dans les environs de Falaise, par M. Alph. **De Brébisson**. 1824, br. in-8.º

1426 Premier Mémoire sur les Orchidées, par M. **Mutel**. Paris, Baillière, 1838, br. in-8.º

1427 Notice sur le genre *Madenia* de la famille des Orchidées, par B. C. **Dumortier**. Bruxelles, Hayez, 1834, br. in-4.º

1428 Description de l'Anemone Œil de paon (*Anemone pavonina*), suivie de quelques observations sur les propriétés médicales de sa racine, par M. **Grateloup**. Bruxelles, Weissenbruch, br. in-8.º

1429 Note sur la fructification du *Phormium tenax* ou Lin de la Nouvelle-Zélande, à Cherbourg et à Toulon ; sur la germination particulière de ses graines et leur culture, par M. **Gillet de Laumont**. 1824, br. in-8.º

1430 Nouveaux détails sur la possibilité d'acclimater en France le *Phormium tenax* ou Lin de la Nouvelle-Zélande. 1824, br. in-8.º

1431 Mémoire sur l'introduction et la floraison à Cherbourg d'une espèce peu connue de Lin de la Nouvelle-Zélande et revue des plantes confondues sous le nom de *Phormium tenax*, par A. **Lejolis**. Cherbourg, Thomines, 1848, br. in-8.º

1432 Sur les Rhizômes verticaux du *Phragmites communis*, par M. **Malaise**. Bruxelles, br. in-8.º

1433 Notice sur l'*Asparagus prostratus*, par Armand **Thielens**. Bruxelles, br. in-8.º

1434 Note sur un cas de chorise dans le *Galanthus nivalis* et de floriparité dans le *Cardamine pratensis*, par M. **Morière**. Caen, Hardel, 1861, br. in-8.º

1435 Note sur quelques herborisations faites en 1860. Découvertes du *Melilotus parviflora* dans le Calvados et de l'*Hymenophyllum tunbridgense* dans l'Orne, par M. **Morière**. Caen, Hardel, 1861, br. in-8.º

1436 Recherches historiques, botaniques et médicales sur les Narcisses indigènes, pour servir à l'Histoire des plantes de France, par M. **Loiseleur - Deslongchamps.** Paris, Baudouin, 1810, br. in-4.°

1437 Description du *Dombeya Ameliæ*, nouvelle plante d'ornement qui a fleuri dans le jardin de S. M. à Neuilly, par M. **Guillemin.** Paris, 1832, br. in-4.°

1438 Sur la Cuscute, plante parasite qui attaque le lin, le tréfle et la luzerne, etc., par M. J. Ch. **Herpin,** 1850, br. in-8.°

1439 L'*Opuntia* ou Cactus raquette d'Algérie, par L. Léon **de Rosny.** Paris, Constantine, 1857, br. in-8.°

1440 Intorno ad una particolarita di struttura dell'*Allium sativum* discorso letto dal prof. Attilio **Tassi.** Siéna, 1856, br. in-8.°

1441 Essame d'una singolarita di struttura del fiore dell'*Aquilegia vulgaris.* Prof. Attilio **Tassi.** br. in-8.°

1442 Sur les *Lotus* des anciens, (extrait de la Flore de Virgile composée pour les classiques latins,) par A. L. A. **Fée.** Paris, Didot, 1822, br. in-8.°

1443 Observations botaniques sur le genre *Sonchus*, par M. Casimir **Picart.** Boulogne, Le Roy-Mabille, br. in-8.°

1444 Note sur la valeur alibile de la Salicorne herbacée, par M. **Besnou.** Avranche, 1869, br. in-8.°

1445 Note sur une nouvelle espèce d'*Iberis*, par M. Louis **Deville;** br. in-8.°

1446 Mémoire sur les relations qui, existent entre l'oxygène consommé par le spadice de l'*Arum italicum* en état de paroxysme, et la chaleur qui se produit, par M. **Garreau;** br. in-8.°

1447 Observations sur les *Ulex* des environs de Cherbourg, par Aug. **Le Jolis.** Cherbourg, A. Lecauf, 1853, br. in-8.°

1448 Considérations sur les genres *Saxifraga* et *Bergenia*, par M. L. **Garreau;** br. in-8.°

1449 Notice sur le *Papyrus*, par Alfred **Malherbe.** Metz, Lamort, 1840, br. in-8.°

1450 Lettre à un horticulteur sur l'origine étymologique des noms des plantes *Achimenes* et *Achæmenis* et du roi de Perse Achæmenes, par M. Eloi **Johanneau.** Paris, 1845, br. in-8.°

1451 Notice sur le genre *Thrincia* et spécialement sur la nomenclature des *Thrincia hirta* et *hispida*, par M. **Mérat.** 1545, br. in-8.°

1452 Réflexions sur la formation du bois dans les arbres dicoty-
lédones, et sur la circulation de leur séve, par M. **Loiseleur-Deslongchamps**. Paris, veuve Bouchard,
1843, br. in-8.º

1453 Essai sur la famille des Cypéracées, par Thém. **Lestiboudois**. Paris, Didot, 1819, br. in-4.º

1454 Description du *Ginkgo biloba*, dit Noyer du Japon, par
Antoine **Gouan**. Montpellier, Delmas, 1812, br. in-8.º

1455 Recherches sur l'histoire des Cyprès et note historique sur
le *Ginkgo biloba*, vulgairement Noyer du Japon ou arbre
aux quarante écus, par J. L. A. **Loiseleur-Deslongchamps**. Paris, Mme Huzard, 1834, br. in-8.º

1456 Description botanique du *Chiranthodendron*, arbre du
Mexique, nouvellement connu et remarquable par son
aspect et sa beauté; traduit, par M. **Lescaillier**, conseiller d'Etat, de l'Espagnol de D. Jos-Denis **Larréa-
tegui**. Paris, imp. impér., 1805, br. in-f.º

1457 Notice sur les *Salix stipularis* et *lanceolata* de Smith, par
F. V. **Mérat**; br. in-8.º

c' *Plantes cryptogames.*

1458 Plantes cryptogames, par J. B. H. **Desmazières**. Lille,
76. fascicules in-4.º

Plantes cryptogames du Nord de la France, 16 fascicules.

Plantes cryptogames de France, 1re série 44 fascicules;
2e série 16 fascicules.

1459 14.e, 15.e, 16.e, 17.e, 18.e, 19.e, 20.e, 23.e, 24.e notices sur
les plantes cryptogames récemment découvertes en
France, par M. J. B. H. J. **Desmazières**. Paris, 9 brochures in-8.º

1460 Vingt-et-unième notice, sur quelques *Septoria* nouveaux,
par M. J. B. H. J. **Desmazières**. Paris, br. in-8.º

1461 Catalogue phytostatique de plantes cryptogames cellulai-
res, ou Guide du lichenologue au Mont-Blanc et sur les
montagnes comprises dans un rayon de 200 kilom., par
V. **Payot**. Lausanne, Blanchand, 1860, br. in-8.º

1462 Cryptogamie tarbellienne ou description succincte des plantes cryptogames qui croissent aux environs de Dax, dans

le département des Landes, et dans les lieux circón-
voisins, par M. **Grateloup**. (1re partie). Bordeaux, Lafargue, 1835, in-8.º

1463 Acotyledonearum Africæ australis extra tropicum sitæ,
imprimis promontorii Bonæ spei, recensio nova, e
Dregei, Eckloni et Zeyheri aliorumque peregrinatorum
collectionibus aucta et emendata, scripsit G. **Kunze**;
1836, in-8.º

1464 Examen des espèces confondues sous le nom de *Laminaria
digitata*, suivi de quelques observations sur le genre *Laminaria*, par M. Aug. **Le Jolis**; br. in-8.º

1465 Résumé méthodique des classifications des Thalassiophytes,
par Benj. **Gaillon**. Strasbourg, 1828, br. in-8.º

1466 Sylloge Jungermannidearum Europæ indigenarum, earum
genera et species systematice complectens, auctore
B. C. **Dumortier**. Tournai, Casterman, 1831, vol.
in-8.º

1467 Ueber drei bisher mehrfaltig verwechselte Deutsche Farrn.
Aspidium lobatum Sm., *aculeatum* Sm. und *Braunii*
Spenn., von prof G. **Kunze** in Liepzig; 1848, br.
in-8.º

1468 Considérations sur les Diatomées et essai d'une classification des genres et des espèces appartenant à cette famille,
par Alph. **de Brébisson**. Falaise, Brée, 1838, br. in-8.º

1469 Monographie du genre *Næmaspora* des auteurs modernes
et du genre *Libertella*, par J. B. H. J. **Desmazières**.
Lille, Danel, 1831, br. in-8.º

1470 Mémoire sur l'ergot du seigle et sur quelques agames qui
vivent parasites sur les épis de cette céréale, par A. L. A.
Fée; 1er mémoire. Strasbourg, veuve Berger-Levrault,
1843, br. in-4.º

1471 Recherches physiologiques sur la maladie du blé connue
sous le nom de Nielle, et sur les Helminthes qui occasion-
nent cette maladie, par M. **Davaine**. Paris, 1855, br.
in-4.º

1472 Description d'une moisissure avec quelques observations
organographiques et physiologiques sur les champignons,
par MM. l'abbé **Vandenhecke** et F, **Philippar**; br.
in-8.º

1473 Botanical notes on the mildew of the wine and hop, by the
rev. M. J. **Berkeley**. Londres, 1853, 2 br. in-8.º

1474 On a peculiar form of mildew in onions, by the Rev. M. J.
Berkeley; br. in-8.º

1475 Observations on a form of white rust in pear trees, by the
rev. M. J. **Berkeley**. Londres, br. in-8.º

1476 On the white rust of cabbages, by the Rev. M. J. **Berkeley**; br. in-8.º

1477 Sulla malattia delle uve, osservazioni di Antonio Maria **Lombardi**. Napoli, Priggiobba, 1854, br. in-8.º

1478 Recherches sur les causes de la production de l'*Oidium aurantiacum* où moisissure rouge qui se développe sur le pain, par M. **Besnou**. Cherbourg, Feuardent, 1856, br. in-8.º

1479 On two hymenomycetous Fungi, belonging to the Licoperdaceous group, by the Rev. M. J. **Berkeley**; br. in-8.º.

1480 Enumération of some Fungi from S. Domingo, by the rev. M. J. **Berkeley**; br. in-8.º

1481 Decades of Fungi, by the rev. M. J. **Berkeley**; in-8.º avec planches.

1482 Notices of british Fungi, by the Rev. M. J. **Berkeley**; br. in-8.º

1483 Notices of british Fungi, by the rev. M. J. **Berkeley**, and C. E. **Broome**. Londres, 4 br. in-8.º

1484 On *Agaricus crinitus*, and some allied species. By the Rev. M. J. **Berkeley**; br. in-4.º

1485 On an edible Fungus from Tierra del fuego, and an allied Chilian species. By the rev. M. J. **Berkeley**; br. in-4.º avec planches.

1486 On the fructification of the Pileate and clavate tribes of hymenomycetous Fungi, By the Rev. M. J. **Berkeley**; br. in-8.º

1487 Notices of british hypogœous Fungi by the rev. M. J. **Berkeley**, and C. E. **Broome**; br. in-8.º

1488 Some remarks on the structure of dotted vessels, by professor Hugo Mohl. Translated from Linnæa by the Rev. M. J. **Berkeley**; br. in-8.º

1489 On a form of scab in potatoes, by the rev. M. J. **Berkeley**; br. in-8.º

1490 Notices of Fungi in the herbarium of the british Museum, by the rev. M. J. **Berkeley**; br. in-8.º

1491 On a minute Fungus, *Podisoma macropus*, growing on Juniperus virginiana, in north America, by. Dr. Wyman, in a letter addressed to sir W. J. Hooker; with some additional remarks, by the Rev. M. J. **Berkeley**; br. in-8.º

1492 Notice of some Fungi collected by C. Darwin, in south America and the islands of the Pacific, by the Rev. M. J. **Berkeley**; br. in-8.º

1493 Organographic and physiologic sketch of the class Fungi, by C. **Montagne**. Extracted from *Histoire physique, politique et naturelle de l'Ile de Cuba, par* M. Ramon de la Sagra, and translated and illustrated with short notes, by the Rev. M. J. **Berkeley** ; br. in-8.º

1494 Centuries of north American Fungi, by the Rev. M. J. **Berkeley** and the Rev. M. A. **Curtis**; 1853, br. in-8.º

1495 Some notes upon the cryptogamic portion of the plants collected in Portugal, 1842-50. The fungi by rev. M. J. **Berkeley**. Londres, Pamplin, 1853, br. in-12.

1496 Notice of some Brazilian Fungi, by the rev. M. J. **Berkeley**, being a sequel to the contributions towards a Flora of Brazil by G. **Gardner**; br. in-8.º

1497 Enumeration of Fungi collected by Herr Zeyher in Uitenhage, by the rev. M. J. **Berkeley**; br. in-8.º

1498 Description of Fungi collected by R. B. Hinds, principally in the Islands of the Pacific, by the Rev. M. J. **Berkeley**; br. in-8.º

1499 Notice of Fungi the herbarium of the Bristish museum, by the Rev. M. J. **Berkeley**; br. in 8.º

1500 Mémoire sur le groupe des Phyllérieés, et notamment sur le genre *Erineum*, par A. L. A. **Fée**. Paris, Strasbourg, 1834, br. in-8.º

1501 On some moulds referred by authors to Fumago and on certain allied or analogous forms, by the Rev. M. J. **Berkeley** and J. B. H. J. **Desmazières**; br. in-8.º

1502 Essai sur les cryptogames des écorces exotiques officinales, par A. L. A. **Fée**. Paris, Strasbourg, 1824-1837, 2 vol. in-4.º

1503 Méthode lichénographique et genera, par A. L. A. **Fée**. Paris, Didot, 1824, in-4.º avec planches.

1504 Mémoire sur les lichens calicioïdes. Description des genres *Limboria* et *Cyphelium*, par Erik **Acharius**, suédois, traduit par Auguste **Le Prévost**. Caen, Chalopin, 1827, br. in-8.º

1505 Note sur trois espèces nouvelles de *Sphæria* exotiques, par A. L. A. **Fée**; br. in-8.º

1506 Monographie du genre *Trypethelium* (famille des lichens), par A. L. A. **Fée**. Paris, Crochard, 1831, br. in-8.º

1507 Monographie du genre *Chiodecton* (famille des lichens), par A. L. A. **Fée**. Lille, Danel, 1828, br. in-8.°

1508 Filices elaboravit G. **Kunze**. Leipzig, br. in-8.°

1509 In filices Javæ zollingerianas aliasque ex herbario Moricandiano observationes **Kunzii**. Leipzig, 1846, br. in-8.°

1510 Filices a Leiboldo in Mexico lectæ, auctore D. Gustavio **Kunze**. Leipzig, br. in-8.°

1511 Filicum in promontorio Bonæ spei et ad portum Natalensem a Gueinzio nuperius collectarum, sive adhuc ineditarum, sive floræ Africæ australis addendarum recensio et descriptio brevis, élaboravit, D. Gustavius **Kunze**; 1844, br. in-8.°

1512 Prodrome des 5.ᵉ et 6.ᵉ familles de l'Œthéogamie. Les mousses, les lycopodes, par A. M. J. F. **Palisot-Beauvois**. Paris, Fournier, 1805, in-8.°

1513 De l'utilité des mousses et des usages auxquels on peut les employer dans les arts, par L. Alph. **de Brébisson**. Caen, Hardel, 1834, br. in-8.°

1514 Mousses de la Normandie, recueillies et publiées par L. Alp. **de Brébisson**. Falaise, Brée, 1826-1833, 6 fascicules, in-8.°

1515 Enumération des mousses nouvelles, rares et peu connues des environs du Mont-Blanc, découvertes et recueillies par V. **Payot**; br. in-8.°

1516 Muscologiæ italicæ spicilegium, auctore **J. de Notaris**. Mediolani, Rusconi, 1837, br. in-4.°

1517 Syllabus muscorum in Italia et insulis circumstantibus huc usque cognitorum, auctore **J. de Notaris**. Turin, Canfari, 1838, vol in-8.°

1518 Compte-rendu de l'ouvrage de M. de Bridel intitulé : *Muscologiæ recentiorum supplementum, seu species muscorum*; par M. **Palisot de Beauvois**. Paris, 1808, br. in-4.°

1519 Notice sur une Hépathique regardée comme l'individu mâle de *Marchantia conica*, par M. **Mérat**. Paris, Bouchard-Huzard, 1840, br. in-8.°

1520 Di alcune alghe microscopiche, saggio del Dr B. **Biasoletto**. Trieste, Weis, 1832, in-8.°

1521 Description de deux nouveaux genres d'Algues fluviatiles par M. A. **de Brébisson**; 1844, br. in-8.°

D Zoologie.

a' *Généralités.*

1522 Handbuch der Naturgeschichte fur die gebildeten stande, Gimnasien and schulen besonders in hiusicht auf geographie ausgearbeitet, von Dr Christ. Gottfr. **Van Stein**; t. I. Leipzig, Hinrichssche, 1820, in-8.°

1523 Programme du cours de zoologie de la Faculté des sciences de Paris, par M. H. D. **de Blainville** ; br. in-8.°

1524 Considérations sur quelques principes relatifs à la classification naturelle des animaux, et plus particulièrement sur la distribution méthodique des mammifères, par M. **Milne-Edwards**. Paris, 1844, br. in-8.°

1525 Du mouvement et des fonctions de la vie, leçons faites au Collége de France, par M. **Marey**; br. in-8.°

1526 Traité de physiologie comparée de l'homme et des animaux, par Ant. **Dugès**. Montpellier, Paris, 1838-39, 3 vol. in-8.°

1527 Mémoire sur la conformité organique dans l'échelle animale, par Ant. **Dugès**. Montpellier, Ricard, 1832, in-4.°

1528 De l'Organogénie ou des lois que suit la nature dans la formation des organes des animaux, par J. **de Mersseman**. Bruges, Depachtère, 1844, br. in-8.°

1529 Histoire des mœurs et de l'instinct des animaux, avec les distributions méthodiques et naturelles de toutes leurs classes, par J. J. **Virey**. Paris, Deterville, 1822, 2 vol. in-8.°

1530 De l'instinct et de l'intelligence des animaux; résumé des observations de Frédéric Cuvier sur ce sujet, par P. **Flourens**; 2me édition. Paris, Paulin, 1845, in-12.

1531 Notice of remains of extinct vertebrata, from the valley of the Niobrara river, by Joseph **Leidy**, M. D. Philadelphie, 1858, br. in-8.°

1532 On the habits and instincts of animals by William **Swainson**, fellow of the royal Sociéty et of several foreing academies. Londres, 1840, in-8.°

1533 Facultés intérieures des animaux invertebrés, par M. J. **Macquart**. Lille, Danel, 1850, in-8.°

1534 Essais de zoologie générale, ou mémoires et notices sur la zoologie générale, l'anthropologie et l'histoire de la science, par M. Isidore **Geoffroy St-Hilaire**. Paris, Roret, 1841, in-8.º

1535 Esquisse d'une distribution générale du règne animal, par M. **Latreille**. Paris, Vᵉ Agasse, 1824, br. in-8.º

1536 L'organisation du règne animal, par Emile **Blanchard**; 10 livr.. Paris, Masson et Baillière, 1851-1853, 10 fascicules in-f.º

1537 Système naturel du règne animal par classes, familles ou ordres, genres et espèces, avec une notice de tous les animaux, par Jacq. Théod. **Klein**, de la Société royale de Londres. Paris, Bauche, 1754; 2 vol. in-8.º

1538 Histoire des animaux d'**Aristote**, par M. **Camus**, avocat au Parlement, censeur royal, etc. Paris, Desaint, 1783, 2 vol. in-4.º, textes grec et latin en regard.

1539 Conradi **Gesneri**, medici Tigurini, historia animalium. Opus philosophis, medicis, grammaticis, philologis, poetis, et omnibus rerum linguarumque variarum studiosis, utilissimum simul jucundissimum futurum. *Dans le 3.ᵉ volume.* «Continentur Gulielmi Rondeletii, quoque medicinæ professoris regii in scola Monspeliensi, et Petri Bellonii-Cenomani, medici hoc tempore Lutetiæ eximii, de aquatilium singulis scripta. Tiguri, Christ. Froschoverus, 1551-1558, 4 vol. in-f.º reliés en 3.

Une seconde édition de cet ouvrage a été donnée en 1604, à Francfort, chez André Cambier, édition dont la Société ne possède que le tom. IV augmenté d'un 5ᵉ vol. «qui est: *de Serpentium natura.*» Ce dernier vol. a été imprimé en 1587.

1540 Zoologie universelle et portative, ou histoire naturelle de tous les quadrupèdes, cétacés et reptiles connus, de tous les poissons, insectes et vers, ou nommés, ou anonymes, mais indigènes, et d'un très-grand nombre de poissons, d'insectes, et de vers anonymes et exotiques, par Augustin-Fidèle **Bay**. Paris, veuve Valade et Cⁱᵉ, 1788, in-4.º

1541 Annales des sciences naturelles,— seconde série: Zoologie, par MM. **Audouin** et **Milne-Edwards**. Paris, Crochard, 1834-1840, 14 vol. in-8.º reliés en 7.

1542 Le Règne animal divisé en neuf classes, ou méthode contenant la division générale des animaux en neuf classes et la division particulière des deux premières classes, savoir de celle des quadrupèdes et des cétacés, en ordres, sections, genres et espèces, par M. **Brisson**, démonstrateur du cabinet d'Histoire naturelle de M. de Réaumur. Paris, J.-B. Bauche, 1756, in-4.°, texte latin avec traduction française en regard.

1543 Familles naturelles du règne animal, exposées succinctement et dans un ordre analytique, avec l'indication de leurs genres, par M. **Latreille**. Paris, Baillière, 1825, in-8°

1544 Le règne animal distribué d'après son organisation, pour servir de base à l'Histoire naturelle des animaux et d'introduction à l'anatomie comparée, par M. le baron **Cuvier**. 2.ᵐᵉ édition. Paris, Déterville, 1829, 5 vol. in-8.°

1545 Iconographie du règne animal de G. Cuvier, ou représentation d'après nature de l'une des espèces les plus remarquables, et souvent non encore figurées, de chaque genre d'animaux, par M. F. E. **Guérin-Méneville**. Paris, Londres, Baillière, 1829-1844, 1 vol. de texte et 2 vol. de planches, grand in-8.°

1546 Compte-rendu, inséré dans le Moniteur universel du 11 Juin 1845, d'un ouvrage de M. Guérin-Méneville ayant pour titre : Iconographie du règne animal de Cuvier ; br. in-8.°

1547 6 volumes in-f.° de planches coloriées reproduisant des oiseaux, des insectes.

1548 Zoologie analytique, ou méthode naturelle de classification des animaux, rendue plus facile à l'aide de tableaux synoptiques, par A. M. Constant **Duméril**. Paris, Allais, 1806, in-8.°

1549 Histoire naturelle des animaux sans vertèbres, présentant les caractères généraux et particuliers de ces animaux, leur distribution, leurs classes, leurs familles, leurs genres et la citation des principales espèces qui s'y rapportent, par M. le chevalier **de Lamarck**. Paris, Verdière, 1815-1822, 7 vol. in-8.°

1550 Mémoires sur les animaux sans vertèbres, par Jules-César **Savigny**. Paris, Deterville, 1816, 2 vol. in-8.° reliés en un seul.

1551 Etude de l'appareil reproducteur dans les cinq classes d'animaux vertébrés, au point de vue anatomique, physiologique et zoologique, par G. J. **Martin-Saint-Ange**. Paris, Londres, 1854, grand in-4.°

1552 Traité élémentaire d'anatomie comparée suivi de recherches d'anatomie philosophique ou transcendante sur les parties primaires du système nerveux et du squelette intérieur et extérieur, par C. G. **Carus**, traduit de l'allemand, par A. J. L. **Jourdain**. Paris, Londres, Baillière, 3 vol. in-8.°

1553 Traité élémentaire d'anatomie comparée suivi de recherches d'anatomie philosophique ou transcendante sur les parties primaires du système nerveux et du squelette intérieur et extérieur, par C. G. **Carus**. Traduit de l'allemand par A. J. L. **Jourdain**. (Atlas). Paris, Londres, Baillière, 1835, in-4.°

1554 Résumé sur le fluide nourricier, ses réservoirs et son mouvement dans tout le règne animal, par G. L. **Duvernoy**. Paris, Terzuolo, 1839, br. in-8.°

1555 Recherches microscopiques sur la structure intime des tissus organiques des animaux, par M. H. **Milne-Edwards**. Paris, Crochard, 1826, br. in-8.°

1556 Mémoire sur quelques particularités des organes de la déglutition de la classe des oiseaux et des reptiles, pour servir de suite à un premier mémoire sur la langue, par G. L. **Duvernoy**. Paris, br. in-4.°

1557 Philosophie anatomique. — Des organes respiratoires sous le rapport de la détermination et de l'identité de leurs pièces osseuses, par M. le chevalier **Geoffroy-Saint-Hilaire**. Paris, Méquignon-Marvis, 1818, in-8.° avec atlas.

1558 Mémoire sur le siège de l'odorat dans les articulés, par M. Ed. **Perris**; br. in-8.°

1559 Essai anatomique et physiologique sur les sécrétions, par M. G. L. **Duvernoy**. Paris, 1848, br. in-8.°

1560 Etude sur le foie, par M. G. L. **Duvernoy**; 1.er mémoire. Paris, 1855, br. in-8.°

1561 Fragments sur les organes de la respiration dans les animaux vertébrés, par M. **Duvernoy**. Paris, 1839 br. in-4.°

1562 Propositions sur la monstruosité considérée chez l'homme et les animaux, par M. I. **Geoffroy-Saint-Hilaire**. Paris, Didot, 1829, br. in-4.°

1563 Recherches sur la production artificielle des monstruosités, par M. C. **Dareste**; br. in-4°

1564 De la génération spontanée. — Avons-nous un père et mère? par M. **Boucher de Perthes**. Paris, Dumoulin, 1861, br. in-12.

1565 Nègre et blanc : De qui sommes-nous fils? — Y a t-il une ou plusieurs espèces d'hommes, par M. **Boucher de Perthes**. Paris, Dumoulin, 1861, br. in-12.

1566 Das vorkommen des Parasitismus im thier und pflanzen-reiche. Eine ubersichtliche zusammens tellung der ver-haltnisse desselben. Von G. **Ritter** von **Frauenfeld**. Wien, 1864, br. in-8.º

1567 Essai sur l'éducation des animaux, le Chien pris pour type, par M. Adrien **Léonard**. Lille, Leleux, 1842, vol. in-8.º

1568 Sur les origines des animaux domestiques, par M. J. S. **Geoffroy-Saint-Hilaire**; br. in-8.º

1569 Des origines des animaux domestiques, et des lieux et des époques de leur domestication, par M. I. **Geoffroy-Saint-Hilaire**. Paris, 1859, br. in-4.º

1570 Acclimatation et domestication de nouvelles espèces d'ani-maux, par M. I. **Geoffroy-Saint-Hilaire**. Paris, br. in-8.º

1571 Mémoire sur le métisme animal chez les espèces humaines, et exposition des principes de physiométrie générale, par J. C. **Cornay**. Paris, Baillière, 1863, vol. in-12.

1572 Recherches pour servir à l'Histoire naturelle du littoral de la France, ou recueil de mémoires sur l'anatomie, la physiologie, la classification et les mœurs des animaux de nos côtes, par MM. **Andouin** et **Milne-Edwards**. Paris, Crochard, 1832, 2 vol. in-8.º

1573 Résumé des recherches sur les animaux sans vertèbres, faites aux Iles Chausey, par MM. **Andouin** et **Milne-Edwards**. Paris, Crochard, 1828, br. in-8.º

1574 Extrait du rapport fait par MM. **Cuvier** et **Duméril**, à l'Académie royale des sciences, sur le mémoire de MM. Andouin et Milne-Edwards intitulé : Résumé des recherches sur les animaux sans vertèbres faites aux Iles Chausey. Paris, 1828, br. in-8.º

1575 Rapport à S. E. le Ministre de l'Instruction publique, par M. **Milne-Edwards**, chargé d'une mission scienti-fique en Sicile; br. in-8.º

1576 Recueil d'observations de zoologie et d'anatomie comparées faites dans l'Océan Atlantique, dans l'intérieur du nou-veau continent et dans la Mer du Sud de 1799 à 1803, par MM. Al. **de Humboldt** et A. **Bonpland**, t. 1.er Paris, Schœll et Dufour, 1811, vol. in-f.º

1577 Erpétologie, malacologie et paléontologie des environs du Mont-Blanc, par M. Venance **Payot**. Lyon, Barret, 1864, br. in-8.º

1578 Recherches sur les ossements fossiles, où l'on rétablit les caractères de plusieurs animaux dont les révolutions du globe ont détruit les espèces, par M. le baron G. **Cuvier**; 3.me édition, tom. II. (2.e partie) et v. (1.re et 2e part.). Paris, Dufour et Docagne, 1825, 3 vol. in 4.º

1579 Discours sur la zoologie fossile, suivi de réflexions sur les progrès de cette étude, et sur les avantages qui résultent de son application à la géologie et à la zoologie vivante, par M. **Grateloup**. Bordeaux, Gazay, 1839, br. in-8.º

1580 Mémoire sur des ossements fossiles découverts au Mormont, près La Sarraz, par MM. Ph. **Delaharpe** et C. **Gaudin**; 1852, br. in-8.º

1581 Plusieurs notes sur quelques ossements fossiles de l'Alsace et du Jura, par G. L. **Duvernoy**. Paris, 1836, br. in-4.º

1582 Troisième mémoire sur les ossements fossiles des environs d'Alais. Alais, 1847, br. in-8.º

1583 Catalogue zoologique renfermant les débris fossiles des animaux vertébrés et invertébrés, découverts dans les différents étages des terrains qui constituent les formations géognostiques du bassin de la Gironde, précédé de la classification des terrains de ce bassin, par M. **Grateloup**. Bordeaux, Gazay, 1838, br. in-8.º

1584 Mémoires sur quelques fossiles d'Artois, pour servir à l'histoire naturelle de cette province, par un membre de la Société littéraire d'Arras; 1765, in-12.

1585 La phosphorescence de la mer, sur la côte d'Ostende, par le D.r **Verhaeghe**. Bruxelles, Ostende, 1864, br. in-12.

1586 Faune de Maine-et-Loire, ou description méthodique des animaux qu'on rencontre dans toute l'étendue de ce département, tant sédentaires que de passage, avec des observations sur leurs mœurs, leurs habitudes, etc, par P. A. **Millet**. Paris, Angers, 1828, 2 vol, in-8.º

1587 Catalogue de la Faune de l'Aube, ou liste méthodique des animaux vivants et fossiles, sauvages ou domestiques, qui se rencontrent, soit constamment, soit périodiquement, dans cette partie de la Champagne, par Jules **Ray**. Paris, Roret, 1842, in-12.

1588 Description de quelques espèces de la collection zoologique de Turin, indiquées par le professeur Bonelli comme inédites ou mal connues, par le professeur Joseph **Gené**. Turin, br. in-4.º

1589 Histoire naturelle du Jorat et de ses environs et celle des trois lacs de Neufchâtel, Morat et Bienne, précédées d'un essai sur le climat, les productions, le commerce, les animaux de la partie du pays de Vaud ou de la Suisse romande, par le comte G. **de Razoumowsky**. Lausanne, Mourer, 1789, 2 vol. in-8.º

1590 Catalogue du muséum d'Histoire naturelle de la ville de Lille, par les membres de la Commission d'Histoire naturelle établie dans le sein de la Société impériale des Sciences, de l'Agriculture et des Arts de Lille. Tom. I. Invertébrés, par **Macquart**; tome II. Mammifères et Oiseaux, par **Degland** et **de Norguet**. Lille, Danel, 1854, 2 vol. in-8.º

1591 Description de quelques espèces de la collection zoologique de Turin, indiquées par le prof. Bonelli comme inédites ou mal connues, par le prof. Joseph **Gené**. Turin, br. in-4.º

1592 Notice sur les travaux d'anatomie et de zoologie de M. Emile **Blanchard** (1835-1850). Paris, Plon, 1850, br. in-4.º

1593 Annual report of the trustees of the museum of comparative zoölogy, together with the report of the director, 1862. Boston, 1863, br. in-8.º

1594 Discours d'ouverture et de clôture du Cours d'histoire naturelle des animaux vertébrés et à sang rouge, par le citoyen **Lacépède**. Paris, Plassan, an 6, br. in-4.º

b' *Mammalogie.*

1595 Mœurs, instinct et singularités de la vie des animaux mammifères, par A. P. **Lesson**. Paris, Paulin, 1842, vol. in-12.

1596 Histoire naturelle, ou Eléments de la Faune française. — Mammifères; par M. B. **Braguier**. Paris, Poitiers, 1839, vol. in-8.º

1597 Voyage dans l'Inde, par V.or **Jacquemont** pendant les années 1828 à 1832. — Mammifères et oiseaux. Planches. Paris, Didot, 1843, in-4.º

1598 Traité complet de physiologie de l'homme, par Fréd. **Tiedemann**, traduit de l'allemand par A. J. L. **Jourdain**. Paris, Londres, Baillière, 1831, 2 vol. in-8.º

1599 Etudes d'anatomie physiologique sur la main et le pied de l'homme et sur les extrémités des mammifères, ramenées au type pentadactyle, par les professeurs N. **Joly** et A. **Lavocat**. Toulouse, Chauvin, 1853, br. in-8.º

9

1600 Mémoire sur les vices de conformation du rein, et sur les variétés qu'il présente dans sa structure chez les mammifères, et dans les formes chez les oiseaux, par M. J. G. **Martin-Saint-Ange**; br. in-8.º

1601 Notice sur les ossements humains fossiles des cavernes du département du Gard, par M. **de Cristol**. Montpellier, Martel, 1829, br. in-8.º

1602 Des ossements humains des cavernes et de l'époque de leurs dépôts, par M. Marcel **de Serres**. Montpellier, Bœhm, 1855, in-4.º

1603 Note sur les résultats fournis par une enquête relative à l'authenticité de la découverte d'une machoire humaine et de haches en silex, dans le terrain diluvien de Moulin-Quignon, par M. **Milne-Edwards**. Paris, 1863, br. in-4.º

1604 Notes sur la machoire humaine découverte par M. Boucher de Perthes, dans le diluvium d'Abbeville, par M. **de Quatrefages**. Paris, 1863, 3 br. in-4.º

1605 Observations à propos du mémoire de M. Pruner-Bey et de la note de M. Élie de Beaumont sur la machoire de Moulin-Quignon, par M. **de Quatrefages**. Paris, 1863, br. in-4.º

1606 Observations sur la machoire de Moulin-Quignon, par M. **de Quatrefages**. Paris, 1863, br. in-4.º

1607 L'homme fossile, aperçu des principales découvertes qui tendent à prouver son existence, par M. **Malaise**. Bruxelles, br. in-8.º

1608 Mémoire sur un placenta à deux lobes symétriques chez un fœtus d'Ouistiti, par M. G. J. M. **Martin-Saint-Ange**. Paris, br. in-8.º

1609 Monographie des Chauves-Souris frugivores, par Is. **Geoffroy-Saint-Hilaire**. Paris, Tastu, 1828, br. in-8.º

1610 Cenni sull'introduzione delle Capre del Tibet in Piemonte, loro governo e loro mescolanza colle indigene, discorso di Matteo **Bonafous**. Torino, 1827, br. in-8.º

1611 Observations sur quelques particularités organiques du Chamois et des Moutons, par Joseph **Gené**. Turin, br. in-4.º

1612 Descrizione di una singolare varieta di pecora a coda adiposa e della femina del Becco selvatico dell'alto Egitto del prof. Giuseppe **Gené**. Turin, br. in-4.º

1613 Note sur la patrie primitive et l'origine du Bœuf domestique, par M. N. **Joly**; br. in-8.º

1614 Mémoire sur quelques espèces nouvelles ou peu connues du genre Musaraigne , par M. Is. **Geoffroy-Saint-Hilaire**. Paris, Belin, 1827, br. in-4.º

1615 Note sur deux espèces de Musaraignes observées nouvellement en Belgique, par Edm. **de Selys-Longchamps**. Bruxelles, br. in-8.º

1616 Essai monographique sur les Campagnols des environs de Liége, par Edm. **de Selys-Longchamps**. Liége, Desoer, 1836, br. in-8.º

1617 Etudes de micromammalogie : Revue des Musaraignes, des Rats et des Campagnols, suivie d'un index méthodique des mammifères d'Europe, par Edm. **de Selys-Longchamps**. Paris, Roret, 1839, in-8.º

1618 Du Cheval à deux fins et de sa production au moyen du croisement arabe avec le percheron, par G. **Castel**. Nancy, V.e Raybois, 1863, br. in-8.º

1619 De la reconstruction du Cheval sauvage primitif, par la réunion, chez un type idéal, de ses caractères spéciaux et spécifiques, et de la restauration par l'omaimogamie de nos races chevalines régionales altérées par la sélection et le croisement, par J. E. **Cornay**. Paris, Asselin, 1861, br. in-12.

1620 Sur le genre Cheval et spécialement sur l'Hémione, par M. Is. **Geoffroy-Saint-Hilaire**; br. in-8.º

1621 On the species of mastodon and elephant occurring in the fossil state in Great Britain, by H. **Falconer**, m. d. Londres, 1857, br. in-8.º

c' *Ornithologie.*

1622 Du rôle des oiseaux chez les anciens et les modernes, par Alfred **Malherbe**. Metz, Lamort, 1844, br. in-8.º

1623 Delle uova e dei nidi degli uccelli, libro primo, del conte Giuseppe **Zinanni** Ravennate. Aggiunte in fine alcune osservazioni, con una dissertazione sopra varie spezie di Cavallette. Venezia, Antonio Bortoli, 1737, in-4.º avec planches.

1624 Procédés et résultats d'expériences curieuses, concernant la manière de faire éclore des œufs au moyen de la chaleur artificielle, par H. **Bir**. 3.e édition. Courbevoie, 1846, br. in-8.º

1625 Mémoire sur les anomalies de l'œuf, par le D.r C. **Davaine**. Paris, Londres, Baillière, 1861, br. grand in-8.º

1626 Note sur l'histoire de plusieurs monstres hypérencéphaliens observés chez le poulet, par M. Camille **Dareste**; br. in-8.°

1627 Essai sur la forme, la structure et le développement de la plume, par M. E. **Alix**. Paris, 1866, br. in-8.°

1628 L'histoire de la nature des oyseaux, avec leurs descriptions et naïfs portraicts retirez du naturel, escrite en sept livres, par Pierre **Belon** du Mans. Paris, Guillaume Cavellat, 1555, in-f.°

1629 Ulyssis **Aldrovandi**, philosophi ac medici Bononiensis, historiam naturalem in Gymnasio Bononiensi profitentis, ornithologiæ, hoc est de avibus historiæ libri xi. Francfort, Richter, 1610, in-f.°

1630 Ornithologie ou méthode contenant la division des Oiseaux en ordres, sections, genres, espèces et leurs variétés, à laquelle on a joint une description exacte de chaque espèce, avec les citations des auteurs qui en ont traité, les noms qu'ils leur ont donnés, ceux que leur ont donnés les différentes nations, et les noms vulgaires, par M. **Brisson** de l'Académie. Paris, Bauche, 1760, 6 vol. in-4.°, français et latin.

1631 Etudes d'Ornithologie européenne : Des races locales, par A. **de Norguet**. Lille, 1869, in-8.°

1632 Manuel d'ornithologie ou tableau systématique des Oiseaux qui se trouvent en Europe, par C. J. **Temminck**. Amsterdam, Paris, 1815, in-8.°

1633 Manuel d'ornithologie, ou tableau systématique des Oiseaux qui se trouvent en France, par C. J. **Temminck**. Bruxelles, Weissenbruch, br. in-8.°

1634 Catalogue des Oiseaux observés en Europe, principalement en France, et surtout dans le Nord de ce pays, par C. D. **Degland**. Lille, Danel, 1839, br. in-8.°

1635 Notice sur les Labbes d'Europe, par M. C. D. **Degland**. Lille, 1838, br, in-8.°

1636 Catalogue raisonné de la collection d'oiseaux d'Europe de Côme Damien Degland, acquise par la ville de Lille, par **Maquet-Degland**. Lille, Danel, 1857, in-8.°

1637 Catalogue des oiseaux de la collection de M. le baron **Laugier de Chartrouse**. Arles, Garcin, 1836, in-4.°

1638 Faune ornithologique de la Sicile, par Alfred **Malherbe**. Metz, Lamort, 1843. in-8.°

1639 Catalogue raisonné d'oiseaux de l'Algérie, comprenant la description de plusieurs espèces nouvelles, précédé d'une notice sur le genre Diornis, par M. Alfred **Malherbe**. Metz, Verronnais, 1846, br. in-8.º

1640 Faune ornithologique de l'Algérie, par M. Alfred **Malherbe**. Metz, Verronnais, 1855, br. in-8.º

1641 Observations faites en Amérique sur les mœurs des différentes espèces d'Oiseaux-mouches, suivies de quelques notes anatomiques et de mœurs sur l'Hoazin, le Caurale et le Savacou, par M. Emile **Deville**. Paris, 1852, br. in-8.º

1642 Sur les femelles de Faisans à plumage de mâles ; observations faites chez le Faisan à collier, le Faisan argenté et le Faisan commun, par M. Isidore **Geoffroy-Saint-Hilaire**. Paris, Crochard, 1826, br. in-8.º

1643 Description d'une nouvelle espèce du genre Pic, de l'Algérie, par Alfred **Malherbe** ; 1843, br. in-8.º

1644 La Colombe, messagère plus rapide que l'éclair, plus prompte que la nue, par Michel **Sabbagh**, traduit en français, avec l'arabe en regard, par A. J. **Silvestre de Sacy**. Paris, Imp. impér., 1805, in-8.º

d' *Erpétologie et Icthyologie.*

1645 Cenni sul museo civico di Milano ed indice sistematico dei Rettili ed Antibi esposti nel medesimo. Milano, Giacomo Pirola, 1857, br. in-8.º

1646 Catalogue of North American Reptiles in the museum of the Smithsonian institution. Part. i. Serpents, by S. F. **Baird** and C. **Girard**. Washington, 1853, in-8.º

1647 Catalogue méthodique de la collection des Reptiles du Muséum d'Histoire naturelle de Paris, par MM. C et A. **Duméril**. 1.ʳᵉ livr. Paris, Gide et Baudry, 1815, in-8.º

1648 Sur les Vipères de France, par J. Léon **Soubeyran**. Paris, 1863, br. in-8.º

1649 De l'état de l'Histoire naturelle chez les Egyptiens, principalement en ce qui concerne le Crocodile. Paris, 1828, br. in-8.º

1650 Description d'une nouvelle espèce américaine du genre Caïman, par M. **Preudhomme de Borre** ; br. in-8.º

1651 Osservazioni intorno alla Tiliguerta o Caliscertula di Cetti, del prof. Giuseppe **Gené**. Turin, br. in-4.º

1652 Recherches zoologiques pour servir à l'histoire des Lézards, par M. H. **Milne-Edwards**. Paris, Crochard, 1829, br. in-8.º

1653 Recherches anatomiques et physiologiques sur les organes transitoires et la métamorphose des Batraciens, par J. G. **Martin-Saint-Ange**. Paris, Crochard, 1831, br. in-8.º

1654 Rapport sur une note de M. Pouchet relative à la structure et aux mouvements des zoospermes du Triton, fait à l'Académie des sciences par MM. **Flourens**, **Dutrochet** et **Milne-Edwards**; 1846, br. in-4.º

1655 Fragments sur les organes genito-urinaires des Reptiles et leurs produits, par G. L. **Duvernoy**. Paris, Imp. nationale 1848, br. in-4.º

1656 Description d'un jeune individu de la *Dermatemys Mawii*, par M. **Preudhomme de Borre**; br. in-8.º

1657 La nature et diversité des Poissons, avec leurs pourtraicts, représentez au plus près du naturel. Ouvrage dédié à Monseigneur le Cardinal de Chastillon, par Pierre **Belon**, du Mans. Paris, Estienne, 1555, vol oblong.

1658 L'Histoire entière des Poissons, composée premièrement en latin par maistre Guillaume **Rondelet**, docteur régent en médecine en l'Université de Montpellier, maintenant traduite en françois, sans avoir rien omis estant nécessaire à l'intelligence d'icelle, avec leurs pourtraits en naïf. Lion, Macé Bonhomme, 1558, in-4.º

1659 Histoire des poissons, contenant la description anatomique de leurs parties externes ou internes, et le caractère des divers genres rangés par classes et par ordres, avec un vocabulaire complet et des tables, par Antoine **Gouan**, conseiller du Roi, professeur de méd. à l'univ. de Montpellier. Strasbourg, Amand Konig, 1770. in-4.º

1660 Du mécanisme de la respiration dans les poissons, par M. **Duvernoy**. Paris, 1839 br. in-8.º

1661 Figures pour l'Histoire abrégée des poissons du lac Léman (insérée dans les mémoires de la Société de Physique et d'Histoire naturelle, de Genève, t. III, 1re partie). Genève, Paris, 1826.

1662 Revue critique des Poissons fossiles figurés dans l'*Ittiologia veronese*, par L. **Agassiz**. Neuchâtel, Petitpierre, 1835, br. in-8.º

1663 Note sur deux bulbes artériels faisant les fonctions de cœurs accessoires, qui se voient dans les artères innominées de la Chimère arctique, par G. L. **Duvernoy**. Paris, 1837, br. in-8.º

1664 A List of the fishes collected in California, by Mr. E. **Samuels**, with descriptions of the new species, by Charles **Girard**; br. in-8.º

e' *Conchyliologie.*

1665 Les délices des yeux et de l'esprit, ou collection des différentes espèces de coquillages qu'on trouve dans les mers, rassemblée et communiquée au public par Georges Wolffgang **Knoor**, à Nuremberg, 1760-71, 3 volumes in-4.°

1666 L'histoire naturelle éclaircie dans une de ses parties principales, la conchyliologie, qui traite des coquillages de mer, de rivière et de terre, par M. **Desaillier-d'Argenville**, des Sociétés royales des Sciences de Londres et de Montpellier. 2ᵐᵉ édition. Paris, Debures, 1757, vol. in-4.°

1667 Catalogue de la collection de coquilles exotiques de J, B. **Bouillet**, naturaliste à Clermont-Ferrand; br. autographiée.

1668 Rapport fait à l'Académie des sciences sur des recherches de M. Vogt, relatives à l'Embryologie des mollusques gastéropodes, par MM. **Flourens**, **Valenciennes** et **Milne-Edwards**. Paris, 1846, br. in-4.°

1669 Du système nerveux chez les invertébrés (mollusques et annelés) dans ses rapports avec la classification de ces animaux, par M. Emile **Blanchard**. Paris, Masson, 1849, br. in-8.°

1670 Essai sur la nourriture et les stations botaniques et géologiques des mollusques terrestres et fluviatiles considérés au point de vue géographique et statistique, par M. le D.ʳ **de Grateloup**. Bordeaux, Lafargue, 1857, br. in-8.°

1671 Esquisse d'une distribution générale des mollusques d'après un ouvrage inédit intitulé : Familles naturelles du règne animal, exposées succinctement et dans un ordre analytique, avec l'indication de leurs genres, par M. **Latreille**. Paris, Tastu, 1824, br. in-8.°

1672 Tableau statistique et géographique du nombre d'espèces de mollusques terrestres et fluviatiles, observées soit à l'état vivant, soit à l'état fossile, dans les différentes régions et contrées (départements, provinces, bassins, etc.,) de la France continentale et insulaire, pour servir à la Faune malacologique française disposée selon l'ordre géographique, par MM. **de Grateloup** et V.ᵒʳ **Raulin**.

1673 Deuxième tableau statistique et géographique du nombre

d'espèces de mollusques terrestres et fluviatiles vivants et fossiles de la France, disposées selon les régions naturelles (zones zoologiques) et distribuées en familles, par MM. **de Grateloup** et V.^{or} **Raulin**.

1674 Catalogue des mollusques terrestres et fluviatiles, vivants et fossiles, de la France continentale ou insulaire, par MM. **de Grateloup** et V.^{or} **Raulin**. Bordeaux, Lafargue, 1855, br. in-8.°

1675 Galerie des mollusques, ou catalogue méthodique, descriptif et raisonné des mollusques et coquilles du muséum de Douai, par MM. **Potiez** et **Michaud**. Paris, Londres, 1838, 2 vol, in-8.°

1676 Galerie des mollusques, ou catalogue méthodique, descriptif et raisonné des mollusques et coquilles du muséum de Douai, par MM. **Potiez** et **Michaud**; Atlas. Paris, Londres, Douai, in-8.°

1677 Tableau méthodique de la classe des céphalopodes, par M. A. **Dessalines d'Orbigny**, précédé d'une introduction, par M. **de Férussac**, (avec un rapport sur cet ouvrage fait par M. **Latreille**, à l'Académie). Paris, Crochard, 1826, vol. in-8.°

1678 Tableau des mollusques terrestres et fluviatiles de la France, par M. J. **Draparnaud**. Montpellier, Paris, an IX, vol. in-8.°

1679 Histoire naturelle des mollusques terrestres et fluviatiles de la France, ouvrage posthume de J. P. R. **Draparnaud**. Paris, Colas et Gabon, in-4.° avec planches.

1680 Complément de l'histoire naturelle des mollusques terrestres et fluviatiles de la France, de J. P. R. Draparnaud, par André-Louis-Gaspard **Michaud**. Verdun, Lippemann, 1831, vol. in-4.°

1681 Descriptions de plusieurs nouvelles espèces de coquilles du genre *Rissoa* (Fréminville), par A. L. G. **Michaud**. 2.e édition; br. in-8.°

1682 Conchological notices; chiefly relating to the land and fresh-water Shells of the gangetic Provinces of Hindoostan, by W. H. **Benson**; br. in-8.°

1683 Traité sommaire des coquilles, tant fluviatiles que terrestres, qui se trouvent aux environs de Paris, par M. **Geoffroy**, régent de la Faculté de médecine de Montpellier. Paris, Musier, 1767, in-12.

1684 Essai sur les mollusques terrestres et fluviatiles des Vosges, par Ernest **Puton**. Epinal, Gley, 1847, in-8.°

1685 Essai sur la distribution géographique, oréographique et statistique des mollusques terrestres et fluviatiles vivants de ce département, par M. **de Grateloup**. Bordeaux, 1858-59, in-8.°

1686 Distribution géographique de la famille des Limaciens, par le D.ʳ **de Grateloup**. Bordeaux, Lafargue, 1855, br. in-8.°

1687 Coquilles fluviatiles et terrestres observées dans le département de l'Aisne et aux environs de Paris, par J. L. M. **Poiret**. Paris, Barrois, an IX, in-16.

1688 Catalogue des espèces et variétés de mollusques terrestres et fluviatiles, observés jusqu'à ce jour à l'état vivant, dans la Haute et la Basse-Auvergne, suivi d'un autre catalogue des espèces fossiles recueillies récemment dans les diverses formations tertiaires de ces mêmes provinces, par J.-B. **Bouillet**. Clermont-Ferrand, Thibaud, 1836, in-8.°

1689 Voyage aux Iles Baléares ou recherches sur l'anatomie et la physiologie de quelques mollusques de la Méditerranée, par le D.ʳ **Lacaze-Duthiers**. Paris. V.ᵒʳ Masson, 1857, in-8.°

1690 Histoire de l'organisation, du développement, des mœurs et des rapports zoologiques du Dentale, par F. J, H. **Lacaze-Duthiers**. Paris, V.ᵒʳ Masson, 1858, in-4.°

1691 On the internal structure of *Helicolimax Lamarkii*, by the rev. M. J. **Berkeley**; br. in-8.°

1692 A description of the anatomical structure of *Cyclostoma elegans*, by the rev. M. J. **Berkeley**; br. in-8.°

1693 Sur le *Canopus obtectus* de Fabricius, par M. Al. **Lefebvre**; 1834, br. in-8.°

1694 Observations sur les Hélices saxicaves du Boulonnais, par M. **Bouchard-Chantereaux**; br. in-8.°

1695 Note sur le *Magas pumilus*, par MM. Th. **Davidson** et **Bouchard-Chantereaux**. Paris, 1848, br. in-8.°

1696 Mémoire sur un nouveau genre de brachiopodes formant le passage des formes articulées à celles qui ne le sont pas, par M. **Bouchard-Chantereaux**; br. in-8.°

1697 Note sur le genre *Productus*, par E. **Bouchard-Chantereaux**. Paris, 1842, br. in-8.°

1698 Histoire naturelle du Sénégal, — coquillages, — avec la relation abrégée d'un voyage fait en ce pays, de 1749 à 1753, par M. **Adanson**, correspondant de l'Académie royale des sciences. Paris, Bauche, 1757, in-4.°

1699 Recherches sur la génération des Huîtres, par C. **Davaine**. Paris, Thunot, 1859, br. in-8.°

1700 Histoire des parcs ou bouchots à Moules des côtes de l'arrondissement de La Rochelle, par M. C. M. D. **d'Orbigny** père. La Rochelle, Mareschal, 1847, br. in-8.º

1701 Notice sur la famille des Bulléens dont on trouve les dépouilles fossiles dans les terrains marins supérieurs du bassin de l'Adour, aux environs de Dax, précédée de considérations générales sur cette famille, et du tableau des genres et des espèces connus, soit à l'état vivant, soit à l'état fossile, par M. **Grateloup**. Bordeaux, Lafargue, 1837, br. in-8.º

1702 Conchyliologie fossile du bassin de l'Adour, ou description des coquilles fossiles qui ont été trouvées dans les terrains marins tertiaires aux environs de Dax, par M. **Grateloup**. Bordeaux, Lafargue, 1837, br. in-8.º

1703 Mémoire sur les coquilles fossiles des mollusques terrestres et fluviatiles (de la classe des trachélipodes) observés dans les terrains tertiaires du bassin de l'Adour, par M. **Grateloup**. Bordeaux, Lafargue, 1838, br. in-8.º

1704 Tableau statistique des coquilles univalves fossiles trouvées dans les couches tertiaires du bassin de l'Adour, aux environs de Dax, par M. **Grateloup**. Bordeaux, Lafargue, 1838, br. in-8.º

1705 4.e Mémoire sur la conchyliologie fossile du bassin de l'Adour. Famille des Mélániens. Description des genres et des espèces de coquilles fossiles appartenant à cette famille de trachélipodes, qu'on observe dans les couches des terrains marins supérieurs de ce bassin, aux environs de Dax, par M. **Grateloup**. Bordeaux, Lafargue, 1838, br. in-8.º

1706 5.e Mémoire sur la conchyliologie fossile du bassin de l'Adour. Description des genres et des espèces de coquilles fossiles appartenant à la famille des Plicacés (trachélipodes) qu'on observe dans les couches des terrains marins supérieurs de ce bassin, aux environs de Dax, par M. **Grateloup**. Bordeaux, Lafargue, 1838, br. in-8.º

1707 6.e Mémoire de géo-zoologie sur les coquilles fossiles de la famille des Néritacés, observés dans les terrains tertiaires du bassin de l'Adour, aux environs de Dax, faisant suite à la conchyliologie fossile de ce bassin, par M. **Grateloup**. Bordeaux, Lafargue, 1840, br. in-8.º

1708 Conchyliologie fossile des terrains tertiaires du bassin de l'Adour, (environs de Dax), par le D.r **Grateloup**; tom. I, atlas. Bordeaux, Lafargue, 1840, in-f.º

1709 Catalogue raisonné des fossiles nummulitiques du comté de Nice, par Louis **Bellardi** br. in-4.º

1710 Observations sur la *Terebratula diphia*; br. in-8.º

1711 Description des coquilles fossiles découvertes dans les environs de Haute-Rive (Drôme), par G. **Michaud**. Lyon, Dumoulin, 1855, br. in-8.º

1712 Note sur deux espèces nouvelles de Mytilidées fossiles trouvées dans le Calvados, par M. **Morière**. Caen, Le Blanc-Hardel, 1864, br. in-4.º

1713 Note sur quelques Mytilidées fossiles trouvées dans le Calvados, par M. J. **Morière**. Caen, Le Blanc-Hardel, 1867, br. in-4.º

1714 Notice sur une nouvelle espèce d'*Heliotis* fossile, par M. Marcel **de Serres**. Caen, 1827, br. in-8.º

1715 Catalogo ragionato dei fossili nummulitici d'Egitto esistenti nel regio museo di mineralogia di Torino, per cura di Luigi **Bellardi**. Torino, 1854, br. in-4.º

1716 Monographia delle Columbelle fossili del Piemonte, di Luigi **Bellardi**. Torino, 1848, br. in-8.º

1717 Monografia delle Mitre fossili del Piemonte, di Luigi **Bellardi**. Torino, 1850, br, in-8.º

f' *Entomologie.*

a" Généralités.

1718 Mariæ Sibillæ **Merian** dissertatio de generatione et metamorphosibus insectorum Surinamensium. In qua praeter vermes et erucas Surinamenses, earumque admirandam metamorphosin, plantæ, flores et fructus, quibus vescuntur, et in quibus fuerunt inventæ, exhibentur. His adjunguntur bufones, lacerti, serpentes, araneæ, aliaque admiranda istius regionis animalcula, omnia manu ejusdum matronæ in America ad vivum accurate depicta et nunc æri insisa. Accedit appendix transformationum Piscium in ranas, et ranarum in pisces. Amstelæmi, Joannem Oosterwyck, 1729, in-f.º

1719 Erucarum ortus, alimentum et paradoxa metamorphosis, in qua origo, pabulum, transformatio, necnon tempus, locus et proprietates erucarum, vermium, papilionum, phalænarum, muscarum, aliorumque hujusmodi exsanguium animalculorum exhibentur, in favorem, atque insectorum, herbarum, florum, et plantarum amatorum, tùm etiam pictorum, limbolariorum, aliorumque commodum exacte inquisita, ad vivum delineata, typis excusa, compendioseque descripta, per Mariam Sibillam **Merian**. Amsterdam, Oosterwyck, XVIII.ᵉ siècle, in-4.º

1720 Histoire des insectes de l'Europe, dessinée d'après nature et expliquée par Marie Sibille **Merian**, où l'on traite de la génération et des différentes métamorphoses des chenilles, vers, papillons, mouches et autres insectes, et des plantes, des fleurs et des fruits dont ils se nourrissent, traduite du hollandais par Jean **Marret**, D.ʳ en médecine. Amsterdam, Jean-Frédéric Bernard, 1730, in-f.º

1721 Joannis **Swammerdammii**, Amstelædamensis, biblia naturæ, sive historia insectorum, in classes certas redacta, necnon exemplis, et anatomico variorum animalculorum examine, æneisque tabulis illustrata; insertis numerosis rariorum naturæ observationibus. Omnia lingua batava, auctori vernacula, conscripta. Accedit præfatio, in qua vitam auctoris descripsit Hermannus Bœrhaave, medicinæ professor; latinam versionem adscripsit Hieronimus David Gaubius, medicinæ et chemiæ professor. Leydæ, 1737-1738, Isaac Severin Bauduin et Pierre Van Der Aa, 2 vol. in-f.º à deux colonnes, latin et hollandais en regard.

1722 Illustratio iconographica insectorum quæ in musæis parisinis observavit et in lucem edidit Joh. Christ. **Fabricius**, præmissis ejusdem descriptionibus; accedunt species plurimæ, vel minus aut nondum cognitæ, auctore Antonio Joanne **Coquebert**. Parisiis, Petri Didot, an VII, vol. in-8.º

1723 Munus rectoris in academia Christiana Albertina aditurus analecta entomologica ex museo Regio Havniensi maxime congesta profert iconibusque illustrat C. R. G. **Wiedemann**. Kiliæ, 1824, br. in-4.º

1724 Mémoires pour servir à l'histoire des insectes, par M. **de Réaumur**, de l'Académie royale des sciences. Paris, Imp. royale, 1734-1741, 6 vol. in-4.º

1725 Bibliographie entomologique, comprenant l'indication par ordre alphabétique de noms d'auteurs : 1.º des ouvrages entomologiques publiés en France et à l'étranger, depuis les temps les plus reculés jusques et y compris l'année 1834; 2.º des monographies et mémoires contenus dans les recueils, journaux et collections académiques françaises et étrangères, par A. **Percheron**. Paris, Londres, Baillière, 1837, 2 vol. in-8.º

1726 Bibliographie entomologique, ou catalogue raisonné des ouvrages relatifs à l'entomologie et aux insectes, par Charles **Nodier**. Paris, Moutardier, an IX, br. in-16.

1727 Enumération des entomologistes vivants, suivie de notes sur les collections entomologiques des principaux musées d'histoire naturelle d'Europe, sur les sociétés d'entomologie, sur les recueils périodiques consacrés à l'étude des insectes, par G. **Silberman.** Paris, Lunéville, 1835, in-8.º

1728 Linnæa entomologica. Zeitschrift herausgegeben von dem entomologischen vereine in Stettin. Berlin, Mittler et Sohn, 1846-1853, 8 vol. in-8.º

1729 Méthode pour la classification des insectes, par André-Marie-Constant **Duméril**; in-8.º

1730 Considérations générales sur la classe des insectes, par A. M. C. **Duméril.** Paris, Levrault, 1823, in-8.º

1731 Abbildungen nebst deren erklarung zum ersten theile des handbuchs der entomologie, von D.ʳ Herm. **Burmeister**; br. in-4.º

1732 Pleroma zu den mysterien der Europaischen insektenwelt. Mit einem systematischen berzeichnifzder schmetterlinge und Kafer europas. Von prof. D.ʳ Johanne **Gistel.** Straubing, 1856, in-8.º

1733 Réflexions sur la classification des insectes, selon la méthode naturelle, par le marquis **de Brême.** Paris, 1842, br. in-8.º

1734 Lettre sur la génération des insectes, adressée à M. Arago, président de l'académie royale des sciences, par M. V.ᵒʳ **Audouin.** Paris, Tastu, 1824, br. in-8.º

1735 De la circulation dans les insectes, par M. Emile **Blanchard**; br. in-8.º

1736 Recherches sur l'armure genitale femelle des insectes, par M. H. **Lacaze-Duthiers.** Paris, Martinet, 1853, vol. in-4.º

1737 Mémoire sur l'alimentation de quelques insectes gallicoles et sur la production de la graisse, par H. **Lacaze-Duthiers** et A. **Riche**; br. in-8.º

1738 Notice sur quelques perforations faites par des insectes dans des plaques métalliques, par M. E. **Desmaretz.** Paris, br. in-8.º

1739 Le froid fait-il périr les insectes, par A. **de Norguet.** Lille, br. in-8.º

1740 Mémoire sur les harmonies entomologiques, par M. J. **Macquart.** Arras, Brissy, br. in-8.º

1741 Observations sur la structure de l'œil composé des insectes, par M. Ant. **Dugés.** Paris, Crochard, 1830, br. in-8.º

1742 On the comparative structure of the scutellum and other terminal dorsal parts of the thorax of winged insects, by J. O. **Westwood**; br. in-8.º

1743 Rapport fait par le baron **Cuvier** à l'Académie des sciences sur un ouvrage de M. J. Victor Audouin ayant pour titre : Recherches anatomiques sur le thorax des animaux articulés, et celui des insectes en particulier. Paris, Tastu, 1823, br. in-4.º

1744 Recherches sur l'anatomie et les métamorphoses de différentes espèces d'insectes, ouvrage posthume de Pierre **Lyonnet**, publié par W. **de Haan**, docteur en philosophie, conservateur du musée royal de Leyde. Paris, Londres, Baillière, 1832, in-4.º

1745 Illustrations of the relations hips existing amongst natural objects, usually termed affinity and analogy, selected from the class of insects. By J. O. **Westwood**; b. in-4.º

1746 Observations upon the relations hips existing amongst natural objects, resulting from more or less perfect resemblance, usually termed asfinity and analogy, by J. O. **Westwood**; br. in-8.º

1747 Réflexions sur l'usage des antennes dans les insectes, par M. **Duponchel**; br. in-8.º

1748 Théologie des insectes, ou démonstrations des perfections de Dieu dans tout ce qui concerne les insectes. Traduit de l'allemand, de M. **Lesser**, avec des remarques de M. P. **Lyonnet**. Paris, Chaubert et Durand, 1745, 2 vol. in-8.º

1749 Philosophia entomologica sistens scientiæ fundamenta adjectis definitionibus, exemplis, observationibus, adumbrationibus, auct. J.-C. **Fabricio**. Hamburgi et Kilonii, 1778, vol. in-8.º

1750 Considérations générales sur l'ordre naturel des animaux composant les classes des crustacés, des arachnides et des insectes, avec un tableau méthodique de leurs genres, disposés en familles, par P. A. **Latreille**. Paris, Schœl, 1810, vol in-8.º

1751 Cours d'entomologie, ou histoire naturelle des crustacés, des arachnides, des myriapodes et des insectes, à l'usage des élèves de l'école du muséum d'histoire naturelle, par M. **Latreille**. Paris, Roret, 1831, in-8.º avec atlas.

1752 Entomologie, ou histoire naturelle des insectes, avec leurs caractères génériques et spécifiques, leur description, leur synonymie et leur figure enluminée, par M. **Olivier**. Paris, Baudouin, 1789-1808, 6 vol. in-f.º

1753 Histoire naturelle des insectes selon leurs différentes métamorphoses, observées par Jean **Gœdaert**. Amsterdam, 1700, Gallet, 3 vol. in-12.

1754 Histoire abrégée des insectes, dans laquelle ces animaux sont rangés suivant un ordre méthodique, par M. **Geoffroy**, docteur en médecine. Paris, Volland et Rémont, an VII de la Rép., 2 vol. in-4.º

1755 Species insectorum exhibentes eorum differentias specificas, synonyma auctorum, loca natalia, metamorphosia, adjectis observationibus, descriptionibus, auctore J.-C. **Fabricio**. Hamburgi, Kilonii, Bohnii, 1781, 2 vol. in-8.º

1756 Mantissa insectorum sistens species nuper detectas, adjectis synonymis, observationibus, descriptionibus, emendationibus, auctore J.-C. **Fabricio**. Hasniæ, 1787, 2 vol. in-8.º

1757 Systema eleutherathorum secundum ordines, genera, species, adjectis synonimis, locis, observationibus, descriptionibus, auctore J.-C. **Fabricio**. Kiliæ, 1801, 2 vol. in-8.º

1758 Systema rhyngotorum secundum ordines, genera, species, adjectis synonymis, locis, observationibus, descriptionibus, auctore J.-C. **Fabricio**. Brunsvigæ, Reichard, 1803, in-8.º

1759 Systema piezatorum secundum ordines, genera, species, adjectis synonymis, locis, observationibus, descriptionibus, auctore J.-C. **Fabricio**. Brunsvigæ, Reichard, 1804, in-8.º

1760 Systema antliatorum secundum ordines, genera, species adjectis sinonymis, locis, observationibus, descriptionibus, auctore J.-C. **Fabricio**. Brunsvigæ, Reichard, 1805, in-8.º

1761 Histoire naturelle, générale et particulière, des crustacés et des insectes, par P. A. **Latreille**. Paris, Dusart, an x à xIII, 14 vol. in-8.º

1762 Genera crustaceorum et insectorum secundum ordinem naturalem in familias disposita, iconibus exemplisque plurimis explicata, auctore P. A. **Latreille**. Paris, Kœnig, 1806-1809, 4 vol. in-8.º

1763 Synonymia insectorum, oder : versuch einer synonymie aller bisher bekannten insecten; nach Fabricii Systema Eleutheratorum geordnet, von C. J. **Schonherr**; 1806, 1807, 1817; 3 vol. in-8.º

1764 Appendix ad C. J. **Schonherr** Synonymiam insectorum tom. I, part. 3, Sistens descripsiones novarum specierum. Scaris, Lewerentziana, 1817, in-8.º

1765 Annales de la Société entomologique de France ; 1832 à 1854 ; Paris, 23 vol. in-8.º

1766 Handbuch der entomologie von Hermann **Burmeister**. Berlin, Reimer, 1832, 1835, 1838, 1839, 4 vol. in-8.º

1767 The entomologist's tert book by J. O. **Westwood**, secretary to the entomological society of London. London, 1838, in-8.º

1768 Die mysterien der europaïschen insectenwelt. — Ein geheimer schlussel für sammler aller insecten ordnungen und stande, prof. Johannes **Gissel**. Kempten, Dannheimer, 1856, in-12.

1769 Notice sur une empreinte d'insecte renfermée dans un échantillon de calcaire schisteux de Sollenhosen, en Bavière, par P. L. **Van der Linden** ; 1826, br. in-4.º

1770 Observations entomologiques, par Franc. André **Bonelli**, 1.ʳᵉ partie. Paris, 1809, br. in-4.º

1771 Analecta ad entomographiam provinciarum occidentali-meridionalium imperii Rossici, auctore S. B. **Gorski**, fasciculus I. Berolini, Friderici Nicolai ; 1852, in-8.º

1772 Entomologie helvétique ou catalogue des insectes de la Suisse, rangés d'après une nouvelle méthode. Zurich, Fussli, 1798-1806, 2 vol. in-8.º en allemand avec la traduction française en regard.

1773 Insectorum Liguriæ species novæ aut rariores, quas in agro ligustico nuper detexit, descripsit, et iconibus illustravit Maximilianus **Spinola**. Gennæ, Gravier, 1808, 2 vol. in-4.º

1774 Entomologische Zeitung. Herausgegeben von dem entomologischen vereine zu Stettin. Liepzig, Fleischer, 1840-1842, 2 vol. in-8.º

1775 Entomologische Zeitung. Herausgegeben von dem entomologischen vereine zu Stettin. Stettin, 1841-1846, 3 vol. in-8.º

1776 Entomologische Zeitung. Herausgegeben von dem entomologischen vereine zu Stettin. Stettin et Liepzig, 1843-1844, 2 vol. in-8.º

1777 Entomologische Zeitung. Herausgegeben von dem entomologischen vereine zu Stettin. Stettin, Mittler, 1847-1850, 4 vol. in-8.º

1778 Description de divers insectes, par M. A. **Lefebvre**. Paris, br. in-8.º

1779 Insectorum arachnoidumque novorum decades duo, auctore J. O. **Westwood**. Londres, br. in-8.º

1780 Observationes entomologicæ, quas Cons. ampl. fac. philos. Lund. P. P. Bened. Fred. **Fries**, phil. mag. Respondente P. Olof **Liljevalch**, scano. Lundæ, Berlingianis, 1824, br. in-8.º

1781 The transactions of the entomological Society of London, vol. I. Londres, 1834, in-8.º

1782 Journal of proceedings of the entomological Society of London. Commencing january 6, 1840. Londres, 1841, br. in-8.º

1783 Address on the recent progress and present state of entomology, by J. O. **Westwood**. Londres, 1835, br. in-8.º

1784 An address delivered at the anniversary meeting of the entomological Society of London on the 24 january 1842 and 1843, by W. W. **Saunders**, président. Londres, 2 br. in-8.º

1785 Opuscules entomologiques, par E. **Mulsant**, 1.ᵉʳ, 2.ᵉ, 3.ᵉ et 4.ᵉ cahiers. Paris, Maison, 1852-1853, 4 vol. in-8.º

1786 Opuscules entomologiques, par E. **Mulsant**, 2.ᵉ, 3.ᵉ, 4.ᵉ cahiers. Paris, Maison, 1853, 3 vol. in-8.º

1787 Insectorum novorum Centuria, auctore J. O. **Westwood**; page in-8.º

1788 Insecta Svecica descripta a Leonardo **Gyllenhal**. Classis I : coleoptera sive eleuterata. Scaris, Leverentz; Liepzig, Fleischer, 1808-1827, 4 vol, in-8.º

1789 Entomologia Parisiensis, sive Catalogus insectorum quæ in agro Parisiensi reperiuntur, edente A. F. **de Fourcroy**, doct. med. Paris, 1785, 2 vol. in-16.

1790 Histoire abrégée des insectes des environs de Paris, classés d'après le système de Fabricius, par C. A. **Walckenaer**. Paris, Dentu, 1802, 2 vol. in-8.º

1791 Faune entomologique des environs de Paris, ou species général des insectes qui se trouvent dans un rayon de 15 à 20 lieues de Paris, par MM. **Boisduval** et **Lacordaire**. Paris, Méquignon-Marvis, 1835, in-18.

1792 On the most advisable methods for discovering remedies against the ravages of insects ; and a notice of the habits of the onion fly, by J. O. **Westwood**; br. in-8.º

1793 A series of articles on the insects most injurious to cultivators, by J. O. **Westwood**; br. in-8.º

1794 Voyage de l'Astrolabe, exécuté par ordre du Roi pendant les années 1826 à 1829 sous le commandement de M. J. Dumont D'Urville : — Entomologie, par le D.ʳ **Boisduval**. Paris, Tastu, 1835, in-8.º

10

1795 Insectorum novorum exoticorum descriptiones, auctore J. O. **Westwood**; br. in-8.°

1796 De quibusdam insectis Sardiniæ novis aut minus cognitis, auctore Josepho **Gené**, 1.er fascicule. Turin, br. in-4.°

1797 Expédition scientifique de Morée : — Partie entomologique, par Aug. **Brullé**, *incomplet*; br. in-4.°

1798 Coup d'œil sur l'entomologie de la Morée, par Aug. **Brullé.** Paris, Crochard, 1831, br. in-8.°

1799 Des zones entomologiques dans nos Pyrénées occidentales et désignation des insectes qui les habitent, par M. Léon **Dufour**. Bordeaux, Lafargue, 1851, br. in-8.°

1800 Essai sur les insectes de Java et des îles voisines, par P. L. **Van der Linden**, 1.er mémoire : Cicindelètes. Bruxelles, Hayez, 1829, br. in-4.°

1801 Insectes recucillis en Afrique et en Amérique, dans les royaumes d'Oware et de Benin, à Saint-Domingue et dans les Etats-Unis, de 1786 à 1797, par A. M. F. J. **Palisot** de **Beauvois**. Paris, Fain, 1805, 1 vol, in-f.° de texte et 1 vol. in-f.° de planches.

1802 Seconde excursion dans les Grandes-Landes, par M. Ed. **Perris**. Lyon, 1852, br. in-8.°

1803 Résumé des travaux de la Société entomologique de France pendant l'année 1830, par M. Auguste **Brullé.** Paris, br. in-8.°

1804 Conférence sur les applications de l'entomologie à l'agriculture, 2.me partie : — Insectes parasites des bestiaux, par M. **Macquart**; br. in-8.°

1805 Les Hylophthires et leurs ennemis, ou description et iconographie des insectes les plus nuisibles aux forêts, ainsi que des autres animaux causant des dégâts dans les bois, avec une méthode pour apprendre à les détruire et à ménager ceux qui leur font la guerre, par J. T. C. **Ratzeburg**, traduit de l'allemand par le comte de **Corberon**. Liepzig, Schmidt, 1842, in-8.°

1806 Notice sur les dévastations opérées par divers insectes dans le cours de l'année 1838, par M. **Dagonet**. Châlons-sur-Marne, Boniez, 1839, br. in-8.°

1807 Gli insetti autopi delle galle del Terebinto e del Lentisco insieme ad alcune specie congeneri. Prof. **Passerini**; 1856, br. in-8.°

1808 Essai sur les insectes utiles et nuisibles, par M. **Guérin-Méneville**. Paris, Didot, 1848, br. in-8.°

1809 Sui Bruchi che in primavera danneggiano gli alberi dei

viali attorno alla citta di Torino, e specialmente le Quercie dei ripari, nota del prof. Giuseppe **Gené**; 1834, br. in-8.º

1810 Mémoire sur divers insectes nuisibles à l'agriculture et plus particulièrement au Froment, au Seigle, à l'Orge et au Trèfle, par M. J. Charles **Herpin**; br. in-8.º

1811 Notice sur quelques insectes nuisibles au froment, au seigle, à l'orge et au trèfle, par M. **Guérin-Méneville**. Paris, V.e Bouchard-Huzard, 1843, in-8.º

1812 Mémoires sur les insectes dévastateurs des céréales, observés pendant les années 1839 et 1840, par M. G. **Dagonet**. Châlons, Boniez, 1840-41, 2 br. in-8.º

1813 Rapport sur le Concours ouvert pour la découverte et la mise en pratique des moyens propres à détruire les insectes nuisibles, par M. **Guérin-Méneville**. Paris 1846, br. in-8.º

1814 Recherches sur les insectes destructeurs des céréales, par M. **Leduc**; br. in-8.º

1815 Mémoire sur les insectes nuisibles aux betteraves, par M. A. **de Norguet**. Arras, Tierny, 1866, br. in-8.º

1816 Sugli insetti più nocivi alla agricoltura, agli animali domestici, ai prodotti della rurale economia, notizie raccolte ed ordinate dal dottore Giuseppe **Gené**. Milan, François Artaria, 1827, in-12.

1817 Histoire des insectes utiles et nuisibles à l'homme, aux bestiaux, à l'agriculture et au jardinage, par M. **Buchoz**, 2.me édition. Rouen, Paris, 1781, vol. in-8.º

1818 Note sur l'échenillage, par M. **Amyot**. Paris, 1852, br. in-8.º

1819 Proposition sur l'étude des moyens propres à détruire les insectes nuisibles à l'agriculture, présentée à l'Assemblée nationale le 21 mars 1849, par M. **Richard** (du Cantal); br. in-8.º

b'' Coléoptères.

1820 Insectes coléoptères : — Organes de la digestion; organes générateurs mâles et femelles; organes de respiration; organes divers; organes secreteurs; planches in-4.º

1821 Histoire naturelle des insectes coléoptères d'Europe, par M. **Latreille**, de l'Institut, et M. le baron **Dejean**, lieutenant général des armées du roi, 1.re livr. Paris, Crevot, 1822, in-8.º

1822 Catalogue synonymique des coléoptères d'Europe et d'Algérie, par J. **Gaubil**. Paris, Maison, 1849, in-8.º

1823 Histoire naturelle des coléoptères de France, par M. E **Mulsant**. Paris, Maison, 1839-1846, 3 vol. in-8.°

1824 Catalogue de la collection entomologique du Muséum d'histoire naturelle de Paris : — Classe des insectes, ordre des coléoptères, 1.ʳᵉ et 2ᵐᵉ livr. Paris, Gide et Baudry, 1850, in-8.°

1825 Catalogue of the described coleoptera of the united States by Fried. Ernst **Melsheimer**, revised by S. S. **Haldeman**, and J. L. **Lecomte**. Washington, 1853, in-8.°

1826 Catalogue de la collection de coléoptères de M. le baron **Dejean**. Paris, Crevot, 1821, vol. in-8.°

1827 Species général des coléoptères de la collection de M. le comte **Dejean**, pair de France. Paris, Crevot, 1825-1838, 6 vol. in-8.°

1828 Enumération des insectes coléoptères nuisibles à l'agriculture ou à l'industrie, qui se trouvent le plus fréquemment dans l'arrondissement de Lille, par M. **Lethierry**. Lille, Leleux, 1862, br. in-8.°

1829 Description d'un coléoptère nouveau, par A. **Lefebvre**; br. in-8.°

1830 Révision de la famille des Cicindélides de l'ordre des coléoptères, par M. Th. **Lacordaire**. Liège, Félix Oudart, 1842, br. in-8.°

1831 Recherches anatomiques sur les Carabiques et sur plusieurs autres insectes coléoptères, par M. Léon **Dufour**. Paris, Thuau, 1824-1826, in-8.°

1832 Essai sur l'entomologie du département de Puy-de-Dôme, monographie des Carabiques, par M. **Baudet-Lafarge**. Clermont-Ferrand, Thibaud, 1836, in-8.°

1833 *Mormolyce*, novum coleopterorum genus descriptum à Joh. Jacobo **Hagenbach**.Norimbergæ,Sturm, 1825, br. in-8.°

1834 Monographia coleopterorum micropterorum, auctore J. L. C. **Gravenhorst**, doct. philosop. in acad. Gœttingensi Gœttingæ, Dieterich, 1806, in-8.°

1835 Description d'un nouveau genre de Brachelytres propre à la Faune française (*Macropalpus pallipes*), par Em. **Cussac**; 1852, br. in-8.°

1836 Notes pour servir à l'histoire des *Trichopterix*, par M. Ed. **Perris**. Paris, 1846, br. in-8.°

1837 Synopsis of the coleopterous genus *Cerapterus*, by John O. **Westwood**; br. in-4.°

1838 On the lamellicorn beetles which possess exserted mandibles and labrum, and 10-jointed antennæ, by J. O. **Westwood**. Londres, br. in-8.°

1839 Descriptions of several new species of insects belonging to the family of the Sacred Beetles, by J. O. **Westwood**. Londres, 1837, br. in-4.°

1840 Essai sur l'entomologie du département de Puy-de-Dôme, par M. J.-B. **L**. Monographie des Lamelli-Antennes. Clermont, Landriot, 1809, in-8.°

1841 Monographie des Passales et des genres qui en ont été séparés, par A. **Percheron**. Paris, Mercklein, 1835, in-8.°

1842 Centurie de Buprestides, par Auguste **Chevrolat**. Strasbourg, Silbermann, 1838, br. in-8.°

1843 Notes sur les métamorphoses de divers *Agrilus* pour servir à l'histoire des Buprestides, par M. Ed. **Perris**. Lyon, Dumoulin, 1851, br. in-8.°

1844 Description de deux nouvelles espèces de Buprestides du genre *Hyperantha*, par M. Eugène **Desmaret**. Paris, 1843, br. in-8.°

1845 Observations complémentaires pour l'histoire du *Melasis flabellicornis*, par M. Ed. **Perris**. Paris, 1847, br. in-8.°

1846 Essai monographique sur les Clérites, insectes coléoptères, par le marquis Maximilien **Spinola**. Gênes, Ponthenier, 1844, 2 vol. in-4.° reliés en un seul.

1847 Recherches pour servir à l'histoire naturelle des Cantharides, par M. V.ʳ **Audouin**. Paris, Crochard, 1826, br. in-8.°

1848 Notes pour servir à l'histoire de l'*Anaspis maculata*, et du *Tillus unifasciatus*, par M. Edouard **Perris**. Paris, 1847, br. in-8.°

1849 Essai monographique et iconographique de la tribu des Cossyphides, par le marquis F. **de Brême**. Paris, Lacheze, 1842, br. in-8.°

1850 Description d'un coléoptère nouveau du genre *Clerus* sous ses divers états, par M. A. **Lefebvre**. Paris, 1835, br. in-8.°

1851 Curculionidum dispositio methodica cum generum characteribus, descriptionibus atque observationibus variis seu prodromus ad synonymiæ insectorum, partem IV, auctore C. J. **Schonherr**. Lipsiæ, Fleischer, 1826, in-8.°

1852 Genera et species curculionidum, cum synonymia hujus familiæ, A. C. J. **Schonherr**. Species novæ aut hactenus minus cognitæ, descriptionibus a dom. Leonardo **Gyllenhal**, C. H. **Boheman**, et entomologis aliis illustratæ. Paris, Roret, 1833-1835, 8 tomes formant 16 in-8.°

1853 Notes pour servir à l'histoire des *Cionus*, par M. Edouard **Perris**. Lyon, 1849, br. in-8.°

1854 Description d'un genre nouveau de Curculionite propre à la Faune française. (*Elmidomorphus Aubei*), par E. **Cussac**; 1851, br. in-8.°

1855 Notes pour servir à l'histoire des *Phytonomus* et des *Phytobius*, par M. Ed. **Perris**. Lyon, Dumoulin, 1851, br. in-8.°

1856 Notes pour servir à l'histoire du *Lixus angustatus*, par M. Ed. **Perris**. Paris, 1848, br. in-8.°

1857 Histoire des métamorphoses de la *Donacia sagittariæ*, par M. Ed. **Perris**. Paris, 1848, br. in-8.°

1858 La *Gastrophysa raphani*, insecte destructeur de l'oseille, par M. **de Norguet**; 1869, br. in-8.°

1859 Les Altises du colza, par M. **Lethierry**. Lille, Blocquel-Castiaux, 1865, br. in-8.°

1860 Species des coléoptères trimères sécuripalpes, par M. E. **Mulsant**. Lyon, Savy, 1851, 2 vol. in-8.°

1861 Sur un nouveau genre d'insectes coléoptères de la section des tétramères ; — Description de sept insectes nouveaux, par M. **Drapiez**. Bruxelles, Weissenbruch, 1820, br. in-8.°

c" Lépidoptères.

1862 Genera et index methodicus Europæorum lepidopterorum, a doctore J. A. **Boisduval**. Paris, Roret, 1840, in-8.°

1863 Papillons d'Europe, peints d'après nature, décrits par le R. P. **Engramelle**, religieux Augustin. Paris, Ernst, Bazan, etc, 1779-1792, 8 vol. in-4.°

1864 Catalogue méthodique des lépidoptères d'Europe distribués en familles, tribus et genres, par P. A. J. **Duponchel**. Paris, Méquignon-Marvis, 1844, in-8.°

1865 Catalogue des lépidoptères ou papillons de la Belgique précédé du tableau des Libellulines de ce pays, par Edm. **de Selys-Longchamps**. Liége, Desoer, 1837, br. in-8.°

1866 Sur la Ptérologie des lépidoptères, par M. Al. **Lefebvre**. Paris, 1842, br. in-8.°

1867 Sur une difformité observée chez un lépidoptère, par M. **Wesmael**; br. in-8.°

1868 Observations relatives à l'empreinte d'un lépidoptère fossile du D.ʳ Boisduval, par M. A. **Lefebvre**. Paris, 1851, br. in-8.°

1869 Description d'une nouvelle espèce de Coliade, par M. A. **Lefebvre**. Paris, 1836, br. in-8.°

1870 Caractère distinctif entre quelques Satyres européens de la section des leucomelaniens, par M. Al. **Lefebvre**. Paris, 1832, br. in-8.°

1871 Description de quelques lépidoptères nocturnes hyperboréens, par M. A. **Lefebvre**. Paris, 1836, br. in-8.°

1872 Description de trois papillons nouvellement observés, par M. Al. **Lefebvre**. Paris, 1826, br. in-8.°

1873 Essai sur les lépidoptères du genre *Bombyx* qui donnent ou qui donneront de la soie, par M. **Guérin-Méneville**. Paris, Firmin Didot, 1847, br. in-8.°

1874 Mémoires et rapports sur les éducations de vers à soie en 1835 et 1836 et sur l'industrie de la production des soies, par MM. **D'Arcet**, C. **Beauvais** et Henri **Bourdon**. Paris, M.me Huzard, 1836, br. in-4.°

1875 Rapport à la Société centrale d'agriculture sur la culture du mûrier et les éducations de vers à soie dans les environs de Paris en 1836, par M. **Loiseleur-Deslongchamps**. Paris, vol. in-8.°

1876 Rapport de la Commission de sériciculture présenté à l'Académie de Metz dans sa séance du 30 août 1866, par M. E. **de Saulcy**; br. in-8.°

1877 Rapport sur une éducation de vers à soie du Bengale faite à Alais, par M. le baron **D'Hombres**; br. in-8.°

1878 Etudes sur les maladies des vers à soie, par M. F. E. **Guérin-Méneville**; br. in-8.°

1879 Le ver à soie du chêne à l'exposition universelle de 1867, insectes utiles vivants, par Camille **Personnat**. Paris, 1868, br. in-8.°

1880 Considérations nouvelles sur les dégâts occasionnés par la Pyrale de la vigne, particulièrement dans la commune d'Argenteuil, par M. V.or **Audouin**. Paris, Renouard, 1838, br. in-8.°

1881 Notice sur les ravages causés dans quelques cantons du Maconnais par la Pyrale de la vigne, par M.V.or **Audouin**. Paris, Paul Renouard, 1838, br. in-8.°

1882 Note sur divers moyens propres à la destruction de la Pyrale de la vigne, par le D.r Ch. **Herpin**; br. in-8.°

1883 Recherches sur la destruction de l'Alucite, ou Teigne des grains, par M. Ch. **Herpin**. Paris, M.me Huzard, 1838, br. in-8.°

1884 Sur l'Alucite ou Teigne des blés et sur les moyens de la détruire, par M. J. Ch. **Herpin**. Paris, Chaix, 1860, br. in-8.°

d" Hémiptères.

1885 Recherches anatomiques et physiologiques sur les hémiptères, accompagnées de considérations relatives à l'histoire
naturelle et à la classification de ces insectes, par M. Léon
Dufour. Paris, Bachelier, 1833, in-4.°

1886 Essai sur les genres d'insectes appartenant à l'ordre des
hémiptères ou rhyngotes et à la section des hétéroptères,
par Maximilien **Spinola.** Gênes, Gravier, 1837, in-8.°

1887 Rhynchotographieen von Franz Xav. **Fieber.** Prag., 1851,
br. in-4.°

1888 Entomologie française. Rhynchotes. Méthode mononymique.
par C. J. B. **Amyot.** Paris, Londres, Baillière, 1848,
in-8.°

1889 On the family Fulgoridœ, with a monograph of the Genus
Fulgora of Linnæus, by John O. **Westwood.** Londres,
1837, br. in-4.°

e" Orthoptères.

1890 Revue méthodique des insectes de l'ordre des orthoptères,
par J. G. **Audinet-Serville.** Paris, Crochard, 1831,
br. in-8.°

1891 Recherches anatomiques et physiologiques sur les orthoptères, les hyménoptères et les névroptères, par M. Léon
Dufour. Paris, imp. royale, 1841, in-4.°

1892 Nouveau groupe d'orthoptères de la famille des Mantides,
par M. A. **Lefebvre.** Paris, 1834, br. in-8.°

1893 Enumeratio methodica orthopterorum Belgii A. C. **Wesmael;** br. in-8.°

f" Hyménoptères.

1894 Nouvelle méthode de classer les hyménoptères et les diptères,
par L. **Jurine,** correspondant de l'Institut national.
Genève, Paschoud, 1807, in-4.° avec atlas.

1895 Clavis novi hymenopterorum systematis adjecta synopsi
larvarum ejusdem ordinis scandinavicarum eruciformium
a Gustavo **Dahlbom.** Lundæ, Berling, 1835, br. in-4.°

1896 Ichneumonologia Europæa, auctore J. L. C. **Gravenhorst,** professore Vratislaviensi. Vratislaviæ, 1829, 3
vol. in-8.°

1897 Ichneumologie provençale ou catalogue des Ichneumonides

qui se trouvent aux environs d'Aix, et description des
espèces inédites par M. **Boyer de Fonscolombe.**
Paris, 1847-1848 , 4 br. in-8.º

1898 Monographia tenthredinetarum, synonymia extricata. Auctore Am. **Le Peletier de Saint-Fargeau.** Paris,
Levrault, 1823 , in-8.º

1899 Considerazioni sopra i costumi degl'imenotteri del G. *Sirex*,
e sopra il meglior posto dei Sireciti nel metodo razionale;
memoria del marchese Massimiliano **Spinola.** Genève,
Ponthenier, 1843 , br. in-8.º

1900 On *Evania* and some allied genera of hymenopterous insects, by J. O. **Westwood.** Londres, br. in-8.º

1901 Descriptions of some new exotic hymenoptera, by J. O.
Westwood; br. in-8.º

1902 Prodromus hymenopterologiæ scandinavicæ, auctore D.r
Gustaf **Dahlbom.** Lundæ, Berling, 1836, in-8.º

1903 Observations sur les hyménoptères d'Europe de la famille
des fouisseurs, par P. L. **Van der Linden**, 1.re partie ;
br. in-4.º

1904 Menographie des Braconides de Belgique, par C. **Wesmael**, 2.e et 3.e partie. Bruxelles, 2 br. in-4.º

1905 Monographie des Odynères de la Belgique, par C. **Wesmael.** Bruxelles, Hauman, 1833, br. in-8.º

1906 Mémoire pour servir à l'histoire de l'industrie et des métamorphoses des Odinères, et description de quelques nouvelles espèces de ce genre d'insectes, par M. Léon
Dufour. Paris, 1839, br. in-8.º

1907 Notice sur une espèce d'hyménoptère du genre *Nematus*,
dont la chenille dévore les feuilles des différentes espèces
de groseilliers dans les environs de Versailles, par A.
Leduc; br. in-8.º

1908 Mémoire pour servir à l'histoire naturelle des Abeilles soli-
taires qui composent le genre *Halicte*, par C. A. **Walckenaer.** Paris, Firmin Didot, 1817, in-8.º

1909 Notice sur les ravages que fait dans les rameaux les plus
tendres des Rosiers une fausse chenille ou larve d'une
espèce de mouche à scie, par M. F. V. **Mérat**; 1840,
br. in-8.º

1910 Destruction des Roses naissantes par la larve d'un insecte
trétraptère de l'ancien genre *Tenthredo*, par M. **Mérat**;
br. in-8.º

1911 Nouvelles observations sur les abeilles, par François
Huber, 2.e édition. Paris, Genève, 1814, 2 vol. in-8.º

1912 Observations nouvelles sur les abeilles, par M. **Huber**, planches. Paris, Genève, Paschoud, in-4.°

1913 Rapport sur l'extrait du second cours gratuit de M. Lombard, relatif à l'éducation et à la conservation des Abeilles, auquel on a joint le détail des diverses expériences et des essais faits dans le département du Calvados, par M. **Revel de Labronaize**. Caen, Poisson, 1820, br. in-8.°

1914 Note sur la production de la cire des abeilles, par MM. **Dumas** et **Milne-Edwards**; 1843, br. in-8.°

1915 Histoire des métamorphoses de l'*Eumerus œneus*, par M. Léon **Dufour**. Lille, br. in-8.°

1916 Notice sur les Chrysides de Belgique, par M. **Wesmael**; br. in-8.°

1917 Notice sur un Ichneumon gynandromorphe, par C. **Wesmael**; br. in-8.°

1918 Notice sur la synonymie de quelques Corytes(genre d'hyménoptères fouisseurs), par M. **Wesmael**; br. in-8.°

1919 Observations sur les espèces du genre *Sphécode*, par M. **Wesmael**. Bruxelle, 1835, br. in-8.°

1920 Recherches sur les mœurs des Fourmis indigènes, par P. **Huber**. Paris, Paschoud, 1810, in-8.°

1921 Notice sur une nouvelle espèce de Fourmi du Mexique, par M. **Wesmael**; br. in-8.°

1922 Les Fourmis du département du Nord, par M. L. **Lethierry**. Lille, Blocquel-Castiaux, 1866, br. in-8.°

g" Diptères.

1923 Genres des mouches diptères, représentés en XLII planches projetées et dessinées par M. J. R. **Schellenberg** et expliquées par deux amateurs de l'entomologie. Zuric, 1803, Orell et Fuesli, in-8.° en français et en allemand.

1924 Histoire naturelle des insectes diptères, par M. **Macquart**. Paris, Roret, 1834-1835, 2 vol. in-8.°

1925 Insectes diptères du Nord de la France, par M. J. **Macquart** : tipulaires, asiliques, bombyliers, xylotomes, leptides, vésiculeux, stratiomydes, xylophagides, tabaniens, platypézines, dolichopodes, empides, hybotides, syrphies, athéricères, créophiles, œstrides, myopaires, conopsaires, scénopiniens, céphalopsides. Lille, Leleux, Danel, 1826-1833, 5 vol, in-8.°

1926 Diptères exotiques nouveaux ou peu connus, par J. **Macquart**. Paris, Roret, 1838-1851, 2 tomes en plusieurs parties, avec 4 suppléments formant 8 vol. in-8.°

1927 Saggio di ditterologia messicana di Luigi **Bellardi**, professore di storia naturale, 1.re partie. Turin, 1859, br. in-4.°

1928 Saggio di ditterologia messicana di Luigi **Bellardi**, professore di storia naturale, partie II et appendice. Turin, 1862, 2 br. in-4.°

1929 Arcana entomologica. Synopsis of the dipterous family Midasidæ, with descriptions of various new species; épreuve corrigée ; br. in-8.°

1930 Histoire naturelle des diptères des environs de Paris. Œuvre posthume du Dr **Robineau-Desvoidy**, publiée par les soins de sa famille sous la direction de M. H. **Monceaux.** Paris, V.^{or} Masson, 1863, 2 gros vol. in-8.°

1931 Recherches anatomiques et physiologiques sur les diptères, accompagnées de considérations relatives à l'histoire naturelle de ces insectes, par M. Léon **Dufour.** Paris, Impr. nationale, 1850, vol. in-4.°

1932 Etudes anatomiques et physiologiques sur une mouche dans le but d'éclairer l'histoire des métamorphoses et de la prétendue circulation des insectes, par M. Léon **Dufour.** Paris, imp. royale, 1845, br. in-4.°

1933 Munus rectoris in academia Christiano-Albertina iterum aditurus nova dipterorum genera offert iconibusque illustrat, C. R. G. **Wiedemann.** Kiliæ, Mohr, 1820, br. in-4.°

1934 Diptera Scandinaviæ disposita et descripta, auctore Ph. D. Johanne Wilhelmo **Zetterstedt**, ad universitatem Lundensem botan. et œcon. pract. prof. reg. et ord., etc. *Les t. 5, 6 et 7 manquent.* Lundæ, Lundbergiana, 1842-1850, 6 vol. in-8.°

1935 Insecta britannica. Diptera by Francis **Walker.** Londres, Benham, 1851-1853, 2 vol. in-8.°

1936 C. R. G. **Wiedemanni**, med. doctoris, in acad. Kiliensi, prof. med. P. O. Diptera exotica, pars I, 1821, in-8.°

1937 List of the specimens of disterous insects in the collection of the British museum, by John Edward **Gray.** Londres, 1848-1849, 4 vol. in-8.°

1938 On *Diopsis*, a Genus of dipterous insects, with descriptions of twenty one species, by J. O. **Westwood.** Londres, 1834, br. in-4.°

1939 Insectorum species nonnullæ vel novæ vel minus cognitæ, in agro Hamburgensi captæ, ex ordine dipterorum, descripsit et iconibus illustravit Dr. J. G. C. **Lehman;** br. in-4.°

1940 Essai sur les Myodaires , par le D.ʳ J.-B. **Robineau-Desvoidy**. Paris, in-8.º sans date.

1941 Rapport sur les Myodaires du docteur Robineau-Desvoidy. Paris, 1826, br. in-8.º

1942 Etudes anatomiques et physiologiques sur les insectes diptères de la famille des pupipares, par M. Léon **Dufour**; br. in-8.º

1943 An essay upon the wheat-fly, and some species allied to it, by Asa **Fitch**. Albany, Van Benthuysen, 1846, br. in-8.º

1944 Wilhelm Friederichs Freiherrn von Gleichen, genannt rufzworm, geschichte der gemeinen stubenfliege nebst vier mit jarben erleuchteten rupfertafeln herausgegeben von Johann Christoph **Keller**. Nuremberg, 1790, br. in-4.º

1945 Systematische beschreibung der bekannten europaischen zweiflugeligen insekten, von Johann Wilhelm **Meigen**. Aachen, Fortsmann, 1818-1838, 7 vol. in-8.º

1946 Aukereuropaische zweisflugelige insekten beschrieben von D.ʳ Christ **Wiedemann**. Hamm, Buchhandlung, 1828-1830, 2 vol. in-8.º

1947 Notes pour servir à l'histoire des métamorphoses de diverses espèces de diptères, (2.ᵉ partie), par M. Édouard **Perris**. Paris, 1849, br. in-8.º

1948 Catalogue of the described diptera of north America prepared for the Smihtsonian institution , by R. **Osten-Sacken**. Washington, 1858, in-8.º

1949 Proposta della formazione di un genere nuovo per due specie di insetti ditteri, memoria nona per servire alla ditterologia italiana , di Camillo **Rondani**; br. in-8.º

1950 Genera italica Conopinarum distincta et descripta a Camillo **Rondani**. Paris, br. in-8.º

1951 Compendio della seconda memoria ditterologica di Camillo **Rondani**; br. in-8.º

1952 Osservazioni sulle diversita sessuali di alcune specie di Fasie negli insetti ditteri. Memoria 4.ª per servire alla ditterologia italiana di Camillo **Rondani**; br. in-8.º

1953 Sulle differenze sessuali delle Conopinæ negli insetti dittere. Memoria undecima per servire alla ditterologia italiana di Camillo **Rondani**; br. in-8.º

1954 Descrizione di due generi nuovi di insetti ditteri. Memoria duodecima per servire alla ditterologia italiana di Camillo **Rondani**; br. in-8.º

1955 Quattro specie di insetti ditteri proposti come tipi di generi nuovi. Memoria sesta per servire alla ditterologia italiana di Camillo **Rondani**; br. in-8.°

1956 Sulle specie italiane del genere *Merodon*. Memoria 14.ª per servire alla ditterologia italiana di Camillo **Rondani.**

1957 Ordinamento sistematico dei generi italiani degli insetti ditteri, di Camillo **Rondani**; br. in-8.°

1958 Esame di varie specie d'insetti ditteri brasiliani, di Camillo **Rondani.** Turin, 1848, br. in-8.°

1959 Nota sulla ditterologia italiana, di Camillo **Rondani**; 3 br. in-8.°

1960 Monographie der Œstriden, von Friedrich **Brauer.** Wien, Braumuller, 1863, in-8.°

1961 Notice sur les insectes diptères qui nuisent aux céréales dans l'état de végétation, par M. J. **Macquart**; br. in-8.°

1962 Dipterologische beitrage vom D.ʳ H. **Loew**, prof. Posen, Heine, 1847, br. in-4.°

1963 Beitrage zu einer monographie der gallmücken *Cecidomyia*, Meigen, von J. J. **Bremi.** Nenenburg, Wolfrath, 1847, br. in-4.°

1964 Ortalides sueciæ, quarum descriptionum venia ampl. facult. philos. Acad. Lund. præside Corolo Fr. Fallen, pro laurea publicæ disquisitioni subjicit Johannes **Gahne**, gothlandus. Lundæ, 1820, br. in-4.°

1965 Anthracides sueciæ, quarum descriptionum venia cons. ampl. fac. phil. Lund. præside Carolo F. Fallen, hist. nat. prof. reg. publicæ disquisitioni subjicit Eric Henricus **Berglund**, ostrogothus. Lundæ, 1814, br. in-4.°

1966 Sciomyzides sueciæ, quarum descriptionum venia ampl. facult. philos. acad. Lund. præside Carolo Fr. Fallen, pro laurea publicæ disquisitioni subjicit Adolphus **Alexanderson** Blebingus. Lundæ, 1820, br. in-4.°

1967 Opomyzides sueciæ, quarum descriptionum venia ampl. facult. philos. acad. Lund. præside Carolo Fr. Fallen, pro laurea publicæ disquisitioni subjicit T. Maximilian **Ratzky**, gothoburgensis. Lundæ, 1820, br. in-4.°

1968 Empidiæ sueciæ, quarum descriptionum venia ampl. facult. philos. Lund. præside Carolo Fr. Fallen, pro laurea publicæ disquisitioni subjicit Petrus Nicol. **Rhodin**, gothoburgensis. Lundæ, 1815, br. in-4.°

1969 The Hessian fly, its history, character, transformation, and habits, by Asa **Fitch.** Albany, Munsell, 1846, in-8.°

1970 Notice sur les différences sexuelles des diptères du genre

Dolichopus, tirées des nervures des ailes, par M. **Macquart.** Paris, 1844, br. in-8.ᵉ

1971 Nouvelles observations sur les insectes diptères de la tribu des Tachinaires, par M. **Macquart.** Paris, 1845, br. in-8.⁰

1972 Nouvelles observations sur les diptères d'Europe de la tribu des Tachinaires, par M. **Macquart** (suite). Paris, 1848, br. in-8.⁰

1973 Mémoire sur un insecte diptère du genre Bolitophile, par M. E. **Guérin.** Paris, 1827, br. in-8.ᵉ

1974 Observations on the genus *Thyphlopone*, with descriptions of several exotic species of ants by J. O. **Westwood**; br. in-8,⁰

1975 On *Nycteribia*, a genus of wingless insects, by J. O. **Westwood.** Londres, 1835, br. in-4.⁰

1976 Histoire des métamorphoses de la *Lucilia dispar*, par Léon **Dufour.** Paris, 1845, br. in-8.⁰

1977 Note sur l'*Empis platyptera*, par M. Alex. **Lefebvre.** Paris, 1851, br. in-8.⁰

1978 Etudes sur la mouche des cerises, par M. Léon **Dufour.** Lille, Danel, 1845, br. in-8.⁰

1979 Danske Dolichopoder. I. Dolichopodes lamelliferæ. Sybistroma, Ammobates, Dolichopus, uf C. **Stœgers**; br. in-8.⁰

1980 *Chlorops lineata*, diptère nuisible aux céréales, par M. **de Norguet.** Lille, Blocquel-Castiaux, 1868, br. in-8.⁰

1981 Notice sur un insecte qui a causé les plus grands ravages dans nos récoltes dernières de blé sur pied. — Cécidomye du froment et quelques uns de ses parasites, par M. C. **Bazin.** Paris, 1856, br. in-8.⁰

h" Nevroptères.

1982 Monographiæ Libellulidarum Europæarum specimen, auctore P. L. **Van der Linden.** Bruxelles, Frank, 1825, br. in-8.⁰

1983 Recueil des Odonates ou Libellules d'Europe, par Ed. **de Selys-Longchamps** et H. A. **Hagen.** Bruxelles, Liepzig, Paris, 1850, in-8.⁰

1984 Monographie des Libellulidées d'Europe, par Edm. **de Selys-Longchamps.** Paris, Bruxelles, 1840, in-8.⁰

1985 Notices sur les Libellulidées, par Edm. **de Selys-Long-champs.** Bruxelles, Hayez, 1840, 3 br. in-8.º

1986 Nouvelles Libellulidées d'Europe, par Edm. **de Selys Longchamps.** Paris, br. in-8.º

1987 Sur un nouveau caractère pour distinguer les *Libellules* et les *OEshnes*, par M. J. **Van der Hœven**; br. in-8.º

1988 Histoire naturelle, générale et particulière, des insectes névroptères, par E. J. **Pictet.** Genève, Paris, 1842, 1 vol. in-8.º de texte et 1 vol. in-8.º de pl.

1989 Histoire naturelle, générale et particulière des insectes névroptères, par C. J. **Pictet :** — Famille des éphémé-rines. Genève, Paris, Soleure, 1843, 10 livr. in-8.º

1990 Notes on the natural history of the Ant-lion, by J. O. **Westwood;** br. in-8.º

1991 Monography of the genus *Panorpa* with descriptions of some species belonging to other allied genera, by J. O. **West-wood.** Londres, br. in-8.º

i" Crustacés, Arachnides, Hexapodes, Épizoïques.

1992 Recherches sur l'organisation vertébrale des crustacés, des arachnides et des insectes, par J.-B. **Robineau-Des-voidy.** Paris, Compère, 1828, in-8.º

1993 Du foie des animaux sans vertèbres en général, et particu-lièrement sur celui de plusieurs crustacés, par G. L. **Du-vernoy.** Paris, 1836, br. in-8.º

1994 Rapport fait à l'académie des sciences par MM. **Cuvier** et **Duméril** sur deux mémoires de MM. Audouin et Milne-Edwards, contenant des recherches anatomiques et phy-siologiques sur la circulation dans les crustacés. Paris, Thuau, 1827, br, in-8.º

1995 Recherches anatomiques sur le système nerveux des crus-tacés, par MM. V. **Audouin** et H. **Milne-Edwards.** Paris, Crochard, 1828, br. in-8.º

1996 Rapport sur un travail de MM. Audouin et Milne-Edwards intitulé : Recherches anatomiques sur le système nerveux des crustacés, par M. **Geoffroy St-Hilaire.** Paris, 1828, br. in-8.º

1997 Rapport à l'académie royale des sciences par MM. **Cuvier** et **Duméril,** sur un mémoire de MM. Audouin et Milne-Edwards ayant pour titre : de la respiration aérienne des crustacés et des modifications que présente l'appareil branchial chez les Crabes terrestres. Paris, Crochard, 1828, br. in-8.º

1998 Mémoire sur la classification des crustacés de la tribu des Salicoques, par Polydore **Roux.** Marseille, Dufort-Cadet, 1831, br. in-8.º

1999 Catalogue méthodique des crustacés terrestres, fluviatiles et marins, recueillis dans le département du Calvados, par M. **de Brébisson**; 1825, br. in-8.º

2000 Mémoire sur le nouveau genre *Thémisto*, de la classe des crustacés, par M. F. E. **Guérin.** Paris, 1828, br. in-4.º

2001 Description des genres *Glaucothœ*, *Sicyonie*, *Sergeste* et *Acète*, de l'ordre des crustacés décapodes par M. H. **Milne-Edwards.** Paris, Crochard, 1829, br. in-8.º

2002 Note sur les crustacés fossiles des terrains jurassiques du département du Calvados, et sur une agglomération considérable du *Mytilus gryphoïdes* trouvée à La Caine dans le lias supérieur, par M. J. **Morière.** Caen, Hardel, 1863, br. in-8.º

2003 Mémoire sur l'organisation des cirripèdes et sur leurs rapports naturels avec les animaux articulés, par G. J. **Martin-Saint-Ange.** Paris, Londres, Baillière, 1835, br. in-4.º

2004 Observations sur le développement des annélides, faites sur les côtes de la Sicile, par M. **Milne-Edwards.** Paris, 1844, br. in-4.º

2005 Monographie de la famille des hirudinées, par Alfred **Moquin-Tandon.** Paris, Londres, 1827, br. in-4.º

2006 De la production et du commerce des sangsues en Algérie, par E. **Millon.** Alger, br. in-8.º

2007 Lettres pour servir à l'histoire des insectes. 1.ʳᵉ lettre : Recherches sur les quelques araignées parasites des genres *Ptérote*, *Caris*, *Argas* et *Ixode*, par M. V.ᵒʳ **Audouin.** Paris, Crochard, 1832, br. in-8.º

2008 Recherches sur l'ordre des acariens en général et la famille des Trombidiés en particulier, par Ant. **Dugès**, 1ᵉʳ mémoire; br. in-8.º

2009 Notes pour servir à l'histoire des épizoïques; descriptions de quelques espèces nouvelles appartenant aux genres : *Docophorus*, *Nirmus*, *Lipeurus*, etc., par Jean Paul **Coinde**, de Lyon. Moscou, 1860, br. in-8.º

2010 Mémoire sur les Podurelles, par M. l'abbé **Bourlet.** Douai, Adam d'Aubers, 1843, in-8.º

2011 Mémoire sur les Podures, par l'abbé **Bourlet.** Lille, br. in-8.º

j" Rayonnés , Zoophytes.

2012 Mémoire sur l'analogie de composition et sur quelques points de l'organisation des échinodermes , par M. **Duvernoy.** Paris , Didot , 1848 , br. in-4.º

2013 On the embryology of echinoderms, by Alex. **Agassiz**; 1864 , br. in-4.º

2014 Illustrated catalogue of the museum of comparative zoölogy at Harvard college.— N.º 1 : — Ophiuridæ and astrophytidæ by Theodore **Lyman** — N.º 2 : — North American acalephæ, by Alexander **Agassiz.** Cambridge, Sever and Francis, 1865 , 2 vol. in-4.º

2015 Ordre naturel des oursins de mer et fossiles, avec des observations sur les piquants des oursins de mer, et quelques remarques sur les bélemnites, par M. Théodore **Klein**, secrétaire de la ville de Dantzick. Paris , Bauche, 1754, vol. in-8.º

2016 Essai sur l'histoire naturelle du polype, insecte, par Henry **Baker**, de la Société royale de Londres et membre de celle des inscriptions, traduit de l'anglais par M. P. **Demours**, médecin de Paris. Paris, Durand, 1744, vol. in-12.

2017 Mémoire pour servir à l'histoire d'un genre de polypes d'eau douce, à bras en forme de cornes, par M. **Trembley**, de la Société royale de Londres. Paris, Durand, 1744, 2 vol. in-12.

2018 Recherches sur les polypiers flexibles de la Belgique, et particulièrement des environs d'Ostende, par M. G. D. **Westendorp.** Bruges, de Pachtere, 1843 , br. in-8.º

2019 Verhandeling over de rangschikking der velellen, porpiten en physalien, door W. **de Haan**; br. in-8.º

2020 Mémoire sur le Cérianthe (*Cerianthus membranaceus*), par M. Jules **Haime**; br. in-8.º

k" Helminthes , Hydatides , Infusoires.

2021 Des entozoaîres , par M. A. **Guérard.** Paris , 1835 , br. in-8.º

2022 Mémoire sur le bucéphale Haime, *(Bucephalus haimeyanus)* helminthe parasite des huîtres et des bucardes par M. **Lacaze-Duthiers.** Paris, br. in-8.º

2023 Recherches sur les hydatides, les échinocoques et le cœnure et sur leur développement, par M. le D.ʳ C. **Davaine.** Paris, 1856, br. in-8.º

2024 Observations sur les métamorphoses et l'organisation de la *Trichoda lynceus*, par Jules **Haime.** Paris, Martinet, 1855, br. in-8.º

2025 Recherches sur l'anguillule du blé niellé considérée au point de vue de l'histoire naturelle et de l'agriculture, par le D.ʳ C. **Davaine.** Paris, Baillière, 1857, br. in-8.º

E. Agriculture.

a' *Généralités.*

2026 Le théâtre d'agriculture et mesnage des champs d'Olivier **de Serres**, seigneur de Pradel. Paris, Jamet Métayer, 1600, in-f.º

2027 Le théâtre d'agriculture et mesnage des champs, par Olivier **de Serres**, seigneur de Pradel. Paris, 1804, 2 vol. in-4.º

2028 Maison rustique du XIX.ᵉ siècle, encyclopédie d'agriculture pratique; cours élémentaire, complet et méthodique d'économie rurale publié sous la direction de M. E. **Bailly**, pour l'agriculture proprement dite et de M. **Malepeyre.** Paris, 1836-1842, 4 vol. in-8.º

2029 Annales agronomiques, recueil de mémoires sur l'agriculture, publié par ordre du Ministère de l'agriculture et du commerce, t. ı et ıı. Paris, Baudry, 1851, 2 vol. en 11 livraisons in-8.º

2030 Journal d'agriculture pratique, de jardinage et d'économie domestique, publié sous la direction de M. Alex. **Bixio.** Paris, 1837-1866, 42 vol. in-8.º

2031 La Revue agricole; 1838-1847, 9 vol. in-8.º

2032 L'Agronome, journal mensuel publié par le comité central d'agriculture française à Paris, t. ııı. Paris, 1835, vol. in-8.º

2033 Mercure du Nord : agriculture, médecine vétérinaire, économie domestique, etc., année 1826. Lille, Blocquel, in-8.º

2034 Moniteur de la propriété et de l'agriculture, journal mensuel publié au nom d'une société de propriétaires et d'agronomes. Paris, 1836-1853, 18 vol. in-8.º

2035 Bibliothèque physico-économique ou recueil périodique de tout ce que l'agriculture, les sciences et les arts qui s'y rapportent offrent de plus intéressant, par une société de savants. Paris, Bertrand, 1817-1831, 30 vol. in-12.

2036 Annales de l'agriculture française, contenant des observations et des mémoires sur toutes les parties de l'agriculture. Paris, M.ᵐᵉ Huzard, 1814-1830, 62 vol. in-8.º

2037 Le Cultivateur, journal des progrès agricoles, fondé en 1829, et adopté en 1835 comme Bulletin du cercle agricole de Paris. Paris, 1840-1848, 9 vol. in-8.º

2038 Le Moniteur agricole, journal principalement consacré à la production, à l'élevage, à l'éducation, à l'entretien et à l'amélioration des animaux domestiques, publié par une réunion de cultivateurs et de vétérinaires sous la direction de M. **Magne**, t. I, II, III. Paris, 1848-50, 3 vol. in-8.º

2039 L'agriculture en France, par M. le baron de **Rivière.** Nîmes, Soustelle, br. in-8.º

2040 Annales agricoles de Roville, ou mélanges d'agriculture, d'économie rurale et de législation agricole, par C. J. A. **Mathieu de Dombasle**, 2.ᵉ édition. Paris, M.ᵐᵉ Huzard, 1829-1837, 9 vol in-8.º

2041 Annales de l'Institut agronomique. Recueil de notices, d'observations et de recherches sur l'enseignement et la culture, n.ᵒˢ de Juin et Août 1852. Paris, Dusacq, 2 livraisons in-4.º

2042 Quelques notes sur l'Institut agronomique de Versailles et sur la détresse de l'agriculture en 1850, par M. D. **de la Chauvinière.** Paris, br. in-8.º

2043 Annales de l'institution royale agronomique de Grignon, 8.ᵉ livraison. Paris, Bouchard-Huzard, 1840, in-8.º

2044 Exposé général de l'enseignement agricole de l'institution royale de Grignon. Paris, Bouchard - Huzard, 1841, in-8.º

2045 Réfutation du mémoire critique sur la direction de Grignon, distribué à l'assemblée des actionnaires le 3 Juin 1843, par M. A. **Bella.** Paris, veuve Bouchard, 1843, br. in-8.º

2046 Mémoires d'agriculture, suivis d'un aperçu particulier sur l'eau minérale de St-Grégoire, par M. J. P. M. **Limouzin-Lamothe.** Alby, Beaurens, 1820, br. in-8.º

2047 Bibliothèque britannique. Agriculture anglaise, t. XX. Genève, 1815, vol. in-8.º

2048 Bibliothèque universelle des sciences, belles-lettres et arts, faisant suite à la Bibliothèque britannique.—Agriculture. Genève, Paris, 1816-1829, 14 vol. in-8.°

2049 Elements of practical agriculture comprehending the cultivation of plants, the husbandry of the domestic animals, and the economy of the farm, by David **Low**, second édition. London, Longman, etc., 1838, in-8.°

2050 Eléments d'agriculture pratique, par David **Low**, professeur d'agriculture à l'université d'Edimbourg, traduits de l'anglais par J. J. **Lainé**, consul de France à Liverpool. Paris, M.ᵐᵉ Huzard, 1838-39, 2 vol. in-8.°

2051 Catéchisme agricole, ou notions élémentaires d'agriculture, ouvrage destiné aux écoles primaires, par M. S. **du Chevalard**, 2.ᵉ édition. Montbrison, Conrot, 1864, in-32.

2052 Le petit agriculteur, ou traité élémentaire d'agriculture, par N. C. **Seringe**, questionnaire. Paris, Lyon, 1841, br. in-18.

2053 Leçons élémentaires d'agriculture, par M. F. **Masure**. Paris, 1867, 2 vol. in-12.

2054 Introduction au cours classique d'agriculture, par L. **Gossin**. Compiègne, Emile François, 1855, br. in-8.°

2055 Manuel général agricole, par M. **Magnin**. Lille, 1851, in-8.°

2056 Manuel général agricole. Notices historiques et pratiques avec des vœux et des idées faisant pressentir des améliorations, des transformations et des créations diverses, par M. **Magnin**, 2.ᵐᵉ édition. Lille, 1852, br. in-8.°

2057 Manuel d'agriculture pratique à l'usage des fermes de 30 hectares, par M. **Spineux**. Amiens, Duval, 1814, in-12.

2058 Economie théorique et pratique de l'agriculture, par le baron E. V. B. **Crud**, t. 2, 2.ᵐᵉ édition. Paris, Béthune et Plon, 1839, in-8.°

2059 Catéchisme agricole, par C. **Coussin**. Bordeaux, Poinsot, 1860, br.in-8.°

2060 Catéchisme agricole, par C. **Coussin**, 1.ʳᵉ partie, étude du sol arable. Bordeaux, Metreau, 1862, br. in-8.°

2061 Catéchisme agricole, notions élémentaires d'agriculture par demandes et par réponses à l'usage des écoles rurales, par Michel **Greff**, 2.ᵐᵉ édition. Metz, Nancy, Paris, in-16.

2062 Catéchisme de chimie et de géologie agricoles, par le professeur F. W. **Johnston**, traduit de l'anglais, par F. **André**. Paris, V.ᵉ Bouchard, 1847, in-16.

2063 Eléments de chimie appliquée à l'agriculture à l'économie domestique et à l'industrie, par M. F. **Masure**. Paris, 1869, in-12.

2064 Cours élémentaire d'agriculture et d'économie rurale, par M. **Raspail**. Paris, Hachette, 1832, in-16.

2065 Petit cours d'agriculture ou encyclopédie agricole, par M. **Mauny de Mornay**. — t. I : livre du cultivateur; t. II et III : livre du jardinier; t. IV : livre du forestier; t. V : livre du vigneron; t. VI : livre de l'éleveur et du propriétaire d'animaux domestiques; t. VII : livre de l'économie et de l'administration rurales. Paris, Roret, 1842, 7 vol. in-12 avec figures.

2066 Cours d'agriculture, par le comte de **Gasparin**, pair de France, 2.ᵐᵉ édition. Paris, 1846-1848, 4 vol. in-8.°

2067 Cours d'agriculture pratique ou l'Agronome français dirigé, par M. le baron **Rougier de la Bergerie**. Paris, Audot, 1819, in-8.°

2068 Cours d'agriculture théorique et pratique, à l'usage des simples cultivateurs, suivi d'une notice sur les chaulages de la Mayenne, par Emile **Jamet**. Château-Gontier, Delaplace, 1846, in-12.

2069 Premiers éléments d'agriculture à l'usage de tous les établissements d'instruction primaire et secondaire, par L. **Bentz** et A. J. **Chrétien**. Paris, Nancy, 1845, 2 in-16.

2070 Manuel de l'agriculteur commençant, par **Schwerz**, traduit par Charles et Félix **Villeroy**, 2.ᵉ édition. Paris, Dusacq, in-12.

2071 Manuel populaire d'agriculture, d'après l'état actuel des progrès dans la culture des champs, des prairies naturelles, de la vigne, des arbres fruitiers; dans l'éducation du gros bétail, du cheval, du porc, des abeilles, par J. A. **Schlipf**, traduit de l'allemand par Napoléon **Niklès**. Strasbourg, Paris, 1844, in-8.°

2072 Traité d'agronomie, d'agriculture et d'économie agricole, par MM. **Burger**, **Pfeil**, **Rohlwes** et **Ruffiny**, traduit de l'allemand, sur la 3.ᵐᵉ édition, par M. Louis **Noirot**. Dijon, Douillier, 1836, in-4.°

2073 Préceptes d'agriculture pratique de J. N. **Schwerz**, traduit par P. R. de **Schauenburg**. Paris, M.ᵐᵉ Vᵉ Huzard, 1839, in-8.°

2074 Nouveau cours complet d'agriculture théorique et pratique, contenant la grande et la petite culture, l'économie rurale et domestique, la médecine-vétérinaire, etc., ou Dictionnaire raisonné et universel d'agriculture, par les membres de la section d'agriculture de l'Institut de France, nouvelle édition. Paris, Deterville, 1821-23, 16 vol. in-8.º

2075 L'agriculture délivrée, ou moyens faciles pour retirer de la terre quatre fois plus de revenu qu'elle n'en rapporte généralement, suivie de la manière de cultiver une plante peu connue, dont la première récolte paie le sol qui l'a produite, par Eugène **Grollier**. Louhans, Paris, Dusacq, 1854, in-8.º

2076 Note à l'occasion d'une pétition présentée au Conseil des Ministres, à la Chambre des Pairs et à la Chambre des Députés, par la Société centrale d'Agriculture de la Seine-Inférieure, pour obtenir une représentation légale des intérêts de l'agriculture, par M. **Huzard**; br. in-8.º

2077 Guide des Comices et des propriétaires, par Jacques **Bujault**. Paris, 1843, br. in-8.º

2078 La Genése agricole; la sélection, par M. **Dubrunfaut**; 1869, br. in-8.º

2079 De l'avenir de l'agriculture en France, par le baron Ed. **Mertens**. Tarbes, Th. Telmon, 1862, br. in-8.º

2080 Mémoire sur l'amélioration de l'agriculture en France, par un agronome, br. in-4.º

2081 Vues sur l'agriculture, mémoire présenté au Roi en 1836, par **Soulange-Bodin**, br. in-8.º

2082 Revista de agricultura, periodico de intereses materiales dirigido por don Augusto **de Burgos**. Madrid, 1850-52, Luis Garcia, 4 vol. in-8.º

2083 Des moyens d'élever au sein des classes rurales le niveau des connaissances agricoles, par M. J. **Dunand**. Macon, Protat, 1864, br. in-8.º

2084 Mémoire sur la nécessité d'un enseignement agricole, par J. N. **Bouchard**. Chalons, Martin, 1846, br. in-8.º

2085 Considérations sur l'enseignement agricole en général et sur l'enseignement agronomique au Muséum d'histoire naturelle en particulier, par M. **Chevreuil**. Paris, br. in-8.º

2086 Nécessité de s'occuper de la prospérité de l'agriculture, d'augmenter ses produits; — Obstacles qui s'y opposent, moyens de les surmonter, par le comte Louis **de Villeneuve**. Castres, Vidal, 1840, in-8.º

2087 Mémoire sur la question: Montrer quelles modifications dans les mœurs publiques et privées paraissent devoir être le plus favorable au progrès de l'agriculture, et à la moralité comme au bien-être des populations agricoles. Reims, br. in-8.º

2088 Memoria sobre la influencia del cultivo del arroz y exposicion de les medidas conducenses a evitar todo dano o rebajar los que sean inevitables hasta el punto de que las ventajas del cultivo superen a los inconvenientes, presentada por el doctor don Juan Bautista **Ullersperger**. Madrid, Rojas, 1864, br. in-4.º

2089 Leçons élémentaires de géologie appliquée à l'agriculture faites à l'école normale primaire de Troyes, par M. A. **Meugy**. Troyes, Paris, 1868, in-8.º

2090 Mémoire sur la chimie et la physiologie végétales et sur l'agriculture, en réponse à une question du programme du concours de l'académie royale de Belgique en 1848, par Henri **Le Docte**. Bruxelles, Hayez, 1849, vol. in-8.º

2091 Nécessité d'introduire l'étude de la zoologie dans l'enseignement agricole, par M. F. **Guerin-Méneville**; br. in-8.º

2092 Défense des intérêts agricoles : appel à l'agriculture ; de la protection de l'agriculture, par P. B. **Darnis**. Paris, br. in-8.º

2093 La loi sur la chasse et les intérêts agricoles, par M. N. **Hertel**. Quimperlé, Clairet, 1866, br.-in-8.º

2094 Calendrier du bon cultivateur, ou manuel de l'agriculteur praticien, par C. J. A. **Mathieu de Dombasle**, 7.e édition Paris, V.e Bouchard-Huzard, 1843, gros volume in-12.

2095 Calendrier du bon cultivateur, ou manuel de l'agriculteur praticien, par C. J. A. **Mathieu de Dombasle**, 8.e édition. Paris, Nancy, 1846, in-12.

2096 Rapport présenté à la conférence agricole de l'Assemblée nationale, par le citoyen F. **Jusserand**. Riom, Jouvet, 1849, br. in-8.º

2097 Les mammifères utiles ou nuisibles à l'agriculture dans le département du Nord, par M. **de Norguet**. Lille, Blocquel-Castiaux, 1857, br. in-8.º

2098 Les oiseaux utiles ou nuisibles à l'agriculture dans le département du Nord, par M. **de Norguet**. Lille, 1865, br. in-8.º

2099 Utilité et réhabilitation du moineau, par V.or **Chatel**. Angers, br. in-8.º

2100 Réclamations de l'agriculture française, l'une des plus arriérées de l'Europe, près du gouvernement et des chambres, par M. **Berthier**, de Roville. Nancy, A. Paullet, 1839, br. in-8.º

2101 Statistique de l'agriculture de la France, par M. Alex. **Moreau de Jonnès**. Paris, Guillaumin, 1848, in-8.º

2102 Statistique de la France. — Agriculture. — Résultats généraux de l'Enquête de 1862. Strasbourg, 1868, grand in-8.º

2103 Atlas des notes économiques sur l'administration des richesses et la statistique agricole de la France, par C. E. **Royer**. Paris, 1843, in-f.º

2104 Rapport au roi sur les travaux du conseil d'agriculture et de ses membres correspondants, pendant l'année 1820. Paris, imp. royale, 1821, br. in-4.º

2105 Rapport fait à la société royale et centrale d'agriculture, le 4 avril 1826, par une commission composée de MM. **Yvart**, **Cavoleau**, etc., pour le prix à décerner à la traduction d'un ouvrage étranger sur l'agriculture. Paris, M.me Huzard, 1826, br. in-8.º

2106 Catalogue de l'exposition nationale des produits de l'agriculture et de l'horticulture en 1848. Bruxelles, Parent, 1848, in-8.º

2107 Rapport fait à la Société d'Agriculture du département de la Seine, le 6 septembre 1812, sur le concours pour des mémoires historiques sur les progrès de l'agriculture en France depuis cinquante ans, et pour des renseignements détaillés sur la tenue des fermes, par MM. **Petit de Beauverger, de Pinteville, Cernon** et François **de Neufchâteau**. Paris, M.me Huzard, 1812, br. in-8.º

2108 Mémoire sur le plan que l'on pourrait suivre pour parvenir à tracer le tableau des besoins et des ressources de l'agriculture française, par M. le comte François **de Neufchâteau**. Paris, M.me Huzard, 1816, in-8.º

2109 Lettre sur les cartes agronomiques et sur l'influence exercée par la nature du sol sur les productions agricoles, adressée par M. **de Caumont** à MM. Girardin et Dubreuil, br. in-8.º

2110 Influence de la culture en général et de certains procédés de culture en particulier sur les végétaux, relativement à la production, par M. Fr. **Philippar**; br. in-8.º

2111 Notice sommaire sur les assolements adoptés par M. **Morel de Vindé**, dans son exploitation à la Celle St-Cloud, près Versailles. Paris, M.me Huzard, 1816, br. in-8.º

2112 Notice historique sur l'origine et les progrès des assolements raisonnés, suivie de l'examen des meilleurs moyens de perfectionner l'agriculture française, par J. A. Victor **Yvart**. Paris, M.me Huzard, 1821, in-8.º

2113 Quelques observations pratiques sur la théorie des assolements, par M. **Morel de Vindé**. Paris, Mme Huzard, 1822, br. in-8.°

2114 Appendice aux observations pratiques sur la théorie des
assolements, par M. **Morel de Vindé**. Paris, Mme Huzard, 1828, br. in-8.°

2115 Mémoire sur la fabrique du magasin central des inventions
nouvelles les plus applicables à l'agriculture, aux arts et
manufactures, dirigé par Quentin **Durand**. Paris, Durand, 1825, br. in-8.°

2116 Analyse physique des terres arables, par la méthode et avec
l'appareil de M. **Masure**. Paris, Paul Dupont, 1860,
br. in-8.°

2117 Suite des expériences et réflexions relatives au traité de la
culture des terres, par M. **Duhamel du Monceau**,
de l'Académie royale des sciences. Paris, Guérin, 1752,
in-12 avec planches.

2118 Traité de la culture des terres suivant les principes de
M. Tull, anglais, par M. **Duhamel du Monceau**,
de l'Académie, nouvelle édition. Paris, Guérin et Delatour,
1753-1757, 5 vol. in-12 avec planches.

2119 De l'existence de courants interstitiels dans le sol arable, et
de l'influence qu'ils exercent sur l'agriculture, par A.
Baudrimont. Bordeaux, Chaumas, 1852, br. in-8.°

2120 Rapport de M. le Vte **Héricart de Thury**, sur le concours ouvert par la Société royale d'agriculture pour le
percement des puits forés à l'effet d'obtenir des eaux
jaillissantes applicables aux besoins de l'agriculture.
Paris, Mme Huzard, 1830, br. in-8.°

2121 Rapport sur le concours pour le percement des puits forés
à l'effet d'obtenir des eaux jaillissantes applicables aux
besoins de l'agriculture, par M. le Vte **Héricart de
Thury**. Paris, Mme Huzard, 1831, br. in-8.°

2122 Lettre sur l'irrigation et sur d'autres objets d'économie
rurale adressée par M. le comte François **de Neufchâteau** à Messieurs de la Société d'agriculture, arts et
commerce du département des Pyrénées-Orientales, à
Perpignan. Paris, 1818, br. in-8.°

2123 Programme du Concours de la Société centrale d'agriculture
pour la pratique des irrigations, les machines hydrauliques et la statistique des canaux d'arrosage. Paris, Mme
Huzard, 1819, br. in-8.°

2124 Réfutation adressée à la Société centrale d'agriculture de
la Savoie au sujet du rapport de son secrétaire, M. F.
Bebert sur l'ouvrage de M. Ch. Calloud intitulé : *Etudes*

sur l'irrigation, par l'auteur. Chambéry, Pouchet, 1867, br. in-8.º

2125 Avis du conseil général d'agriculture sur l'irrigation considérée comme remède à la cherté des matières animales, mémoire par M. **d'Esterno**. Paris, Renouard, 1842, br. in-8.º

2126 Excursion agronomique en Auvergne, principalement aux environs des Monts d'or et du Puy-de-Dôme, suivie de recherches sur l'état et l'importance des irrigations en France, par J. A. V.ᵒʳ **Yvart**. Paris, imp. royale, 1819, in-8.º

2127 Notice sur une irrigation exécutée au domaine du Portail, près Montargis (Loiret), par A. P. E. **Batailler**. Paris, Mathias, 1850, br. in-4.º

2128 Les inondations en France, par E. **de Chamberet**. Paris, Mallet-Bachelier, 1856, br. in-8.º

2129 Du desséchement et assainissement des terres, par M. Achille **Adam**. Boulogne, Berger, 1850, br. in-8.º

2130 Du desséchement des terres cultivables sujettes à être inondées, par M. le vicomte **Héricart de Thury**. Paris, M.ᵐᵉ Huzard, 1831, br. in-8.º

2131 Le Draineur, indicateur des améliorations agricoles, publié par une Société d'agronomes praticiens sous la direction spéciale de M. Ed. **Vianne**, n.º 1, Novembre 1855. Paris, br. in-8.º

2132 Second rapport sur le drainage, par M. Ach. **Adam**. Boulogne, Berger, 1851, br. in-8.º

2133 Lettre sur le drainage adressée à M. le président de la République, par M. **Fontaine-Guichard**. Lille, 1852, br. in-8.º

2134 Lettre sur le drainage, par M. Louis **de Rougé**. Paris, Simon-Raçon, 1853, br. in-4.º

2135 Exposé des travaux de drainage et de desséchement exécutés par M. le marquis Ch. **de Bryas** dans sa propriété du Taillan. Bordeaux, Gounouilhou, 1854, br. in-4.º

2136 Notions sur l'exécution des travaux de drainage, par S. **Dubois**. Lille, Lefebvre-Ducrocq, 1855, br. in-4.º

2137 Etudes pratiques sur l'art de dessécher, et diverses impressions de voyage, par le marquis Ch. **de Bryas**, 2.ᵉ édition, 2.ᵉ vol. Paris, Ledoyen, 1859, in-18.

2138 Rapport sur un ouvrage de M. Puvis, relatif à l'emploi des eaux en agriculture, par M. L. **Gros**. Lyon, Barret, 1851, br. in-8.º

2139 Avis aux cultivateurs, rédigé sur la demande de S. Exc. le

Ministre de l'Intérieur, par une Commission de la Société royale et centrale d'agriculture, (leur indiquant les mesures à prendre pour réparer les dégâts qu'a pu causer l'inondation générale). Paris, M.ᵐᵉ Huzard, 1816, br. in-8.º

2140 Desséchement des moëres, par **Cobergher**, en 1622. Bruxelles, E. Guyot, 1857, br. in-8.º

2141 Les dunes du Nord de la France, leur passé, leur avenir, par M. Louis **de Baecker**. Dunkerque, 1856, br. in-8.º

2142 Mémoire sur l'agriculture de la Flandre française et sur l'économie rurale, par J. **Cordier**. Paris, Firmin Didot, 1823, in-8.º

2143 Exposition universelle de 1855 : Rapport de la section d'agriculture du Comité local de l'arrondissement de Lille. Rapporteur **Loiset**. Lille, Lefebvre-Ducrocq, 1855, br. in-8.º

2144 Le Concours régional de Lille en 1863 au point de vue flamand, par V.ᵒʳ **Derode**. Dunkerque, V.ᵉ Benjamin Kien, 1865, br. in-8.º

2145 Agriculture française, par MM. les Inspecteurs de l'agriculture, publié d'après les ordres de M. le Ministre de l'agriculture et du commerce. Départements du Nord, des Hautes-Pyrénées, de l'Isère, du Tarn, des Côtes du Nord, de la Haute-Garonne et de l'Aude. Paris, imp. royale, 1843-47, 7 vol. in-8.º

2146 Enquête agricole dans les départements de l'Aisne, du Nord et du Pas-de-Calais, publiée par le ministère de l'agriculture, du commerce et des travaux publics. Paris, impr. impériale, 1868, gr. in-4.º

2147 Agriculture du département du Nord, par V.ᵒʳ **Rendu**. Paris, Bouchard-Huzard, 1841, in-8.º

2148 Congrès des agriculteurs du Nord de la France. 1.ʳᵉ, 4.ᵉ et 5.ᵉ session. Paris, Compiègne, Reims, 1844-1848, 3 vol. in-8.º

2149 Le laboureur de la Flandre française, par M. L. **Baucarne-Leroux**. Roubaix, Reboux, 1862, br. in-8.º

2150 Enquête sur la situation et les besoins de l'agriculture. — Réponses faites par le Comice agricole de Lille. Lille, Blocquel-Castiaux, 1866, br. in-8.º

2151 Compte-rendu de l'exploitation de la ferme-école de Trécesson (Morbihan) pour la campagne de 1857, par H. **Crussard**, directeur. Rennes, Oberthur, 1858, br. in-8.º

2152 Agriculture du département du Puy-de-Dôme par la Société centrale d'agriculture de ce département sous la direction de M. J. A. **Baudet-Lafarge**. Clermont-Ferrand, 1860, in-8.º

2153 Essai sur les améliorations des champs pratiquées dans la commune de Castelnaudary et dans les environs, par M. **Gardelle**. Toulouse, Douladoure, 1818, br. in-8.º

2154 Assolements et culture des plantes de l'Alsace par J. N. **Schwerz**, ouvrage traduit de l'allemand et annoté par V.ᵒʳ **Rendu**. Paris, M.ᵐᵉ V.ᵉ Huzard, 1839, in-8.º

2155 Manuel élémentaire du cultivateur alsacien, par J. L. **Stoltz**. Strasbourg, Heitz, 1842, in-12, en allemand avec traduction en regard.

2156 Statistique agricole de l'arrondissement de Castelsarrasin (Tarn et Garonne), par Louis **Taupiac**. Paris, Montauban, 1868, in-8.º

2157 Statistique agricole du département de la Charente, par M. Eug. **Thiac**. Paris, Lainé et Havard, 1861, br. in-8.º

2158 Considérations sur les moyens de supprimer les jachères dans les arrondissements du Pas-de-Calais, où cette méthode est encore suivie, et de substituer avec avantage, à la culture par sole, la culture alterne avec introduction de prairies artificielles et de graines grasses, par M. V.ᵒʳ **Chabé**. Arras, Degeorge, 1836, br. in-8.º

2159 Etude sur le département de la Marne, à propos du concours pour la prime d'honneur de 1861, par M. le baron **Thénard**. Paris, Casson, 1861, in-8.º

2160 Notions agricoles et industrielles sur le sol et les terrains de l'arrondissement de Falaise, par A. **de Brébisson**. Falaise, Brée, 1835, br. in-8.º

2161 Quelques conseils aux cultivateurs du département de la Seine-Inférieure à propos de la sécheresse qui règne depuis deux ans dans le département, par M. J. **Girardin** Rouen, Périaux, 1835, br. in-8.º

2162 La Normandie agricole, journal d'agriculture pratique, d'économie rurale et d'horticulture, t. IV et V. Caen, Poisson, 1846-1848, 2 vol. in-8.º

2163 Essai sur l'état de l'agriculture dans le département de la Seine-Inférieure en 1860, par MM. **Morière** et **Fauchet**. Caen, Hardel, 1863, br. in-8.º

2164 Proposition adressée à M. le Sénateur-Préfet pour asseoir et vulgariser l'enseignement agricole et horticole dans les écoles communales du département de la Seine-Inférieure, par M. le comte **d'Estaintot**; 1864, br. in-8.º

2165 Etude statistique, économique et chimique sur l'agriculture du pays de Caux, par Eugène **Marchand**. Paris, V.e Bouchard, 1869, in-8.o

2166 Vœux exprimés au Comice agricole de Furnes, le 17 octobre 1849, par P. **Bortier**. Furnes, J. Bonhomme, 1850, br. in-8.o

2167 Journal d'agriculture, d'horticulture, d'économie rurale et des manufactures des Pays-Bas, publié sous la direction de la Société agricole de Bruxelles, 2.e série, t. IX, X et XII; — 3.e série, t. I. Bruxelles, Voglet, 1829-1831, 4 vol. in-8.o

2168 Règlement de l'exposition agricole de Belgique en 1848. Bruxelles, Deltombe, 1848, br. in-8.o

2169 Congrès agricole de Belgique, réuni à Bruxelles le 21, 22, 23 et 24 septembre 1848. Bruxelles, Deltombe, in-8.o

2170 Bulletin du conseil supérieur d'agriculture de Belgique. Bruxelles, Vanbuggenhoudt, 1847-48, 2 vol. in-4.o

2171 Rapports et documents relatifs à l'exposition des produits de l'agriculture et de l'horticulture en Belgique en 1847. Bruxelles, Parent, 1848, in-8.o

2172 Mémoire sur la fertilisation des landes de la Campine et des dunes, par A. **Eenens**. Bruxelles, Hayez, 1849, in-8.o

2173 Exposé général de l'agriculture luxembourgeoise, par Henri **Le Docte**. Bruxelles, Hayez; 1849, in-8.o

2174 L'agriculture allemande, ses écoles, son organisation, ses mœurs et ses pratiques les plus récentes, publié par ordre de M. le Ministre de l'agriculture et du commerce, par **Royer**, inspecteur de l'agriculture. Paris, impr. royale, 1847, in-8.o

2175 Voyage agricole dans le Nord de l'Allemagne, la Hollande et la Belgique, par M. le comte Conrad **de Gourcy**. Paris, V.e Bouchard, 1860, in-8.o

2176 Système d'agriculture suivi par M. Coke sur sa propriété d'Holkham, comté de Norfolk en Angleterre, décrit par Edw. **Rigby** et Francis **Blaikie**, traduit de l'anglais par F. E. **Molard**. Paris, M.me Huzard, 1820, in-8.o

2177 Quatrième voyage agricole en Angleterre et en Ecosse fait en 1859, par le comte Conrad **de Gourcy**. Paris, V.e Bouchard, 1861, in-8.o

2178 Excursion agricole à Jersey faite en septembre 1856 par ordre de la Société centrale d'agriculture de la Seine-Inférieure, par MM. J. **Girardin** et **Morière**. Rouen, Alfred Péron, 1857, in-8.o

2179 The rural economy of Yorkshire comprizing the management of landed estates, and the present preactice of husbandry in the agricultural districts of that county, by M. **Marshall**. London, Cadell, 1788, 2 vol. in-8.°

2180 Sur les cultures qu'il serait utile d'introduire ou de perfectionner dans la colonie d'Alger, par M. **Loiseleur-Deslongchamps**. Paris, Mme Huzard, 1832, br. in-8.°

2181 Colonisation et agriculture de l'Algérie, par L. **Moll**. Paris, 1845, 2 vol. in-8.°

2182 Etudes d'agriculture algérienne, par M. Léon **de Rosny**. Paris, Alger, 1858, br. in-12.

2183 Coup d'œil sur l'agriculture et les institutions agricoles de quelques cantons de la Suisse, par Mathieu **Bonafous**. Paris, Genève, 1829, br. in-8.°

2184 Notions sur la culture des terres basses dans la Guyane et sur la cessation de l'esclavage dans ces contrées, par le citoyen **Lescallier**; vol. in-8.°

2185 Mémoire sur l'utilité des haies et les moyens d'en établir à peu de frais, par M. **Charbonnier**. Valenciennes, Prignet, 1811, br. in-8.°

2186 Mémoire pour cause de dégradation de plantation ou essai de réfutation de l'art des experts qui ont figuré dans cette cause, par **Dessaux-Lebrethon**, contre J.-B. **T.** St-Omer, Loy, 1808, br. in-8.°

2187 Sociétés agricoles; moyens de les réorganiser, par Anacharsis **Combes**. Castres, Vidal, 1840, br. in-8.°

2188 Projet d'association agricole réalisable avec l'intervention de l'Etat et à peu de frais, par un philanthrope. Paris, J. Juteau, 1849, br. in-8.°

2189 La régénération de l'agriculture et la compagnie foncière, par Camille **de La Boulic**. Paris, Chaix, 1863, br. in-8.°

2190 Quelques mots sur le crédit agricole et la réforme du régime hypothécaire, par M. Ch. **Herpin**; br. in-8.°

2191 Opinions sur le crédit agricole, les octrois et l'instruction émises dans l'enquête agricole, par M. **Hertel**. Quimperlé, Clairet, 1866, br. in-8.°

2192 La Société du Prince Impérial et les petits cultivateurs, par Jules **Prignet**. Valenciennes, 1866, br. in-8.°

2193 De la création en France d'une société immobilière rurale. Paris, Dubuisson, 1864, br. in-8.°

2194 Etude sur les principes qui doivent servir de base à l'organisation des banques agricoles, par un ancien élève de l'école spéciale de commerce et d'industrie. Toulouse, Troyes, 1861, br. in-8.°

2195 Le crédit agricole par les réserves de blé, d'après le système de M. Emile **Pavy**. Tours, Mazereau, 1867, br. in-8.º

2196 Rapport à l'académie des sciences de Bordeaux sur l'institution agricole des jeunes orphelins établie à Gradignan, par M. **Valade-Gabel**. Bordeaux, Gazay, 1840, br. in-8.º

b' *Cultures diverses.*

2197 Pratique des semailles à la volée, par M. **Pichat**. Paris, V.ᵉ Bouchard, 1845, in-8.º

2198 L'art de multiplier les grains, ou tableau des expériences qui ont eu pour but d'améliorer la culture des plantes céréales, d'en choisir les espèces et d'en augmenter le produit, par M. François **de Neufchâteau**, sénateur membre de l'Institut. Paris, M.ᵐᵉ Huzard, 1809, 2 vol. in-12.

2199 Considérations sur les céréales, et principalement sur les froments (partie historique), par M. **Loiseleur-Deslongchamps**. Paris, V.ᵉ Bouchard, 1842, in-8.º

2200 Considérations sur les céréales, et principalement sur les froments (partie pratique et expérimentale), par M. **Loiseleur-Deslongchamps**. Paris, V.ᵉ Bouchard, 1843, in-8.º

2201 Recherches expérimentales sur le développement du blé et sur la répartition, dans ses différentes parties, des éléments qui le constituent à diverses époques de son développement, par M. J. I. **Pierre**; br. in-8.º

2202 Commission nommée pour examiner les procédés de culture et de fécondation artificielle de M. Daniel Hooïbrenk : — rapport à S. E. le Ministre de l'agriculture, du commerce et des travaux publics, par le maréchal **Vaillant**, président de la Commission. — 1.ʳᵉ partie : fécondation artificielle des céréales. Paris, Imprimerie impériale, 1865, br. in-4.º

2203 Des céréales par rapport aux indigents : moyens d'assurer le pain aux ouvriers pendant les années de disette, par le D.ʳ **Guilmot**. Lille, Durieux, 1844, br. in-8.º

2204 Traités divers d'économie rurale, alimentaire et domestique, sur le blé prématuré, le moulin économique, la conservation du grain, les nouvelles appropriations de la pomme de terre, etc., par A. A. **Cadet-de-Vaux**. Paris, Colas, Huzard, 1821, in-8.º

2205 Mémoire sur le blé de mai, par M. **Bottin.** Paris, 1817, br. in-8.º

2206 Nouveau mémoire sur le blé de mai, ou notice sur deux variétés de céréales hâtives, qui sont cultivées depuis quelques années en Belgique, sous le nom de *blé d'Egypte, blé de mai*, par M. **Bottin.** Paris, M.ᵐᵉ Huzard, 1818, br. in-8.º

2207 Rapport sur le blé Lammas fait à la Société d'agriculture de Caen, par J. V. F. **Lamouroux.** Caen, Poisson, 1813, br. in-8.º

2208 Rapport fait à la Société centrale d'agriculture, le 31 mai 1843, sur la culture d'une variété de froment dite de S.ᵗᵉ Hélène, par M. **Loiseleur-Deslongchamps.** Paris, br. in-8.º

2209 Mémoire sur le blé dur, par E. **Millon**; br. in-8.º

2210 Collection de blés froments indigènes et étrangers cultivés pour consommation et pour semence au point de vue de la question des subsistances, par M. le D.ʳ **Hunault de la Peltrie.** Angers, Lecerf, 1855, br. in-8.º

2211 Résumé des conférences agricoles sur le semis ou la plantation du blé en lignes, par M. J. **Morière**, 3.ᵉ édition. Caen, Rouen, 1860, br. in-18.

2212 Rapport sur la coupe prématurée des blés fait, au nom de la Commission d'agriculture, à la Société centrale d'agriculture sciences et arts du département du Nord, par M. **Escallier.** Douai, 1822, br. in-8.º

2213 Mémoire sur la cause immédiate de la carie ou charbon des blés, et de plusieurs autres maladies des plantes et sur les préservatifs de la carie, par M. Bénédict **Prévost**. Paris, Bernard, 1807, in-4.º

2214 Traité organographique et physiologico-agricole sur la carie, le charbon, l'ergot, la rouille et autres maladies du même genre qui ravagent les céréales, par M. Fr. **Philippar.** Versailles, Marlin, 1837, in-8.º

2215 Etudes sur les effets du chaulage des blés, en second lieu sur le blé noir, et le moyen de le préserver de cette affection sans chauler, par A. **Sellier.** Rouen, Paris, 1851, br. in-8.º

2216 Nouvelles expériences sur le chaulage des blés, par M. J. **Girardin**. Rouen, Péron, 1845, br. in-8.º

2217 Rapport à la Société d'agriculture de Melun sur la dessication des grains au moyen de la chaux calcinée, par M. **Laffiley.** Melun, Desrues, 1861, br. in-8.º

2218 Conservation des blés; équilibre de la production avec la consommation, par M. **Lenfant**. Caen, Buhour, 1860, br. in-8.º

2219 Invention d'un coffre-magasin pour la conservation des grains, par M. **Garnot**. Oran, Renard, 1851, br. in-8.º

2220 Nouveau procédé pour la conservation des grains, par M. le général **Demarçay**. Paris, 1838, br. in-8.º

2221 Résumé de toutes les expériences faites pour constater la bonté du procédé proposé par M. le comte Dejean pour la conservation illimitée des grains et farines, par M. le chevalier **Sainte Fare-Bontemps**. Paris, Bachelier, 1824, br. in-8.º

2222 Destruction économique de l'alucite et du charançon vivant renfermés dans l'intérieur des grains, au moyen du tarare à grande vitesse ou brise-insecte, par J. Ch. **Herpin**. Paris, 1850, br. in-8.º

2223 Lettre de M. **Dessaux-Lebrethon**, propriétaire à St-Omer, à MM. les rédacteurs des Annales de l'agriculture française, sur la conservation des récoltes. Paris, M.ᵐᵉ Huzard, 1813, br. in-8.º

2224 Instruction concernant la panification des blés avariés, rédigée par une Commission spéciale nommée par le Ministre de l'intérieur. Paris, Imprimerie royale, 1817, br. in-4.º

2225 Essais de panification faits avec des blés avariés suivant les procédés indiqués par l'instruction de S. E. le Ministre de l'intérieur. Manuscrit.

2226 Recherches économiques sur le son ou l'écorce du froment et des autres graines céréales, par J. Ch. **Herpin**. Paris, Colas, 1833, br. in-12.

2227 Extrait d'un mémoire sur le seigle ergoté, par M. **Taranget**. Douai, br. in-8.º

2228 Le brome de Schrader, par M. Alphonse **Lavallée**. Paris, Liepzig, 1864, br. in-8.º

2229 De l'utilité de la culture fourragère, et de l'importance de ses produits, par M. A. **Castel**. Bayeux, Le Méteyer, br. in-8.º

2230 Sur la valeur agricole et alimentaire du sarrasin ou blé noir, par M. **Besnou**. Paris, 1859, br. in-8.º

2231 Des prairies naturelles en Alsace, et des moyens de les améliorer, par Napoléon **Nicklès**. Strasbourg, Paris, 1839, br. in-8.º

2232 Mémoire sur la dégénérescence des prairies artificielles et les moyens d'y obvier, par M. Isidore **Pierre**. Orléans, Pagnerre, 1861, br. in-8.º

2233 Sur la Cuscute, plante parasite qui attaque le lin, le trèfle et la luzerne, mémoire traduit de l'italien de A. **Benvenuti**, par M. J. Ch. **Herpin**. Paris, 1850, br. in-8.º

2234 Mémoire sur les Orobanches, pour servir d'instruction à la culture du trèfle dans les communes où l'Orobanche nuit à sa culture, par C. J. **Van Hoorebcke**. Gand, De Gœsin, 1818, br. in-8.º

2235 Mémoire sur la culture et l'acclimatation en France, du *Psoralea esculenta* (picquotiane), et sur sa végétation aux prairies du territoire de l'Iowa (Amérique septentrionale), par **Lamare-Picquot**. Paris, br. in-8.º

2236 Rapport à la Société royale d'agriculture sur une culture de pistache de terre ou arachide, suivie dans les landes de Bordeaux par M. V.ᵒʳ Chaise, avec quelques considérations culturales et économiques sur l'avenir de cette plante; par une commission composée de MM. **Payen**, **Loiseleur-Deslongchamps** et **Philippar**. Paris, br. in-8.º

2237 Notice sur le Madi ou Madia oléifère (*Madia sativa*) considéré comme plante oléagineuse, par Fr. **Philippar**. Paris, 1840, br. in-8.º

2238 Mémoire sur la Renouée des teinturiers (*Polygonum tinctorium*) considérée comme plante indigofère, par Fr. **Philippar** et **Colin**. Paris, Bouchard, 1839, br. in-8.º

2239 Nouveaux essais sur le *Polygonum tinctorium*, par M. **Colin**. Paris, 1839, br. in-8.º

2240 Troisième rapport sur le *Polygonum tinctorium*, siao-laine des Chinois, présenté au Conseil général du département d'Indre-et-Loire, le 25 Août 1841, par M. B. Anthime **Margueron**. Tours, Mame, 1841, br. in-8.º

2241 Essai chimique et technologique sur le *Polygonum tinctorium*, par MM. J. **Girardin** et F. **Preisser**. Rouen, Périaux, 1840, br. in-8.º

2242 Note sur la culture du *Polygonum tinctorium* et sur l'extraction de l'indigo produit par cette plante, par M. C. **Picard**. Abbeville, Paillart, br. in-8.º

2243 Rapport sur la culture du *Polygonum tinctorium* et l'extraction de l'indigo, par **Picard**. Abbeville, Paillart, br. in-8.º

2244 Notice sur l'extraction de l'indigo du *Polygonum tinctorium*, par MM. **Colin** et **Labbé**; br. in-8.º

2245 Sur la culture de la betterave à sucre dans les environs de Fécamp, et sur la fabrique de sucre indigène qui vient d'y être établie, par M. **Dubuc** et J. **Girardin**. Rouen, Périaux, 1832, br. in-12.

2246 La question des sucres sous le rapport agricole, par M. **Leroy** de Béthune. Douai, Adam d'Aubers, 1851, br. in-8.º

2247 Traité pratique sur la culture des champignons avec l'indication d'une méthode nouvelle pour en obtenir en tous lieux par l'emploi de la mousse, par M. **Salle**. Pont-à-Mousson, 1854, br. in-12.

2248 Mémoire sur la possibilité de cultiver le thé en pleine terre et en grand, en France, avec des observations sur la préparation de ses feuilles, leur usage, etc., par le D.ʳ **Mérat**. Paris, M.ᵐᵉ V.ᵉ Bouchard, 1844, br. in-8.º

2249 De la culture du lin en France, par le comité de l'industrie linière. Corbeil, Crété, 1852, br. in-8.º

2250 De la culture du tabac à Java par M. **Hardy**, directeur du jardin d'acclimatation, suivant les renseignements fournis par M. Klein. Alger, Bouyer, 1861, br. in-8.º

2251 Documents relatifs à la culture du tabac dans le département du Nord, enquête et discussion au sein du Comice agricole de l'arrondissement de Lille. Lille, Leleux, 1864, br. in-8.º

2252 Culture théorique et pratique du colza, par M. L. **Rousset**, suivie d'une notice sur le pincement de ce végétal, par M. René **Bethmont**. Grenoble, Prudhomme, 1863, br. in-8.º

2253 Etudes sur le colza, par J. Isidore **Pierre**. Caen, Hardel, 1860, br. in-8.º

2254 Nouvelles études sur le Colza. Caen, br. in-8.º

2255 Mémoire sur les tourteaux de graines oléagineuses, par MM. E. **Soubeiran** et J. **Girardin**. Rouen, Péron, 1851, br. in-8.º

2256 Mémoire sur les produits du Topinambour comparés avec ceux de la luzerne et de plusieurs racines légumineuses, par M. **Bagot**. Paris, M.ᵐᵉ Huzard, 1806, br. in-8.º

2257 Mémoire sur le Houblon : — sa valeur réelle, sa culture, sa récolte et ses usages, par MM. **Payen**, **Chevallier** et **Chappellier**, 3.ᵉ édition. Paris, Audin, 1825, br. in-12.

2258 Rapport fait à la Société centrale d'agriculture sur les divers Concours proposés pour la culture des pommes de terre, la préparation et l'emploi de leurs produits, l'invention ou le perfectionnement des machines propres à les convertir en farine, par MM. **Labbé**, **Dubois**, **Sageret**, etc. Paris, M.ᵐᵉ Huzard, 1818, vol. in-8.º

2259 Instruction concernant la propagation, la culture en grand et la conservation des pommes de terre, par MM. **Tessier**, **Silvestre**, **Labbé**, **Vilmorin**, etc. Paris, M.me Huzard, 1829, in-8.º

2260 Sur la conservation des pommes de terre, avis de la Commission permanente du Comice agricole d'Amiens; 1848, br. in-8.º

2261 Notice sur les tubercules proposés pour remplacer la pomme de terre, avec des considérations sur la culture de cette dernière et la maladie dont elle est atteinte, par F. V. **Mérat**. Paris, Dusacq, br. in-12.

2262 Avis aux cultivateurs sur la manière de multiplier la pomme de terre par le semis de ses graines, publié au nom de la Société royale et centrale d'agriculture. Paris, M.me Bouchard, br. in-8.º

2263 Premier mémoire sur la pomme de terre : classification; convenance du buttage; détermination des meilleures variétés à cultiver dans chaque espèce de sol, analyse, par MM. **Girardin** et **Dubreuil**. Rouen, Périaux, 1839, br. in-8.º

2264 Instruction sur les moyens d'utiliser les pommes de terre gelées, par plusieurs membres de la Société d'Emulation des Vosges. Epinal, br. in-8.º

2265 Rapport à la Société centrale d'agriculture sur les moyens de suppléer au déficit des produits de la pomme de terre, par MM. **Payen**, **Moll**, **Royer** et **Vilmorin**. Paris, br. in-8.º

2266 Avis du Ministre de l'agriculture et du commerce aux cultivateurs sur l'altération des pommes de terre en 1845. Paris, Imp. royale, 1845, br. in-8.º

2267 Appendice à la monographie de la pomme de terre, publiée en Mars 1846, par M. Joseph **Bonjean**. Chambéry, 1846, br. in-8.º

2268 Maladie des pommes de terre. Caen, br. in-8.º

2269 Encore un mot sur la maladie de la pomme de terre, par M. **Le Roy Mabille**. Boulogne-sur-Mer, Berger, br. in-8.º

2270 Recherches sur la pomme de terre depuis 1768; sa dégénération et sa régénération progressives prouvées par les faits, par M. **Le Roy Mabille**. Paris, V.e Bouchard, 1853, in-8.º

2271 Sur les pommes de terre de la récolte de l'année 1845, par M. A. J. **Tordeux**. Cambrai, 1845, br. in-8.º

2272 Notice sur la maladie des pommes de terre, par M. Auguste **Monnier**. Nancy, Grimblot, 1845, br. in-8.º

2273 Histoire de la maladie des pommes de terre en 1845, par M. J. **Decaisne**. Paris, Dusacq, 1846, in-8.°

2274 Observations sur la maladie des pommes de terre, sa cause; essais pour la combattre; résultats, par M. **de Burggraff**; 1847, br. in-8.°

2275 Quelques considérations sur la maladie de la pomme de terre, en réponse aux questions faites à ce sujet par la Société centrale d'agriculture de Paris par M. B. **Cortyl**. Lille, Danel, 1847, br. in-12.

2276 Nouvelles observations sur la culture et la maladie de la pomme de terre, par V.ᵒʳ **Châtel**. Caen, 1853, br. in-8.°

2277 Nouvelles observations sur la culture et la maladie de la pomme de terre, par V.ᵒʳ **Châtel**. Caen, 1854, br. in-8.°

2278 Nouvelles instructions pour la plantation des pommes de terre en Février comme moyen d'obtenir des récoltes exemptes de la maladie, alors même qu'elle aurait frappé les feuilles et les tiges, par V.ᵒʳ **Châtel**; br. in-8.°

2279 Maladie des pommes de terre; maladie de la vigne, par V.ᵒʳ **Châtel**. Angers, 1857, br. in-8.°

2280 Examen de la théorie de M. Payen sur la maladie de la pomme de terre, par M. **Le Roy Mabille**. Boulogne, Berger, 1853, br. in-8.°

2281 Deux récoltes de pommes de terre saines en huit mois, et préservation positive de leur maladie ainsi que de celles des arbres, vignes et végétaux alimentaires, par M. **Lainé**. Paris, 1854, br. in-4.°

2282 Quelques mots sur les épidémies végétales et en particulier sur les diverses maladies de la pomme de terre, par M. **Deboutteville**. Rouen, Alfred Péron, 1860, br. in-8.°

2283 Mémoire sur la culture des mûriers et les récoltes de soie, par M. **Papion**. Bordeaux, Foulquier, 1809, br. in-8.°

2284 Résumé des principaux traités chinois sur la culture des mûriers et l'éducation des vers à soie, traduit par Stanislas **Julien**. Paris, Imp. royale, 1837, in-8.°

2285 Essai sur l'histoire des mûriers et des vers à soie, et sur les moyens de faire chaque année plusieurs récoltes, par M. **Loiseleur-Deslongchamps**. Paris, Levrault, 1824, in-8.°

2286 De la culture du mûrier, par Mathieu **Bonafous**, 3.ᵉ édition. Paris, Lyon, 1827, br. in-8.°

2287 Note sur la culture des mûriers en prairies, par M. **Bonafous**. Lyon, 1828, br. in-8.°

2288 Aperçu sur la culture du mûrier et l'éducation du ver à soie dans quelques départements du centre, par M. M. **Bonafous**. Paris, 1830, br. in-8.°

2289 Mémoire sur la culture du mûrier en prairie, et sur l'introduction d'une nouvelle espèce de mûrier, par M. **Bonafous**. Paris, M.ᵐᵉ Huzard, 1831, br. in-8.°

2290 Traité de la culture du mûrier, par J. **Charrel**. Paris, Dusacq, in-8.°

2291 Notes sur les cultures comparées du mûrier dans les départements méridionaux, par Henri **Bourdon**. Paris, 1837, br. in-8.°

2292 Conseils aux nouveaux éducateurs de vers à soie : résumé des méthodes et des pratiques à suivre pour planter des mûriers, construire des magnaneries, élever les vers à soie et filer les cocons, par M. Frédéric **de Boullenois**. Paris, V.ᶜ Bouchard, 1842, in-8.°

2293 Mémoire sur le mûrier des Philippines (*Morus sinensis*), par M. le baron **d'Hombres-Firmas**. Alais, 1834, br. in-8.°

2294 De la greffe du mûrier blanc sur le murier des Philippines, par M. **Bonafous**; br. in-8.°

2295 Expériences comparatives sur l'emploi des feuilles du mûrier greffé et de celles du mûrier sauvage, pour la nourriture des vers à soie, par MM. **Bonafous**. Lyon, Barret, 1829, br. in-8.°

2296 Le pour et le contre sur la culture du mûrier multicaule, introduit en France par M. Perrottet en 1821, par M. Amand **Carrier**. Rodez, Carrère, 1837, br. in-8.°

2297 Rapport à la Société royale et centrale d'agriculture sur la culture du mûrier et les éducations de vers à soie dans les environs de Paris en 1836, par M. **Loiseleur-Deslongchamps**. Paris, 1837, br. in-8.°

2298 Notice sur la culture du mûrier pour l'éducation des vers à soie, dans le Nord de la France, par M. E. **Romain**. Laon, Lecointe, 1839, br. in-8.°

2299 Mémoire sur la maladie des feuilles de mûrier, par le baron **d'Hombres-Firmas**. Alais, 1853, br. in-8.°

2300 Recherches sur les maladies des vers à soie et les moyens de les prévenir, suivies d'une instruction sur l'éducation de ces insectes, par P. H. **Nysten**. Paris, Imp. impériale, 1808, in-8.°

2301 Rapport à la Société séricicole de Paris, sur les claies coconières de M. Davril, par M. **Bernier**. Paris, br. in-8.°

2302 De l'éducation des vers à soie, d'après la méthode du comte

Dandolo, par M. **Bonafous**, 3.º édition. Paris, Lyon, 1827, in-8.º

2303 De l'emploi du chlorure de chaux pour purifier l'air des ateliers de vers à soie, par M. M. **Bonafous**. Paris, M.ᵐᵉ Huzard, 1829, br. in-8.º

2304 Rapport à la Société centrale d'agriculture et des Comices agricoles du département de l'Hérault, sur une éducation comparative de diverses races de vers à soie, par Emile **Nourrigat**. Montpellier, Bœhm, 1854, br. in-4.º

2305 Nouvelles expériences sur la coloration des cocons fournis par les vers à soie soumis au régime de la garance et de l'indigo, par N. A. **Joly**. Toulouse, br. in-8.º

2306 Première série d'expériences sur la Muscardine, faites par MM. **Guérin-Méneville** et Eugène **Robert**, à S.ᵗᵉ Tulle, près Manosque, (Basses-Alpes). Paris, V.ᵉ Bouchard, 1848, in-8.º

2307 Traité des magnaneries, par J. **Charrel**. Paris, Marc-Aurel, 1848, in-8.º

2308 Description d'une magnanerie salubre, au moyen de laquelle on pourra toujours procurer aux vers à soie le degré de ventilation, de température et d'humidité le plus convenable pour la réussite de leur éducation, et d'un appareil pour sécher les feuilles de mûrier mouillées ou humides, par M. **d'Arcet**. Paris, M.ᵐᵉ Huzard, 1836, br. in-4.º

2309 Rapport au Ministre des travaux publics, de l'agriculture et du commerce, par M. H. **Bourdon** sur l'industrie des soies, suivi de considérations générales sur les diverses applications des procédés de ventilation, par M. **d'Arcet**. Paris, 1838, 2 br. in-8.º

2310 Rapport sur une éducation de vers à soie du Bengale, faite à Alais; br. in-8.º

2311 Rapport sur un mémoire sur l'industrie de la production des soies, par M. Henri **Bourdon**. Paris, 1836, br. in-4.º

2312 Etablissement d'une Société séricicole pour l'amélioration et la propagation de l'industrie de la soie en France. Paris, M.ᵐᵉ Huzard, 1837, br. in-8.º

2313 Notice historique sur l'origine et les progrès de l'industrie séricicole en Europe, et notamment en France, par M. l'abbé **Caron**. Paris, 1841, br. in-8.º

2314 Sur la viticulture dans le Nord-Ouest de la France, rapport au Ministre de l'agriculture, du commerce et des travaux publics, par le D.ʳ Jules **Guyot**. Paris, Imp. impériale, 1868, in-8.º

2315 Rapport au Ministre de l'agriculture, du commerce et des travaux publics sur la viticulture du Nord-Ouest de la France, par M. Jules **Guyot**. Paris, Imp. impériale, 1868, grand in-8.º

2316 Réfutation de divers articles de M. le D.ʳ Guyot contre le système de M. Daniel Hooibrenk sur la culture de la vigne, et critique du rapport fait sur le même sujet par la Commission nommée par la Société d'horticulture de la Seine, par E. A. **Carrière**. Paris, 1862, br. in-8.º

2317 Notice sur les dégâts occasionnés dans le cours de l'année 1837 par quelques insectes, particulièrement sur les dévastations, opérées dans les vignobles du-département, par la teigne de la vigne. Châlons, Boniez, 1838, br. in-8.º

2318 Notice sur la maladie de la vigne et les altérations de divers végétaux, par V.ᵒʳ **Châtel**. Paris, br. in-8.º

2319 Nouvelles observations sur la maladie de la vigne, par V.ᵒʳ **Châtel**. Caen, 1863, br. in-8.º

2320 Suite au mémoire sur la maladie de la vigne, adressé à S. M. Napoléon III par Raphaël **Lombardi**. Bastia, Fabriani, 1856, br. in-8.º

2321 Exposé succinct d'études, d'observations et d'expériences sur les caractères de la maladie spéciale de la vigne, sa marche et son traitement, et sur un moyen simple, expéditif et même économique de la prévenir ou de la guérir, par A. **Robouam**. Paris, Dusacq, 1854, br. in-8.º

2322 Maladie de la vigne chez les anciens et moyens employés par eux pour les combattre, par M. Alb. **Legrand**. St-Omer, Fleury-Lemaire, 1854, br. in-8.º

2323 La vigne guérie par elle-même, par **Le Roy Mabille**. Paris, V.ᵉ Bouchard, 1854, br. in-8.º

2324 Nouveau mode d'emploi du souffre dans le traitement de la maladie de la vigne, par C. J. **Thirault**. St-Etienne, 1855, br. in-8.º

2325 Historique des affections qui ont précédé et amené la maladie de la vigne et celle de la pomme de terre; la maladie du poirier comparée à celle de la vigne, par **Le Roy Mabille**. Paris, Goin, 1857, br. in-8.º

2326 Trois plantes martyrisées par l'homme et guéries par elles-mêmes; lettre à M. Barral, par M. **Leroy-Mabille**; br. in-8.º

c' *Instruments.*

2327 Atlas ou réunion de dessins des divers instruments d'agriculture décrits dans le Mémoire sur l'agriculture de la Flandre Française, par M. J. **Cordier**. Paris, Firmin-Didot, 1823, in-4.º

2328 Instruments aratoires inventés, perfectionnés, dessinés et gravés, par M. Ch. **Guillaume**, avec une explication des figures. Paris, M.me Huzard, 1821, atlas.

2329 Description des nouveaux instruments d'agriculture les plus utiles, par A. **Thaer**, traduit de l'allemand par C. J. A. **Mathieu de Dombasle**. Paris, M.me Huzard, 1821, in-4.º

2330 Notice sur quelques outils, instruments et machines employés en agriculture, par M. F. **Philippar**, br. in-8.º

2331 Un mot sur la supériorité du système d'attelage flamand et de l'utilité de son application aux besoins de l'industrie et de l'agriculture, par M. **Van de Casteele**; br. in-8.º

2332 Le labourage à vapeur, ses frais comparés à ceux du labourage ordinaire, par X. **Pinta**. Arras, Bradier, 1868, br. in-8.º

2333 Mémoire sur la charrue, considéré principalement sous le rapport de la présence ou de l'absence de l'avant-train par M. **Mathieu de Dombasle**. Paris, M.me Huzard, 1821, in-8.º

2334 Notice sur la construction d'une charrue à avant-train, par M. **Havée**. Boulogne, br. in-8.º

2335 Rapport fait à la Société centrale d'agriculture le 17 mars 1819 sur des expériences relatives à la charrue, par M. **Yvart**. Paris, M.me Huzard, 1819, br. in-8.º

2336 Sur la forme à donner aux versoirs de charrue, et sur un moyen général de les représenter graphiquement, et d'en dresser le projet, de manière à leur faire remplir les conditions voulues, par M. **de Saint-Venant**. Paris, 1851, br. in-4.º

2337 L'ensemensement et la culture rendus plus simples, plus économiques et plus productifs, au moyen du semoir et du sarcloir Barrau, par P. B. **Barrau**. Paris, Guillemin, 1833, br. in-8.º

2338 Rapport à la Société centrale d'agriculture du département du Nord sur les instruments aratoires nommés semoirs Devred, par M. **Devred**. Douai, Wagrez, 1822, br. in-4.º

2339 Résultats des expériences agricoles faites avec le semoir Hugues sur différents points de la France, en 1832 et 1833. Paris, 1833, br. in-8.º

2340 Mémoire au Roi, sur la culture en lignes de toutes les plantes par le semoir Hugues, suivi des résultats de 1835. Bordeaux, Peletingeas, 1835, br. in-8.º

2341 Semoir en lignes à la charrue, ou labourage et semailles simultanés, par le D.ʳ **Vigneron**. Toul, V.ᵉ Bastien, 1844, br. in-8.º

2342 Extrait des feuilles d'Hoswyl, sur les semoirs à grains de toute espèce et leur emploi; br. in-8.º

2343 La faucheuse moissonneuse normande de l'invention de M. **Mazier**. Paris, br. in-8.º

2344 Notice sur la sape ou faux flamande employée par les moissonneurs dans le département du Nord, par M. **Coget**; br. in-8.º

2345 Notice sur un moulin cribleur de l'invention de M. Moussé, par M. **Héricart de Thury**. Paris, M.ᵐᵉ Huzard, 1821, br. in-8.º

2346 Rapport fait à la Société centrale d'agriculture le 18 Mars 1818, sur l'usage des moulins à bras, par MM. **Yvart, Labbé** et **Challan**. Paris, M.ᵐᵉ Huzard, 1821, br. in-8.º

2347 Mémoire sur l'invention du moulin horizontal, en spirale, tournant à tout vent, par M. **Bordier**. Paris, Dupont, 1822, br. in-4.º

2348 Rapport à la Société d'encouragement de Paris sur le prix relatif à l'application aux exploitations rurales d'un moulin à blé d'une construction solide et économique, par M. **Humblot-Conté**. Paris, br. in-8.º

2349 Le batteur mécanique bréveté à fléaux rotatifs. Meaux, br. in-8.º

2350 Mémoire sur la machine écossaise à battre les grains, par M. M... et description d'une machine inventée en Russie, en 1823, pour le même objet, par MM. le prince **Gagarin** et **Molard** aîné. Paris, M.ᵐᵉ Huzard, 1824, br. in-8.º

2351 Rapport sur le pétrisseur mécanique de MM. Cuvelier, fait au nom d'une Commission à la Société d'agriculture de la Seine-Inférieure, par M. J. **Girardin**. Rouen, Périaux, 1830, br. in-8.º

2352 Rapport à la Société centrale d'agriculture sur la machine à broyer le lin et le chanvre, de M. André Delcourt, par MM. **Labbé**, **Challan**, **Hachette** et **Bottin**. Paris, br. in-8.º

2353 Rapport fait à l'Athénée des arts de Paris sur la broie mécanique rurale de l'invention de M. **Laforest**. Paris, Bachelier, 1825, br. in-8.º

2354 Extrait du mémoire lu à l'Institut le 25 Septembre 1811 sur une nouvelle manière de construire les gerbiers à toit mobile, inventée par M. **Morel de Vindé**. Paris, Mme Huzard, 1811, br. in-8.º

2355 Parafoudres et paragrêles en cordes de paille, par M. **Lapostolle**. Amiens, 1826, br. in-8.º

2356 Traité des parafoudres et des paragrêles en cordes de paille, troisième supplément dans lequel on verra l'exposé du succès qu'obtient journellement cette découverte chez les Puissances voisines, par **Lapostolle**. Amiens, Caron, 1826, br. in-8.º

2357 Rapport sur l'utilité des paragrêles et sur la nécessité, pour le gouvernement, d'accorder sa protection à leur établissement général en France, fait à la Société linnéenne de Paris, aux Ministres de l'Intérieur et de la maison du roi, par M. **Paupaille**. Paris, 1826, br. in-8.º

2358 Réfutation de la réponse faite par l'académie des sciences de Paris à S. E. le Ministre de l'intérieur à l'occasion de l'emploi des paragrêles en France, par M. **Orioli**, traduit de l'italien par M. **Paupaille**. Paris, 1827, br. in-8.º

2359 Réservoirs artificiels ou manière de retenir l'eau de pluie et de s'en servir pour l'arrosement des terrains qui manquent d'eau courante, par Hyacinthe **Cazena**. Turin, 1811, br. in-8.º

2360 Des fosses propres à la conservation des grains et de la manière de les construire, avec différents moyens qui peuvent être employés pour le même objet, par M. le comte **de Lasteyrie**. Paris, Imp. royale, 1819, br. in-4.º

2361 Plans et détails d'une nouvelle construction rurale pour servir de grange, exécutée à la Celle Saint-Cloud, près Versailles, par M. **Morel de Vindé**. Paris, Mme Huzard, 1813, br. in-8.º

2362 Rapport sur le silo agricole ou grenier mobile de M. le marquis d'Auxy, fait par M. **Benoit**. Paris, Ve Bouchard-Huzard, 1861, br. in-4.º

d' *Animaux.*

2363 Concours d'animaux reproducteurs, d'instruments et de produits agricoles, 1851-1857. Paris, Imp. impériale, 10 vol. in-4.º

2364 Comptes-rendus des Concours d'animaux de boucherie publiés par ordre de S. E. le Ministre de l'agriculture, du commerce et des travaux publics, 1851-1858. Paris, Imp. impériale, 10 vol. in-4.°

2365 Exposé récapitulatif de la marche suivie par les Concours d'animaux de boucherie et d'animaux reproducteurs dans le département du Nord, et par les Concours régionaux de Poissy, Bordeaux, Nantes, Nîmes, Lille et Lyon, par M. **Tancrez**. Lille, Danel, 1860, br. in-8.°

2366 Etudes sur les animaux de boucherie. — 1.er mémoire : Des maniements considérés spécialement chez le bœuf et la vache, par M. Arm. **Goubaux**. Paris, E. et V. Penaud, 1855, br. in-8.°

2367 Recherches sur la composition chimique des substances alimentaires du bétail, dans le Nord de la France, par MM. B. **Corenwinder** et **Dufau**. Lille, Danel, br. in-8.°

2368 Rapport général sur les questions relatives à la domestication et à la naturalisation des animaux utiles adressé à M. le Ministre de l'agriculture et du commerce, par M. Isidore **Geoffroy-Saint-Hilaire**. Paris, Imp. nationale, 1849, br. in-4.°

2369 Etudes analytiques sur la propriété nutritive des vinasses et des pulpes de betteraves provenant des différents systèmes employés pour l'extraction du sucre dans les distilleries, par M. **Meurein**. Lille, 1856, br. in-8.°

2370 Amélioration des diverses races d'animaux domestiques, par M. **Sauzeau**. Paris, Guiraudet, 1846, br. in-8.°

2371 De la race bovine courte corne améliorée, dite race de Durham en Angleterre, aux Etats-Unis d'Amérique et en France, par M. G. **Lefebvre-Sainte-Marie**. Paris, Imp. nationale, 1849, in-8.°

2372 De la race bovine de l'île de Jersey; extrait d'une excursion faite dans cette île en 1856, par MM. **Girardin** et **Morière**. Caen, Hardel, 1858, br. in-8.°

2373 Vacherie nationale du Pin (Orne). Animaux de la race courte corne améliorée, dite race de Durham, dessinés d'après nature par Gustave **Lecouteulx**, suivant les ordres du Ministre de l'agriculture et sur les indications de M. Lefebvre-Sainte-Marie, inspecteur de l'agriculture. Paris, 1846.

2374 Congrès international de bienfaisance; Concours de Londres en 1862 pour la propagation des races bovines désarmées. Bruxelles, Lesigne, br. in-8.°

2375 Notes sur l'élevage du bétail des espèces bovine, ovine et porcine de l'empire d'Autriche, publiées par ordre du Ministère autrichien de l'Intérieur. Paris, Didot, 1856, in-8.º

2376 Manuel de l'éleveur de bêtes à cornes, par Félix **Ville-roy.** Paris, Dusacq, in-12.

2377 Traité des vaches laitières, pour connaître, à la simple inspection de l'animal, quelle quantité de lait une vache quelconque peut donner par jour, quelle est la qualité du lait, etc., par François **Guénon.** Bordeaux, Balarac, 1838, in-8.º

2378 Eléments sur la castration des vaches, par MM. **Valserres** et **de Coucy**, suivis de l'analyse du lait d'une bœuvonne, par E. **Marchand.** Fécamp, 1857, br. in-18.

2379 De la castration des vaches ou du bœuvonnage, par M. **Morière.** Caen, Hardel, 1858, br. in-8.º

2380 Note pour servir à l'étude du lait : — Secrétion anormale d'albumine par l'organe mammaire, par M. J. **Girardin.** Rouen, 1853, br. in-8.º

2381 Economie agricole. Lait obtenu sans le secours de la main. Trayons artificiels inventés par M. Jos. **Gierster**, importés par M. Alex. **Parisot.** Paris, 1845, br. in-8.º

2382 Rapport présenté au Comice agricole de Lille au nom d'une Commission, sur le commerce et la vente du lait dans la ville, par M. **Girardin.** Lille, 1865, br. in-8.º

2383 Beurre frais épuré, et conservant longtemps ses bonnes qualités, sans devenir rance, par M. **Opoix**; br. in-8.º

2384 Mémoire sur la fabrication du fromage du Mont-Cenis, par M. **Bonafous.** Paris, M.me Huzard, 1833, br. in-8.º

2385 Rapport à la Société d'agriculture et de commerce de Caen sur la fabrique de fromage de Hollande établie à Varaville dans le département de Calvados, par M. **Scribe.** Caen, Poisson, 1822, br. in-8.º

2386 De l'industrie fromagère dans le département du Calvados, par M. J. **Moriere.** Caen, A. Hardel, 1858, br. in-8.º

2387 De l'industrie fromagère dans le département du Calvados, par M. J. **Morière**; 2.e édition. Caen, Le Blanc, 1866, br. in-8.º

2388 Lettre sur la confection des fromages parmesans, par M. ***. Rouen, 1842, br. in-8.º

2389 Observations sur la monte et l'agnelage, par M. **Morel de Vindé.** Paris, M.me Huzard, 1813, in-8.º

2390 Suite des observations sur la monte et l'agnelage, par M. **Morel de Vindé.** Paris, M.me Huzard, 1814, br. in-8.º

2391 Seconde suite des observations sur la monte et l'agnelage, par M. **Morel de Vindé**. Paris, Mme Huzard,
1815, br. in-8.º

2392 Plan, coupe, élévation et détails d'une bergerie exécutée à
la Celle Saint-Cloud, près Versailles, par M. le vicomte
Morel de Vindé. Paris, Lusson, 1819, br. in-8.º

2393 Notice sur l'importation et l'éducation des moutons à longue
laine, et sur l'emploi de leur toison à la filature de
Marcq, par J. **Cordier**. Paris, Didot, 1826, in-8.º

2394 Mémoire sur l'exacte parité des laines mérinos de France et
des laines mérinos d'Espagne et sur la vraie valeur
que devraient avoir, dans le commerce, les laines mérinos françaises, par M. **Morel de Vindé**. Paris, Mme
Huzard, 1807, br. in-8.º

2395 Extrait de l'instruction de M. Tessier sur les bêtes à laine,
et particulièrement sur la race des mérinos, contenant la
manière de former de bons troupeaux, de les multiplier
et soigner convenablement en santé et en maladie, par
M. **Hurtrel d'Arboval**. Boulogne, Leroy, 1811, br.
in-8.º

2396 Mémoire et instruction sur les troupeaux de progression,
c'est-à-dire sur le moyen de généraliser les troupeaux de
mérinos purs en France, par M. **Morel de Vindé**.
Paris, Mme Huzard, 1808, in-8.º

2397 Etudes sur la race mérinos à laine soyeuse de Mauchamp,
par A. **Yvart**. Paris, br. in-8.º

2398 Des races ovines de l'Angleterre, ou guide de l'éleveur des
moutons à longue laine, par le baron de **Mortemart**.
Boulogne, Leroy-Berger, 1827, in-8.º

2399 Etudes hippologiques, par Eug. **Gayot**. Paris, Dusacq,
1845, in-8.º

2400 Annales des haras et de l'agriculture publiées par une
Société d'éleveurs, de professeurs et d'anciens élèves de
l'Ecole royale des haras, t. 1, 2, 3. Paris, 1845, 1846,
1847, 3 vol. in-8.º

2401 Rapport sur les haras, les dépôts d'étalons et les remontes
présenté au Comité général de l'agriculture, par le citoyen **Jusserand**, représentant du Puy-de-Dôme.
Paris, 1848, br. in-8.º

2402 Nécessité d'améliorer les races chevalines en France et de
créer un enseignement spécial d'histoire naturelle appliqué au perfectionnement des chevaux, par M. **Drouyn
de Lhuys**. Paris, Martinet, 1867, br. in-8.º

2403 Rapport fait au Conseil général d'agriculture par M. le

comte **de Morny** au nom de la commission des chevaux. Paris, 1842, br. in-4.º

2404 Considérations générales sur la maréchalerie, suivies d'un
exposé de la méthode de ferrure podométrique à froid et
à domicile, par M. **Riquet**. Tours, Mame, 1840, br.
in-8.º

2405 Le cheval mis à profit jusqu'au bout, par le baron **de
Dumast**. Nancy, V.ᵉ Raybois, 1865, br. in-8.º

2406 De l'usage alimentaire de la viande de cheval au point de
vue des intérêts agricoles, par M. **Decroix**; br. in-8.º

2407 Notice sur un mode d'éducation pour régénérer les galli-
nacées, par Paul **Letrone**. Paris, V.ᵉ Bouchard, 1858,
br. in-8.º

2408 Extrait du deuxième cours gratuit sur l'éducation et la
conservation des abeilles fait en 1819 d'après l'autorisation
du Ministre de l'Intérieur, par M. **Lombard**. Paris,
M.ᵐᵉ Huzard, 1819, br. in-8.º

2409 Rapport fait à la Société royale et centrale d'agriculture le
20 Août 1823, par MM. **Molard** et **Bosc**, sur une
presse propre à retirer le miel des gâteaux de cire. Paris,
br. in-8.º

2410 Pisciculture : — Expériences faites à l'établissement départemental de l'Oise, par M. Charles **Caron**. Beauvais,
Desjardins, 1855, br. in-8.º

2411 Travaux et rapports de la Commission de Pisciculture près
du département de l'agriculture et du commerce. Paris,
1851, br. in-8.º

e' *Engrais.*

2412 Nouvelle méthode de Pierre **Jauffret**, cultivateur d'Aix,
qui enseigne à chaque agriculteur la fabrication économique des engrais, sur toutes les habitations, à volonté,
en douze jours, et graduée selon les diverses natures des
terrains. Paris, V.ᵉ Dondey, 1837, br. in-8.º

2413 Traité des amendements et des engrais, par P. **Joigneaux**.
Paris, V.ᶜ Bouchard, 1848, br. in-16.

2414 Résumé des conférences agricoles sur les fumiers, faites
dans les cantons ruraux par ordre des Conseils généraux
de la Seine-Inférieure et du Calvados, par MM. **Girardin** et J. **Morière**, 2.ᵉ édition. Rouen, Péron, 1854,
in-32.

2415 Des fumiers et autres engrais animaux , par J. **Girardin**, 6.e édition. Paris , Masson, 1864 , in-12.

2416 Technologie des engrais de l'ouest de la France, par Ed. **Morède** et Ad. **Bobierre**. Paris , Nantes, 1848 , in-8.º

2417 Des fumiers considérés comme engrais. Caen , A. Le Roy, 1840 , in-8.º

2418 Exposé des résultats obtenus à Marolles (Indre et Loire) sur des défrichements de landes et de bruyères par l'emploi du noir animal à petites doses et mêlé à la semense, par M. **Dubreuil-Chambardel**. Paris, V.e Bouchard, 1849 , br. in-8.º

2419 Lettre aux cultivateurs sur l'emploi des engrais du commerce dits engrais chimiques, par F. **Jusserand**. Riom, br. in-8.º

2420 La doctrine des engrais chimiques au point de vue des intérêts agricoles, par F. **Rohart**. Paris , 1869 , in-12.

2421 Recherches sur l'emploi des engrais salins en agriculture, par H. **Lecoq**. Clermont-Ferrand , Thibaud , 1832, vol. in-8.º

2422 Notice sur l'emploi du sel commun, sel marin, chlorure de sodium, en agriculture , par M. **Philippar**. Paris, br. in-8.º

2423 Expériences sur le sel ordinaire employé pour l'amendement des terres et l'engraissement des animaux , par M. le baron **Daurier**. Nancy, Dard, 1847, br. in-4.º

2424 Rapport sur la production et l'emploi du sel en Angleterre, adressé à M. le Ministre de l'agriculture et du commerce, par M. **Milne-Edwards**. Paris , imp. nationale, 1850, br. in-4.º

2425 Courte instruction sur l'emploi du sel en agriculture, par M. J. **Girardin**, 4.e édition. Rouen , Péron, 1850, br. in-18.

2426 Composition des cendres végétales , par Eugène **Marchand**. Hâvre , Lepelletier, 1866, br. in-8.º

2427 Compte-rendu de la vérification de quelques engrais employés dans le département de Seine et Marne , suivi de considérations générales sur l'agronomie, par M. **Meugy**. Paris , Carilian-Gœury, 1854, br. in-8.º

2428 Discours prononcé par M. **Kuhlmann** au Conseil général de l'agriculture dans la discussion relative aux engrais industriels; 1850, br. in-8.º

2429 Résultats de l'analyse de quelques terres végétales au point de vue des amendements dont elles sont susceptibles, par M. **Meugy**. Paris, 1855, br. in-8.º

2430 Expériences sur la fertilisation des terres par les sels ammoniacaux, les nitrates et d'autres composés azotés, par M. Fréd. **Kuhlmann**. Lille, Danel, 1843, br. in-8.º

2431 Rapport sur l'emploi du plâtre en agriculture fait au Conseil royal d'agriculture, le 20 Avril 1822, par M. **Bosc**. Paris, imp. royale, 1823, in-8.º

2432 La chaux, la marne, l'ulmate de chaux et le sel, considérés comme engrais, par P. **Bortier**. Furnes, Bonhomme, 1849, br. in-8.º

2433 Mémoire sur la marne considérée comme engrais, par M. **Bidard**. Rouen, Boissel, 1862, br. in-8.º

2434 Mémoire sur les avantages comparés de la marne et de la chaux employées en agriculture, par M. **Masure**. Orléans, Puget, 1865, in-8.º

2435 Mémoire sur la marne, trouvée dans le pays de Waes, et sur les avantages qu'offre cette découverte, par le comte **de Kerchove d'Exaerde**. Gand, de Busscher, 1834, br. in-8.º

2436 Calcaire à polypiers alcalisé et nitrifié, par P. **Bortier**. Bruxelles, Guyot, 1865, br. in-8.º

2437 Mémoire sur la découverte du phosphate de chaux terreux en France et sur l'emploi de cet engrais dans la culture, par M. **Meugy**. Paris, Thunot, br. in-8.º

2438 Considérations sommaires sur les sables coquilliers et les tangues, et de leurs effets comparés avec la chaux en agriculture, par M. **Besnou**. Cherbourg, 1857, br. in-8.º

2439 Analyse de quelques produits sous-marins coralliformes, coquilles et sables utilisés en agriculture, par M. **Besnou**. Cherbourg, br. in-8.º

2440 Des coquilles marines employées pour l'amendement des terres, par M. **Bortier**. Paris, 1853, br. in-8.º

2441 Des coquilles animalisées et de leur emploi en agriculture, par P. **Bortier**. Paris, Firmin-Didot, 1858, br. in-8.º

2442 Note sur les tombes ou composts du Bessin, par M. **Morière**. Caen, Hardel, 1856, br. in-8.º

2443 Observations sur l'emploi des lignites pyriteux dits vulgairement cendres noires, comme amendement pour les prairies naturelles et artificielles, par M. H. **Lecoq**. Avesnes, Carton, br. in-8.º

2444 Production de nitrates, leur application en agriculture, par P. **Bortier**. Bruxelles, Guyot, 1863, br. in-8.º

2445 Nouvel engrais commercial; (chair de buffle d'Amérique), analysé par M. J. **Girardin**; br. in-8.º

13

2446 Sur les guanos du commerce, par M. J. **Girardin**. Rouen, Péron, 1853, br. in-8.º

2447 Rapport sur de nouveaux guanos du commerce, par M. **Girardin**. Lille, br. in-8.º

2448 Note sur le guano du Pérou. Montereau, br. in-8.º

2449 Mémoire sur l'emploi des matières excrémentielles des animaux, dans l'engrais des terres, ainsi que le pratiquent les cultivateurs du Nord de la France, par M. **Cogez**. Evreux, Ancelle, 1831, br. in-8.º

2450 Rapport au Comité d'agriculture et du crédit foncier sur un mémoire de M. Garnier relatif à l'emploi agricole des vidanges, par le citoyen **Loiset**, représentant du peuple. Paris, Renouard, 1849, br. in-4.º

2451 Rapport sur les fosses mobiles et inodores de MM. Cazeneuve et C.ⁱᵉ, fait à la Société royale d'agriculture de Paris, par MM. **Dubois, Huzard** et **Héricart de Thury**, suivi d'un supplément contenant des recherches sur l'utilité de l'urine par rapport à l'agriculture, par le comte François de **Neufchâteau**. Paris, M.ᵐᵉ Huzard, 1818, br. in-8.º

2452 Mémoire sur l'emploi du sang séché comme engrais, par M. Ch. **Derosne**. Paris, br. in-4.º

F. Horticulture, Sylviculture.

2453 Cours d'horticulture, par A. **Poiteau**, t. I. Paris, V.ᵉ Bouchard, 1848, in-8.º

2454 Projet d'établissement de la colonie horticole de l'Ouest; école d'horticulture pratique gratuite à fonder à Nantes sous la protection du gouvernement, par M. Jules **de Liron d'Airoles**. Nantes, Masseaux, 1848, br. in-8.º

2455 Considérations sur l'utilité, le but et les moyens du Cercle horticole du Nord, suivies de la liste des fondateurs et du règlement du Cercle, par Charles **Van den Hende**. Lille, 1868, br. in-8.º

2456 Cercle pratique d'horticulture et de botanique du département de la Seine-Inférieure, Bulletin-spécimen; 1846, br. in-8.º

2457 Rapport à la Société centrale d'horticulture de France de la commission nommée pour l'examen d'une communication relative à l'exposition industrielle quinquennale de 1849. Paris, V.ᵉ Bouchard-Huzard, 1848, br. in-8.º

2458 Exposition des produits et objets d'art et d'industrie horticole du 20 mai au 5 juin 1857, et prolongation pour les plantes d'ornements et les plantes fleuries du 15 juin au 15 août de la même année. Paris, Gros et Donnaud, 1857, br. in-8.º

2459 Arbres fruitiers ; leur culture en Belgique et leur propagation par la graine, ou Pomonomie belge expérimentale et raisonnée avec le catalogue descriptif abrégé des bons fruits nouveaux procréés ou cultivés par l'auteur à Louvain, par J.-B. **Van Mons**, t. II. Louvain, Dusart, 1836, in-18.

2460 Rapport fait à la Société d'agriculture du département de la Seine le 1.ᵉʳ mai 1811 sur la manière de diriger les arbres en espalier, imaginée et pratiquée par M. Sieule, jardinier, par M. **Aubert du Petit-Thouard**. Paris, M.ᵐᵉ Huzard, br. in-8.º

2461 Statistique horticole de Maine-et-Loire par la Société d'agriculture, sciences et arts d'Angers. Angers, Pavie, 1842, in-8.º

2462 Instruction sur l'établissement des pépinières, leur distribution, leur culture et leur usage, par M. **Thouin** ; br. in-8.º

2463 Une visite aux pépinières de M. André Leroy à Angers, par Aristide **Dupuis**. Paris, Schiller, 1865, br. in-8.º

2464 Cours théorique et pratique d'arboriculture par M. A. **du Breuil**. 2.ᵉ édition, 1.ʳᵉ et 2.ᵉ partie. Paris, 1851, 2 vol. in-12.

2465 Arbres fruitiers, arbres d'ornement, arbustes et rosiers cultivés chez **Durand**, à Bourg-la-Reine. Catalogue descriptif. Paris, gr. in-8.º

2466 De l'origine des diverses variétés ou espèces d'arbres fruitiers et autres végétaux généralement cultivés pour les besoins de l'homme, par Alexis **Jordan**. Paris, Baillière, 1853, br. in-8.º

2467 Description de la greffe Daubenton, par M. A. **Thouin**. Paris, br. in-4.º

2468 Recueil de brochures de différents formats et relatives aux greffes, portant pour titre : *Monographie de la classe des greffes*, par M. A. **Thouin**, 2.ᵉ édition, corrigée et abrégée ; in-4.º

2469 Traité des fruits, tant indigènes qu'exotiques, par **Couverchel**. Paris, Bouchard, 1839, in-8.º

2470 Essai carpographique présentant une nouvelle classification des fruits, par B. C. **Dumortier**. Bruxelles, Hayez, 1835, in-4.º

2471 Notice pomologique. Liste synonymique. historique des diverses variétés du poirier, anciennes, modernes et diverses, par M. J. **de Liron d'Airoles**. Nantes, Guéraud, 1857, in-8.º

2472 De la haute antiquité attribuée à quelques fruits, ou synonymie et histoire de la poire de Bon chrétien d'hiver, par M. L. **Deboutteville**; br. in-8.º

2473 Les poiriers les plus précieux parmi ceux qui peuvent être cultivés à haute tige, aux vergers et aux champs, avec les figures des fruits, par M. J. **de Liron d'Airoles**. Nantes, Guéraud, 1862, br. in-8.º

2474 Note sur une maladie des poiriers, par M. **de Norguet**. Lille, Blocquel-Castiaux, 1867, br. in-8.º

2475 Traité succinct de l'éducation du pécher en espalier sous la forme carrée, exécutée pour la première fois à Montreuil, de 1822 à 1830, par Félix **Malot**. Paris, Audot, Bréon, etc., 1841, br. in-8.º

2476 On caprification as practised upon the figs in the south of Europe and the Levant, with descriptions of the insects employed for that purpose; and observations upon the Agaon paradoxum of Dalmann, by J. O. **Westwood**. Londres, br. in-8.º

2477 Rapport à l'Institut de France, Académie royale des sciences, sur un mémoire de M. Blaud relatif aux moyens de détruire les insectes qui attaquent l'olivier, par MM. **de Gasparin**, **Boussingault** et **Milne - Edwards**. Paris, 1846, br. in-4.º

2478 Monographie du genre Rosier, traduite de l'anglais de M. **Lindley** avec des notes de M. **Joffrin**, suivie d'un appendice sur les roses cultivées dans les jardins de Paris et les environs, par M. **de Pronville**. Paris, Audot, 1824, in-8.º

2479 Etudes des rosiers et en particulier des rosiers sur tiges, par M. le D.r **Mérat**. Paris, V.e Bouchard, 1849, br. in-8.º

2480 Catalogue de 486 liliacées et de 168 roses peintes par P. J. **Redouté**, peintre et professeur d'iconographie au Musée d'histoire naturelle de Paris. Paris, Bossange, 1829, in-8.º

2481 Notice sur les chrysantèmes de la Chine, par M. le chevalier **Soulange-Bodin**; br. in-8.º

2482 De la culture des plantes dites de terre de bruyère, et de leur introduction en grand dans les jardins paysagers, par M. le chevalier **Soulange-Bodin**. Paris, M.me Huzard, 1828, br. in-8.º

2483 Observations sur les forêts, par le comte **de Villarmois**. Paris, 1827, br. in-4.º

2484 Observations sur les forêts, par le comte **de Villarmois**. Rennes, br. in-4.º

2485 Mémoire sur le reboisement et la conservation des bois et forêts de la France, par M. **Alluaud** aîné. Limoges, Chapoulard, frères, 1845, br. in-8.º

2486 Manuel du planteur. Du reboisement, de sa nécessité et des méthodes pour l'opérer avec fruit et avec économie, par H. **de Bazelaire**. Nancy, Vagner, 1846, in-12.

2487 Mémoire sur le déboisement des montagnes et sur les moyens d'en arrêter les progrès et d'opérer le repeuplement des parties qui en sont susceptibles, par M. **Baudrillart**; br. in-4.º

2488 Mémoire sur l'influence physique du déboisement des forêts, par A. **Bosson**. Paris, Mme Huzard, br. in-8.º

2489 Projet de boisement des Basses-Alpes présenté à S. E. le Ministre secrétaire de l'Intérieur, par M. P. H. **Dugied**. Paris, imp. royale, 1819, in-4.º

2490 Considérations sur les boutures des arbres forestiers et sur le parti qu'on pourrait en tirer pour le reboisement, par M. **Loiseleur-Deslongchamps**. Paris, Ve Bouchard, 1846, br. in-8.º

2491 Histoire du cèdre du Liban, par M. **Loiseleur-Deslongchamps**. Paris, Mme Huzard, 1837, br. in-8.º

2492 Notice sur quelques espèces de chênes, et spécialement sur le chêne liége, par Alfred **Malherbe**. Metz, Verronnais, 1839, br. in-8.º

2493 De la culture et de la récolte du liége en Algérie, par M. H. **Gaultier de Claubry**; br. in-8.º

2494 Lettre de M. **Loiseleur-Deslongchamps**, à M. le directeur des Annales forestières, sur les recherches à faire de quelques arbres de l'Algérie employés par l'industrie romaine, et particulièrement du *Citrus* de Pline; br. in-8.º

2495 Notice sur la longévité des arbres, et les moyens de la constater, par M. **de Candolle**; 1831, br. in-8.º

IV. — SCIENCES MÉDICALES

A. Généralités.

2496 Les commentaires de **M. P. A. Matthiolus**, médecin siennois, sur les six livres de Pedacius Dioscoride Anazarbéen, de la matière médicinale, traduit du latin par Antoine **du Pinet**. Lyon, Claude Prost, 1642, in-f.º

2497 **Caelii Aureliani**, siccensis, medici vetusti, secta methodici, de morbis acutis et chronicis libri VIII, soli ex omnium methodicorum scriptis superstites Jo. Conradus **Amman** m. d. recensuit, emaculavit, notulasque abjecit. Amsterdam, 1709, in-4.º

2498 Réflexions du collége de médecine de cette ville de Lille sur la nécessité de la subordination absolue des apothicaires et des chirurgiens aux médecins, où l'on fait voir en particulier le faux et le ridicule des nouveautés que le corps des chirurgiens cherche à établir en cette ville, contre les édits du Roi, contre les ordonnances et réglemens de MM. du Magistrat, contre les droits du collége de médecine, et contre la teneur des statuts chirurgicaux; et où l'on prouve que les anciens réglemens pour la police des trois professions, doivent subsister dans leur entier, présentées à MM. les Rewart, mayeur, échevins, conseil et huit-hommes de la ville de Lille. Lille, Pierre Brovellio, 1755, in-4.º

2499 Sur la thèse soutenue devant la Faculté de Paris en 1724, par Fr. Boissier de Sauvage de la Croix, pour l'obtention du doctorat en médecine, par le baron **d'Hombres-Firmas**; br. in-8.º

2500 Bulletin des sciences médicales; deuxième et troisième sections du Bulletin universel des sciences et de l'industrie, publié sous la direction du Baron **de Férussac**. Paris, 1824, 3 vol. in-8.º

2501 Journal universel et hebdomadaire de médecine et de chirurgie pratiques et des institutions médicales 1832-1836. Paris, Baillière, 20 volumes in-8.º

2502 Archives générales de médecine, journal complémentaire des sciences médicales publié par une société de médecins, 3.e série. Paris, Béchet et Panckoucke, 1838-1840, 9 vol. in-8.º

2503 Archives de physiologie, de thérapeutique et d'hygiène

publié sous la direction de M. **Bouchardat**. N.º 1. Mémoire sur la digitaline et la digitale, par E. **Homolle** et T. A. **Quevenne**. Paris, Londres, etc., 1854, in-8.º

2504 La presse médicale, paraissant deux fois par semaine, du 4 janvier au 23 août 1837. Paris, in-4.º

2505 Journal de la Société phrénologique de Paris, rédigé par une Commission, t. i, année 1832; octobre, novembre 1833; août 1834; janvier, avril, juillet, octobre 1835. Paris, Germer-Baillière, 1 vol. et 7 br. in-8.º

2506 Annales médico-psychologiques, journal de l'anatomie, de la physiologie et de la pathologie du système nerveux, destiné particulièrement à recueillir tous les documents relatifs à la science des rapports du physique et du moral, à la pathologie mentale, à la médecine légale des aliénés et à la clinique des maladies nerveuses, par les docteurs **Baillarger**, **Cerise** et **Longet**; introduction. Paris, Fortin, Masson et C.ie, br. in-8.º

2507 Leçons élémentaires d'anatomie et de physiologie ou description succincte des phénomènes physiques de la vie dans l'homme et les différentes classes d'animaux, à l'aide de l'anatomie plastique, par L. **Auzoux**. Paris, J.-B. Baillière, 1839, in-8.º

2508 Une semaine à Berlin : — Coup d'œil sur l'enseignement médical en Prusse, par le D.r **Verhaeghe**. Bruges, 1857, br. in-8.º

2509 Annuaire à l'usage du chimiste, du médecin, etc, par **Hensmans**, année 1834. Louvain, in-16.

2510 United States sanitary Commission bulletin (1863-1865); three volumes in one. New-York, 1866, in-8.º

2511 Documents of the U. S. sanitary Commission, vol. i et ii numbers 1 to 95. New-York, 1866, 2 vol. in-8.º

2512 Médecine et hygiène des Arabes; — Etudes sur l'exercice de la médecine, de la chirurgie chez les Musulmans de l'Algérie, leurs connaissances en anatomie., etc, par E. L. **Bertherand**. Paris, Londres et Madrid, Baillière; 1855, in-8.º

2513 Histoire météorologique et médicale de Dunkerque de 1850 à 1860, par le D.r **Zandyck**. Dunkerque, Paris, 1861, in-8.º

2514 Conseiller médical de l'étranger à Nice. — Conseils aux malades et aux médecins de tous les pays, relativement au climat de Nice, par le D.r A. **Wahu**. Paris, 1861, in-12.

2515 Statistique du personnel médical en France et dans quel-

ques autres contrées de l'Europe avec une carte figu-
rative du nombre des médecins comparé à la population,
par **Lucas-Championnière**. Paris, 1845 , in-8.°

2516 Discours prononcé le 6 Janvier 1863 à l'Académie impériale
de médecine, par le président M. le baron **Larrey**.
Paris , J.-B. Baillière, br in-8.°

2517 Nova acta physico-medica Academiæ Cæsareæ Leopoldino-
Carolinæ naturæ curiosorum. Tomus nonus. Erlangæ,
1818 , in-4.°

2518 Bulletins de la Société médicale d'émulation, 1822-1824.
Paris, in-8.°

2519 Journal des connaissances médicales pratiques et de pharmacologie, par P. L. **Caffe** , C. **Beaugrand** et L.
Hébert; N.° du 30 Juillet 1867. Paris, br. in-8.°

2520 Bulletin de la Société medico-chirurgicale pratique de
Bruxelles, année 1859. Bruxelles, Tircher, br. in-8.°

2521 Recueil mensuel de la Gazette médicale de Paris sous la
direction de M. Jules **Guérin**; N.° de Janvier 1832, première année. Paris, Bruxelles, etc, in-8.°

2522 Préfecture de police : — Rapport général sur les travaux
du Conseil de salubrité en 1820 et 1825; 2 br. in-4.°

2523 Rapport sur l'établissement et les premiers travaux du
Conseil de salubrité du département du Rhône, 1824,
br. in-4.°

2524 Recueil de thèses de médecine, chirurgie, pharmacie, 1 vol.
in-4.° (années 1804 à 1830), par MM. J. **Worbe**, J. B. J.
Boulet, H. **Détrez**, F. **Trachez**, H. **Obeuf**, P. J.
Vanderhaghen, D. **Charpentier**, J.-B. **Lestibou-
dois**, A. **Lejeune**, D. **Dassonneville**, J. **Jauffret**,
E. **Pallas**, J. **Soudan**, L. **Léonard**, H. **Scoutet-
ten**, J. **Mouronval**, J. **Bonard**, F. **Murville**, P.
Gilgencrantz, J. **Lefebure**, P. **Vaillant**, A. **Hau-
trive**, J. **Lesieure-Desbrière**, J. **Geoffroy-Saint-
Hilaire**, A. **Dourlen**, G. **Martin-Saint-Ange**, J.
Demeunynck.

2525 Séance annuelle de rentrée des facultés et des écoles pré-
paratoires de médecine et de pharmacie, de l'Acacadémie
de Douai , Novembre 1861. Douai, V.e Adam; br. in-8.°

2526 Rentrée solennelle des facultés de médecine , des sciences,
et des lettres et de l'Ecole de pharmacie de Montpellier, le
15 Novembre 1862. Montpellier , Jean Martel, 1862,
in-8.°

2527 Rentrée solennelle de l'école de médecine de Lille et distribution des prix aux élèves de l'Ecole. Lille , Danel,
br. in-8.°

2528 Séance publique de la Faculté de médecine de Strasbourg du 26 Octobre 1833, pour la distribution des prix de l'année scolaire 1832-1833. Strasbourg, Levrault, 1834, br. in-4.º

2529 Exposé des travaux de la Société des sciences médicales du département de La Moselle en 1858. Metz, Jules Verronnais, 1859, in-8.º

2530 Compte-rendu des travaux de la Société de médecine d'Alger; 1850, br. in-8.º

2531 Compte-rendu des travaux de la Société de médecine d'Alger, pendant 1851, par le D.ʳ E. **Bertherand**. Alger, A. Bourget, br. in-8.º

2532 Compte-rendu des travaux de la Société médico-chirurgicale de Bruges depuis sa réorganisation en 1838, jusqu'à la fin de 1840. Bruges, Van de Casteele-Werbrouck, br. in-8.º

2533 Assemblée générale annuelle de l'Association des médecins du département de la Seine-Inférieure, tenue à Rouen le 4 Juin 1858. Rouen, St-Evron, br. in-8.º

2534 Rapport sur les travaux de l'école préparatoire de médecine et de pharmacie de Lille pendant l'année scolaire 1853-1854, par M. **Cazeneuve**. Lille, E. Reboux, 1854, br. in-8.º

2535 Compte-rendu des travaux de la Commission de souscription pour le monument de Larrey, érigé au Val-de-Grâce le 8 Août 1850. Paris, J.-B. Baillière, 1850, br. in-8.º

2536 Rapport sur les opérations du Conseil de révision dans le département du Nord en 1841, par le D.ʳ **Cazeneuve**. Lille, Danel, 1842, br. in-8.º

2537 Journal du galvanisme, de vaccine, etc, par une Société de physiciens, de chimistes et de médecins, rédigé par J. **Nauche**, t. I. Paris, Buisson, 1803, in-8.º

2538 Essai de topographie médicale de la ville de Constantine, par le docteur **Reboulleau**. Constantine, 1867, br. in-8.º

2539 Histoire médicale de la Flandre Occidentale pendant les années 1846-1847 et 1847-1848. Bruxelles, De Mortier, 1848, br. in-8.º

2540 De l'éducation morale et littéraire considérée dans ses principaux rapports avec la médecine, par M. F. **Ribes**. Montpellier, Jean Martel, 1846, br. in-8.º

2541 Des devoirs et des droits des médecins, par H. **Scoutetten**. Metz, Verronnais, 1847, br. in-8.º

2542 Médecine légale. — Appréciation d'un rapport médico-légal,

par le D.ʳ Telephe **Desmartis**. Paris , 1859 , br.
in-8.°

2543 Des moyens de reconnaître les empoisonnements par le
phosphore, par V.ᵒʳ **Meurein**. Toulouse , Bonnal et
Gibrac , br. in-8.°

2544 Recherches médico-légales sur une intoxication phospho-
rique, par M. **Besnou** ; br. in-8.°

2545 Rapport médico-légal sur un cas d'infanticide par combustion d'un nouveau-né dans un foyer, par M. **Besnou** ; br.
in-8.°

2546 Médecine légale.--Suicide par la nicotine, par M. **Besnou** ;
br. in-8.°

2547 Défense présentée au tribunal de première instance d'Amiens,
par J. P. **Chevalier**, pharmacien , accusé d'exercice
illégal de la médecine ; br. in-8.°

2548 Bulletin de la Société de médecine légale de Paris, 1868.
Paris, in-8.°

2549 Rapport à la Société académique de Nantes sur les voies et
moyens propres à réprimer le charlatanisme médical et
pharmaceutique. Nantes , Camille Mellinet, 1841, br.
in-8.°

2550 Observations sur le projet de loi relatif à la création des
écoles secondaires de médecine et de pharmacie, des
chambres de discipline et à l'inspection des eaux minérales artificielles , présentées aux deux Chambres et au
Ministre de l'Intérieur par la Société de pharmacie de
Paris. Paris, H. Fournier, 1825 , br. in-8.°

2551 Plan et généralités d'un cours de physique médicale , par
Alph. **Guérard**. Paris , Didot, le jeune, 1831, br.
in-4.°

2552 Quelques idées de philosophie médicale , par M. **Plouviez**.
Paris , Moquet, 1834, br. in-8.°

2553 Considérations médico - philosophiques , par A. Benoit
Petiau. Paris, Didot jeune, 1820, br. in-4.°

2554 Des préjugés sur la médecine considérée comme science,
par H. **Scoutetten**. Metz , Collignon, 1827, br. in-8.°

2555 De l'unité scientifique en médecine , par Ulysse **Chevalier**.
Versailles, Klefer, br. in-8.°

2556 Réflexions sur les principaux systèmes modernes en médecine , par Amédée Mathieu **de Moulon**. Trieste ,
J. Papsch et C.ⁱᵉ , 1843 , br. in-8.°

2557 Plan d'études médicales à l'usage des aspirants aux grades
de docteur en médecine , de docteur en chirurgie et

d'officier de santé, par J. V. F. **Vaidy**. Paris, Panckoucke, Crochart, etc., 1816, in-8.º

2558 Recueil d'observations médicales, publiées par le D.ʳ **de Mersseman**. Bruges, Félix de Pachtere, 1841, br. in-8.º

2559 De l'influence des saisons sur la mortalité aux différents âges, par M. A. **Quetelet**. Bruxelles, Hayez, 1838, br. in-4.º

2560 Sur la mortalité pendant la première enfance, par M. Ad. **Quetelet**. Bruxelles, Hayez, br. in-8.º

2561 Quelques mots sur les prophylaxies, par le D.ʳ Telephe **Desmartis**. Paris, 1859, br. in-8.º

2562 Les passions dans leurs rapports avec la santé et les maladies, par Xavier **Bourgeois** : — L'amour; 2.ᵉ édit. Paris, Londres, New-York, Madrid, Baillière, 1862, in-12.

2563 Les passions dans leurs rapports avec la santé et la maladie, par Xavier **Bourgeois** : Le libertinage; 2.ᵉ édit. Paris, Londres, etc, 1864, in-12.

2564 Mémoire sur l'utilité d'un Conseil de prévision destiné à l'étude des causes des accidents et des moyens de les prévenir, par J. E. **Cornay**. Paris, J.-B. Baillière, 1863, br. in-12.

2565 Principes de physiologie et exposition des formules des forces vitales ou interprétations des mots cabalistiques abracadabra, abracalan, abrasaxas et abrasax, par J. **Cornay**. Paris, J.-B. Baillière, 1862, in-12.

2566 Num a pathologicis observationibus confirmata vel infirmata sunt de nervosi systematis functionibus physiologorum experimenta? Thèse soutenue par Alph. **Guérard**. Paris, Pochard, 1829, br. in 4.º

2567 Mémoire sur la vie des tissus chez les espèces humaines et en particulier sur l'acte de la douleur, et exposition des principes d'anatomie comparée dans les nombres, par J. **Cornay**. Paris, Baillière, 1864, in-12.

2568 Du nervosisme, par le D.ʳ Telephe **Desmartis**. Bordeaux, 1859, br. in-8.º

2569 De l'hypnotisme, par le D.ʳ Telephe **Desmartis**. Bordeaux, 1860, br. in-8.º

2570 Considérations sur la nature des tempéraments dits bilieux et mélancoliques par Auguste-Célestin **Judas**. Strasbourg, Levrault, 1829, br. in-4.º

2571 Pièces concernant l'absorption cutanée, et bibliographie des ouvrages publiés sur ce sujet, par le professeur **Scoutetten**. Metz, 1869, br. in-8.º

2572 Histoire du chloroforme et de l'anesthésie en général, par H. **Scoutetten.** Metz, Verronnais, 1855, br. in-8.º

2573 Comment reconnaître la présence de l'acide azotique dans les parties de nos tissus qu'il a jaunies? — Des faits qui prouvent la nécessité de l'oxygène pour l'accomplissement de la respiration. — Dans quel cas et comment pratique-t-on la résection d'une partie de l'omoplate ou son ablation? — Exposé de l'état actuel de la science sur les altérations dont les liquides sont susceptibles, par Charles **Delmas.** Paris, Rignoux, 1838, br. in-4.º

2574 Expériences sur la digestion de l'homme et de différentes espèces d'animaux, par l'abbé **Spallanzani,** professeur d'histoire naturelle à l'Université de Pavie, avec des considérations sur sa méthode de faire des expériences et les conséquences pratiques qu'on peut tirer en médecine de ses découvertes, par Jean **Senebier,** bibliothécaire de la république de Genève. Nouv. édit. Lausanne, Mourer, 1785, in-12.

2575 Recherches anatomiques et physiologiques sur les valvules des veines, par Alfred **Houzé de l'Aulnoit.** Paris, Rignoux, 1854, br. in-4.º

2576 Recherches sur le sang, par MM. **Roucher** et **Coulier;** br. in-8.º

2577 Etudes sur le sang dans l'état physiologique et l'état pathologique, par Max. **Parchappe.** Paris, J.-B. Baillière, 1857, br. in-8.º

2578 Etudes sur le sang dans l'état physiologique et l'état pathologique, par Max. **Parchappe.** 3.ᵉ mémoire. Paris, V.ᵒʳ Masson, 1857, br. in-8.º

2579 Expériences constatant l'électricité du sang chez les animaux vivants; lettre de M. J. **Béclard** et réponse de M. H. Scoutetten. Metz, F. Blanc, 1863, br. in-8.º

2580 Mémoire sur l'exhalation sanguine, par M. F. V. **Mérat;** br. in-8.º

2581 Recherches physiologiques pour établir que l'action du cœur et la circulation du sang ne dépendent pas essentiellement du système nerveux encéphalo-spinal, par le D.ʳ J. **de Mersseman.** Bruges, Van de Casteele-Werbrouck, 1841, br. in-8.º

2582 Recherches anatomiques et physiologiques sur les membranes du cerveau et de la moelle épinière, et sur le liquide cérébro-spinal, par G. J. **Martin-Saint-Ange.** Paris, Didot jeune, 1829, br. in-4.º

2583 Dissertation sur l'air atmosphérique et son influence sur l'économie animale, par le D.ʳ Jos. Rom. Louis **Kerckhoffs.** 2.ᵉ édition. Mæstricht, Nypels, 1816, br. in-8.º

2584 Essai sur l'air atmosphérique dans ses rapports avec l'hygiène et l'agriculture, par le D.ʳ Ch. **Brame**. Tours, Cousturier, 1850, br. in-8.º

2585 L'ozone ou recherches chimiques, météorologiques, physiologiques et médicales sur l'oxygène électrisé, par H. **Scoutetten**. Paris, Metz, 1856, in-12.

2586 Essai de toxicologie considérée d'une manière générale dans ses rapports avec la physiologie hygiénique et pathologique et spécialement avec la jurisprudence médicale par Tite Harmand **de Montgarny**. Paris, Méquignon-Marvis, 1818, in-8.º

2587 Traité théorique et pratique sur l'épuisement pur et simple de l'économie humaine et sur les maladies chroniques les plus répandues qui ont cette origine, par le D.ʳ **Sallenave**. Bordeaux, 1855, in-8.º

2588 Traité théorique et pratique sur l'épuisement de l'économie humaine ainsi que sur les maladies chroniques qui ont cette origine, par le D.ʳ **Sallenave**. Bordeaux, Libourne, 1860, in-8.º

2589 Du régime dans les maladies aigues, par M. le D.ʳ **Marrotte**. Bruxelles, J.-B. de Mortier, 1859, br. in-4.º

2590 Des maladies des filles, par M. **Chambon de Montaux**; pour servir de suite aux *Maladies des femmes* du même auteur. Paris, 1785. 2 vol. in-12.

2591 De l'uranoplastie d'après M. Langenbeck, par le D.ʳ **Verhaeghe**. Bruxelles, Tircher, 1862, br. in-8.º

2592 Renseignements sur les aveugles et sourds-muets, par M. A. G. **Ballin**; 1837, br. in-8.º

2593 Lettre au rédacteur du *Globe* sur les sourds-muets qui entendent et qui parlent, par le D.ʳ **Deleau**. Paris, 1827, 3 p. in-4.º

2594 Du bégaiement considéré comme vice de prononciation, par **Chervin** aîné. Paris, 1867, in-8.º

2595 Mémoire sur la périnéoplastie, par le D.ʳ **Verhaeghe**. Bruxelles, De Mortier, 1863, br. in-8.º

2596 Etudes tératologiques, par M. E. **Delplanque**. Douai, Adam d'Aubers, 1850, br. in-8.º

2597 Etudes tératologiques, ii, par E. **Delplanque**. Douai, 1869, br. in-8.º

2598 Variété nouvelle de monstre double parasitaire, famille de polyméliens, genre notomèle, description et considérations tératologiques par le D.ʳ **Bouteiller** fils; considérations sur ce fait, par le D.ʳ A. **Goubaux**. Paris, V.ᵒʳ Masson, 1857, br. in-8.º

2599 Dissertation sur quelques points d'anatomie pathologique, par J. Alph. **Guérard.** Paris, Didot le jeune, 1827, br. in-4.º

2600 Description d'une monstruosité consistant en deux fœtus humains accolés en sens inverse par le sommet de la tête, suivie de remarques et d'observations à ce sujet, par A. C. **Villeneuve.** Paris, Gabon, 1831, br. in-4.º

2601 De l'anatomie pathologique en général, et de celle de l'appareil digestif en particulier, d'après les principes de la doctrine physiologique, par Henri **Scoutetten.** Paris, Didot jeune, 1822, br. in-4.º

2602 Rapport à l'Académie royale de médecine sur une pièce d'anatomie artificielle du D.ʳ Auzoux, précédé d'une notice sur ses travaux anatomiques. Paris, Sétier, 1831, br. in-8.º

2603 Tableau synoptique des préparations d'anatomie classique, du D.ʳ **Auzoux.** Paris, 1841, br. in-8.º

2604 Catalogue de la collection d'anatomie humaine, comparée et pathologique de M. Ger. et W. Vrolik, par J. **Dusseau.** Amsterdam, 1865, in-8.º

2605 De l'origine des actions électriques développées au contact des eaux minérales avec le corps de l'homme, et de l'absorption par la peau, par H. **Scoutetten.** Paris, J.-B. Baillière, 1866, br. in-8.º

2606 Observations phrénologiques, par J. A. **Leroi;** br. in-8.º

B. Maladies diverses.

2607 Traité historique et pratique de la vaccine, par J. L. **Moreau** (de la Sarthe). Paris, Bernard, 1801, in-8.º

2608 Mémoire présenté au Premier Consul, sur la nécessité et les moyens de répandre la vaccine en France, par F.ᵒⁱˢ **Colon,** d. m. Paris, Lenormant, 1803, br. in-8.º

2609 Rapport du Comité central de vaccine sur les vaccines pratiquées en France pendant l'année 1816. Paris, imp. royale, 1818, in-8.º

2610 De la variole ou petite vérole, de la vaccine ou cow-pox, d'après l'importante découverte des propriétés vitales des principes variolique et vaccin, etc., par Marie-Charles **Salles,** docteur en médecine. Valognes, Gomont, 1821, in-12.

2611 Précis théorico-pratique sur la vaccine, précédé d'une notice historique sur cette précieuse découverte et suivi.

des dispositions administratives adoptées dans le département du Nord, pour en assurer la propagation, par J. T. **Lefebvre.** Lille, Danel, 1829, br. in-8.°

2612 Encore un moyen de propager la vaccine, par M. **Bonafous.** Paris, M.ᵐᵉ Huzard, 1829, br. in-8.°

2613 Quelques études sur la vaccine, par M. **Dourlen.** Lille, br. in-8.°

2614 Lettre de M. **Dourlen** à M. le D.ʳ Lefébure, secrétaire-général du Comité central de vaccine du département du Nord. Lille, 1840, br. in-8.°

2615 Précis élémentaires de la saignée et de la vaccine, par H. **Deschamps**, et précis élémentaire de botanique médicale et de pharmacologie, par P. J. **De Smysttère.** Paris, Béchet, 1837, in-8.°

2616 Rapport présenté au Comité central de vaccine du département du Nord, sur la propagation de la vaccine dans ce département en 1842, 1843, 1844, 1845, par le D.ʳ **Bailly**, secrétaire-général du Comité. Lille, Danel, 1843-46, 2 br. in-8.°

2617 Rapport présenté au Ministre de l'agriculture et du commerce par l'Académie royale de médecine sur les vaccinations pendant les années 1839, 1840, 1841. Paris, 3 vol. in-8.°

2618 Rapport présenté au Comité central de vaccine du Nord, sur l'état de la propagation de la vaccine dans le département, pendant l'année 1856, par le D.ʳ E. **Bertherand.** Lille, Danel, 1857, br. in-8.°

2619 Remarques pratiques sur la vaccination chez les adultes, par le D.ʳ **Zandyck.** Paris, Labé, 1858, br. in-8.°

2620 Mémoire sur le traitement sans mercure, employé à l'Hôpital militaire d'instruction du Val-de-Grâce contre les maladies vénériennes, primitives et secondaires, et contre les affections mercurielles ; précédé de remarques pratiques et de l'exposition d'une nouvelle doctrine des maladies syphilitiques, par H. **Desruelles.** Paris, J.-B. Baillière, 1827, in-8.°

2621 Deuxième lettre sur la syphilis ; danger de la cautérisation des ulcères vénériens primitifs. — Inoculation du virus vénérien, son danger et ses conséquences, par M. **Devergie** aîné. Paris, Baillière et Maurice, 1840, br. in-8.°

2622 Deuxième lettre sur la syphilis ; danger de la cautérisation des ulcères vénériens primitifs ; inoculation du virus vénérien, son danger et ses conséquences, par M. **Devergie** aîné. Paris, G. Baillière et Maurice, 1841, br. in-8.°

2623 Recherches sur la syphilis appuyées de tableaux de statistique tirés des archives des hôpitaux de Christiania, par W. **Bœck.** Christiania, H. Jensen, 1862, in-4.º

2624 Lettres écrites du Val-de-Grâce à M. le docteur D***, sur les maladies vénériennes et sur le traitement qui leur convient, d'après l'observation et l'expérimentation pratique, par le D.ʳ **Desruelles.** Paris, Baillière, 1840, in-8.º

2625 Lettres écrites du Val-de-Grâce sur les maladies vénériennes, et sur le traitement qui leur convient, d'après l'observation et l'expérimentation pratique, par le D.ʳ **Desruelles.** 2.ᵉ et 3.ᵉ édition. Paris, 1840-1841, 4 vol. in-8.º

2626 De l'iodure de potassium seul ou associé au mercure dans le traitement des maladies vénériennes de tous les degrés, principalement des affections constitutionnelles ou diathétiques, par H. **Desruelles.** Paris, J.-B. Baillière, 1848, in-8.º

2627 Histoire de la blennorrhée urétrale (suintement urétral habituel) ou traité comparatif de la blennorrhée et de la blennorrhagie, suivie du deuxième mémoire sur l'emploi de l'iodure de potassium seul ou associé au mercure, par H. **Desruelles.** Paris, J.-B. Baillière, 1854, in-8.º

2628 Du pannus et de son traitement, avec trente observations de la cure radicale de cette affection, par l'inoculation blennorrhagique, par Evariste **Warlomont.** Bruxelles, Paris, 1854, br. in-8.º

2629 Incontinence d'urine et son traitement rationnel par la méthode des injections, par M. **Devergie.** Paris, G. Baillière, 1840, in-8.º

2630 Nouveau traité des rétentions d'urine occasionnées par les rétrécissements du canal de l'urètre, par les maladies de la glande prostate et par celles de la vessie; de la blennorrhagie et de sa cure et traitement des diverses affections qui en sont la suite, suivant la méthode de Ducamp, perfectionnée par **Dubouchet.** Paris, Germer, Baillière et Delaunay, 1834, in-8.º

2631 Traité des rétrécissements du canal de l'urètre et de l'intestin rectum contenant l'appréciation des divers moyens employés dans le traitement de ces maladies, par S. **Tanchou.** Paris, Crochard, 1835, in-8 º

2632 Nouvel instrument appelé porte-rape, au moyen duquel on détruit les rétrécissements du canal de l'urètre et l'on parvient à rétablir, en peu de temps, le cours naturel des urines, par H. M. **Desruelles.** (1.ʳᵉ partie). Paris, J.-B. Baillière, 1836, br. in-8.º

2633 Catarrhe chronique, faiblesse et paralysie de la vessie, par M. **Devergie**. Paris, Baillière et Maurice, 1840, in-8.º

2634 Hernie inguinale epiploïque gauche insolite, par le D.ʳ **Martin-Saint-Ange**. Paris, 1869, br. in-8.º

2635 Recherches sur la hernie lombaire, par le baron **Larrey**. Paris, 1869, br. in-8.º

2636 Dissertation sur le tétanos traumatique, par Fr. A. **Castano**. Paris, Didot, le jeune, 1831, br. in-4.º

2637 Cas rare de guérison de tétanos, traitement empirique, responsabilité médicale, par M. **Vingtrinier**. Rouen, Alfred Péron, 1845, br. in-8.º

2638 Mémoire sur l'adénite cervicale observée dans les hôpitaux militaires, et sur l'extirpation des tumeurs ganglionnaires du cou, par H. **Larrey**. Paris, J.-B. Baillière, 1851, br. in-4.º

2639 Recherches anatomico-pathologiques sur l'infiltration sanguine et l'inflammation aigue du cerveau, par Ch. L. **Durand-Fardel**. Paris, Rignoux, 1840, br. in-4.º

2640 Mémoire sur une altération particulière de la substance cérébrale, par Max. **Durand-Fardel**; br. in-8.º

2641 Mémoire sur la réparation ou cicatrisation des foyers hémorrhagiques du cerveau, par Max. **Durand-Fardel**. Paris, Rignoux, 1844, br. in-8.º

2642 De la congestion cérébrale dans ses rapports avec l'hémorrhagie et le ramollissement du cerveau, par le D.ʳ **Durand-Fardel**; br. in-8.º

2643 Traité du ramollissement du cerveau, par Max. **Durand-Fardel**. Paris, J.-B. Baillière, 1843, in-8.º

2644 De la paralysie générale ou partielle des deux nerfs de la septième paire, par C. **Davaine**; br. in-8.º

2645 Delirium tremens potatorum methodus cognoscendi et medendi, auctore Amedeo **de Moulon**, Tergestino, medicinæ doctore. Patavii, Valentini Crescinii, 1829, br. in-8.º

2646 Mémoire sur le catarrhe de l'oreille moyenne et sur la surdité qui en est la suite avec l'indication d'un nouveau mode de traitement, par M. E. **Hubert-Valleroux**. Paris, J.-B. Baillière, 1843, br. in-8.º

2647 Essai théorique et pratique sur les maladies de l'oreille, par M. E. **Hubert-Valleroux**. Paris, Fortin, Masson et C.ⁱᵉ, 1846, in-8.º

2648 Traité des maladies des yeux, avec des observations pratiques, constatant les succès obtenus, tant à Paris qu'à

Londres, par l'usage d'un topique inventé par J. **Williams**. Paris, Maugeret, 1814, in-8.º

2649 Compte-rendu des cures faites sur des maladies des yeux réputées incurables, avec un topique inventé par J. **Williams**, oculiste de Londres. Paris, Londres, 1815; in-8.º

2650 Traité théorique et pratique de médecine oculaire, comprenant l'historique de l'ophthalmologie, l'anatomie descriptive, la physiologie, la physique, l'hygiène, l'ophthalmoscopie, la pathologie, et la thérapie des parties constituantes de l'œil, par P. J. **Vallez**. Bruxelles, Janssens, Deffossé, 1853, in-8.º

2651 Traité pratique des maladies de l'œil par W. **Mackensie**.— 4.e édition, traduite de l'anglais par MM. E. **Warlomont** et A. **Testelin**. Paris, Victor Masson, 1856-66, 3 vol. in-8.º

2652 Leçons sur les parties intéressées dans les opérations qu'on pratique sur l'œil, et sur la structure de la rétine, faites en juin 1847 à l'hôpital royal ophthalmique de Moorfields à Londres, suivies d'un mémoire sur l'humeur vitrée, et de quelques observations de maladies oculaires, par William **Bowman**, traduites et annotées par A. **Testelin**. Bruxelles, Paris, 1855, in-8.º

2653 Recherches sur les causes de la cécité, suivies de l'histoire d'une ophthalmie purulente, par M. **Reynal**. Paris, Locquin, 1844; br. in-8.º

2654 Précis de l'ophthalmie des nouveaux-nés, par Julien **Van Roosbrouk**. Bruxelles, Demortier, 1843, in-12.

2655 De l'opération de la cataracte pratiquée à l'aide d'une fine aiguille à coudre introduite à travers la cornée, par A. **Jacob**, traduit de l'anglais par A. **Testelin**. Bruxelles, Ch. Lelong, 1853, br. in-8.º

2656 Fixateur de l'œil. — Note sur ce nouvel instrument, par le D.r R. **Castorani**. Paris, Thunot, 1856, br. in-8.º

2657 Névralgie oculaire épidémique observée à Téniet-El-Had (province d'Alger), par E. **Bertherand**. Alger, Rey, Delavigne et C.ie, 1850, br. in-8.º

2658 Pierres anti-ophthalmiques de M. le D.r **Vallez**. Bruxelles, J.-B. Tircher, 1855, br. in-8.º

2659 De l'occlusion des paupières dans le traitement des ophthalmies et des maladies des yeux, par M. H. **Larrey**. Paris, J.-B. Baillière, 1856, br. in-8.º

2660 Note sur quelques points de la structure du cristallin et de sa capsule à l'état normal et à l'état pathologique, par

A. **Testelin.** Bruxelles, Vanbuggenhoudt, 1856, br. in-8.º

2661 Mémoire sur les causes de la cataracte lenticulaire, par le D.ʳ Raphaël **Castorani.** Paris, V.ᵒʳ Masson, 1857, br. in-8.º

2662 Mémoire sur les causes de la cataracte lenticulaire, par M. **Castorani.** — Compte-rendu de cet ouvrage par MM. **Velpeau** et **Cloquet;** br. in-8.º

2663 Mémoire sur la prothèse oculaire et sur les améliorations apportées aux yeux artificiels, par M. A. **Boissonneau.** 1.ʳᵉ partie. Paris, 1840, br. in-8.º

2664 Arc senile, par A. **Testelin.** (Extrait du dictionnaire encyclopédique des sciences médicales). Paris, 1866, br. in-8.º

2665 Asthénopie, par A. **Testelin.** (Extrait du dictionnaire encyclopédique des sciences médicales). Paris, 1866, br. in-8.º

2666 Des kystes dermoïdes du plancher de la bouche, par M. A. **Paquet.** Paris, P. Asselin, 1867, br. in-8.º

2667 Sur les différentes stomatites, leurs caractères différentiels, et sur leur traitement, par M. le D.ʳ **Jardin.** Gand, Hebbelynck, 1868, in-8.º

2668 Rapport fait à l'académie royale des sciences par MM. **Chaussier** et **Percy**, sur le nouveau moyen du docteur Civiale, pour détruire la pierre dans la vessie, sans l'opération de la taille. Paris, Cosson, 1824, br. in-8.º

2669 Nouvelle méthode pour détruire la pierre dans la vessie sans opération sanglante, précédée d'un examen historique et pratique de tous les procédés de lithotritie employés jusqu'à ce jour, par S. **Tanchou.** Paris, Rouen frères, 1830, in-8.º

2670 Reproduction fidèle des discussions qui ont eu lieu sur la lithotripsie et la taille à l'Académie royale de médecine en 1835, à l'occasion d'un rapport de M. Velpeau sur ces deux opérations, par M. P. **Doubovitzki.** Paris, Ducessois, 1835, in-8.º

2671 Mémoire historique sur l'emploi du seigle ergoté pour améliorer ou déterminer l'accouchement ou la délivrance dans le cas d'inertie de la matrice, par A. C. **Villeneuve.** Paris, Gabon et Migneret, 1827, in-8.º

2672 Des hémorrhagies utérines qui surviennent pendant la grossesse, durant le travail de l'accouchement et à la suite de ce travail, par C. D. **Degland.** Paris, Méquignon-Marvis, 1817, br. in-8.º

2673 Mémoire sur l'absorption du placenta, par le D.r **Ville-neuve**; br. in-8.º

2674 Traitement de la metro-peritonite-puerpérale, par le D.r Telephe **Desmartis**. Bordeaux, 1859, br. in-8.º

2675 Etudes sur la fièvre puerpérale épidémique, et en particulier sur l'épidémie qui a régné à Dunkerque de Juin 1854 à Mars 1855, par le D.r **Zandyck**. Paris, Labé, 1856, in-8.º

2676 Nouvelles remarques concernant la mole hydatiforme ou l'hydropisie des villosités du chorion, par S. J. **Martin-Saint-Ange**. Paris, V.or Goupy, 1868, br. in-8.º

2677 Histoire d'un kyste pileux de l'ovaire compliqué d'une fistule urinaire et d'un calcul dans la vessie, par H. Larrey; rapport de M. **Velpeau**; 1843, br. in-8.º

2678 Sur un kyste pileux de l'ovaire qui s'est ouvert à la fois dans l'intérieur de la vessie et à l'extérieur de l'abdomen, par M. H. **Larrey**; br. in-4.º

2679 Traité complet de l'hystérie, par H. **Landouzy**. 2.e éd. Paris, Londres, 1848, in-8.º

2680 Mémoire sur la formation de l'adipocire dans l'homme vivant, par F. V. **Mérat**; br. in-8.º

2681 Traité théorique et pratique du croup, d'après les principes de la doctrine physiologique, précédé de réflexions sur l'organisation des enfants, et sur les difficultés que présente le diagnostic de leurs maladies, par H. M. J. **Desruelles**. Paris, Comère et Baillière, 1821, in-8.º

2682 Traité théorique et pratique du croup, d'après les principes de la doctrine physiologique précédé de réflexions sur l'organisation des enfants, par H. **Desruelles**, 2.e édi. Paris, Baillière, 1824, in-8.º

2683 Nouveau traitement du croup et des angines couenneuses, par les D.rs **Desmartis** et **Bouché de Vitray**. Paris, Londres, New-York, Madrid, Baillière, 1860, br. in-8.º

2684 Nouveau traitement du croup et des angines couenneuses, par le D.r Telephe **Desmartis**. Paris, 1860, br. in-8.º

2685 Le croup et l'angine Couenneuse, par Evariste **Carrance**. Bordeaux, 1863, br. in-8.º

2686 Lettre à M. Louis sur le traitement de la diphtérite ou angine couenneuse par le cautère-mayor, par M. **Danvin**. Saint-Pol, 1855, br. in-8.º

2687 Traitement du croup ou angine laryngée diphtéritique, par MM. P. **Fischer** et F. **Bricheteau**. Lille, L. Danel, 1862, br. in-8.º

2688 De la trachéotomie dans la période extrême du croup, avec une observation d'opération faite avec succès sur sa fille âgée de six semaines, par le D.r **Scoutetten.** Paris, Fournier, 1844, br. in-8.°

2689 Note sur la guérison de certaines affections de mauvaise nature vulgairement appelées cancers, par M. S. **Tanchou**; br. in-8.°

2690 Recherches nouvelles sur la nature et le traitement du cancer de l'estomac, par René **Prus.** Paris, Londres, etc., Baillière, 1828, in-8.°

2691 De la discussion qui vient d'avoir lieu à l'Académie de médecine sur les tumeurs du sein, par F. **Tanchou.** Paris, Germer, Baillière, 1844, br. in-8.°

2692 Recherches sur le traitement médical des tumeurs cancéreuses du sein, par S. **Tanchou.** Paris, Germer Baillière, 1844, in-8.°

2693 Des thumeurs du sein chez l'homme, par E. L. **Bertherand.** Lille, Alcan-Levy, br. in-8.°

2694 Etude sur les tumeurs blanches (physiologie-pathologique, histologie-thérapeutique,) par le D.r A. **Paquet.** Paris, Germer Baillière, 1867, br. in-8.°

2695 Recherches sur la rage, par M. **Audry.** Nouvelle édition. Paris, Ph. Pierres, 1779, in-8.°

2696 De la rage chez le chien et des mesures préservatrices, par le D.r H. **Blatin.** Paris, E. Dentu et Baillière, 1863, br. in-8.°

2697 De la rage en Algérie et des mesures à prendre contre cette maladie, par M. le D.r C. **Roucher.** Paris, J.-B. Baillière, 1866, br. in-8.°

2698 De la non-identité du typhus et de la fièvre typhoïde, ou recherches sur le typhus, la fièvre typhoïde, la fièvre à rechute et la fièvre simple continue, par le D.r **Jenner**, traduit de l'anglais par le D.r L. **Verhaeghe.** Bruxelles, J.-B. Tircher, 1852, in-8.°

2699 De la fièvre typhoïde ou entérite folliculeuse, par Lucien-Frédéric **Goret.** Strasbourg, Silbermann, 1836, br. in-4.°

2700 La fièvre de famine et la maladie typhoïde; br. in-8.°

2701 Exposition précise de la nouvelle doctrine médicale italienne, ou considérations pathologico-pratiques sur l'inflammation et la fièvre continue par le professeur **Tommasini**, traduit de l'italien par J. T. **L.** Paris, Béchet, 1821, in-8.°

2702 Réflexions sur l'intermittence considérée chez l'homme dans l'état de santé et dans l'état de maladie, par E. **Pallas**. Paris, Béchet, 1830, in-8.°

2703 De l'intermittence composée. Deuxième mémoire pour servir à la localisation des fièvres intermittentes, par Amand **Beaupoil**; br. in-8.°

2704 De dysphagia in primis œsophagea a causis organicis adjecta, novi morbi historia tabulaque ænea.— Dissertatio inauguralis pathologico-anatomica quam gratiosi medicorum ordinis auctoritate in auditorio juridico, pro summis in medicina et chirurgia honoribus rite capessendis die xxii junii mdcccxix publice defendit auctor Gustavius **Kunze**, Lipsiensis, medicinæ baccalaureus. Leipzig, Hirschfeldiano, br. in-8.°

2705 Traité de la coqueluche, d'après les principes de la doctrine physiologique, par H. M. **Desruelles**. Paris, Londres, Bruxelles, 1827, in-8.°

2706 Rougeole et scarlatine, erreurs et préjugés concernant le traitement de ces maladies, par M. **Scoutetten.**

2707 Traité sur la rougeole, par G. **Roux.** Paris et Strasbourg, 1807, in-8.°

2708 Des hémorroïdes ou traité analytique de toutes les affections hémorroïdales, par A. J. **de Montegre**. Nouv. édit. Paris, Montpellier, Strasbourg ; 1819, in-8.°

2709 Essai sur l'endocardite aigue, par B. Valentin **Cazeneuve**. Paris, Didot, jeune, 1836, br. in-4.°

2710 Recherches sur la coïncidence de l'endocardite, de la péricardite avec le rhumatisme articulaire aigu, par M. V. **Cazeneuve**. Paris, br. in-8.°

2711 Observations des maladies des articulations, suites de goutte, de rhumatismes ou de violences extérieures traitées par les boues thermo-minérales sulfureuses de St-Amand, recueillies par D. **Charpentier**. Paris, Jules Masson, 1860, br. in-8.°

2712 Exposition des moyens analytiques mis en usage pour parvenir à la connaissance du diagnostic d'un cas d'hydro-pneumonie ou œdème du poumon, par M. **Grateloup**. Bruxelles, Weissenbruch, br. in-8.°

2713 De la nature et du traitement des altérations pulmonaires. — Guérison de la phthisie, par J.-J. **Pascal**. Paris, J.-B. Baillière, 1839, br. in-8.°

2714 De la rareté comparative de la phthisie pulmonaire sur les bords de la mer, par le D.ʳ **Verhaeghe**. Bruxelles, de Mortier, 1858, br. in-8.°

2715 De la cryptorchidie chez l'homme et les principaux animaux domestiques, par MM. Arm. **Goubaux** et E. **Follin**. Paris, E. et V. Penaud, 1856, br. in-8.º

2716 Recherches anatomico-chirurgicales et physiologiques sur les bourses synoviales ou capsules unguineuses des tendons fléchisseurs des doigts, suivies de quelques propositions sur les tumeurs des bourses en général et sur celles du poignet en particulier, par J. M. Adolphe **Leguey**. Paris, Rignoux, 1837, br. in-4.º

2717 Dissertation sur les causes de dystocie et sur les indications qu'elles présentent, par Justin **Gravis**. Strasbourg, V.ᵉ Silberman, 1831, br. in-4.º

2718 Un mot sur la grippe épidémique de 1837, par Ach. **Testelin**. Paris, Rignoux, 1837, br. in-4.º

2719 Rapport à l'académie impériale de médecine sur l'érysipèle épidémique, par M. H. baron **Larrey**. Paris, J.-B. Baillière, 1866, br. in-8.º

2720 Mémoire sur les vices de transformation du rein et sur les variétés qu'il présente dans sa structure chez les mammifères, et dans les formes chez les oiseaux, par M. J. G. **Martin-de-St-ange**; br. in-8.º

2721 Des vers ascarides lombricoïdes et des maladies que ces animaux causent, accompagnent ou compliquent, considérées sous le point de vue medico-pratique, par F. J. **Cazin**. Boulogne, Paris, 1850, br. in-8.º

2722 Du pronostic de l'épilepsie et du traitement de cette maladie par le valérianate d'atropine, par le D.ʳ **Michéa**. Paris, Labé, 1858, br. in-8.º

2723 Recherches et observations sur le prurigo, faites à l'hôpital St-Louis et dans les départements du Pas-de-Calais et de la Somme, par J. F. **Mouronval**. 2.ᵉ édit. Paris, Arras, 1836, in-8.º

2724 Extrait d'un mémoire de M. le D.ʳ **Pingeon** sur les desmopathies et les myopathies. Rouen, 1829, br. in-8.º

2725 De l'entéropathie métallique; étude médicale sur les accidents causés vers le tube digestif par la pénétration lente et graduée de certaines substances métalliques dans l'organisme, par M. Amand **Beaupoil**. Bruxelles, J.-B. Tircher, 1855, br. in-8.º

2726 Du goître endémique dans le département de la Seine-Inférieure et de l'étiologie de cette maladie, par le D.ʳ **Vingtrinier**. Rouen, A. Péron, 1854, br. in-8.º

2727 Communication à la Société de l'association normande sur le goître endémique des rives de la Seine, par le D.ʳ **Ving-trinier**. Caen, Hardel, 1862, br. in-8.°

2728 De la structure des dents; de l'action pernicieuse exercée par le mercure sur ces organes et des dangers de l'emploi des pâtes mercurielles pour le plombage des caries dentaires, par A. F. **Talma**. Bruxelles, Verteneuil, 1845, br. in-8.°

2729 L'oïdium est inoculable à l'espèce humaine, par le D.ʳ Telephe **Desmartis**. Bordeaux, 1864, br. in-8.°

2730 De l'insolation, de ses dangers et de la nécessité, en Afrique, d'adopter l'usage d'un couvre-nuque, pour garantir complétement le soldat contre l'ardeur du soleil, par L. **Scoutetten**. Metz, Blanc, 1857, br. in-8.°

2731 Mémoire sur les empoisonnements par les huîtres, les moules, les crabes, et par certains poissons de mer et de rivières, par A. **Chevallier** et E. **Duchesne**. Paris, J.-B. Baillière, 1851, in-8.°

C. **Epidémies**.

2732 Mémoire sur la peste qui a régné épidémiquement à Constantinople en 1834, et sur sa non-contagion, suivi de quelques réflexions sur les quarantaines et les lazarets, par F. **Cholet**. Paris, J.-B. Baillière, 1836, vol. in-8.°

2733 De la peste orientale et de la nécessité d'une réforme dans les quarantaines, par Amédée **de Moulon**. Trieste, Jean Maldini, 1845, br. in-8.°

2734 Traité des maladies des pays chauds, et spécialement de l'Algérie; 1.ʳᵉ partie: De la dyssenterie et des maladies du foie qui la compliquent, par le D.ʳ Charles **Cambay**, de Cambrai. Paris, Germer Baillière, 1847, in-8.°

2735 Statistique des maladies épidémiques dans l'arrondissement de Lille, de 1832 à 1843, rapport au préfet du Nord, par M. **Gosselet**. Lille, Lefebvre-Ducrocq, 1844, br. in-8.°

2736 Des épidémies qui ont régné dans l'arrondissement de Rouen, de 1814 à 1850, par le D.ʳ **Vingtrinier**. Rouen, Alfred Péron, 1850, br. in-8.°

2737 Rapport du médecin des épidémies sur les maladies qui ont régné dans l'arrondissement de Rouen en 1859 et sur le traitement du goître, par M. **Vingtrinier**. Rouen, Alfred Péron, 1860, br. in-8.°

2738 Note sur les épidémies observées postérieurement à l'inondation de la Loire (4 juin 1856), par le D.ʳ A. **Beaupoil**; br. in-8.°

2739 Discurso sobre as molestias, que mais affligem a classe pobre do Rio de Janeiro, lido na sessao publica da Sociedade de medicina, a 30 de junho de 1835, pelo seu presidente Jose **Martins da Cruz Jobim**. Rio de Janeiro, Brito, br. in-8.º

2740 Histoire médicale des pestes à Valenciennes, par **Stiévenart**. Valenciennes, br. in-8.º

2741 Ingrandes et la dissenterie, compte-rendu de l'épidémie de 1859-1860, par le docteur Amand **Beaupoil**; br. in-8.º

2742 Rapport au Conseil supérieur de santé sur le choléra morbus pestilentiel, par Alex. **Moreau de Jonnés**. Paris, Cosson, 1831, in-8.º

2743 Notice sur le choléra morbus, par A. **Fée**. Lille, 1831-32, br. in-8.º

2744 Observations pratiques sur le choléra morbus épidémique, qui a régné, en 1832, à Pas, par M. A. **Bidart**. Arras, Tierny, br. in-8.º

2745 Mémoire sur le choléra morbus épidémique de Troyes en 1832, par J. N. **Blanpignon**; br. in-8.º

2746 Du choléra morbus de Pologne, renseignements sur cette maladie, recueillis par la commission des officiers de santé militaires, envoyés à Varsovie par le Maréchal duc de Dalmatie, Ministre de la guerre. Paris, J.-B. Baillière, 1832, in-8.º

2747 Considérations sur la nature et le traitement du choléra-morbus, suivies d'une instruction sur les préceptes hygiéniques contre cette maladie, par le chevalier J. R. **de Kerckhove**, dit **de Kirckhoff**. Anvers, M.ᵐᵉ Latour, 1833, in-8.º

2748 Il cholera asiatico in Trieste, negli année 1835 e 1836; — Osservazioni del medico dottore Amedeo Mathieu **de Moulon**. Marsiglia, Feissat aîné et Demonchy, 1839, br. in-8.º

2749 Avis au peuple sur le cholera-morbus asiatique traité au moyen de l'éther sulfurique opiacé à haute dose, par M. **Bernard**. Paris, Londres, etc., 1849, br. in-8.º

2750 Osservazioni medico-pratiche sul cholera asiatico fatto a Trieste, l'anna 1849, dal D.ʳ Augusto **Guastalla**. Trieste, 1849, br. in-8.º

2751 Recherches statistiques sur l'épidémie de choléra asiatique, qui a régné à Lille en 1848 et 1849, par M. **Bailly**; br. in-8.º

2752 Histoire statistique du choléra-morbus dans le xɪ.ᵐᵉ arrondissement de Paris, pendant l'épidémie de 1849, par E. A. **Duchesne**. Paris, J. Mathieu, 1851, br. in-8.º

2753 Le choléra en Algérie (années 1849, 1850 et 1851,) par E. **Bertherand**. Alger, Bastide, 1852, br. in-8.º

2754 Histoire médicale du choléra-morbus épidémique qui a régné, en 1854, dans la ville de Gy (Haute-Saône), par P. **Niobey**. Paris, J.-B. Baillière, 1858, in-8.º

2755 Analyse et synthèse de l'épidémicité cholérique. — Question sociale, origine, développement, propagation des épidémies de choléra, par le D.ʳ Sélim Ernest **Maurin**. Marseilles, Arnaud et C.ie 1866, br. in-8.º

2756 Note sur le choléra (1866); Hôpital St-Antoine, à Paris, (service des femmes), par M. A. **Paquet**. Paris, E. Martinet, 1867, br. in-8.º

2757 Rapport sur l'épidémie de choléra qui a régné à Constantine en juillet, août et septembre 1867, adressé au maire de cette ville, par le D.ʳ **Reboulleau**. Constantine, Louis Marle, 1867, br. in-8.º

2758 Nouvelles observations sur la nature et le traitement du scherlievo des environs de Fiume, par Amédée **de Moulon**. Milan, Fusi, Restani et C.ie, 1834, br. in-8.º

2759 Notice sur l'épidémie de rougeole qui a régné à Dunkerque, depuis septembre 1851 jusqu'à la fin de mars 1852, par le D.ʳ **Zandyck**. Roulers, Paris, 1858, br. in-8.º

2760 Essai sur l'épidémie de variole et de varioloïde qui a régné à Dunkerque en 1848 et 1849, par le D.ʳ **Zandyck**. Roulers, Paris, 1857, br. in-8.º

2761 Etude sur les épidémies de croup, d'angine couenneuse, de fièvre typhoïde et de dyssenterie qui ont sévi dans le département de la Dordogne, en 1859, par le D.ʳ Télèphe **Desmartis**. Bordeaux, V.e Dupuis, 1859, br. in-8.º

2762 Observations sur l'épidémie d'angine couenneuse qui règne dans le département des Landes, par le D.ʳ Télèphe **Desmartis**. Bordeaux, Degréteau et C.ie, 1859, br. in-8.º

D. **Aliénation mentale**.

2763 Opinion sur la question de la prédominance des causes morales ou physiques, dans la production de la folie, par M. **Vingtrinier**. Rouen, A. Péron, 1844, br. in-8.º

2764 De l'influence des chagrins sur l'homme, hygiène de l'affligé, par M. A. **Bidart**. Paris, Saintes, 1856, br. in-12.

2765 Histoire d'un idiotisme produit par des affections morales, par G. **Roux** ; br. in-8.°

2766 De la folie paralytique et du rapport de l'atrophie du cerveau à la dégradation de l'intelligence dans la folie, par Max. **Parchappe**. Paris, V.°r Masson, 1859, br. in-8.°

2767 Recherches statistiques sur les causes de l'aliénation mentale, par Max. **Parchappe**. Rouen, 1859, br. in-8.°

2768 Considérations sur les aliénés, la nécessité de leur isolement, leur traitement et la conduite à tenir envers eux, par M. **de Smyttère** ; br. in-8.°

2769 Report of the eastern lunatic asylum in the city of Williamsburg, Virginia. 1855-56, 1856-57. Richmond, 1857, br. in-8.°

2770 Notice statistique, historique et médicale sur l'asile public d'aliénées de Lille, par P. J. C. **de Smyttère**. Lille, Vanackere, 1847, in-8.°

2771 Statistique administrative et médicale de l'asile public des aliénées de Lille pour les années 1847 à 1851 ; rapport au préfet du Nord, par le directeur et le médecin de. l'asile. Lille, Lefebvre-Ducrocq, 1852, br. in-8.°

2772 Réponse à une réfutation de la statistique des aliénés, par A. **Moreau de Jonnès**. 1843, br. in-4.°

E. **Thérapeutique**.

2773 Dictionnaire abrégé de thérapeutique ou exposé des moyens curatifs employés par les praticiens les plus distingués de la France, de l'Allemagne, de l'Angleterre et de l'Italie, dans toutes les maladies rangées d'après l'ordre alphabétique, par Lad. A. **Szerlecky**, de Varsovie. Paris, Strasbourg, Montpellier, 1837, 2 vol in-8.°

2774 Société de thérapeutique expérimentale de France, 1867. *Incomplet.* Paris, in-8.°

2775 Thérapeutique chirurgicale générale, par M. A. F. **Hecker**, ouvrage traduit de l'allemand par E. **Roché**. Paris, Méquignon, 1804, in-8.°

2776 Du remède secret, et sa définition par M. **Robinet**. Paris, Félix Locquin, 1829, br. in-8.°

2777 Rapport de la Commission des remèdes secrets de la société de médecine de Toulouse ; 1850, br. in-8.°

2778 De l'influence fâcheuse des remèdes secrets et des remèdes spéciaux sur la médecine et la pharmacie au point de vue scientifique et professionnel. Jurisprudence française en matière de remèdes secrets et spéciaux, par V.^{or} **Meu-rein**. Toulouse, A. Chauvin, 1852, br. in-8.º

2779 Des inductions que la thérapeutique peut tirer de l'action physiologique des médicaments, par Alph. **Guérard**. Paris, Locquin, 1839, br. in-8.º

2780 De la dose des médicaments relativement à leur intensité et à leur mode d'action, par A. **Baudrimont**. Paris, Paul Renouard, 1839, br. in-4.º

2781 Mémoire sur le passage de quelques médicaments dans l'économie animale et sur les modifications qu'ils y subissent, par MM. **Laveran** et **Millon**; br. in-8.º

2782 Réflexions sur les médicaments, par M. F. V. **Mérat**; br. in-8.º

2783 Rapport présenté à la Société d'éducation de Lyon sur la méthode employée pour la cure du bégaiement, par M. **Chervin** aîné. Paris, br. in-8.º

2784 Recherches et observations sur l'emploi de plusieurs plantes de France qui, dans la pratique de la médecine, peuvent remplacer un certain nombre de substances exotiques, pour servir à la matière médicale indigène, par J. L. A. **Loiseleur-Deslongchamps**. Paris, Méquignon, 1819, in-8.º

2785 Flore médicale belge, par Armand **Thielens**. Bruxelles, Leipzig, Paris, 1862, in-12.

2786 Traité pratique et raisonné de l'emploi des plantes médicales indigènes, par F. **Cazin**. Paris, Labbé, 1850, vol. in-8.º

2787 De quarumdam indigenarum plantarum virtutibus commentarii, auctore A. L. S. **Lejeune**. Liège, Coillardin, 1820, br. in-4.º

2788 Réflexions sur les effets thérapeutiques du poivre Cubèbe et du baume de copahu dans la blennorrhagie, par M. **Devergie**, aîné. Paris, Ed. Proux, 1840, br. in-8.º

2789 Du raisin considéré comme médicament ou de la médication par les raisins, par J. Ch. **Herpin**. Paris, Francfort, 1860, br. in-12.

2790 Traité sur l'usage et les effets des vins dans les maladies dangereuses et sur la falsification de cette boisson, par Ed. **Loebenstein-Loebel**, traduit de l'allemand par J. F. Daniel **Lobstein**. Strasbourg, Levrault, 1817, in-8.º

2791 Mémoire sur la digitaline, par MM. **Homolle** et **Quevenne**; — Rapport des commissaires nommés par l'Académie nationale de médecine sur cet ouvrage. Paris, L. Martinet, 1851, br. in-8.º

2792 Notice sur le Monesia, par **Bernard-Derosne**. Paris, Maulde et Renou, 1839, br. in-8.º

2793 Observations sur le Ratanhia, par M. **Delaruelle**. Paris, 1817, br. in-8.º

2794 Recherches sur les Ipécacuanha, par F. **Mérat**. Paris, Panckoucke, 1818, br. in-8.º

2795 Recherches sur la composition et les propriétés médicales : 1.º Des différentes sortes commerciales de capsules de pavot blanc, grosses, moyennes et petites ; 2.º De la plante entière, de ses parties et des capsules aux différentes phases de leur végétation, par V.ᵒʳ **Meurein**. Lille, Lefebvre-Ducrocq, 1853, br. in-8.º

2796 Mémoire sur l'opium indigène, par C. **Decharmes**. Amiens, David et Herment, 1855, br. in-8.º

2797 Monographie medico-pratique et bibliographique de la belladone, par F. J. **Cazin**. Paris, Boulogne-sur-Mer, 1856, br. in-8.º

2798 De l'emploi prophylactique de la belladone dans la scarlatine épidémique, précédé d'une notice historique sur cette maladie, par A. F. **Stiévenart**. Paris, J.-B. Baillière, 1843, br. in-8.º

2799 Mémoire sur la glycérine et ses applications aux diverses branches de l'art médical, par M. P. A. **Cap** ; 1854, br. in-8.º

2800 Deuxième mémoire sur la glycérine et ses applications à l'art médical, par MM. **Cap** et **Garot**. Paris, V.ᵒʳ Masson, 1854, br. in-8.º

2801 Nouvelle note sur la glycérine, par M. **Cap**. Paris, 1856, br. in-8.º

2802 Des indications du sulfate de quinine dans certaines formes des maladies aigues, par M. **Beaupoil**. Metz, Jules Verronnaie, 1857, br. in-8.º

2803 Mémoire sur l'emploi de l'extrait de bénoite, contre les fièvres intermittentes, par J. P. **Chevalier**. Rouen, Marie, 1833, br. in-8.º

2804 Du traitement des fièvres intermittentes en Algérie et principalement de l'administration du sulfate de quinine dans ces fièvres, par le D.ʳ E. **Bertherand**. Alger, imp. du gouvernement, 1850, br. in-8.º

2805 Expérimentations cliniques sur un nouveau traitement de la fièvre intermittente et de la dyssenterie, par C. L. **Bertherand**. Lille, br. in-8.º

2806 De l'emploi de l'acide azotique dans la gencivite ulcéreuse épidémique, par le D.ʳ E. **Bertherand**. Paris, br. in-8.º

2807 Nouvelles recherches sur l'emploi thérapeutique du manganèse comme adjuvant du fer, par M. J. **Pétrequin**, 2.ᵉ édition. Paris, Lyon, Montpellier, 1852, br. in-8.º

2808 De l'emploi des chlorures d'oxyde de sodium et de chaux, par A. G. **Labarraque**. Paris, M.ᵐᵉ Huzard, 1825, br. in-8.º

2809 Recherches et observations sur le phosphore; effets extraordinaires de ce remède dans le traitement de différentes maladies internes, par J. F. Daniel **Lobstein**. Strasbourg, Levrault, 1815, in-8.º

2810 De la présence des poisons minéraux dans le système nerveux à la suite des empoisonnements aigus; mémoire sur le traitement des matières organiques, en vue de la recherche des poisons, par M. C. **Roucher**. Paris, Noblet, 1852, br. in-8.º

2811 De l'électricité médicale, par le citoyen **Sigaud-Lafond**. Paris, Delaplace et Goujon, 1803, in-8.º

2812 De la méthode électrolytique dans ses applications aux opérations chirurgicales, par H. **Scoutetten**. Paris, V.ᵒʳ Masson, 1865, br. in-8.º

2813 De la méthode dite électrolytique, réponse à M. le D.ʳ Morpain, par H. **Scoutetten**. Paris, Pillet, 1865, br. in-8.º

2814 Expériences nouvelles pour constater l'électricité du sang et pour en mesurer la force électromotrice, par H. **Scoutetten**. Paris, 1864, br. in-8.º

2815 Exposé du galvanisme, accompagné de faits nouveaux qui n'ont point encore été publiés, par le C.ᵉⁿ **de Ponton d'Amécourt** jeune. Paris, Renard, 1803, br. in-8.º

2816 De l'épreuve galvanique du bioscopie électrique.— Procédé pour reconnaître immédiatement la vie ou la mort dans les cas douteux : léthargie, syncope, apoplexie, etc., par le D.ʳ **Crimotel**. Paris, J.-B. Baillière, 1866, in-12.

2817 Notice sur les nouveaux aimants artificiels employés avantageusement dans les maladies nerveuses, d'après l'ordonnance de plusieurs médecins d'un mérite distingué, composés par M. **Regnier**; br. in-8.º

2818 Opinion de M. le D.ʳ **Parchappe** sur les dangers et l'inefficacité de l'application du magnétisme animal à la thérapeutique médicale; 1858, br. in-8.º

2819 Su i principii elettrofisiologici che devonio indirizzare gli usi medici della elettricita e sui metodi piu acconci a giovarsene nelle singele malattie studii di Giacinto **Namias**, t. II; 1859, in-8.°

2820 De l'influence de l'électricité atmosphérique et terrestre sur l'organisme, et de l'effet de l'isolement électrique considéré comme moyen curatif et préservatif d'un grand nombre de maladies, par Emm. **Pallas**. Paris, V.°ʳ Masson, 1847, in-8.°

2821 Enquête sur l'authenticité des phénomènes électriques d'Angélique Cottin, par le D.ʳ **Tanchou**. Paris, Germer, Baillière, 1846, br. in-8.°

2822 Recherches nouvelles pour démontrer que l'état électrique des eaux minérales est la cause principale de leur activité, par M. **Scoutetten**; 1865, br. in-8.°

2823 De l'électricité considérée comme cause principale de l'action des eaux minérales sur l'organisme, par H. **Scoutetten**. Paris, Londres, Madrid, New-York, Baillière, 1864, in-8.°

2824 Mémoire sur les réactions acides ou alcalines présentées par l'urine des malades soumis ou traitement par les eaux de Vichy, par Max. **Durand-Fardel**. Paris, Vrayet de Surcy, 1849, br. in-8.°

2825 Traité des eaux et des boues thermo-minérales sulfureuses de St-Amand, par D. **Charpentier**. Paris, Jules Masson, 1863, br. in-8.°

2826 Observations de paralysies traitées par les boues thermo-minérales sulfureuses de St.-Amand, recueillies par D. **Charpentier**, doct. en méd. Paris, Jules, Masson, 1861, br. in-8.°

2827 Les bains Sainte-Germaine à Ussat (Ariège). Toulouse, Bonnal et Gibrac, 1867, br. in-8.°

2828 Notice sur les eaux et boues thermales et minérales de St.-Amand, par S. **Bottin**. Lille, Marlier, 1805, in-8.°

2829 De l'emploi thérapeutique des eaux ferrugineuses de Téniet-el-Had (province d'Alger), par le D.ʳ E. **Bertherand**. Paris, Gerdès, 1850, br. in-8.°

2830 Notice sur les eaux chaudes de Hammam Bou-Sellam près Sétif; — Une excursion aux thermes de Hammam Bou-Taleb, par le D. C. **Roucher**. Alger, Bourget, 1860, br. in-8.°

2831 Eaux minérales de Vals (Ardèche), par le docteur **Clermont**; br. in-8.°

2832 Etudes balnéologiques sur les thermes d'Ems, par le D.ʳ L. **Spengler**, traduit de l'allemand par H. **Kaula**. Strasbourg, Paris, Wiesbaden, 1855, br. in-12.

2833 Ems, ses sources minérales et ses environs. Wiesbaden, Schellenberg, br. in-8.°

2834 Notice sur l'eau minérale de Selters (ou Seltz), ses propriétés et vertus curatives, description de la fontaine, le tout extrait de différents ouvrages qui ont paru jusqu'à ce jour sur ce sujet. Metz, C, Lamort, 1823, br. in-16.

2835 Essai sur les bains Marie-Thérèse, ou considérations historiques et médicales sur les bains, par L. F. **Gassé.** La Rochelle, Maréchal, 1829, in-8.°

2836 Studii medici sull'acqua di mare, del Dr Augusto **Guastalla** di Trieste. Milan, Bonfanti, 1842, in-8.°

2837 De l'air de la mer et de son action sur l'organisme humain, par le Dr **Verhaeghe.** Bruxelles, Ostende, Kiessling, 1855, br in-12.

2838 De l'eau sous le rapport hygiénique et médical ou de l'hydrothérapie, par H. **Scoutetten.** Paris, Strasbourg, 1843, in-8.°

2839 De l'eau, considérée sous le rapport médical, pas M. Alph. **Guérard.** Paris, Rignoux et Cie, 1835, br. in-8.°

2840 Rapport sur l'hydrothérapie adressé au Ministre de la guerre après un voyage fait en Allemagne, par le Dr H. **Scoutetten**, 1.re et 2.e édition. Paris, Strasbourg, 1843-1844, 2 br. in-8.°

2841 Rapport sur les mémoires envoyés au concours ouvert par la Société de médecine de Nîmes pour 1852, au sujet de la question suivante : 1.° Le tartre stibié et l'ipécacuanha employés à hautes doses dans le traitement des maladies de poitrine, ont-il le même mode d'action thérapeutique? — 2.° S'il n'en est pas ainsi, préciser les cas qui réclament l'une ou l'autre de ces médications, par M. **Mutru.** Montpellier, Jean Martel, 1854, br. in-8.°

2842 Dissertation sur la pipe polytube contre les rhumatismes, par M. Clement **Zuntz.** Paris, 1833, br. in-32.

2843 Nouveau mémoire sur l'emploi des dragées ferrugineuses de Gélis et Conté. Paris, Labélonye, br. in-8.°

2844 De l'emploi médical de l'huile de foie de morue et de raie, par le Dr **Vingtrinier.** Rouen, Lefebvre, 1843, br. in-8.°

2845 Recherches sur les huiles de foie de morue et leurs substitutions par l'huile iodée de J. Personne; br. in-8.°

2846 Mémoire sur l'emploi et le réemploi des sangsues, observations faites à l'hôpital-militaire de Philippeville (Algérie), par le Dr C. **Roucher**; br. in-8.°

F. Hygiène.

2847 Catéchisme d'hygiène à l'usage des enfants, par les D.**rs** **Pilat** et A. **Gosselet**. Lille, Lefcbvre-Ducrocq, 1850, br. in-8.º

2848 Catéchisme d'hygiène à l'usage des enfants, par Ch. **Pilat** et **Gosselet**. Lille, Lefebvre-Ducrocq, 1851, br. in-16.

2849 Discours sur la nécessité de l'allaitement des enfants par leurs mères, par Ph. J. **Guilbert**. Rouen, 1806, br. in-8.º

2850 Sur l'éducation physique des enfants, 2.e mémoire, par J. **de Merssemann**. Bruges, Félix de Pachtére, 1841, br. in-8.º

2851 Notice sur les moyens d'améliorer le sort des enfants trouvés malades à l'Hôpital de la Charité de Lyon, et sur la possibilité de guérir ceux qui sont infectés de la syphilis, par M. **Pihorel**; br. in-8.º

2852 Rapport sur les causes de la mortalité considérable parmi les enfants de la ville de Lille et les moyens d'y remédier, présenté à la Société des sciences de Lille, par MM. **Testelin**, **Delerue**, **Garreau**, **de Melun**, **Eschnauer**, **Houzé de l'Aulnoit**, et **Chrétien**, rapporteur; br. in-8.º

2853 De la création d'un hôpital pour les enfants, dans la ville de Lille, nécessitée par la mortalité de l'enfance dans les centres manufacturiers, par M. **Gosselet**; br. in-8.º

2854 Sur le travail des enfants dans les établissements industriels, rapport adressé au Ministre, Gouverneur de la province de la Flandre occidentale, par la Commission médicale de la province. Bruges, Félix de Pachtére, 1843, br. in-8.º

2855 Des hopitaux et des hospices, des conditions que doivent présenter ces établissements au point de vue de l'hygiène et des intérêts des populations, par Hippolyte **Jaquemet**. Paris, Londres, etc, 1866, in-8.º

2856 Sur l'insalubrité des habitations de la classe ouvrière, par M. le colonel du génie **Répécaud**; — rapport sur ce discours, fait à l'Académie d'Arras, par M. **Achmet d'Héricourt**. Arras, V.e Degeorge, 1849, br. in-12.

2857 Essai sur la vie et les professions sédentaires, par P. J. **Dassonneville**. Paris, Didot jeune, 1820, br. in-4.º

2858 Mémoire relatif aux effets des émanations phosphorées sur les ouvriers employés dans les fabriques de phosphore et les ateliers où l'on prépare les allumettes chimiques, par le D.ʳ Alph. **Dupasquier**; br. in-8.º

2859 Moyen de désinfecter les eaux d'un puits, à leur source même, et nouveau mode de fontaines dépurantes, par O. B. **Duhamel**. Lille, br. in-8 º

2860 Principes d'adénisation ou traité de l'ablation des glandes nidoriennes qui communiquent, par leur sécrétion, un mauvais goût aux espèces animales alimentaires et donnent une odeur insupportable aux espèces d'agrément, et exposition générale des règles à suivre dans l'amélioration de la chair des animaux, par J. E. **Cornay**. Paris, Labé, 1859, in-12.

2861 Rapport de M. le D.ʳ **Berchon** à la Société des sciences et arts de Rochefort sur le livre de M. le D.ʳ J. E. Cornay intitulé : Principes d'adénisation et exposition générale des règles à suivre dans l'amélioration de la chair des animaux. Paris, Ch. Maréchal, 1861, br. in-12.

2862 Considérations sur l'emploi du sulfate de cuivre et de diverses autres matières salines dans la fabrication du pain, présentées au Conseil central de salubrité du département du Nord, par M. **Kuhlmann**. Lille, 1830, br. in-8.º

2863 Onderzoek naar koper in het brood, door den heer P. J. **Hensmans**. Louvain, br. in-8.º

2864 Rapport général présenté à M. le Maire de Lille par la Commission chargée d'examiner les mesures à prendre pour remédier aux effets de la viande de porcs atteints de ladrerie et de trichinose. Lille, J. Petit, br. in-8.º

2865 Recueil des pièces instructives publiées par la C.ⁱᵉ sanitaire contre le rouissage actuel des chanvres et des lins. Paris, 1824, br. in-8.º

2866 Du rouissage considéré au point de vue de l'hygiène publique et de son introduction en Algérie, par M. le D.ʳ C. **Roucher**. Paris, J.-B. Baillière, 1864, br. in-8.º

2867 Rapport au Conseil central de salubrité du Nord sur le rouissage du lin, par une Commission composée de MM. **Bailly**, **Delezenne**, **Brigandat** et **Loiset**. Lille, Lefebvre-Ducrocq, 1852, br. in-8.º

2868 Des eaux potables en général, considérées dans leur constitution physique et chimique et dans leurs rapports avec la physique du globe, la géologie, la physiologie générale, l'hygiène publique, l'industrie et l'agriculture, en particulier des eaux utilisées dans les arrondissements du Hâvre et d'Yvetot, par Eugène **Marchand**. Paris, J.-B. Baillière, 1855, in-4.º

2869 Mémoire sur les accidents qui peuvent succéder à l'ingestion des boissons froides lorsque le corps est échauffé, précédé de considérations générales sur l'hygiène, par M. Alph. **Guérard**. Paris, Londres, 1842, br. in-8.º

2870 Instruction sur les secours à donner aux noyés, publiée par la Société industrielle de Mulhausen. Mulhausen, Jean Risler, br. in-8.º

2871 Recueil des premiers secours à donner, en attendant l'arrivée du médecin, aux personnes ou aux enfants noyés, asphyxiés, pendus, empoisonnés, etc., accompigné des instructions sur la manière de se servir des nouvelles boîtes de secours disposées par H. **Marchandier**. St.-Quentin, br. in-8.º

2872 Hygiène de la ville de Lille, réponse aux questions posées par la Société impériale des sciences, de l'agriculture et des arts de Lille, par MM. Ch. **Pilat** et J.-B. **Tancrez**. Lille, Danel, 1862, br. in-8.º

2873 L'hygiène et l'industrie dans le département du Nord. — Vade-me um des conseils de salubrité, des industriels et des fonctionnaires chargés de la police sanitaire. Lille, Danel, 1857, in-12.

2874 Société de St-Vincent de Paul, à Lille. — Observations sur les conditions insalubres des habitations des classes pauvres à Lille; 1842, br. in-8.º

2875 Rapport fait le 1.er octobre 1831 à la commission sanitaire de l'arrondissement de Cambrai, sur les moyens de dispenser les tisserands de travailler dans les caves, par MM. **Feneuille** et **Tordeux**. Cambrai, Berthoud, br. in-12.

2876 Sur l'emploi du plâtre et du poussier de charbon pour désinfecter instantanément les matières fécales, par M. J. **Herpin**. Paris, V.e Bouchard-Huzard, br. in-4.º

2877 Mémoire sur le service des vidanges publiques de la ville de Paris, par M. **Mille**. Paris, Carilian-Gœury et V.or Dalmont, 1854, br. in-8.º

2878 Rapport sur le mode d'assainissement des villes en Angleterre et en Ecosse, présenté au Préfet de la Seine par M. **Mille**. Paris, Vinchon, 1854, br. in-4.º

2879 Le D.r Duvergé ou coup d'œil sur l'état de l'hygiène publique et de l'agriculture en Touraine à un siècle de distance, 1761-1862, par le D.r Ch. **Brame**. Ladeveze, br. in-8.º

2880 Valeur du riz comme aliment, et réflexions générales sur l'alimentation, par M. J. **Girardin**. Rouen, Alf. Péron, 1855, br. in-8.º

2881 Santé des prisonniers de guerre, par L. **Villermé**. (Extrait du *Dictionnaire des sciences médicales*); br. in-8.º

2882 Hygiène militaire, ou avis sur les moyens de conserver la santé des troupes, ouvrage pour le service de terre, par le D.ʳ J. Rom. Louis **Kerckhoff**. Maestricht, Nypels, 1815, in-8.º

2883 Notice sur l'hygiène militaire, par Hippolyte **Larrey**; br. in-8.º

2884 Conseils d'hygiène aux populations indigènes de l'Algérie, par le D.ʳ E. **Bertherand**. Alger, Imp. du gouvernement, 1851, br. in-8.º

2885 Mémoire sur le sauvetage des naufragés, par M. **Charié-Marsaines**. Paris, Dunod, 1868, br. in-8.º

2886 Dépilatoire économique et sans danger; suppression du dépilatoire au sulfure d'arsenic très-dangereux. Amiens, T. Jeunet, 1861, br. in-8.º

G. **Chirurgie**.

2887 De la méthode analytique en chirurgie, par H. **Larrey**, fils. Paris, Moquet, 1841, br. in-8.º

2888 Cours d'opérations de chirurgie démontrées au jardin royal, par M. **Dionis**, premier chirurgien de feues Mesdames les Dauphines, 8.ᵐᵉ édition publiée par M. Georges **de La Faye**. Paris, V.ᵉ D'Houri, 1777, in-8.º

2889 Relation chirurgicale des événements de juillet 1830 à l'hôpital militaire du Gros-Caillou, par Hippolyte **Larrey**, 2.ᵉ édition. Paris, Béchet, 1831, in-8.º

2890 Relation médico-chirurgicale succincte de la campagne de Kabylie en 1857, et spécialement des faits qui se rapportent au 2.ᵉ bataillon du 70.ᵉ régiment de ligne, par H. **Scoutetten**. Metz, F. Blanc, 1858, br. in-8.º

2891 Mémoire et observations sur plusieurs opérations nouvelles, par M. **Scoutetten**; br. in-8.º

2892 Disquisitio medico-legalis de variis lethalitatis gradibus vulnerum partium continentium et contentarum thoracis, auctore J. **de Mersseman**. Gand, de Goesin-Verhaeghe, 1831, in-4.º

2893 Mémoire sur les plaies pénétrantes de l'abdomen compliquées d'issue de l'épiploon, par Hippolyte **Larrey**. Paris, Londres, Baillière, 1845, br. in-4.º

2894 Traité sur le sang, l'inflammation et les playes d'armes à feu, par John **Hunter**; traduit de l'anglais par J. **Dubar**. Ostende, P. Scheldewart, an VII, 3 vol. in-8.º

2895 Les résections osseuses, d'après les procédés opératoires du professeur B. Langenbeck, précédé d'un exposé des expériences de M. Wagner, relatives au mécanisme de la cicatrisation des plaies osseuses après les résections, par le D.ʳ **Verhaeghe**. Bruxelles, J.-B. Tircher, 1858, br. in-8.º

2896 Des amputations consécutives à l'ostéomyélite dans les fractures des membres par armes à feu, par M. H. baron **Larrey**. Paris, J.-B. Baillière, 1860, br. in-8.º

2897 De la désarticulation coxo-fémorale au point de vue de la chirurgie d'armée, par M. H. baron **Larrey**. Paris, V.ᵒʳ Masson, 1860, br. in-4.º

2898 Quel est le meilleur traitement des fractures du col du fémur? par Hippolyte **Larrey**. Paris, A. Pinard, 1835, br. in-4.º

2899 Recherches historiques, physiologiques et pathologiques sur le mécanisme des luxations spontanées ou symptomatiques du fémur, par J. **Parise.** Paris, Locquin, 1842, br. in-8.º

2900 De la suture mixte et en faufil, par le D.ʳ E. **Bertherand**. Paris, Germer Baillière, 1855, br. in-8.º

2901 Rapport à la Société d'émulation de la Seine-Inférieure sur les appareils inventés par M. le D.ʳ Nicole, d'Elbeuf, par M. **Vingtrinier**. Rouen, Alfred Péron, 1855, br. in-8.º

2902 Le hamac ou nouvel appareil à suspension pour les fractures et les blessures graves du membre inférieur, par H. **Scoutetten**. Paris, Metz, 1856, br. in-8.º

2903 Considérations cliniques sur un nouvel appareil à fractures, recueillies à l'hôpital militaire du Gros-Caillou, par E. **Bertherand**; br. in-8.º

2904 De l'alcool et des composés alcooliques en chirurgie, de leur influence sur la réunion immédiate et sur les accidents graves ou mortels des plaies et des opérations, par MM. J. **Batailhé** et Ad. **Guillet**. Paris, Coccoz, 1859, br. in-8.º

2905 De l'eau froide en chirurgie et spécialement dans le traitement des désordres thraumatiques de nature contusive, par M. Amand **Beaupoil**; br. in-8.º

2906 La méthode ovalaire, ou nouvelle méthode pour amputer dans les articulations, par H. **Scoutetten**. Paris, Bruxelles, 1827, in-4.º

2907 Observations sur la position de l'avant-bras dans le traitement des fractures du radius et du cubitus, par le D.ʳ M. A. **Bidard**; br. in-4.º

2908 Ecrasement de la face; fracture du maxillaire supérieur; guérison, par Amand **Beaupoil**; br, in-8.º

2909 Tableau indicatif des maladies qui peuvent motiver l'abla-
t'on en totalité de l'os maxillaire supérieur, et de celles
qui ne motivent pas cette opération, suivi d'observations
relatives à la médecine, à la chirurgie et à la tératologie,
par M. H. **Ripault.** Paris, Londres, Baillière, 1847, br.
in-8.º

2910 Tumeur dégénérée du genou; observation recueillie, par
le D.ʳ H. **Larrey**; br. in-8.º

2911 Mémoire sur l'allongement et le raccourcissement du membre inférieur dans la coxalgie, par J. **Parise.** Paris,
Rignoux, 1843, br. in-8.º

2912 Sur les déviations de la colonne vertébrale et sur la manière dont elles peuvent se développer, par M. J. G. **Martin de Saint-Ange**; br. in-8.º

2913 L'art dentaire, revue mensuelle de la chirurgie et de la
prothèse dentaires rédigée sous la direction de A. **Préterre**, dentiste américain; n.ᵒˢ de février 1863 et d'août
1864; br. in-8.º

2914 Extraction des dents et opérations dentaires sans souffrance,
par le protoxide d'azote, par M. **Préterre**; 1868, br.
in-8.º

2915 Institut orthopédique de la Muette, dirigé par le D.ʳ Jules
Guérin. Paris, Adolphe Everat, 1837, br. in-4.º

2916 Rapport adressé à Monsieur le délégué du Gouvernement
provisoire sur les traitements orthopédiques de M. le D.ʳ
Jules Guérin, à l'hôpital des enfants, pendant les années
1843, 1844 et 1845, par une Commission composée de
MM. **Blandin**, P. **Dubois, Jobert, Louis, Rayer**
et **Serres.** Paris, 1848, in-4.º

2917 De la cure radicale des pieds bots, par H. **Scoutetten.**
Metz, M. Alcan, 1857, br. in-8.º

H. Pharmacie.

2918 Pharmacopée universelle, contenant toutes les compositions
de pharmacie qui sont en usage dans la médecine, tant en
France que dans toute l'Europe; leurs vertus, leurs
doses, les manières d'opérer les plus simples et les
meilleures, avec un lexicon pharmaceutique, plusieurs
remarques et des raisonnements sur chaque opération,
par Nicolas **Lemery**, de l'Académie, 5.ᵉ édition, t. I.
Paris, Desaint, Saillant, etc., 1763, in-4.º

2919 Pharmacopée usuelle, théorique et pratique, par J.-B.

Van Mons. Louvain, Vanlinthout et Vandenzande, 1821, 1822, 2 vol. in-8.º

2920 J.-B. **Van Mons** in academ. Lovan. prof. p. o. materiei medico-pharmaceuticæ nec non pharmaciæ practicæ compendium, auditorum usui accommodatum et duce pharmacopæia belgica conscriptum cum appendice. — Pars prima. Louvain, Fr. Michel, 1829, in-8.º

2921 Histoire de la pharmacie et de la matière médicale depuis les temps les plus reculés jusqu'à nos jours, par Paul Antoine **Cap**, t. i. Anvers, Paris, 1850, in-8.º

2922 Journal de pharmacie et de chimie contenant les travaux de la Société de pharmacie de Paris, une revue médicale et une revue des travaux chimiques publiés à l'étranger, 1869. Paris, in-8.º

2923 Bulletin des travaux de la Société libre des pharmaciens de Rouen, en 1852. Rouen, Alfred Péron, 1853, br. in-8.º

2924 10.ᵉ session des congrès des Sociétés de pharmacie de France, tenue à Lille, les 17, 18 et 19 août 1866. Lille, Blocquel-Castiaux, in-8.º

2925 Des améliorations que réclame la législation pharmaceutique belge, par le chevalier **de Bidart de Thumaide**. Liége, Félix Oudart, 1844, in-8.º

2926 Formulaire pharmaceutique à l'usage des hôpitaux militaires de la France, rédigé par le Conseil de santé des armées. Paris, Méquignon, 1821, in-8.º

2927 Cours d'histoire naturelle pharmaceutique, ou histoire des substances usitées dans la thérapeutique, les arts et l'économie domestique, par A. L. A. **Fée**. Paris, Corby, 1828, 2 vol. in-8.º

2928 Phytologie pharmaceutique et médicale, ou végétaux envisagés sous les rapports anatomique, physiologique, taxonomique, chimique, pharmacologique et thérapeutique, par P. J. E. **de Smyttère**. Paris, Strasbourg, Bruxelles, 1829, in-8.º

2929 Etudes sur la graine de lin, ses principes constituants et les différentes préparations auxquelles on la soumet pour les besoins de la médecine, par V.ᵒʳ **Meurein**, 1851, br. in-8.º

2930 Histoire pharmacologique du camphre, par D. B. **Millot**. Paris, Lille, Strasbourg, 1837, br. in-4.º

2931 Histoire naturelle, médicale et pharmaceutique, de la famille des euphorbiacées, par Benoît Edouard **Dutoit**. Paris, Rignoux, 1848, br. in-4.º

I. Médecine vétérinaire.

2932 Dictionnaire de médecine et de chirurgie vétérinaires, par M. **Hurtrel d'Arboval**. Paris, Londres, J.-B. Baillière, 1826, 1828, 4 vol. in-8.º

2933 Dictionnaire de médecine, de chirurgie et d'hygiène vétérinaires, par M. **Hurtrel d'Arboval**, 2.ᵉ édition, t. II, III, V et VI. Paris, Londres, etc., 1838-1839, 4 vol. in-8.º

2934 Notions élémentaires de médecine vétérinaire militaire ou considérations générales sur le choix et les différentes qualités des chevaux de troupes, leur conservation, les causes de leurs maladies, les remontes, les réformes, le service des vétérinaires militaires, etc., etc., par J.-B. C. **Rodet**. Paris, M.ᵐᵉ Huzard, 1825, in-12.

2935 Recueil de médecine vétérinaire, journal consacré à l'étude et aux progrès de la médecine vétérinaire et des sciences qui s'y rattachent, publié par MM. H. **Bouley** et **Reynal**, n.º de juillet 1857. Paris, br. in-8.º

2936 Traité analytique de médecine légale vétérinaire, par J. B. C. **Rodet**. Paris, M.ᵐᵉ Huzard, 1827, in-12.

2937 Doctrine physiologique appliquée à la médecine vétérinaire, ou de la nature et du traitement de différentes maladies, et en particulier de la gourme, de la fourbure, de la morve, du farcin, etc., éclairés par de nouvelles observations et par leur étude anatomico-pathologique, par J.-B. C. **Rodet**. Paris, Cordier, Janet, etc., 1828, vol. in-8.º

2938 Rapports à la Société d'agriculture de Paris, sur les Concours de mémoires et d'observations de médecine vétérinaire pratique en 1815, 1816, 1821 et 1823. Paris, M.ᵐᵉ Huzard, 4 br. in-8.º

2939 Association vétérinaire des départements du Nord et du Pas-de-Calais; procès-verbal de la séance du 15 novembre 1863. Douai, Lucien Crépin, 1864, br. in-8.º

2940 Mémoire en réponse à diverses questions mises au Concours en 1849, par la Société vétérinaire du Calvados et de la Manche, par M. F. **Person**; br. in-8.º

2941 Aperçu rapide des travaux de la Société vétérinaire des départements du Calvados et de la Manche, par M. **Charles**; br. in-8.º

2942 Actes du Congrès médical de France, session de 1845,

publiés par les soins de MM. **Serres**, **Bouillaud**, **Soubeiran**, **Latour**, etc. — Section de médecine vétérinaire. Paris, 1846, in-8.º

2943 Le sort des animaux en campagne, par M. E. **Decroix**. Paris, de Soye, 1866, br. in-8.º

2944 Conférence sur les vices rédhibitoires dans la vente et l'échange des animaux domestiques, par M. **Charles**; br. in-8.º

2945 Notice sur les maladies que les chaleurs et la sécheresse de l'été 1818 ont pu développer parmi les bestiaux, et sur les moyens de prévenir celles qui pourraient naître pendant l'automne suivant, par M. **Hurtrel d'Arboval**, 3.ᵉ édition; br. in-8.º

2946 Notice sur les maladies qui peuvent se développer parmi les bestiaux, soit durant les chaleurs et la sécheresse, soit dans le cours des automnes pluvieux et froids, par M. **Hurtrel d'Arboval**, 4.ᵉ édition. Paris, M.ᵐᵉ Huzard, 1819, br. in-8.º

2947 De l'influence du transport par les chemins de fer sur la santé des animaux destinés à la boucherie et à l'engraissement, par C. E. **Bertherand**. Lille, Lefebvre-Ducrocq, 1856, br. in-8.º

2948 Typhus chez les animaux domestiques, par J. M. **Cléouet**. Morlaix, V.ᵉ Guilmer, 1835, br. in-8.º

2949 Examen de pelotes trouvées dans l'estomac de jeunes poulains, par MM. J. **Girardin** et **Malbranche**; br. in-8.º

2950 Histoire d'un cheval de troupe, par Léon J.-B. **Rochas**. Paris, Bouchard-Huzard, 1839, in-12.

2951 Un mot sur les causes de la mortalité des chevaux dans la cavalerie française, par M. **Reynal**. Paris, Félix Locquin, 1842, br. in-8.º

2952 Recherches sur la nature de l'affection maladive à laquelle on a donné le nom de pousse, par J.-B. C. **Rodet**. Paris, M.ᵐᵉ Huzard, 1825, in-8.º

2953 Fragments de recherches comparées sur la nature constitutive de différentes sortes de fibrine de cheval dans l'état normal et pathologique, par L. R. **de Fellenberg**. Berne, Haller, 1841, br. in-8.º

2954 De l'affection typhoïde de l'espèce chevaline et de ses rapports avec la fièvre typhoïde de l'homme, par M. **Loiset**. Lille, Lefebvre-Ducrocq, 1853, br. in-8.º

2955 Recherches sur la nature, les causes de la morve, et les moyens à employer pour en diminuer les ravages, par

J.-B. C. **Rodet**. Paris, Cordier, Janet, etc., 1830, in-8.°

2956 L'art de ferrer les chevaux sans faire usage de la force, par Constantin **Balassa**, traduit de l'allemand par Fortuné **de Brack**. Paris, Houdaille, 1835, br. in-8.°

2957 De la ferrure sous le point de vue de l'hygiène, ou de son influence sur la conservation tant des animaux que de leur aptitude au travail, suivie des moyens d'agir sur la corne, dans l'intention d'entretenir ou de rétablir les bonnes qualités des pieds des animaux, par J.-B. C. **Rodet**. Paris, Bouchard-Huzard, 1841, br. in-8.°

2958 Médecine du bœuf, ou traité des maladies les plus meurtrières des bêtes bovines, par J.-B. C. **Rodet**. Paris, Cordier, Janet, etc., 1829, vol. in-8.°

2959 Premier mémoire sur l'enzootie foudroyante (myélite dorso lombaire), attaquant toutes les espèces herbivores dans le Nord de la France, par M. **Loiset**. Lille, Lefebvre-Ducrocq, 1853, br. in-8.°

2960 Traité sur la maladie de poitrine du gros bétail, connue sous le nom de péripneumonie contagieuse, par O. **Delafond**. Paris, Labé, 1844, in-8.°

2961 Instruction sur les moyens préservatifs contre l'épizootie qui règne en ce moment parmi les bêtes à corne, publiée par la Société d'agriculture, du commerce et des arts de Boulogne-sur-Mer. Boulogne, Leroy-Berger, 1816, br. in-8.°

2962 Instruction sommaire sur l'épizootie contagieuse qui vient de se déclarer parmi les bêtes à cornes dans le département du Pas-de-Calais, par M. **Hurtrel d'Arboval**, 2.e édition. Paris, M.me Huzard, 1816, in-8.°

2963 Instruction sur la pleuropneumonie ou péripneumonie contagieuse des bêtes bovines de la vallée de Bray (Seine-Inférieure), par O. **Delafond**. Paris, Paul Dupont, 1840, br. in-8.°

2964 De l'inoculation du bétail, opération destinée à prévenir la pleuropneumonie exsudative des bêtes bovines, par J. M. J. **de Saive**. Paris, 1853, br. in-8.°

2965 Rapport sur les inoculations de pleuropneumonie épizootique dans le Nord de la France d'après le système du docteur Willems, par une Commission mixte de la Société centrale de médecine et du Comice agricole de Lille, M. **Loiset**, rapporteur; br. in-8.°

2966 Monographie sur la torsion du vagin et de la matrice chez les femelles de l'espèce bovine, suivie de l'étude de la même question chez la jument, par M. A. **Goubaux**. Paris, V.e Bouchard-Huzard, 1859, br. in-8.°

2967 Mémoire sur les prétendus cervaux ossifiés ou sur les exostoses de la face interne du crane chez les animaux de l'espèce bovine, par Arm. **Goubaux**; 1854, br. in-8.º

2968 Traité sur la maladie de sang des bêtes bovines, suivi de l'étude comparée de cette affection avec l'entérite suraigüe et la fièvre charbonneuse, par O. **Delafond**. Paris, Labé, 1848, in-8.º

2969 Traité sur la pourriture ou cachexie aqueuse des bêtes à laine qui règne actuellement à l'état épizootique sur les troupeaux de plusieurs parties de la France, par O. **Delafond**. Paris, Labé, 1854, br. in-8.º

2970 Spécifique aussi rapide qu'infaillible pour la guérison de la maladie des moutons, connue sous le nom de *Pesogne* ou *Pi,'tain*, vulgairement *Mal-blanc* et improprement *fourchet*, par M. **Morel de Vindé**. Paris, M.me Huzard, 1812; br. in-8.º

2971 Rapport présenté à la Société d'agriculture, sciences et arts du département du Nord, par M. **Tressigny** sur le procédé de M. de Nairac, pour préserver les bêtes à laine du tournis et de toute affection cérébrale, au moyen de la cautérisation. Douai, 1823, br. in-8.º

2972 Notice sur la guérison du chancre contagieux de la bouche des bêtes à laine, par M. **Morel de Vindé**. Paris, M.me Huzard, 1817, br. in-8.º

2973 Mémoire sur le claveau et sur les avantages de son inoculation, par J. **Girard**, 2.e édition. Paris, M.me Huzard, 1818, br. in-8.º

2974 Traité de la clavelée, de la vaccination et clavelisation des bêtes à laine, par M. **Hurtrel d'Arboval**. Paris, Amiens, 1822, in-8.º

2975 Conjectures sur l'existence de quelques animaux microscopiques, considérés comme cause de plusieurs maladies des moutons, par M. Ch. **Morel de Vindé**. Paris, M.me Huzard, 1811, br. in-8.º

2976 Mémoire sur les hernies inguinales des femelles de l'espèce canine, par M. A. **Goubaux**. Paris, Renou et Maulde, 1858, br, in-8.º

V. — SCIENCES MATHÉMATIQUES.

A. **Partie historique**.

2977 Note sur l'origine des chiffres, par M. **Vincent**; feuille in-4.º

2978 The celebrated theory of parallels : demonstration of the celebrated theorem Euclid I, axiom 12, by Matthew **Ryan**. Washington, 1866, br. in-8.º

2979 Demonstration of the celebrated theorem Euclid I, axiom 12, by Matthew **Ryan**. Washington, 1866, br. in-8.º

2980 Note sur deux passages d'Euclide, par M. A. **Vincent**; br. in-8.º

2981 Sur un point de l'histoire de la géométrie chez les Grecs et sur les principes philosophiques de cette science, par M. A. **Vincent**. Paris, Hachette, 1857, in-8.º

2982 Note de M. Th. **Martin** sur la théorie des parallèles à l'occasion d'un mémoire de M. Vincent intitulé : Sur un point de l'histoire de la géométrie chez les Grecs, et sur les principes philosophiques de cette science. Paris, Paul Dupont, br. in-8.º

2983 Note sur la théorie des parallèles, par M. **Vincent**. Paris, Mallet-Bachelier, br. in-4.º

2984 Traité de la chirobaliste d'Héron d'Alexandrie, traduction par A. **Vincent**. Paris, Lainé et Havard, 1866, in-8.º

2985 Essai d'explication d'un passage mathématique du dialogue de Platon qui a pour titre : Ménon ou de la vertu, par A. **Vincent**. Paris, A. Leleux, 1856, br. in-8.º

2986 Rapports du jury chargé par les décrets impériaux des 24 fructidor an 12 et 28 novembre 1809, de proposer les ouvrages susceptibles d'obtenir les prix décennaux avec les rapports faits par la classe des sciences mathématiques et physiques de l'Institut de France. Paris, Baudouin et Garnery, 1810, in-4.º

2987 Notice sur les travaux mathématiques de M. J. **Serret**. Paris, Bachelier, br. in-4.º

2988 Note sur la numération chez les Romains, par M. A. **Vincent**; br. in-8.º

2989 Seconde notice sur la théorie des porismes, par A. **Vincent**. Paris, Dubuisson, br. in-8.º

2990 Note sur la comparaison de la demie toise de Vienne avec le mètre français, par M. **de Prony**; br. in-8.º

2991 Histoire des sciences mathématiques et physiques chez les Belges, par Ad. **Quetelet**. Bruxelles, Hayez, 1864, in-8.º

2992 Sciences mathématiques et physiques chez les Belges, au commencement du xix.ᵉ siècle, par Ad. **Quetelet**. Bruxelles, Thiry Van Buggenhoudt, 1866, in-8.º

2993 Analyse des travaux de la classe des sciences mathématiques et physiques de l'Institut pendant 1810 (partie mathématique), par M. **Delambre**, secrét. perp. Paris, Baudouin, br. in-4.º

2994 Analyse des travaux de l'académie royale des sciences pendant l'année 1827 (partie mathématique), par M. le baron **Fourier**, secrétaire perpétuel. Paris, Firmin Didot, in-4.º

2995 Histoire de l'astronomie au xviii.ᵉ siècle, par M. **Delambre**, publiée par M. **Mathieu**. Paris, Bachelier, 1827, vol. in-4.º

2996 Sur le calendrier des Mahométans, par M. **Francœur**. Paris, Bachelier, br. in-8.º

2997 Mémoire sur le calendrier Musulman et sur le calendrier Hébraïque, par M. **Martin**. Paris, Mallet Bachelier, 1857, in-8.º

2998 Mémoire sur le calendrier des Lagides à l'occasion de la découverte du décret de Canope, par M. A. **Vincent**. Paris, Didier et C.ⁱᵉ, 1868, br. in-8.º

2999 Théorie du calendrier, collection de tous les calendriers passés et futurs, par L. **Francœur**. Paris, Roret, 1842, in-18.

3000 Observations relatives à la note de M. de Rougé sur le calendrier et les années Egyptiennes, par M. A. **Vincent**. Paris, br. in-8.º

B. Mathématiques élémentaires.

a' *Arithmétique, Algèbre.*

3001 Leçons élémentaires de mathématiques, par l'abbé **de la Caille**. Paris, 1764, in-8.º

3002 Cours élémentaire et complet de mathématiques pures, rédigé par **La Caille**, augmenté par **Marié**, et éclairci par **Théveneau**, 2.ᵉ édition. Paris, Courcier, an VII, in-8.º

3003 Abrégé des éléments de mathématiques, par M. **Rivard**, (7.ᵉ édition). Paris, Saillant, 1767, in-8.º

3004 Traité élémentaire de l'analyse mathématique, par J. A. J. **Cousin**. Paris, Bernard, 1797, in-8.º

3005 Programme détaillé du cours complet de mathématiques élémentaires, professé au collège municipal de Rollin, par A. M. **Laisné**. Paris, 1832, V.ᵉ Porthmann, br. in-8.º

3006 Eléments d'arithmétique, par M. **Bourdon**, (10.ᵉ édition). Paris, Bachelier, 1833, in-8.º

3007 Eléments d'arithmétique, par M. **Bourdon**, (11.ᵉ édition). Paris, Bachelier, 1833, in-8.º

3008 Eléments d'arithmétique, par M. **Bourdon**, (13.ᵉ édition). Paris, Bachelier, 1835, in-8.º

3009 Eléments d'arithmétique, ouvrage propre à servir d'introduction aux traités d'algèbre et de géométrie, par F. **J. L.** à Paris chez Dupret, Quai des Augustins. An XI, in-8.º

3010 Nouveau traité élémentaire d'arithmétique approprié à toutes les intelligences, par G. **Deman**. Dunkerque, 1854, in-12.

3011 Programme du cours d'arithmétique fait aux élèves de philosophie du collège St-Louis, par A. **Vincent**. Paris, in-8.º

3012 Arithmétique des écoles primaires ou leçons populaires sur le calcul, par C. **Bergery**. Metz, P. Wittersheim, 1832, in-18.

3013 Extrait d'un rapport sur la machine à calculer dite arithmomètre de M. Thomas, de Colmar, par M. **Lemoyne**. Paris, V.ᵒʳ Dalmont, 1854, br. in-8.º

3014 Application de l'arithmétique au commerce et à la banque, par J.-B. **Juvigny**. Paris, Firmin Didot, 1820, in-8.º

3015 Théorie des calculs, par **Chelle**; 3.ᵉ partie. Paris, 1833, in-16.

3016 Résolution des questions relatives à l'épreuve pratique d'après le programme officiel du 20 avril 1853, par E. **Reynaud**. Paris, V.ᵒʳ Dalmont, 1855, in-8.º

3017 Bibliothèque populaire ou l'instruction mise à la portée de toutes les classes et de toutes les intelligences, publiée sous la direction de M. Ajasson de Grandsagne; théorie des calculs, ouvrage extrait de celui de Condillac; intitulé : Langue des calculs, par C. **Chelle**, 3.ᵉ partie. Paris, 1833, in-18.

3018 Sugli spezzamenti diversi che puo subire un dato numero tutti ad una stessa legge di partizione subordinati, nota del prof. P. **Volpicelli**. Roma, 1857, br. in-4.º

3019 Exposi ion du système métrique et du calcul décimal, par M. **Delezenne**, suivie d'un rapport sur les monnaies, poids et mesures de la commune de Lille, par M. **Testelin**. Lille, Danel, 1807, in-8.º

3020 L'indicateur des poids et mesures métriques, par Martin **Paquet**, (2.ᵉ édition). Caen, 1840, br. in-12

3021 Notice sur l'emploi de la règle à calcul destinée aux candidats à l'école polytechnique et à l'école mil'taire de St-Cyr, par **Guiraudet**, agrégé de l'Université, etc. Paris, imp. de Guiraudet et Jouaust, 1852, br. in-12.

3022 Seconde note sur les calculs d'intérêts, par **Vincent**; br. in-8.º

3023 Note sur les formules d'intérêt. Extrait du *Géomètre*, par **Vincent**; br in-8.º

3024 Instruction élémentaire et pratique sur l'usage des tables de logarithmes, par M. le baron de **Prony**. Paris, 1834, br. in-18.

3025 Notice sur les grandes tables logarithmiques et trigonométriques, calculées sous la direction du citoyen **Prony**. Paris, Baudouin, an IX, br. in-4.º

3026 Eléments d'algèbre de M. **Saunderson**, traduits et augmentés par M. **de Joncourt**. Amsterdam et Leipzig, 1756, 2 vol. in-4.º reliés en un seul.

3027 Eléments d'algèbre, par M. **Bourdon**, (sixième édition). Paris, Bachelier, 1831, in-8.º

3028 Eléments d'algèbre, par M. **Bourdon**, (7.ᵉ édition). Paris, 1834, in-8.º

3029 Complément des éléments d'algèbre à l'usage de l'école centrale des quatre nations, par S. F. **Lacroix**, (6.ᵉ édition). Paris, Bachelier, 1835, in-8.º

3030 Application de l'algèbre à la géométrie, par M. **Bourdon**. Paris, Bachelier. 1831, in-8.º

3031 Recherche des points à l'infini sur les surfaces algébriques, par M. L **Painvin**. Berlin, Georges Reimer, br. in-4 º

3032 Note sur la convergence des séries, par M. A. **Timmermans**. Bruxelles, 1846, br. in-8.º

3033 Note sur la sommation de certaines séries; par E. **Cata-**

lan. Extrait des *Nouvelles Annales de mathématiques* ; br. in-8.°

3034 Note sur la sommation de quelques séries, par E. **Catalan**. Paris, Bachelier, br. in-4.°

3035 Sur les fonctions de Sturm, par Ph. **Gilbert**. Louvain, 1866, br. in-8.°

3036 Recherches sur les déterminants, par E. **Catalan** ; br. in-8.°

3037 Note sur l'analyse indéterminée du premier degré, par E. **Catalan**. Extrait des *Nouvelles Annales de mathématiques* ; 1852, br. in-8.°

3038 Note sur quelques points de la théorie des séries, par M. E. **Catalan**. Paris, Mallet-Bachelier, br. in-4.°

3039 Théorie des fractions, par E. **Catalan**. Bachelier, 1852, br. in-8.°

3040 Note sur les fractions continues, extrait du *Géomètre*, recueil de mathématiques publié par M. **Guillard** ; br. in-8.°

3041 Sur une méthode proposée par Ampère pour extraire les racines des fractions. Décomposition des fractions en facteurs. Application à la théorie de la gamme, principalement chez les Grecs, par A. J. H. **Vincent** ; br. in-8.°

3042 Notes sur l'emploi des séries divergentes en analyse, par M. Henri **Fleury**. Paris, Noblet et Baudry, 1868, br. in-4.°

3043 Méthode pour la résolution, par approximations successives, des problèmes à deux inconnues, posés ou non posés en équation, par M. **de Saint-Venant**. Paris, br. in-4.°

3044 Note sur la résolution des équations numériques, par M. **Vincent** ; br. in.4.°

3045 Note sur la résolution des équations numériques, par M. **Vincent**. Paris, Bachelier, br. in-8.°

3046 Complément de la théorie des équations du premier degré suivi d'un traité des différences et de l'interpolation des séries, par P. **Desnanot**. Paris, Volland, 1819, in-8.°

3047 Discussion des racines des équations déterminées du premier degré à plusieurs inconnues, par J. G. **Garnier**. Paris, 1813, in-8.°

b' *Géométrie.*

3048 Cours de géométrie élémentaire, par A. **Vincent**. Reims, Paris, 1826, in-8.°

3049 Cours de géométrie élémentaire, par A. **Vincent**, (2.e édition). Paris, Bachelier, 1832, in-8.º

3050 Cours de géométrie élémentaire, par A. **Vincent**, (3.e édition). Paris, Bachelier, 1834, in-8.º

3051 Cours de géométrie élémentaire, par A. **Vincent**, (5.e édition). Paris, Bachelier, 1844, in-8.º

3052 Précis de géométrie élémentaire, par A. **Vincent**, augmenté de la trigonométrie de M. **Bourdon**. Paris, Bachelier, 1837, in-8.º

3053 Abrégé du cours de géométrie, par A. **Vincent**. Paris, Bachelier, 1844, in-8.º

3054 Euclidis elementorum libri xv, auctore Christophoro **Clavio**. Francfort, 1607, in-8.º

3055 Géométrie élémentaire rédigée conformément aux programmes officiels de 1866, par H. **Bos**, 2.e année. Géométrie dans l'espace. Paris, Delagrave, 1869, in-8.º

3056 Eléments de géométrie et de topographie, par J.-B. **Liagre**. Bruxelles, Jamar, in-8.º

3057 Traité élémentaire de géométrie descriptive, par H. Ch. **de Lafrémoire** et E. **Catalan**, avec un atlas, (2.e édition). Paris, Carillian-Gœury et V.or Dalmont, 1852, vol. in-8.º

3058 Géométrie des écoles primaires, par C. L. **Bergery**. Metz, P. Wittersheim, 1831, in-8.º

3059 Géométrie du compâs, par L. **Mascheroni**, traduit de l'italien par M. A. **Carette**. Paris, Duprat, 1798, vol. in-8.º

3060 Note sur les moyens de perfectionner le compas de réduction en donnant à son usage plus d'étendue et de précision, par le baron **de Prony**. Paris, Carillian-Gœury, 1835, br. in-8.º

3061 Dessin linéaire et géométrie pratique précédés d'un traité d'arithmétique, 2.e édition, par M. **Lancelot**. Epernay, 1829, in-8.º

3062 Quelques questions de géométrie et d'analyse algébrique, par A. **Pâque**. Liége, H. Dessain, 1855, br. in-8.º

3063 Sur une nouvelle fonction génératrice des fonctions symétriques, par F. **Meier**, docteur en sciences physiques et mathématiques. Extrait du *Bulletin de l'Académie royale de Belgique;* 1860, br. in-8.º

3064 Application de la nouvelle analyse aux surfaces du second ordre, par L. **Painvin**, docteur ès-sciences mathématiques, etc. Paris, Mallet, 1851.

3065 Exposé d'un principe concernant l'intersection des surfaces, par F. **Meier**. Bruxelles, Hayez, br. in-4.°

3066 Propriétés des surfaces du second ordre conjuguées par rapport à un tétraèdre fixe, par M. **Painvin**; br. in-4.°

3067 Théorie des surfaces polaires d'un plan, par M. **Painvin**. Lille, Danel, 1866, br. in-8.°

3068 Traité des surfaces du second ordre et développements de géométrie analytique à trois dimensions, par M. **Saint-Loup** et M. **Bach**. Paris, Mallet-Bachelier, 1859, vol. in-8.°

3069 Sur le problème de la sphère tangente à quatre plans donnés, par E. **Catalan**. Paris, Bachelier, 1849, br. in-8.°

3070 Note sur la détermination des foyers d'une section plane dans une surface du second ordre, par M. L. **Painvin**. Paris, Gauthier Villars, br. in-8.°

3071 Mémoire sur un cas particulier de l'homographie plane, par J. **Somoff**. St-Pétersbourg, 1863, br. in-4.°

3072 Observations sur les polygones étoilés, par M. **Lévy**. Rouen, Périaux, 1824, br. in-8.°

3073 Détermination du volume maximum d'un tétraèdre dont les faces ont des aires données, par M. **Painvin**. Paris, Mallet-Bachelier, br. in-8.°

3074 Théorème sur les coniques inscrites dans un quadrilatère, par M. **Painvin**. Paris, br. in-8.°

3075 Sur les foyers des courbes d'intersection de deux surfaces du second degré, par E. **Catalan**. Paris, Fain et Thunot, 1847, br. in-8.°

3076 Sur les normales aux coniques, par E. **Catalan**. Paris, E. Thunot, 1848, br. in-8.°

3077 Note sur la projection stéréographique, par M. E. **Catalan**. Paris, Mallet-Bachelier, br. in-4.°

3078 Recherche des points multiples à l'infini dans les courbes algébriques, par M. **Painvin**. Paris, Gauthier Villars, br. in-8.°

3079 Tables relatives au tracé des courbes de raccordement composées, par M. C. **Prus**. Angers, Cornilleau et Maige, 1846; in-8.°

3080 Eléments de trigonométrie rectiligne à l'usage des élèves des lycées et colléges, par H. **Bos**. Paris, Eugène Belin, 1867, in-8.°

3081 Traité de trigonométrie, par M. **Reville**; manuscrit in-8.°

3082 Nouvelle méthode de nivellement trigonométrique, par M. **de Prony**. Paris, Firmin Didot, 1822, br. in-4.°

3083 Tableau des arts et métiers et des beaux-arts pour propager l'instruction des cours de géométrie et de mécanique appliqués aux arts, par le baron Ch. **Dupin**. Paris, Bachelier, 1826, in-8.º

c' *Mécanique.*

3084 Leçons élémentaires de mécanique, par l'abbé **de la Caille**. Paris, Guérin et Delatour, 1764, in-8.º

3085 Traité élémentaire de mécanique, par L. B. **Francœur**. Paris, Courcier, 1804, in-8.º

3086 Leçons de mécanique analytique, par M. **de Prony**. Paris, 1815, in-4.º

3087 Thèses de mécanique et d'analyse présentées à la Faculté des sciences de Paris, pour obtenir le grade de docteur ès-sciences, par M. **Guiraudet**. Paris, Guiraudet et Jouaust, 1856, br. in-4.º

3088 Thèses de mécanique et d'astronomie présentées à la Faculté des sciences de Montpellier, par L. **Gisclard**. Paris, Durand-Belle, 1847, br. in-4.º

3089 Thèses de mécanique rationnelle et de mécanique céleste, par M. **Mahistre**. Paris, Bachelier, 1852, br. in-4.º

3090 Jensenii **Kraftii** potentissimo Daniæ Regi quondam à consiliis justitiæ et professoris matheseos in Academia equestri Sorana mechanica latine reddita et aucta a Joanne Nicolao **Tetens**. Buezzovii et Wismariæ, apud Andr. Bergerum et Jac. Boednerum; in-4.º

3091 La méchanique générale, contenant la statique, l'airométrie, l'hydrostatique et l'hydraulique, par M. l'abbé **Deidier**. Paris, Ch. Jombert, 1741, in-4.º

3092 Observations sur un mémoire de M. Yvory au sujet de l'équilibre des ellipsoïdes homogènes, par J. **Liouville**; br. in-4.º

3093 Sur les mouvements relatifs à des systèmes quelconques, par M. **de Saint-Venant**. Paris, Bachelier, br. in-8.º

3094 Mémoire sur les sommes et les différences géométriques, et sur leur usage pour simplifier la mécanique, par M. **de Saint-Venant**. Paris, Bachelier, br. in-4.º

3095 Note sur un problème de mécanique, par E. **Catalan**. Paris, Bachelier, br. in-4.º

3096 Théorème de statique, par E. **Catalan**. Paris, Fain et Thunot, br. in-8.º

3097 Principes de mécanique expérimentale et appliquée, par M. **Guiraudet**. Paris, V.^{or} Masson, 1868, 2 vol. petit in-8.°

3098 Cours de mécanique appliquée, par M. **Mahistre** ; in-4.° autographié.

3099 Cours de mécanique appliquée, par M. **Mahistre**. Paris, Mallet-Bachelier, 1858, in-8.°

3100 Mémoire descriptif du moteur tournant sous l'eau, ou moteur Laborde. Paris, Gondelier-Morisset, br. in-8.°

3101 Note sur les pertes de travail dues à l'excentricité dans les roues à grande vitesse tournant autour d'un axe vertical, par M. **Mahistre**. Lille, Danel, br. in-8.°

3102 Mémoire sur un nouveau mode de construction de la vis d'Archimède, par E. **Davaine**. Lille, Danel, 1846. in-8.°

3103 Expériences sur les roues hydrauliques à aubes planes, et sur les roues hydrauliques à augets, par M. Arthur **Morin**. Metz, Paris, 1836, in-4.°

3104 Nouveau système de barrage à portes tournantes et équilibrées autour d'axes verticaux, proposé par le baron **de Prony**. Paris, Carilian-Gœury, 1836, br. in-8.°

3105 Tube propulseur de M. Hallette, système d'exécution et d'exploitation des chemins de fer par la pression atmosphérique. Paris, 1844, br. autographiée in-4.°

3106 De l'emploi de l'air chauffé comme force motrice, par M. Emm. **Liais**. Paris, Mallet-Bachelier, 1854, br. in-8.°

3107 Mémoire sur un nouveau système de moteur fonctionnant toujours avec la même vapeur, à laquelle on restitue, à chaque coup de piston, la chaleur qu'elle a perdue en produisant l'effet mécanique, par M. **Seguin** aîné. Paris, Mallet-Bachelier, 1857, br. in-4.°

3108 Description des machines à vapeur, par M. **Nicholson**, traduit de l'anglais par T. **Duverne**. Paris, Bachelier, 1826, in-8.°

3109 Traité élémentaire sur les machines à vapeur contenant leur application à la navigation, par L. **Tapié**. Bordeaux, P. Chaumas, 1858, in-8.°

3110 Mémoire descriptif d'une roue destinée à produire la détente de la vapeur, et à faire varier la course d'admission par degrés aussi petits qu'on voudra, entre toutes les limites possibles, par M. **Mahistre**. Lille, 1857, br. in-8.°

3111 Plus de machines à vapeur horizontales, par M. **Jobard**. Bruxelles, Leipzig, Émile Flatau, 1857, br. in-12.

3112 Sur le parallélogramme des forces de Simon Stévin, par A. **Timmermans**. Bruxelles, br. in-8.º

3113 Note sur l'action statique de 'la force dans le parallélogramme de Watt, par M. **Babinet** ; demi-feuille in-4.º

3114 Addition au mémoire sur la théorie du parallélogramme de Watt, par M. A. **Vincent**; demi-feuille in-4.º

3115 Formules pour calculer .l'effet d'une machine à vapeur à détente et à un seul cylindre ; tables de logarithmes hyperboliques calculées de 100.e en 100.e d'unité, pour faciliter l'usage de ces formules, par le baron **de Prony** ; br. autographiée de 9 pages.

3116 Expériences sur le tirage des voitures, faites en 1837 et 1838, par M. Arthur **Morin**. Metz, Paris, 1839, in-4.º

3117 Des moteurs à vapeur d'éther et à vapeurs combinées., par M. **Jobard** ; br in-8.º

3118 Rapport sur les machines au concours régional et international de Lille en 1863 adressé aux membres de l'association agricole. d'Ypres, par le secrétaire Ed. **Van Biesbrouck**. Ypres, Ange Van Eeckhout, br. in-8.º

3119 Note sur l'application de la théorie des solutions particulières des équations différentielles à des questions qui intéressent la pratique de l'art de l'ingénieur, par M. le baron **de Prony**. Paris chez Carillian, br. in-8.º

3120 Recherches mathématiques sur la forme la plus avantageuse à donner aux ailes des moulins à vent, par M. **Timmermans**. Bruxelles, M. Hayez, 1831, br. in-4.º

3121 Formules et tables nouvelles pour la solution des problèmes relatifs aux eaux courantes, par M. **de Saint-Venant**. Paris, Carillian-Gœury et V.or Dalmont, 1851, in-8.º

3122 Etablissement élémentaire des formules de la torsion des prismes élastiques, par M. **de Saint-Venant**. Paris, Bachelier br. in-4.º

3123 Mémoire sur la torsion des prismes et sur la forme affectée par leurs sections transversales primitivement planes, par M. **de Saint-Venant**. Paris, Bachelier, br. in-4.º

3124 Suite au mémoire sur la torsion des prismes, par M. **de Saint-Venant**. Paris, Bachelier, br. in-4.º

3125 Rapport concernant un Mémoire de M. de Saint-Venant, sur la torsion des prismes. Paris, Bachelier, br. in-4.º

3126 Mémoire sur la flexion des prismes élastiques, sur les glissements qui l'accompagnent lorsqu'elle ne s'opère pas uniformément ou en arc de cercle, et sur la forme courbe affectée alors par leurs sections transversales primitivement planes, par M. **de Saint-Venant.** Paris, Bachelier, br. in-4.º

3127 Note sur les flexions considérables des verges élastiques, par M. **de Saint-Venant.** Paris, Bachelier, br. in-4.º

3128 Note sur les inflexions qu'avaient subies, après un laps de vingt années, des lignes droites tracées sur le plan des têtes de l'arche du milieu du Pont Louis XVI avant son décintrement, etc., par M. le baron **de Prony.** Paris, Carillian-Gœury, 1832, br. in-8.º

3129 Sur l'établissement des arches de pont, envisagé au point de vue de la plus grande solidité, par M. Yvon **Villarceau.** Paris, Mallet-Bachelier, 1854, in-4.º

3130 Mémoires sur la résistance des solides, suivis de deux notes sur la flexion des pièces à double courbure, par M. **de Saint-Venant.** Paris, 1844, br. in-4.º

3131 Sur le nombre des coefficients inégaux des formules donnant les composantes des pressions dans l'intérieur des solides élastiques, par M. de **Saint-Venant.** Paris, br. in-8.º

3132 Note sur la pression dans l'intérieur des corps ou à leurs surfaces de séparation, par M. **de Saint-Venant.** Paris, Bachelier, br.in-4.º

3133 Mémoire sur l'équilibre des corps solides dans les limites de leur élasticité, par M. **de Saint-Venant.** Paris, Bachelier, br. in-4.º

3134 Solution nouvelle d'un problème d'analyse relatif aux phénomènes thermo-mécaniques, par J. **Liouville.** Paris, Bachelier, br. in-4.º

3135 Sur l'équilibre des corps flottants, par A. **Bravais.** Paris, Bertrand, 1840, br. in-4.º

3136 Mémoire sur l'influence retardatrice de la courbure dans les courants d'eau, par M. **de Saint-Venant.** Paris, Bachelier, br. in-4.º

3137 Mémoire sur la perte de force vive d'un fluide, aux endroits où sa section d'écoulement augmente brusquement ou rapidement, par M. **de Saint-Venant.** Paris, Bachelier, br. in-4.º

3138 Mémoire sur la théorie de la résistance des fluides, par M. **de Saint-Venant.** Paris, Bachelier, br. in-4.º

3139 D'une application de la cohésion des liquides en mécanique, par M. E. **Davaine.** Arras, Alph. Brissy, br. in-8.º

d' *Astronomie.*

3140 Cours de cosmographie, par M. **Mutel**; in-8.º

3141 Notice cosmologique, par M. **Lenglet**. Douai, V.ᵉ Adam, br. in-8.º

3142 Sur la structure de l'univers, par le major **Liagre.** Bruxelles, M. Hayez, 1862, br. in-8.º

3143 Mémoire sur l'état primitif et sur l'organisation de l'univers, par M. **Lenglet.** Paris, Bachelier et Techener, 1837, in-8.º

3144 Troisième mémoire sur les étoiles doubles, par M. Yvon **Villarceau.** Paris, Bachelier, br. in-4.º

3145 Observations des passages de la lune et des étoiles de même culmination, par M. A. **Quetelet.** Bruxelles, M. Hayez, br. in-8.º

3146 Observations faites à Briviesca, en Espagne, sur l'éclipse totale du 18 juillet 1860, par MM. **Lespiault** et **Burat.** Bordeaux, Gounouilhon, 1860, br. in-8.º

3147 Eclipse de soleil du 15 mars 1858, notice par A. **Quetelet.** Bruxelles, br. in-8.º

3148 Eclipse de soleil du 15 mars 1858, par M. A. **Quetelet.** Bruxelles, Hayez, br. in-8.º

3149 Des comètes en général et de la formation de leurs queues, par M. T. **Virlet.** Avesnes, Viroux, 1835, br. in-12.

3150 Rapport de M. **Trouessart** fait à la Société des sciences et arts de Poitiers, sur un ouvrage de M. Coyteux intitulé : *Qu'est-ce que le soleil? peut-il être habité?* réponse à ce rapport et notes critiques, par M. **Coyteux.** Poitiers, M. Bernard, 1867, in-8.º

3151 Discours sur la pluralité des mondes, par J. **Liagre.** Bruxelles, 1859, br. in-8.º

3152 Gnomonique élémentaire, par **Delezenne.** Lille, Paris, 1806, in-8.º

3153 Sur la latitude de l'observatoire de Bruxelles, par A. **Quetelet.** Bruxelles, M. Hayez, 1836, br. in-4.º

3154 Sur les mouvements propres des étoiles et du soleil, par le major **Liagre.** Bruxelles, M. Hayez, br. in-8.º

3155 Ephémérides pour la recherche de la comète périodique de D'Arrest, à son prochain retour en 1863 et 1864, par M. Yvon **Villarceau.** Paris, br. in-4.º

3156 Méthode de correction des éléments approchés des orbites des comètes, par M. Yvon **Villarceau**. Paris, Bachelier, br. in-4.º

3157 Recherches sur les atmosphères des comètes, par M. Ed. **Roche**. Paris, Mallet-Bachelier, 1859, br. in-4.º

3158 Note sur la masse des comètes, par M. Ed. **Roche**. Montpellier, br. in-4.º

3159 Mémoire sur la théorie des éclipses de lune et de soleil, et de la détermination de l'aplatissement des méridiens terrestres, par M. **Mahistre**. Paris, Mallet-Bachelier, Lille, Danel, 1855, br. in-8.º

3160 Sur les parhélies situés à la même hauteur que le soleil et sur le phénomène de l'arc-en-ciel blanc, par M. A. **Bravais**. Paris, Bachelier, 1845, br. in-4.º

3161 Note sur la distance des satellites, par M. Ed. **Roche**. Montpellier, Ricard, in-8.º

3162 Procédé pour calculer la masse et les éléments de l'orbite d'une planète perturbatrice inconnue, par M. Yvon **villarceau**. Paris, Bachelier, br. in-4.º

3163 Ephémérides des mouvements célestes pour le méridien de Paris, contenant les dix années de 1775 à 1784, revues et publiées par M. **de la Lande**. Paris, V.ᵉ Hérissant, 1774, in-4.º

3164 Nouvelles recherches sur la figure des atmosphères des corps célestes, par Ed. **Roche**. Paris, Leiber, 1862, br. in-4.º

3165 Mémoire sur le mouvement propre du système solaire dans l'espace, par M. A. **Bravais**. Paris, Bachelier, in-4.º

3166 Recherches sur la température de l'espace planétaire, par M. E. **Liais**. Cherbourg, A. Lecauf, br. in-8.º

3167 Thèse d'astronomie sur les méthodes employées dans les levés sous voiles, par M. A. **Bravais**. Lyon, V.ᵉ Ayné, 1837, br. in-8.º

3168 Théorie de la réfraction astronomique, par M. Alph. **Heegmann**. Paris, Mallet-Bachelier, 1856, br. in-8.º

3169 Connoissance des temps ou des mouvements célestes à l'usage des astronomes et des navigateurs, pour l'an xv de l'ère française, publiée par le Bureau des longitudes. Paris, Imp. impériale, in-8.º

3170 Mémoires sur divers points d'astronomie, par M. Ed. **Roche**. Montpellier, Boehm, 1848, br. in-4.º

C. Mathématiques supérieures.

a' *Généralités.*

3171 Œuvres complètes en français de Léonard **Euler**, publiées par MM. **Dubois**, **Drapiez**, **Moreau**, **Weiler**, **Steichen** et Ph. **Vandermaelen**. Bruxelles, 1839, 2 vol. in-8.°

3172 Correspondance mathématique et physique, par MM. **Garnier** et **Quetelet**. Gand, Vandekerckhove, 1825, 1.er vol. in-8.°

3173 Analyse mathématique sur les probabilités des erreurs de situation d'un point, par A. **Bravais**. Paris, imp. royale, 1844, br. in-4.°

3174 Calcul des probabilités et théorie des erreurs avec des applications aux sciences d'observation en général et à la geodésie en particulier, par **Liagre**. Bruxelles, Jamar, in-8.°

3175 L'article 757. — Application de l'algèbre au code civil, par E. **Catalan**. Paris, 1862, br. in-8.°

3176 Mélanges mathématiques, par E. **Catalan**. Liége, Desoer, 1868, in-8.°

3177 Réponse à la cinquième question proposée par la section des sciences mathématiques et physiques du Congrès scientifique de France réuni à Reims le 1.er septembre 1845. Alais, br. in-8.°

b' *Géométrie.*

3178 Tableau des formules de la théorie des courbes dans l'espace, par M. **de Saint-Venant**. Paris, Bachelier, br. in-4.°

3179 Mémoire sur les lignes courbes non planes, par M. **de Saint-Venant**. Paris, Bachelier, br. in-8.°

3180 Note sur les relations entre les neuf cosinus des angles de deux systèmes de trois droites rectangulaires, par M. **de Saint-Venant**. Paris, Bachelier, br. in-4.°

3181 Mémoire en réponse à la question : Trouver les lignes de courbure du lieu des points dont la somme des distances à deux droites qui se coupent est constante, par E. **Catalan.** Bruxelles , M. Hayez, br. in-4.°

3182 Note sur la théorie des roulettes, par E. **Catalan.** Paris, Mallet-Bachelier , br. in-8.°

3183 Sur les trajectoires orthogonales des sections circulaires d'un ellipsoïde, par M. E. **Catalan.** Paris , Bachelier, br. in-4.°

3184 Mémoire sur les surfaces dont les rayons de courbure, en chaque point, sont égaux et de signes contraires, par E. **Catalan.** Paris, Mallet-Bachelier, br. in-4.°

3185 Sur les surfaces dont les lignes de courbure de chaque système sont planes ou sphériques, par M. J. **Serret.** Paris, Bachelier, br. in-4.°

3186 De l'interprétation géométrique des clefs algébriques et des déterminants, par M. **de Saint-Venant.** Paris, Bachelier, br. in-4.°

3187 Recherches sur les surfaces gauches, par E. **Catalan.** Bruxelles, Hayez, 1866 , br. in-8.°

3188 Mémoire sur une classe d'équations différentielles simultanées qui se rattachent à la théorie des courbes à double courbure, par J. **Serret.** Paris, Bachelier, 1853, br. in-4.°

c' *Analyse.*

3189 Equation des rapports anharmoniques correspondant aux racines d'une équation du quatrième degré, par M. **Painvin;** br. in-8.°

3190 Note sur le problème de Malfatti, par E. **Catalan;** 1852, br. in-8.°

3191 Sur les nombres de Bernouilli et d'Euler et sur quelques intégrales définies, par E. **Catalan.** Bruxelles, Hayez, 1867, br. in-4.°

3192 Sur les nombres de Bernouilli, et sur quelques formules qui en dépendent, par M. E. **Catalan;** br. in-4.°

3193 Sur le calcul des nombres de Bernouilli, par M. E. **Catalan.** Paris, Gauthiers Villars , br. in-4.°

3194 Sur les différences de 1p, et sur le calcul des nombres de Bernouilli, par M. E. **Catalan.** Rome , 1859 , br. in-4.°

3195 Nouvelles démonstrations de la formule du binôme de Newton, par A. **Pâque.** Liége , H. Dessain, 1854, br. in-8.°

3196 Sur une application de la formule du binôme aux intégrales eulériennes, par M. E. **Catalan**. Paris, Mallet-Bachelier, br. in-4.º

3197 Sur la somme des puissances semblables des nombres naturels, par E. **Catalan**. Paris, Mallet-Bachelier, br. in-8.º

3198 Note sur une extension d'un théorème de M. Cauchy, par M. **Timmermans**, membre de l'Académie royale de Belgique; br. in-8.º

3199 Théorèmes sur la décomposition en facteurs linéaires des fonctions homogènes entières, par M. L. **Painvin**. Paris, Mallet-Bachelier, 1861, br. in-4.º

3200 Remarque sur une généralisation de la formule de Taylor, par Edouard **Roche**. Paris, Leiber, 1864, br. in-4.º

3201 Note sur la formule de Taylor, par M. Ed. **Roche**. Montpellier, br. in-4.º

3202 Note sur une formule relative aux intégrales multiples, par M. E. **Catalan**. Paris, Bachelier, br. in-4.ª

3203 Note sur la théorie des solutions singulières, par E. **Catalan**. Paris, Bachelier, 1847, br. in-4.º

3204 Mémoire sur les solutions singulières des équations différentielles, par M. **Timmermans**. Bruxelles, br. in-4.º

3205 Mémoire sur la transformation des séries et sur quelques intégrales définies, par E. **Catalan**. Bruxelles, M. Hayez, br. in-4.º

3206 Mémoire sur une question d'analyse aux différences partielles, par M. J. **Liouville**; br. in-4.º

3207 Determinazione di alcuni integrali definiti, Note du professeur P. **Volpicelli**; br. in-4.º

3208 Notes sur le calcul différentiel et sur le calcul intégral, par J. G. **Garnier**. Paris, Courcier, an IX, in-8.º

3209 Sur la théorie des développées, par M. E. **Catalan**. Paris, Mallet-Bachelier, br. in-4.º

3210 Sur un certain système d'équation linéaire, par M. **Painvin**. Paris, Mallet-Bachelier, 1847, br. in-4.º

3211 Note sur la formule de Simpson et sur une autre formule de quadratures, par E. **Catalan**. Paris, Bachelier, br. in-8.º

3212 Sur quelques questions relatives aux fonctions elliptiques, par M. E. **Catalan**. Rome, 1867, br. in-4.º

IV. BEAUX-ARTS.

Ouvrages généraux.

3213 Journal des arts et sciences et de littérature. — T. IV, V et partie de VI. Paris, 1811, in-8.°

3214 Journal des artistes. Paris, 1844-1845, 11 liv. in-8.°

3215 Annales de la Société libre des beaux-arts, 1830-1865. Paris, 22 vol. in-8.°

3216 Revue des beaux-arts et des cours publics, tribune des artistes, fondée sous les auspices de la Société libre des beaux-arts, 1850-1860, incomp. Paris, 9 vol. in-8.°

3217 Les beaux-arts, revue de l'art ancien et moderne, 1860-64, incomp. Paris, 2 vol. in-8.°

3218 Origine et progrès de l'art. — Etudes et recherches, par P. A. **Jeanron.** Paris, Techener, 1849, in-8.°

3219 L'art au dix-neuvième siècle, paraissant les 1.er et 15 de chaque mois, organe de la Société libre des beaux arts et de la Société du progrès de l'art industriel. Paris, 1860, in-4.°

3220 Bulletin du Comité historique des arts et monuments, 1840, incomp. Paris, in-8.°

3221 Revue de l'art chrétien, publiée sous la direction de M. l'abbé J. **Corblet.** Paris, A. Pringuet, 1857, n.° spécimen in-8.°

3222 De l'art chrétien au moyen âge, par M. J. **Corblet.** Paris, De Lacour, 1847, br. in-8.°

3223 Des beaux-arts et de la littérature au point de vue de l'enseignement populaire, par H. **Corne.** Douai, Lucien Crépin, 1866, br. in-8.°

3224 Statuts de l'Athénée des arts, sciences, belles-lettres et industrie de Paris, fondé en 1785 sous le nom de Musée, devenu en 1792 Lycée des arts, br. in-8.°

3225 Comptes-rendus des séances de l'Athénée des arts, 1805-1813. Paris, in-8.°

3226 Annuaire de l'Athénée des arts, sciences et belles-lettres de Paris; 1858. Paris, in-8.°

3227 Musée d'art et d'industrie de Lyon; rapport de M. Natalis **Rondot** à la Chambre de commerce de cette ville. Lyon, Louis Perrin, 1859, br. in-4.°

3228 Discours sur la seconde exposition des produits des arts du département du Calvados, par Pierre Aimé **Lair.** Caen, Poisson, 1825, br. in-8.°

3229 Congrès artistique d'août 1861, discours de M. S. E. V. **Le Grand de Reuland.** Anvers, Delamontagne, 1862, br. in-8.°

3230 Explication des peintures, sculptures, gravures, dessins et autres ouvrages, exposés dans l'ancien salon de l'Ecole des Arts de la Commune de Lille, le 15 août 1806, par les peintres, sculpteurs, artistes et amateurs de la même commune. Lille, Jacqué, br. in-8.°

3231 Lettre à M. le Président de l'Association lilloise, par P. **Caloine;** 1866, br. in-8.°

3232 Rapport sur l'état et les travaux de la Société des beaux arts et de littérature de Gand, lu en séance solennelle du 8 décembre 1850, par Edm. **de Busscher**, secrétaire. Gand, de Busscher, 1851, br. in-8.°

3233 Rapport à la Société libre des beaux-arts sur l'exposition des beaux-arts appliqués à l'industrie, par une commission spéciale. Paris, 1864, br. in-8.°

3234 Archives de la Société impériale des sciences, de l'agriculture et des arts de Lille, — Legs Wicar. — Analyse sommaire des pièces composant le dossier (carton n.° 12) du 15 février 1833 au 31 décembre 1869. Lille, Danel, 1863, in-8.°

3235 L'agrandissement de Lille au point de vue des arts. Lille, N. Destigny, 1859, br. in-8 °

3236 Monuments François, tels que tombeaux, inscriptions, statues, vitraux, mosaïques, fresques, etc., tirés des abbayes, monastères, châteaux et autres lieux, par Aubin-Louis **Millin**, conservateur des antiques. Paris, Nolland, 1802, 5 vol. in-4.° avec un grand nombre de gravures.

3237 Sainte Marie d'Auch. Atlas monographique de cette cathédrale, par M. l'abbé F. **Canéto.** Paris, Didron, 1857, in-f.°

I. PEINTURE, DESSIN, PHOTOGRAPHIE.

3238 Histoire de la peinture flamande et hollandaise, par Alfred **Michiels.** Paris, Bruxelles, 1847-1848, 4 vol. in-8.°

3239 Histoire de la peinture flamande et hollandaise, par Alfred **Michiels;** complément. Bruxelles, 1849, br. in-8.°

3240 Histoire de la peinture en Italie, depuis la renaissance des beaux-arts, jusque vers la fin du XVIII.e siècle, par l'abbé **Lanzi**, traduite de l'italien sur la troisième édition par M.me Armande **Dieudé**. Paris, Seguin et Dufart, 1824, 5 vol. in-8.°

3241 Rapport fait par M. **Dreuille** à la Société libre des beaux-arts sur le traité complet de peinture de M. de Montabert. Paris, 1841, br. in-8.°

3242 Cours d'archéologie. — La peinture décorative et le grand art, par M. **Beulé**. Paris, Firmin Didot, 1860, br. in-8.°

3243 Peintures murales de l'église Saint Germain-des-Prés, par M. Hippolyte Flandrin; examen par Auguste **Galimard**. Londres, Bruxelles, Paris, 1864, br. in-8.°

3244 Notice des tableaux, bas-reliefs et statues exposés dans les galeries du musée des tableaux de Lille, par M. Ed. **Reynart**. Lille, L. Danel, 1850, in-8.°

3245 Catalogue des tableaux, bas-reliefs et statues exposés dans les galeries du musée des tableaux de Lille, par M. Ed. **Reynart**; 4.e édition. Lille, 1869.

3246 Notice des tableaux et objets d'art, d'antiquité et de curiosité exposés à Amiens du 20 mai au 7 juin 1860. Amiens, V.e Herment, in-8.°

3247 Etude des Études de M. le baron de Reiffenberg sur les loges de Raphaël, par Edm. **de Busscher**. Gand, 1846, br. in-8.°

3248 Catalogue de la collection de tableaux anciens et modernes des écoles flamande, hollandaise et française, comprenant la galerie de feu M. Constantin Gheldolf. Bruxelles, Lille, 1863, br. in-8.°

3249 Catalogue raisonné de la galerie de feu S. E. le cardinal Fesch, ancien archevêque de Lyon, par **George**, peintre, 2.e et 3.e parties. Rome, 1844, vol. in-8.°

3250 Vente de la galerie Pourtalés. — Catalogue des tableaux et des objets d'art. Paris, 1865, 2 vol. in-8.°

3251 Le livre de la corporation des peintres et sculpteurs gantois (1538-1539, 1574-1712), par Edm. **de Busscher**. Bruxelles, br. in-8.°

3252 Iconographie chrétienne; — Histoire de Dieu, par M. **Didron**. Paris, Imp. royale, 1843, in-4.°

3253 Iconographie ancienne, ou recueil des portraits authentiques des Empereurs, Rois et hommes illustres de l'antiquité. Iconographie grecque et iconographie romaine, par E. Q. **Vincent**, et ensuite par A. **Mongez**, membres de l'Institut. Paris, Didot, 1811-1829, 7 vol. in-4.°

3254 Planches de l'iconographie grecque, par E. Q. **Visconti**, membre de l'Institut national. Paris, P. Didot, 1811, in-f.º

3255 Illustrations typographiques, recueil de vignettes, alphabets, culs de lampe, attributs, fleurs, fruits, etc., gravés et polytypés par **Porret**, graveur sur bois. Paris, Porret, 1837, vol. oblong.

3256 Portraits des personnages français les plus illustres du xvi.ᵉ siècle, reproduits en fac-simile sur les originaux dessinés aux crayons de couleur par divers artistes contemporains, recueil publié avec notices, par P. G. J. **Niel**. Paris, Lenoir, 1856-1858, 2 in-f.º

3257 Choix de dessins de Raphaël qui font partie de la collection Wicar à Lille, reproduits en fac-simile par MM. **Wacquez** et **Leroy**, gravés et publiés par les soins de M. H. **d'Albert**, duc de **Luynes**, membre de l'Institut. Paris, Plon, 1858, in-f.º

3258 Catalogue des dessins et objets d'art légués par J.-B. Wicar à la ville de Lille. Lille, Lefebvre-Ducrocq, 1856, vol. in-8.º

3259 Quelques eaux fortes par François **Verly**, architecte Lillois; in-f.º

3260 Traité de photographie sur papier, par M. **Blanquart-Evrard**, avec une introduction par M. Georges **Ville**. Paris, Roret, 1851, in-8.º

3261 La photographie, ses origines, ses progrès, ses transformations, par M. **Blanquart-Evrard**. Lille, 1869, in-4.º

3262 Album photographique de l'artiste et de l'amateur, publié sous la direction de M. **Blanquart-Evrard**. Paris, Lille, in-f.º

3263 Egypte, Nubie, Palestine et Syrie; dessins photographiques recueillis pendant les années 1849, 1850 et 1851, par Maxime **du Camp**, numéro spécimen. Paris, Gide et Baudry, 1852, in-f.º

3264 Photographies par **Bingham**, prises sur les originaux de Raphaël. Paris, in-f.º

II. SCULPTURE ET ARCHITECTURE

3265 Musée de sculpture antique et moderne contenant la description historique et graphique du Louvre, les bas-reliefs, inscriptions, autels, cippes, etc., du musée du Louvre, les statues antiques des musées et collections de l'Europe, les statues modernes du Louvre et des Tuileries, une iconographie égyptienne, grecque, romaine et française, par feu M. le comte **de Clarac**, conservateur du musée des antiques du Louvre, continué sur les manuscrits de l'auteur par M. Alfred **Maury**. Paris, imp. impériale, 1847-1854, 6 vol. in-8.º de texte et 6 vol. de planches.

3266 L'œuvre de **Fogelberg**, publié par Casimir **Leconte**, et dédié à S. M. Oscar I.ᵉʳ, roi de Suède et de Norwège. Paris, Hauser, 1856, in-f.º

3267 Nouvelle architecture pratique, ou Bullet rectifié et entièrement refondu, par M. Alexandre **Miché**. Mons, H. Hoyois, 1812, in-8.º

3268 Projets d'architecture par **Peyre** neveu, architecte du gouvernement. Paris, Firmin Didot, et Panckoucke, 1812, in-f.º

3269 Enseignement de l'architecture, par Théodore **Lachez**. Paris, Lévy, 1868, in-8.º.

3270 Rénovation des différents styles d'architecture du moyen-âge, par E. **de la Quérière**. Rouen, Paris, 1858, br. in-8.º

3271 Rapport de M. **de Busscher**, sur deux mémoires d'architecture, envoyés en 1854 au Concours de l'Académie royale de Belgique. Bruxelles, br. in-8.º

3272 Projet d'un palais pour la Société royale des beaux-arts et de littérature à Gand, qui remporta le grand prix d'architecture au Concours de 1820 de l'Académie royale de ladite ville, composé par T. **Stuys**, architecte, dédié à M. Ch. Van Hulthem, par l'éditeur des Annales du Salon de Gand. Gand, 1821, br. in-8.º

3273 Address to sir John **Soane**, architect, 1835, br. in-12.

3274 Description de la maison et du musée du chevalier **Soane**, architecte. Londres, Levey, Robson et Franklyn, vol. in-f.º

3275 Le Parthénon. Documents pour servir à une restauration réunis et publiés par L. **de Laborde**, membre de l'Institut. Paris, Leleux, 1848, in-f.º incomplet.

III. MUSIQUE.

3276 Cours d'harmonie, par Ph. **de Geslin**. Paris, 1826, in-8.º
3277 Introduction au traité d'harmonie de George Pachymère, par A. J. H. **Vincent**. Paris, br. in-4.º

3278 Compte-rendu de l'ouvrage intitulé : Principes de mélodie et d'harmonie, déduits de la théorie des vibrations de M. le baron Blein, par M. **Lecomte.** Paris, Bourgogne et Martinet, br. in-8.°

3279 Introduction à l'étude de l'harmonie, ou exposition d'une nouvelle théorie de cette science, par V.°r **Derode.** Paris, Lille, 1828, in-8.°

3280 Sur la théorie de la gamme et des accords, par M. A. J. H. **Vincent.** Paris, 1855, br. in-4.°

3281 Mémoire sur Hucbald et sur ses traités de musique, suivi de recherches sur la notation et sur les instruments de musique, par E. **de Coussemaker.** Paris, Techener, 1841, in-4.°

3282 Rapport fait par M. **Vincent,** sur des feuillets de musique communiqués par Maurice Ardant. Paris, Imp. impériale, 1856, br. in-8.°

3283 Cours analytique de musique, ou méthode développée du méloplaste, par Ph. **de Geslin.** Paris, 1825, in-8.°

3284 Notice sur divers manuscrits grecs relatifs à la musique, comprenant une traduction française et des commentaires, par M. A. **Vincent.** Paris, Imprimerie royale, 1847, in-4.°

3285 Notices sur divers manuscrits grecs relatifs à la musique, avec une traduction française et des commentaires, par M. A. **Vincent;** compte-rendu par M. Ern. **Havet;** br. in-8.°

3286 Des notations scientifiques à l'école d'Alexandrie, par A. J. H. **Vincent.** Paris, A. Leleux, 1846, br. in-8.°

3287 Analyse du traité de métrique et de rythmique de Saint-Augustin, intitulé : *de Musica;* nouvelles considérations sur la poésie lyrique, par A. J. H. **Vincent.** Paris, Paul Dupont, 1849, br. in-8.°

3288 Rapport sur un manuscrit musical du xv.e siècle, par M. A. J. H. **Vincent.** Paris, br. in-8.°

3289 Anonymi scriptio de musica; Bacchii senioris introductio artis musicæ, par Frédéric **Bellermann,** compte-rendu de ce travail par M. A. **Vincent.** Paris, br. in-8.°

3290 Notice sur les collections musicales de la bibliothèque de Cambrai et autres villes du département, par M. E. **de Coussemaker.** Paris, Techner, 1843, in-8.°

3291 Histoire de l'harmonie au moyen-âge, par M. E. **de Coussemaker.** Paris, V.°r Didron, 1852, in-4.°

3292 Les harmonistes des xii.e et xiii.e siècles, par M. E. **de Coussemaker;** introduction, 1864, br. in-4.°

3293 Traités inédits sur la musique au moyen âge, par E. **de Coussemaker**; introductions des trois premiers volumes; 1865-1869, 3 br. in-4.°

3294 Office du Sépulcre selon l'usage de l'abbaye d'Origny-Ste-Benoîte, rapport fait au Comité de la langue, le 20 avril 1857, par M. **de Coussemaker**, membre. Paris, Imp. impériale, 1858, br. in-8.°

3295 Mémoire explicatif de l'invention de Scheibler pour introduire une exactitude inconnue avant lui, dans l'accord des instruments de musique, par M. **Lecomte**. Lille, L. Danel, 1856, in-8.°

3296 Recueil des écrits sur la musique de M. **Lecomte**, ancien receveur des finances; 1863, in-8.°

3297 Méthode simplifiée pour l'enseignement populaire de la musique vocale, par L. **Danel**, 5.e édition. Lille, Danel, 1860, in-8.°

3298 Des moyens de propager le goût de la musique en France, et particulièrement dans les départements de l'ancienne Normandie, par M. J. S. **Porte**. Caen, Poisson, 1835, in-8.°

3299 Epitre à un célèbre compositeur français, précédée de quelques observations sur la musique, par H. **Berton**. Paris, Alexis Eymery, 1826, br. in-8.°

3300 Musique et poésie, par Raymond **de Bertrand**. Dunkerque, 1862, br. in-8.°

3301 Notice sur un manuscrit musical de la bibliothèque de Saint-Dié, par E. **de Coussemaker**. Paris, Lille, 1859, br. in-8.°

3302 Emploi des quarts de ton dans le chant grégorien, constaté sur l'antiphonaire de Montpellier, par A. J. H. **Vincent**. Paris, A. Leleux, 1864, br. in-8.°

3303 Supplément à une précédente note sur l'emploi des quarts de ton dans le chant liturgique, par A. **Vincent**. Paris, Ch. Lahure, br. in-8.°

3304 Sur la tonalité ecclésiastique et la musique du xve siècle, par A. J. H. **Vincent**. Paris, Leleux, 1858, br. in-8.°

3305 Note sur la messe grecque qui se chantait autrefois à l'Abbaye royale de Saint-Denis le jour de l'octave de la fête patronale, par M. A. **Vincent**. Paris, 1864, br. in-8.°

3306 Chants liturgiques de Thomas à Kempis, publiés par M. E. **de Coussemaker**. Gand, Hebbelynck, 1856, br. in-8.°

3307 Messe du xiiie siècle traduite en notation moderne et précédée d'une introduction, par M. E. **de Coussemaker**. Paris, Lille, 1861, br. in-4.°

3308 Lois du chant d'église et de la musique moderne; nomothésie musicale, par A. **Herland**. Paris, V.ᵒʳ Didron, 1854, grand in-8.º

3309 Du chant liturgique, par M. **Mignard**. Dijon, Douillier, 1854, br. in-8.º

3310 Chants liturgiques d'Adam de La Bassée, chanoine de la collégiale de Saint-Pierre à Lille au XIII.ᵉ siècle, publiés par l'abbé **Carnel**. Gand, Hebbelynck, 1858, br. in-8.º

3311 Notice sur l'orgue de St. Bavon de Harlem et sur la ville de Leyde, par M. le baron **d'Hombres**; br. in-8.º

3312 Projet de statuts pour une association des artistes musiciens, par Aug. **Wacquez**, précédé de réflexions sur la situation actuelle, par Henri **Verley**. Paris, 1848, br. in-8.º

3313 Des musiques militaires actuelles, par M. **Pilart**; 1868, br. in-8.º

3314 Deux mois à Lille, par un professeur de musique. Lille, M.ᵐᵉ Bayart, 1867, br. in-8.º

3315 Rapport fait le 17 avril 1815, aux 1.ʳᵉ et 4.ᵉ classes de l'Institut de France, sur une nouvelle harpe de l'invention de Sébastien Erard. Paris, Londres, Pierre Erard, 1834, in-f.º

3316 Quatuor pour deux violons, alto et violoncelle, par Julien **Klemczynski**. Paris, in-f.º

3317 Trois sonates pour le piano forté, par J.-B. **Voets**. Paris, in-f.º

3318 Premier pot-pourri pour piano forte, par Carlos **Lambert**. Lille, in-f.º

3319 Mélodies pour une ou deux voix égales, extraites de la méthode de **Duchemin-Boisjousse**, en quatre livraisons. Paris, in-8.º

3320 Chant funèbre, paroles de M.ᵐᵉ **Daru**, musique de M. le baron **de Prony**; in-f.º

3321 OEuvres musicales de **Mazingue**, 1.ᵉʳ chantre et maître de chœur de l'église St-Etienne, à Lille; in-f.º

3322 Trois chœurs pour voix d'homme, n.º 1, La prairie; n.º 2, Les esprits de l'âtre; n.º 3, La chasse, par Ferdinand **Lavainne**; in-8.º

3323 L'orage en mer, grande scène en chœur pour quatre voix d'hommes, paroles de **Brisy**, musique de Ferdinand **Lavainne**. Paris, in-8.º

3324 Le réveil, chœur pour voix d'homme, par F. **Lavainne**. Paris, in-8.º

3325 Le Vésuve, chœur à quatre voix, paroles de F. M. **Eucher**, musique de F. **Lavainne**. Paris, in-8.°

3326 Messe à trois voix pour soprano, ténor et basse, par F. **Lavainne**. Paris, in-8.°

3327 Sonate pour piano et violoncelle, par F. **Lavainne**. Paris, in-f.°

3328 *O salutaris* pour tenor et basse, par F. **Lavainne**. Paris, in-f.°

3329 *Ave Maria*, pour baryton ou contralto, par F. **Lavainne**. Paris, in-f.°

3330 *Ave Verum*, pour tenor ou soprano, par F. **Lavainne**. Paris, in-f.°

3331 *Christum regem adoremus* mottet pour ténor ou soprano, par F. **Lavainne**. Paris, in-f.°

3332 Grand quintette, par F. **Lavainne**. Paris, in-f.°

3333 Grand sextuor, par F. **Lavainne**. Paris, in-f.°

3334 Grand septuor, par F. **Lavainne**. Paris, in-f.°

3335 Invocation à l'harmonie, morceau d'ensemble pour soprano, ténor et basse, par F. **Lavainne**. Paris, in-f.°

3336 Les mineurs, chœur pour voix d'hommes, paroles de **Deplanck**, musique de F. **Lavainne**. Paris, in-8.°

3337 *Alleluia*, chant de Pâques pour voix de basse, par F. **Lavainne**. Paris, in-f.°

3338 Quand vient le soir, sérénade pour baryton solo et chœur, paroles de J. **Viard**, musique de F. **Lavainne**. Paris, in-f.°

3339 Noël, chant religieux, paroles de F. M. **Eucher**, musique de F. **Lavainne**. Paris, in-f.°

3340 Deux cantates religieuses : — *Magnificat*; — *Stabat mater*, paroles de F. M. **Eucher**, musique de Ferdinand **Lavainne**; in-f.°

3341 Méthode de dictée et d'écriture musicales, par **Watier**. Paris, in-8.°

3342 Chœur à quatre voix d'hommes, musique de **Watier**. Paris, in-8.°

3343 Chœurs à quatre voix d'hommes pour les sociétés chorales et l'Orphéon, par **Watier**. Paris, in-8.°

3344 Les quatre saisons, chœurs pour quatre voix d'hommes avec solos, paroles de **D. V.**, musique de **Watier**. Paris, in-8.°

3345 Anzin, grande cantate pour quatre voix d'hommes, paroles d'Al. **Deplank**, musique de **Watier**. Paris, in-8.°

3346 Les chasseurs surpris par l'orage, grand chœur pour quatre voix d'hommes, 11 numéros, par **Watier**. Paris, in-8.º

3347 Ouverture solennelle pour musique militaire, par **Watier**. Paris, in-f.º

3348 Ouverture symphonie pour harmonie militaire, par **Watier**. Paris, in-f.º

3349 Le Mont d'or, grande valse, par **Watier**. Paris, in-f.º

3350 Marche triomphale, par **Watier**. Paris, in-f.º

3351 Marche funèbre, par **Watier**. Paris, in-f.º

3352 L'aigle noir, pas redoublé, par **Watier**. Paris, in-f.º

3353 Nostradamus, quadrille, par **Watier**. Paris, in-f.º

3354 Fantaisie, bolero pour clarinette solo, par **Watier**. Paris, in-f.º

3355 Bolero pour piano, par **Watier**. Paris, in-f.º

3356 Fantaisie, bolero pour clarinette, par **Watier**. Paris, in-f.º

3357 Messe pour quatre voix d'hommes, par **Watier**. Paris, in-f.º

3358 L'Agnès du village, scène lyrique, par **Watier**. Paris, in-f.º

3359 Symphonie à grand orchestre, par P. **Baumann**. Paris, in-f.º

3360 Vergis mein nicht, polka-mazurka pour piano, par Hyppolyte **Verly**. Paris, in-f.º

3361 Follette, valse par Albert **Pérot**. Paris, in-f.º

3362 A ma fille, album, poésie et musique, par Albert **Pérot**. Paris, in-f.º

3363 Le Cocodès, paroles et musique de Albert **Pérot**. Paris, in-f.º

V. BELLES - LETTRES.

1. LINGUISTIQUE.

3364 Dieu, l'homme et la parole, ou la langue primitive, par J. **Azaïs** père. Béziers, Paris, 1853, br. in-8.º

3365 Théorie des signes, pour servir d'introduction à l'étude des langues, où le sens des mots, au lieu d'être défini, est mis en action; ouvrage élémentaire, absolument neuf, indispensable pour l'enseignement des sourds-muets, également utile aux élèves de toutes les classes et aux instituteurs, par feu l'abbé **Sicard**, de l'Académie française, 2.ᵉ édition. Paris, Roret et Mongie, 1823, 2 vol. in-8.º

3366 Eléments de grammaire générale ou nouveaux principes pour l'étude des langues, par M. F. **Perron**. Paris, Firmin Didot, 1847, in-12.

3367 Essai synthétique sur l'origine et la formation des langues, par l'abbé **Copineau**. Paris, Ruault, 1774, in-8.º

3368 Introduction à l'étude des langues; principes élémentaires de grammaire destinés aux commençants, par V.ᵒʳ **Derode**, 2.º édition. Lille, L. Danel, 1838, in-8.º

3369 Sur la question de l'Atlantide, quelques remarques linguistiques, par P. G. **de Dumast**. Nancy, 1868, br. in-8.º

3370 Etude linguistique, par V.ᵒʳ **Derode**. Dunkerque, Kien, 1867, br. in-8.º

3371 Grammaire générale et raisonnée, nouvelle édition. Paris, Prault, 1756, in-8.º

3372 Grammaire générale, ou exposition raisonnée des éléments nécessaires du langage, pour servir de fondement à l'étude de toutes les langues, par M. **Beauzée**, membre de la Société royale des sciences et arts de Metz. Paris, Barbou, 1767, 2 vol in-8.º

3373 De la nature des pronoms, discussion historique et philologique de grammaire générale, par M. **Amyot**. Paris, Larousse et Boyer, 1856, br. in-8.º

3374 La langue des désinences, par **Tell**, ancien professeur. Paris, E. Dentu, br. in-8.º

3375 Glossarium ad scriptores mediæ et infimæ latinitatis, auctore Carolo **Dufresne**, domino **du Cange**, regi à Consiliis, et Franciæ apud Ambianos questore. Editio nova locupletior et auctior, opera et studio monachorum ordinis S. Benedicti a congregatione S. Mauri. Paris, Caroli Osmont, 1733-36, 6 vol. in-f.º

3376 Glossarium novum ad scriptores medii ævi, cum latinos tum gallicos; seu supplementum ad auctiorem glossarii Cangiani editionem. Subditæ sunt, ordine alphabetico, voces gallicæ usu aut significatu obsoletæ, quæ in glossario et supplemento explicantur. Collegit et digessit D. P. **Carpentier**, O. S. B. Præpositus, S. Onesimi Doncheriensis. Parisiis, Lebreton, Saillant et Desaint, 1766; 4 vol. in-f.º

3377 Glossaire roman-latin du xv.ᵉ siècle, extrait de la bibliothèque de la ville de Lille, par Emile **Gachet.** Bruxelles, Vandale, 1846, br. in-8.º

3378 Grammaire latine, cours de latinité élémentaire, par Ch. **Ruelle.** Paris, Lille, 1846, in-8.º

3379 Système d'abréviation dans l'enseignement de la langue latine, par M. **Vasse de Saint-Ouen.** Toulouse, Douladoure, in-8.º

3380 Système d'abréviation dans l'enseignement de la langue latine, par M. **Vasse de Saint-Ouen**, 2.e édition. Toulouse, Paris, in-8.º

3381 Dictionnaire universel françois et latin, vulgairement appelé dictionnaire de Trévoux, contenant la signification et la définition tant des mots de l'une et de l'autre langue, avec leurs différents usages, que des termes propres de chaque état et de chaque profession, etc., nouvelle édition. Paris, par une C.ie de libraires associés, 1752, 7 vol. in-f.º

3382 Dictionnaire de l'Académie française, revu, corrigé et augmenté par l'Académie elle-même, 5.e édition. Paris, J. Smits, an VI et VII, 2 vol. in-4.º

3383 Dictionnaire de l'Académie française, 6.e édition publiée en 1835. Paris, Firmin Didot, 2 vol. in-4.º

3384 Nouveau dictionnaire critique de la langue française, par B. **Legoarant** aîné. Paris, Strasbourg, 1858, in-4.º

3385 Dictionnaire étymologique de la langue françoise, par M. **Ménage**, corrigé et augmenté par A. F. **Jault**, docteur en médecine. Paris, Briasson, 1750, 2 vol. in-f.º

3386 Méthode analytique de langue française, par A. **Wacquez.** — 1.re partie : analyse grammaticale et principes élémentaires déduits de l'analyse. Lille, Degans, 1866, in-12.

3387 Examen critique des dictionnaires de la langue française, ou recherches grammaticales et littéraires sur l'orthographe, l'acception, la définition et l'étymologie des mots, par Ch. **Nodier.** Paris, Delangle, 1829, in-8.º

3388 Grammaire et dictionnaire, ou méthode phylosophique qui concilie l'orthographe avec la prononciation, pour apprendre à parler avec pureté le françois, et en faire une langue de communication avec tous les peuples, par M. l'abbé **de Lairas.** Paris, 1789, in-8.º

3389 Nouvelle orthologie française, ou traité des difficultés de cette langue, des locutions vicieuses, des homonymes, homographes, paronymes, et des verbes irréguliers, par B. **Legoarant.** Spécimen. Paris, Mansut, 1832, br. in-8.º

3390 Éléments de grammaire françoise, rédigés sur un plan nouveau adapté aux principes et à la progression de l'analyse grammaticale raisonnée, par B. J. **Crespel**. Paris, Arras, in-12.

3391 Grammaire de la langue française à l'usage des classes supérieures, par P. A. **Lemaire**. Paris, Jules Délalain, in-8.º

3392 Traité de l'orthographe françoise, en forme de dictionnaire, par P. **Restaut**, nouvelle édition par Claude-Félix **Roger**. Paris, Richard, Caille et Ravier, au IX, 2 vol. in-8.º

3393 Appel aux Français, réforme orthographique, par M. **Marle**, 4.ᵉ édition. Paris, J. Corréard, 1829, in-32.

3394 Vocabulaire pour les œuvres de La Fontaine ou explication et définition des mots, locutions, formes grammaticales, etc., employées par La Fontaine et qui ne sont plus usités, par Théodore **Lorin**. Paris, Comon, 1852, in-8.º

3395 Notice sur les grammairiens Domergue, Boniface et Chapsal, par A. G. **Ballin**. Rouen, H. Boissel, 1865, br. in-8.º

3396 Glossaire nautique. — Répertoire polyglotte de termes de marines anciens et modernes, par A. **Jal**. Paris, Didot, 1848, grand vol. in-4.º

3397 Vocabulaire des termes de marine anglois-françois, et françois-anglois, par le C.ᵉⁿ **Lescallier**, conseiller d'Etat. Paris, Firmin Didot, Bossange, etc., an VIII, 2 vol. réunis en un seul.

3398 Dictionnaire mytho-hermétique dans lequel on trouve les allégories fabuleuses des poètes, les métaphores, les énigmes et les termes barbares des philosophes hermétiques expliqués, par Dom Antoine-Joseph **Pernety**. Paris, Bauche, 1758, in-8.º

3399 Recherches sur l'histoire du langage et des patois de Champagne, par Prosper **Tarbé**. Reims, 1851, 2 vol. in-8.º

3400 Remarques sur le patois, suivi du vocabulaire latin-français de Guillaume **Briton** (XIV.ᵉ siècle), par **E. A. E.** Douai, Adolphe Obez, 1851, vol. in-8.º

3401 Lettre sur le patois à M. L. Debuire Du Buc, par Louis **Vermesse**. Lille, 1862, br. in-8.º

3402 Dictionnaire du patois de Lille, par M. Pierre **Legrand**, 2.ᵉ édition. Lille, V.ᵉ Vanackère, 1856, in-8.º

3403 Vocabulaire du patois lillois, par Louis **Vermesse**. Lille, A. Béhague, in-8.º

3404 Délimitation du flamand et du français dans le nord de la

France, par M. **de Coussemaker**. Dunkerque, Benjamin Kien, 1857, br. in-8.º

3405 De la nécessité de maintenir l'enseignement de la langue flamande dans les arrondissements d'Hazebrouck et de Dunkerque, par M. le comte **de Laloière**. Lille, Lefebvre-Ducrocq, 1863, br. in-8.º

3406 Grammaire pour apprendre le flamand, avec un vocabulaire, des dialogues nouveaux et amusants, etc., nouv. édit. Anvers, J. Grangé, in-12.

3407 Quelques recherches sur le dialecte flamand de France, par E. **de Coussemaker**. Proverbes et locutions proverbiales, par l'abbé D. **Carnel**. Dunkerque, Kien, 1859, br. in-8.º

3408 Vocabulaire français provençal, par L. J. **Honnorat**. Digne, Repos, 1849, in-4.º

3409 Remarques sur quelques dialectes parlés dans l'Europe occidentale, par M. L. **Rodet**. Lille, Lefebvre-Ducrocq, 1860, br. in-8.º

3410 La province de Liége, les cinq Gaules, l'Italie, etc., et le flamand, langue primordiale mère de toutes les langues, par M. le baron **de Ryckholt**. Liége, 1868, br. in-8.º

3411 Glossarium op maerlants rymbybel. Vervolg en slot van het derde beel door J. **David**. Bruxelles, Hayez, 1861, in-8.º

3412 Frédéric Windischmann et la haute philologie en Allemagne, par Félix **Nève**. Paris, Douniol et Duprat, 1863, br. in-8.º

3413 Nouveau dictionnaire français-anglais et anglais-français, abrégé de Boyer, rédigé d'après les meilleurs dictionnaires publiés dans les deux langues, par G. **Hamonière**, nouv. édition. Paris, Hingray, Barrois; etc., 1838, vol. gr. in-8.º

3414 Premiers éléments de la langue anglo-saxonne, par Léon **Rodet**. Abrégé de grammaire. Paris, Benjamin Duprat, 1858, br. in-8.º

3415 Exercices pratiques de langue italienne, ou cours de thèmes et de versions, précédé de remarques sur la prononciation, sur les augmentatifs et les diminutifs, par A. G. **Ballin**. Paris, E. Derache, 1863, in-8.º

3416 Le nouveau Peretti, grammaire italienne composée d'après les meilleurs auteurs et l'usage le plus généralement adopté, nouvelle édition, par A. G. **Ballin**. Paris, Bobée, et Hingray, 1826, in-8.º

3417 Grammatyka jezyka polskiégo przez X. Onufrego **Kopc-**

zynskiégo Piiara Dziélo Pożgonné. Varsovie, 1817, in-8.º

3418 Sur l'étude du grec dans les Pays-Bas avant le xv.ᵉ siècle, lettre à M. Delcroix, secrétaire perpétuel de la Société d'émulation de Cambrai, par A. **Leglay**, 2.ᵉ édition. Cambrai, Berthoud, 1828, br. in-8.º

3419 Jacobi **Altingi** sacrar. litterat. et linguæ hebraicæ nuper in Acad. Groningensi professoris celeberrimi, fundamenta punctationis linguæ sanctæ, cum necessariis canonum, locorum S. Scripturæ et vocum irregularium indicibus. Francfort, Frédéric Daniel Knoch, 1730, in-12.

3420 Hébreu primitif, formation des lettres, chiffres, signes du Zodiaque et racines hébraïques avec leurs dérivés dans les langues de l'Orient et de l'Europe, par Ad. **Lethierry-Barrois**. Paris, A. Franck, 1867, in-4.º

3421 Racines hébraïques avec leurs dérivés dans les principales langues de l'Europe, précédées de l'explication des symboles formés par les diverses combinaisons des lettres hébraïques, et de rapprochements entre le chinois, l'hébreux, le copte et le sanscrit, par Ad. **Lethierry-Barrois**, 1.ʳᵉ partie. Paris, Brockhaus et Avenarius, 1842, in-4.º

3422 Recherches sur les langues celtiques, par W. F. **Edwards**. Paris, Imp. royale, 1844, in-8.º

3423 Guide de l'Afrique et de l'Orient, conseils adressés aux musulmans, ou préface de la traduction arabe de la grammaire de Lhomond, par M. Soliman **Al-Harairi**, notaire et secrétaire arabe au consulat général de France à Tunis. Paris, Benjamin Duprat, 1857, br. in-8.º

3424 Une idée Lorraine, par P. G. **de Dumast**. Nancy, 1863, br. in-8.º

3425 Un mot sur les langues de l'Orient, par P. G. **de Dumast**; br. in-8.º

3426 Vues d'avenir qu'avait émises de bonne heure la Lorraine sur l'orientalisme et notamment sur l'utile influence du sanscrit, discours de réception de M. **Leupol** à l'Académie de Stanislas, le 24 mai 1862, et réponse du président. Nancy, V.ᵉ Raybois, 1867, br. in-8.º

3427 Essai sur la langue phénicienne, avec deux inscriptions puniques inédites, par A. C. **Judas**. Paris, 1842, br. in-8.º

3428 Lettre à M. de Saulcy, membre de l'Institut de France, sur quelques monuments de la langue phénicienne, par A. C. **Judas**. Paris, Firmin Didot, 1843, br. in-8.º

3429 Etude démonstrative de la langue phénicienne et de la

langue libyque, par A. C. **Judas**. Paris, Frédéric Klincksieck; 1847, in-4.º

3430 Le sanscrit et les études indiennes dans leur rapport avec
l'enseignement classique, par Félix **Nève**. Bruges,
Daveluy, 1864, br. in-8.º

3431 Grammaire abrégée de la langue sanscrite, par Léon **Rodet**,
1.ʳᵉ partie. Lecture, lois d'euphonie, constitution des
mots, déclinaisons. Paris, Challamel aîné, 1859, br.
in-8.º

3432 Grammaire abrégée de la langue sanscrite, par Léon **Rodet**. — 2.ᵉ partie : Conjugaison, indéclinables, délivrés
et composés, analyse. Paris, Challamel aîné, 1860, br.
in-8.º

3433 Introduction à l'étude de la langue japonaise, par L. Léon
de Rosny. Paris, Maisonneuve, 1857, in-4.º

3434 Résumé des principales connaissances nécessaires pour
l'étude de la langue japonaise, par L. **de Rosny**; br.
in-8.º

3435 Exercices de lecture japonaise à l'usage des personnes qui
suivent le cours de japonais professé à l'école spéciale
des langues orientales, par M. Léon **de Rosny**. Paris,
Maisonneuve, 1863, br. in-8.º

3436 Dictionnaire japonais-français, publié par Léon **Pagès**.
Paris, Duprat, 1860, spécimen in-8.º

3437 Rapport sur le dictionnaire japonais-russe de M. Goch-
kiévitch, par M. Léon **de Rosny**. Saint-Pétersbourg,
1861, br. in-8.º

3438 Discours prononcé à l'ouverture du cours de japonais à
l'école impériale et spéciale des langues orientales, par
Léon **de Rosny**. Paris, Maisonneuve, 1863, br. in-8.º

3439 Eléments de grammaire Othomi. Paris, 1863, br. in-8.º

3440 Alphabet mantchou, rédigé d'après le syllabaire et le dictionnaire universel de cette langue, par L. **Langlès**, de
l'Institut. Paris, Imp. impériale, 1807, in-8.º

3441 Quelques observations sur la langue siamoise et sur son
écriture, par Léon **de Rosny**; br. in-8.º

3442 Notice sur la langue annamique, par Léon **de Rosny**.
Paris, Just Rouvier, 1855, br. in-8.º

3443 Du dialecte de Tahïti, de celui des îles Marquises, et en
général de la langue polynésienne, par P. L. J.-B. **Gaus-
sin**. Paris, Firmin Didot, 1853, in-8.º

3444 Chrestomathies océaniennes. Textes en langue Boughi, ɪ.
Paris, Imprimerie orientale, in-8.º

3445 Table des principales phonétiques chinoises précédée de notions élémentaires sur les signes phonétiques de la Chine, par L. Léon **de Rosny**, 2.ᵉ édition. Paris, Maisonneuve, 1858, br. in-8.º

3446 Dictionnaire des signes idéographiques de la Chine, avec leur prononciation usitée en Chine et au Japon, et leur explication en français, par Léon **de Rosny**. Paris, Benjamin Duprat, 1864, 2 br. in-8.º

3447 Vocabulaire malgache, distribué en deux parties : la première, françois et malgache ; la seconde, malgache et françois, par M. **Challan**, missionnaire. Île de France, imp. royale, 1773, in-8.º

11. LITTÉRATURE.

A. **Généralités**.

3448 Considérations générales sur la république des lettres en 1827. Paris, 1828, br. in-8.º

3449 Histoire et mémoires de littérature de l'Académie royale des inscriptions et belles-lettres depuis son renouvellement jusqu'en 1779, avec une table des dix premiers volumes. Paris, 43 vol. in-4.º

3450 Conférences littéraires et philosophiques données aux séances de l'Association lilloise, 1844-1848, par l'abbé Frédéric **Maes**. Lille, Lefort, in-8.º

3451 Etudes de littérature et d'art, par C. A. N. **Maignien**. Paris, Grenoble, 1862, in-12.

3452 Tableau littéraire de la France pendant le XIII.ᵉ siècle, ou recherches historiques sur la situation des arts, sciences et belles-lettres depuis l'an 1200 jusqu'en 1301, par Joseph **de Rosny**. Paris, J.-B. Hécart, 1809, in-8.º

3453 L'Année littéraire, ou suite de lettres sur quelques écrits de ce temps, par M. **Fréron**, des Académies d'Angers, de Montauban et de Nancy. Amsterdam, Paris, 1754-1784, 146 vol. in-8.º

3454 L'année littéraire, 1760, par M. **Fréron**. Amsterdam, Michel Lambert, 2 vol. in-8.º

3455 Lettres sur quelques écrits de ce temps, par M. **Fréron**, nouvelle édition. Londres, Paris, 1752-1753, 5 vol. in-8.º

3456 La Minerve française, par MM. **Aignan, Constant, Du-**

moulin, **Etienne**, **Jay**, **Lacretelle** aîné, **Tissot**. Paris, 1818-1820, 8 vol. in-8.º

3457 Le Mercure de France, littéraire et politique, années, 1807, 1808, 1818. Paris, Arthur Bertrand, 5 vol, in-8.º

3458 Le Globe, recueil philosophique, politique et littéraire, années 1824 à 1829. Paris, 1826-1829, 7 vol. in-8.º

3459 La Décade philosophique, littéraire et politique, par une Société de gens de lettres. Paris, an XII de la république, in-8.º

3460 La Revue, ou décade philosophique, littéraire et politique, par une Société de gens de lettres. Paris, ans XIII à 1807 12 vol. in-8.º

3461 Revue de Belgique. Littérature et beaux-arts, t. III, IV, V, VI. Bruxelles, Lelong, 1846-48, 5 vol. in-8.º

3462 Revue du Nord. Lille, Vanackere, 1833-1855, 13 vol. in-8.º, les derniers sont incomplets.

3463 Revue du mois, littéraire et artistique. N.º du 25 juin 1861. Paris, Lille, br. in-8.º

3464 Le Puits artésien, revue du Pas-de-Calais, années 1837 à 1840. Saint-Pol, Thomas, 4 vol. in-8.º, manquent quelques livraisons.

3465 Feuille d'annonces de Saint-Pol, supplément au Puits artésien, années 1838 et 1839 incomplètes. Saint-Pol, Thomas, in-8.º

3466 Du beau littéraire dans les œuvres du génie indien, par M. Félix **Nève**. Bruxelles, M. Hayez, 1864, in-8.º

3467 Littérature hébraïque, lettre au rédacteur du journal asiatique, par M. Michel **Berr**. Paris, Dondey-Dupré, 1823, br. in-8.º

3468 L'orientalisme rendu classique, fragments d'un mémoire sur les moyens de ranimer et d'utiliser les facultés des lettres suivi d'une lettre à M. Jules Mohl sur la langue perse, par P. G. **de Dumast**. Paris, Nancy, 1853, br. in-8.º

3469 Introduction à l'histoire générale des littératures orientales, leçons faites à l'Université catholique de Louvain, par Félix **Nève**. Louvain, Vanlinthout et Vandenzande, 1844, in-8.º

3470 Une précieuse conquête à faire. Nancy, Grimblot et V.e Raybois, 1856, br. in-8.º

3471 Les gloires du romantisme appréciées par leurs contemporains, et recueillies par un autre bénédictin. Paris, Dentu, 1859, 2 vol. in-12.

3472 Lettres d'un bénédictin, pour faire suite aux *Gloires du romantisme*, par le baron Sirtema **de Grovestins**; 60 br. in-12, (séries incomplètes).

3473 Voyage autour de ma bibliothèque. Littérature et philosophie, par A. L. A. **Fée**. Paris, Strasbourg, 1856, in-12.

3474 Sur le goût des habitants de Valenciennes pour les lettres et les arts. Valenciennes, Lemaître, 1826, br. in-8.º

3475 Un concours de rhétorique dans un village flamand de France en 1861, par M. V.ᵒʳ **Derode**. Lille, Lefebvre-Ducrocq, 1862, br. in-8.º

3476 Le dernier feuillet de mes tablettes, par V.ᵒʳ **Derode**. Dunkerque, 1866, br. in-8.º

3477 Considérations préliminaires présentées par M. Alph. **de Lamartine**, sur la question à proposer par la Société d'agriculture, sciences, arts et belles-lettres de Mâcon. Mâcon, Dejussieu, 1832, br. in-8.º

B. Littérature dramatique.

3478 Théâtre complet de **Sophocle**, traduit en vers, par M. V.ᵒʳ **Faguet**, t. I, 2.ᵉ édition, 1850; t. II, 1.ʳᵉ édition, 1849. Paris, Dezobry, Magdeleine et C.ⁱᵉ, 2 vol. in-8.º

3479 Théâtre des Grecs; **Aristophane**, **Sophocle**, traduit du grec par M. **Artaud**. Paris, Brissot-Thivars, 1827-1830, 8 vol. in-18.

3480 Œdipe-Roi, tragédie de **Sophocle**, traduite en vers français, par L. **Richaud**. Avignon, Seguin aîné, 1851, in-12.

3481 Œdipe à Colone, tragédie de **Sophocle**, traduite en vers français, par L. **Richaud**. Paris, L. Hachette, 1857, in-12.

3482 Attila, tragédie en 5 actes, par M. Hippolyte **Bis**, 2.ᵉ édit. Paris, Lille, 1822, in-8.º

3483 Caius Caligula, tragédie en trois actes, par Camille **Rouzé**. Paris, 1826, br. in-8.º

3484 Lothaire, tragédie en trois actes, par MM. Hippolyte **Bis** et F. **Hay**. Paris, Pillet, 1817, in-8.º

3485 Le dernier jour de Missolonghi, drame héroïque en trois actes, en vers, avec des chants, par M. G. **Ozaneaux**, musique de M. **Hérold**. Paris, Barba, 1828, in-8.º

3486 Histoire tragique de Jeanne-d'Arc en 5 actes et en vers, par le P. **Fronton du Duc**, analyse par M. **de Haldat**, Nancy, V.e Raybois, 1847, br. in-8.°

3487 Un rêve de première communiante, drame en cinq actes, suivi des vertus du balai et de poésies, par Constant **Portelette**. Paris, Tournai, 1859, in-12.

3488 Pélage, tragédie en cinq actes, par A. L. A. **F.** Paris, Delaunay, 1818, in-8.°

3489 Fortunas, ou le nouveau d'Assas à la prise de l'île sous Dantzick, drame héroïque en un acte, par M. **Crouzet**. Paris, Leblanc, 1807, br. in-8.°

3490 Ma liberté, ou les artistes convalescents, comédie-vaudeville en trois actes (épisode historique), par A. **Couppy**. Valenciennes, A. Prignet, 1850, br. in-8.°

3491 Un marivaudage, comédie en un acte et en vers, par M. Eugène **Ponchard**. Boulogne-sur-Mer, Delahodde, 1857, in-12.

3492 Le méfiant, comédie en cinq actes et en vers, par O. **Leroy**. Paris, Crapelet, 1814, in-8.°

3493 L'irrésolu, comédie en un acte et en vers, par O. **Leroy**. Paris, Vente, 1819, br. in-8.°

3494 Le maître au logis, comédie en un acte et en vers, imitée de l'allemand. Amiens, E. Yvert, 1844, br. in-8.°

3495 Les avantages de la réunion territoriale, proverbe par Louis **Gossin**. Paris, Nancy, 1841, br. in-8.°

3496 La consultation, proverbe. — Périsse plutôt un malade qu'un principe. Lille, Lefebvre-Ducrocq, 1854, br. in-16.

3497 Sapien, en tout l'excès est un défaut, proverbe dramatique en vers, en deux actes. Lille, Lefebvre-Ducrocq, 1854, br. in-16.

3498 Dawis ou un lâche, comédie en trois actes et en vers, par M. Eugène **Ponchard**. Lille, Lefebvre-Ducrocq, 1853, in-12.

3499 Les deux époques, scènes. Nîmes, Durand-Belle, 1834, br. in-8.°

3500 L'Uraniade, ou Esope jugé à la cour d'Uranie, scènes dialoguées, au sujet des hypothèses newtoniennes, par P. **Bremond**. Avignon, V.e Guichard, 1844, in-8.°

3501 Il ne faut jamais dire fontaine..., proverbe en un acte et en vers, par Louis **Chalmeton**. Paris, Jules Taride, 1864, br. in-12.

3502 Charlotte, ou religion et savoir, comédie en trois actes ; — La porte du paradis, Madame Poupardeau, scènes dialoguées, par Constant **Portelette**. Paris, Tournai, 1859, in-12.

3503 Les sociétés de rhétorique et leurs représentations dramatiques chez les Flamands de France, par l'abbé D. **Carnel**. Paris, A. Aubry, 1860, br. in-8.º

3504 Cérémonies dramatiques et anciens usages dans les églises du nord de la France, par le baron **de La Fons-Mélicocq**. Paris, V.ᵒʳ Didron, 1840, br. in-4.º

3505 Essai sur les œuvres dramatiques de Jean Rotrou, par M. **Jarry**; 1868, in-8.º

3506 Episode valenciennois du xvi.ᵉ siècle : — Claudin Lejeune, opéra en quatre tableaux, avec musique nouvelle, par M. Eugène **Ponchard**. Anzin, Boucher-Moreau, 1853, br. in-8.º

C. Art poétique et poésies diverses.

3507 Esprit de la poésie et des beaux-arts ou théorie du beau, par J.-B. **Tissandier**. Lyon, A. Brun, 1850, in-12.

3508 Poétique françoise, par M. **Marmontel**. Paris, Lesclapart, 1763, 2 vol. in-12.

3509 Poétique anglaise; par M. **Hennet**, de la Légion-d'Honneur. Paris, Valade et Barrois, 1806, 3 vol. in-8.º

3510 Les poètes classiques du règne d'Auguste, historiens des expéditions romaines en Orient et chantres de conquêtes en projet, par Félix **Nève**. Bruges, Daveluy, 1867, br. in-8.º

3511 Des portraits de femme dans la poésie épique de l'Inde, fragments d'études morales et littéraires sur le mahabharata, par Félix **Nève**. Bruxelles, Auguste Decq, 1858, in-8.º

3512 Les femmes poètes françaises du xiv siècle, par Frédéric **Degeorge**. Arras, Fouquet, 1832, br. in-8.º

3513 Histoire du sonnet, sa grandeur et sa décadence, entretien littéraire, par M. **Richaud**. Cahors, Plantade, 1867, br. in-8.º

3514 Les sonneurs de sonnets, (1540-1866), par Alfred **Delvau**. Paris, Bachelin-Deflorenne, 1867, in-32.

3515 Michel-Ange poète, par M. **Ballin**; 1857, br. in-8.º

3516 Rapport de M. **Delalande-Hadley**, fait à la Société des méthodes dans sa séance du 12 avril 1836, sur l'étude de la poésie anglaise, ou choix de poésies par ordre chronologique, depuis le xiii.ᵉ siècle jusqu'à nos jours, précédé d'un traité de prosodie, par M. **Spiers**; br. in-12.

3517 Rapport fait par P. **Lair** le 31 mars 1828 à la Société Linnéenne de Normandie sur un discours en vers intitulé : *le Voyageur*, composé par M. Bruguière, baron de Sorsum, traduit en anglais par M. Ed. Smith et suivi d'une notice biographique sur l'auteur du poème, par M. Spencer Smith ; br. in-8.°

3518 Rapport sur le concours de poésie de la Société académique de Saint-Quentin, par M. Ch. **Thirion**, secrétaire. St-Quentin, Cottenest, 1861, br. in-12.

3519 Rapport sur le concours de poésie ouvert par l'Académie de La Rochelle pour 1865, par Gaston **Romieux**. La Rochelle, 1866, br. in-8.°

3520 Les Devoirs de l'homme, poème tiré d'un ancien manuscrit découvert dans l'Indoustan et attribué à un bramine de cette contrée, suivi du Lac de Genève, d'une Ode à l'Eternel et d'un Discours en vers sur la littérature française aux XVII.e et XVIII.e siècles, par Antoine **Cunyngham**. Lille, Vanackere, 1854, in-8.°

3521 Les chants de Sôl (Sôlar liôd), poème tiré de l'Edda de Saemund publié avec une traduction et un commentaire par F. G. **Bergmann**, prof. Strasbourg, Paris, 1858, in-8.°

3522 Poèmes islandais tirés de l'Edda de Saemund publiés avec une traduction, des notes et un glossaire, par F. G. **Bergmann**. Paris, Imp. royale, 1838, in-8.°

3523 Etudes sur les hymnes du Rig-vêda avec un choix d'hymnes, traduits pour la première fois en français par M. Félix **Nève**. Louvain, Paris, 1842, in-8.°

3524 Le Râmâyana de Valmiki, traduit pour la première fois du samskrit en français, avec des études sur les questions les plus graves relatives à ce poème, par Val. **Parisot**, t. I.er, Adikânda. Paris, Duprat, 1853, in-8.°

3525 Calidasa ou la poésie sanscrite dans les raffinements de sa culture, par Félix **Nève**. Paris, Benjamin Duprat, 1864, br. in-8.°

3526 Fragments d'épopées romanes du XII.e siècle, traduits et annotés, par Edward **Leglay**. Paris, Techener, 1838, in-8.°

3527 Alexanders geesten van Jacob **Van Maerlant**, met indeiling, varianten van hiss., aantee keningen en glossarium, op gezag van het staatbestuur en in naam der koninklyke Akademie van wetenschappen, letteren en fraaije kunsten, voor de eerste maal uitgegeven door F. A. **Snellaert**. Bruxelles, Hayez, 1860, 2 vol. in-8.°

3528 Rymbybel van Jacob **Van Maerlant**, met voorrede, varianten van hiss., aentee keningen en glossarium, op last van het gouvernement en in naem der koninklyke Akademie van wetenschappen, letteren en fraeije kunsten, voor de eerste mael uitgegeven door J. **David**, prof. Bruxelles, Hayez, 1858-59, 3 vol. in-8.º

3529 Le Cimetière, poème lyrique, par Hippolyte **Bis**, 2.ᵉ édition· Paris, Béchet, 1822; br. in-8.º

3530 Chios, la Grèce et l'Europe, poème lyrique, suivi de la traduction d'une épitre grecque-moderne adressée en 1820, par N. S. **Piccolos**, à G. Glaracès, l'une des victimes des massacres de Chios, par A. P. F. **Guerrier de Dumast**. Paris, Schlesinger, 1822, in-8.º

3531 Le Dévouement des médecins français et des sœurs de Sainte-Camille dans la peste de Barcelone, poème par Hilaire **Bronner**. Paris, Firmin Didot, 1822, in-8.º

3532 L'Immortalité de l'âme, poème dédié à l'ombre de Camille suivi d'une ode sur l'imagination, par H. A. **Gouttière**, 4.ᵉ édition. Armentières, Pétro, 1866, br. in-8.º

3533 Les Bosquets d'agrément, poème en quatre chants, suivi des Arbres toujours verts, poème en stances régulières, par G. A. J. **Hécart**. Paris, Hécart fils, 1808, in-8.º

3534 Les Saisons, par Jacques **Thomson**, traduction en vers français, par M. Paul **Moulas**, précédée d'une préface par M. le D.ʳ **Le Glay**. Lille, L. Danel, 1853, in-8.º

3535 Didon, poème dramatique en vers français, texte latin en regard, avec une étude comparée des traductions de Delille et de Barthelémy, par A. **Grillet**. Paris, Lille, 1865, in-8.º

3536 La Déclamation théâtrale, poème didactique en quatre chants, 4.ᵉ édition. Paris, Delalain, 1771, in-8.º

3537 Eviction, poème par Gaston **Romieux**. La Rochelle, Siret, 1862, br. in-8.º

3538 Jeanne-d'Arc, poème en dix chants, par L. T. **Semet**. Paris, Dufour, 1828, in-18.

3539 Fénélon, poème, par François **Marchant**, de Cambrai, 3.ᵉ édition. Lille, Vanackere, 1838, br. in-8.º

3540 Lycidas, Egloga et musæ Invocatio, carmina quorum auctori Johanni **Van Leeuven**, e vico Zegwaart, certaminis peotici præmium secundum e legato Jacobi Henrici Hoeuff adjudicatum est. Amsterdam, Van der Post, 1856, br. in-8.º

3541 Octaviæ querela, carmen cujus auctori Johanni **Van Leeuwen**, e vico Zegwaart, certaminis poetici præmium secundum e legato Jacobi Henrici Hoeufft, abjudicatum est in concessu publico Academiæ regiæ scientiarum die ix m. martii anni MDCCCLVII. Amsterdam, Van der Post, br. in-8.°

3542 Dé lebetis materie et forma ejusque tutela in machinis vaporis agentibus, carmen didascalicum, cujus auctori Josepho **Giacoletti**, pedemontano, certaminis poetici præmium e legato Jacobi Henrici adjudicatum est in concessu publico Academiæ regiæ disciplinarum Neerlandicæ, die ix m. martii anni MDCCCLXIII. Amsterdam, C. G. Van der Post, 1863, br. in-8.°

3543 La Cinéide ou la Vache reconquise, poème national héroï-comique en vingt-quatre chants, par l'abbé Ch. **du Vivier de Streel**. Bruxelles, Goemaere, 1854, in-8.°

3544 La Musique, poème lyrique, par J. **Lesguillon**. Sèvres, 1856, br. in-8.°

3545 L'Oiseau; — La Réunion de la Savoie à la France, poèmes par V.ᵒʳ **Faguet**. Poitiers, Hilleret, 1862, br. in-8.°

3546 La Vierge de Missolonghi, hellénide, dédiée au colonel Fabvier, suivie de la Cloche, élégie, par J. **Fontemoing**. Paris, Dunkerque, br. in-8.°

3547 Trois chants historiques, publiés par M. E. **de Coussemaker**. Dunkerque, Vanderest, 1854, br. in-8.°

3548 Anagrammeana, poème en huit chants par l'anagramme d'**Archet**, ouvrier maçon, 95.ᵉ édition. A Anagrammatopolis, l'an xiv de l'ère anagrammatique, br. in-18.

3549 Le Breviari d'Amor de **Matfre Ermengaud**, suivi de la lettre à sa sœur, publié par la Société archéologique de Béziers, introduction et glossaire, par Gabriel **Azaïs**, secrétaire. Béziers, Paris, 2 vol. in-8.°

3550 Fables de Lokman surnommé le sage, en arabe et en français, avec la prononciation figurée ainsi que la traduction en français, par MM. Léon et Henri **Hélot**. Paris, Théophile Barrois, 1847, in-8.°

3551 Le Roman en vers de Girart de Roussillon, jadis duc de Bourgogne, publié pour la première fois d'après les manuscrits de Paris, de Sens et de Troyes, suivi de l'Histoire des premiers temps féodaux, par M. **Mignard**. Paris, Dijon, 1858, gr. in-8.°

3552 Les Trouvères de la Flandre et du Tournaisis, par M. Arthur **Dinaux**. Paris, Valenciennes, 1839, in-8.°

3553 Les Trouvères artésiens, par M. Arthur **Dinaux**. Paris, Valenciennes, 1843, in-8.°

3554 Les Trouvères brabançons, hainuyers, liégeois et namurois, par M. Arthur **Dinaux**. Paris, Bruxelles, 1863, in-8.°

3555 Les Trouvères cambrésiens, par M. Arthur **Dinaux**, 3.ᵉ édition. Paris , Téchener, 1837 , in-8.º

3556 Le Ménestrel de la Moselle, par A. P. F. N. Metz, Devilly, 1822 , in-12.

3557 Les Œuvres de Guillaume de **Machault**, publiées par Prosper **Tarbé**. Reims, Paris, 1849, in-8.º

3558 Les Œuvres inédites d'Eustache **Deschamps**, publiées par Prosper **Tarbé**. Paris, Reims, 1849, 2 vol. in-8.º

3559 Le Roman d'Aubery le Bourgoing, publié par Prosper **Tarbé**. Reims, 1849, in-8.º

3560 Le Roman du Chevalier de la Charrettê, par **Chrétien** de Troyes et **de Godefroy** de Laigny, publié par Prosper **Tarbé**. Reims, 1849, in-8.º

3561 Les Œuvres de Philippe **de Vitry**, publiées par Prosper **Tarbé**. Reims, 1850, in-8.º

3562 Les Chansonniers de Champagne aux XII.ᵉ et XIII.ᵉ siècles, publication de Prosper **Tarbé**. Reims, 1850, in-8.º

3563 Le Roman de Girard de Viane, par **Bertrand** de Bar-sur-Aube, publié par Prosper **Tarbé**. Reims, 1850, in-8.º

3564 Le Tournoiement de l'Antechrist, par **Huon de Mery**, publié par Prosper **Tarbé**. Reims, 1851, in-8.º

3565 Poésies d'**Agnès de Navarre-Champagne**, dame de Foix, publiées par Pr. **Tarbé**. Paris, Reims, 1856, in-8.º

3566 Le Roman de Foulque de Candie, par **Herbert Leduc**, de Dammartin, publié par Prosper **Tarbé**. Reims, 1860, in-8.º

3567 Les Œuvres de **Blondel de Néele**, publiées par Prosper **Tarbé**. Reims, 1862, in-8.º

3568 Le Roman des quatre fils Aymon, princes des Ardennes, publié par Prosper **Tarbé**. Reims, 1861, in-8.º

3569 Les Œuvres de Guillaume **Coquillart**, publiées par P. **Tarbé**. Reims, Paris, 1847, 2 vol. in-8.º

3570 Poètes de Champagne, antérieurs au siècle de François I.ᵉʳ. — Proverbes champenois avant le XVI.ᵉ siècle. — Le roman du Renard contrefait, par **Le Clerc**, de Troyes, publication de Prosper **Tarbé**. Reims, 1851, in-8.º

3571 Romancero de Champagne, par Prosper **Tarbé**. Reims, 1863-1864, 5 vol. in-8.º

3572 Recueil d'inscriptions et pièces de vers, faites à l'occasion du voyage du premier Consul dans le département de l'Escaut. Gand. A. B. Steven, an XI, in-8.º

3573 Albums et œuvres poétiques de **Marguerite d'Autriche**, gouvernante des Pays-Bas, par la Société des bibliophiles belges de Mons. Bruxelles, 1849, in-8.º

3574 Le Chef-d'œuvre d'un inconnu, poème heureusement découvert et mis au jour, avec des remarques savantes et recherchées, par M. le D.ʳ Chrysostôme **Mathanasius**, 9.ᵉ édition, dans laquelle on trouve, outre les pièces qui ont paru dans les éditions précédentes, l'Antimathanase, ou critique du Chef-d'œuvre d'un inconnu, une notice sur la vie et les ouvrages de M. de Sainte-Hyacinthe et des notes par P. X. **Leschevin**.— Compte-rendu sur ces travaux par M. **Chardon de La Rochette**. Paris, 1807, br. in-8.º

3575 Mosaïque littéraire ou choix de poésies morales, empruntées à nos auteurs classiques et aux auteurs contemporains, par A. F. **Dumont**. Clermont-Ferrand, 1848, in-12.

3576 Notice sur **Savioli** et traduction de ses poésies intitulées : *Gli Amori*, par M. A. G. **Ballin**. Rouen, 1862, br. in-8.º

3577 Satires de **Juvénal**, traduites par M. le baron **Papion du Château**, satires XII, XIII et XIV, 3 br. in-8.º

3578 Œuvres de **Regnier**, nouvelle édition, t. i. Londres, 1780, in-8.º

3579 Poésies de Jacques **Ferrand**, 4.ᵉ édition. Paris, Lyon, Bruxelles, 1860, in-12.

3580 Dichtstukjes van C. A. **Vervier**, eerste deel. — Imitation libre des poésies de M. C. Vervier, par M. L. V. **Raoul**. Paris, Houdin, 1820, in-8.º

3581 Morceaux de poésies, ou fragment traduit d'une tragédie allemande de **Klopstock**, suivi d'une pièce de vers anglais, traduite de **Schenstone**, par Ph. J. **Guilbert**. Rouen, Guilbert, 1804, br. in-8.º

3582 Poésies de J. **Froissart**, publiées par M. J. A. **Buchon**. Paris, Verdière, 1829, in-8.º

3583 Serventois et sottes chansons, couronnés à Valenciennes, tirés des manuscrits de la bibliothèque du Roi, 2.ᵉ édition. Valenciennes, A Prignet, 1833, in-8.º

3584 La Salle des cerfs et tout ce qu'elle a vu, vers prononcés par le secrétaire perpétuel de la Société d'archéologie lorraine, le 20 mai 1862, lors de l'inauguration du lieu comme galerie principale du Musée lorrain. Nancy, 1862, br. in-8.º

3585 Opuscules poétiques et philologiques de M. **Feutry**. La Haye, Paris, 1771, in-8.º

3586 Miscellanea J. B. G. **Camberlyn d'Amougies** equitis. Gand, Gœsin-Verhæghe, 1828, in-8.º

3587 Eyckii immortali genio, par J.-B. **Camberlyn.** Gand, Houdin, 1824, br. in-8.º

3588 Il Roseto, nuove melodie populari, per Antonio-Maria **Lombardi.** Naples, Vincenzo Priggiobba, 1858, br. in-8.º

3589 Le Mercredi des cendres, par Charles **Malo.** Paris, Ducessois, 1842, br. in-8.º

3590 La Vallée des géraniums, par F. **Delcroix.** Cambrai, 1840, br. in-8.º

3591 Mon Kaleïdoscope, joujou de circonstance, par A. **Vaissière.** Paris, Rouen, Bordeaux, etc., 1818, in-8.º

3592 La Rime, par **D.***.** Paris, C. F. Patrin, 1819, br. in-8.º

3593 Les Poésies diverses de Math. **de Montreuil,** nouv. édit. Lille, Béhague, 1861, in-16.

3594 Les épigrammes de J. Ogier de **Gombauld,** nouvelle édition, par J. V. F. **Liber.** Lille, Béhague, 1861, in-16.

3595 Dithyrambe sur la statue de Pierre Corneille, par Th.ʳᵉ **Wains-Desfontaines.** Rouen, Baudry, 1834, br. in-8.º

3596 Deuxième hommage à Corneille, par Ph. J. **Guilbert.** Rouen, 1802, br. in-8.º

3697 Les Napoléoniennes, poésies lyriques, par M. Louis **Hubert.** Paris, Henri Plon, 1866, in-8.º

3598 Les Epanchements du cœur, poésies, par J.-B. **Deletombe,** instituteur. Douai, Adam d'Aubers, 1854, in-12.

3599 Roses et soucis, poésies, par Casimir **Faucompré.** Lille, Reboux, 1847, in-12.

3600 Far-niente, poésies, par Casimir **Faucompré,** (de Lille). Lille, E. Reboux, 1853, in-12.

3601 Quelques chiquenaudes, recueil de pensées ou quasi-pensées, dictons et boutades mis en rimes, par J.-B. **Millet-Saint-Pierre.** Havre, Lepelletier, 1857, br. in-8.º

3602 Godefroi de Boulogne, duc de Bouillon; à M. l'abbé Haigneré, archiviste de la ville de Boulogne-sur-Mer, par Eugène **Ponchard;** Avril, 1858, br. in-8.º

3603 Méditation et prière d'une âme revenant à Dieu. Lille, Emile Durieux, 1840, br. in-8.º

3604 Epitre sur l'immortalité de l'âme dédiée aux cœurs sensibles et aux philosophes vertueux, par **Calamidoro Penëio.** Paris, an ix, br. in-12.

3605 La Mahadeva, dédié au capitaine Fafchamps; br. in-8.º

3606 Epitres humouristiques, par Henri **Dottin**. Clermont, Huet, 1864, in-12.

3607 Epitre à un millionnaire, par Henri **Dottin**. Clermont, Huet, 1865, br. in-12.

3608 Les Taï-pings, par Armand **The-Rule** (A. **Hurtrel**). Rouen, 1869, gr. in-12.

3609 Les Livres des croyances, par F. B. **de Wiers**. Paris, Amyot, 1845, in-12.

3610 Le Spectre de Missolonghi, par M. Ulysse **Tencé**. Paris, Delaunay, 1826, br. in-8.º

3611 Chansons de Gustave **Nadaud**, 4.e édition. Paris, Frédéric Henry, in-12.

3612 Une idylle, par G. **Nadaud**. Paris, Hachette, 1861, in-12.

3613 La Moisson, poésies par Achille **Millien**, avec une préface, par **Thalès-Bernard**. Paris, Vanier, 1860, in-12.

3614 Les Poèmes de la nuit — humouristiques — paulo Majora, par Ach. **Millien**, 2.e édition. Paris, E. Dentu, 1864, in-12.

3615 Heures de loisir, par Louis **Chalmeton**. Paris, Jules Taride, 1860, in-12.

3616 Isolements, comédies et poèmes, par Louis **Chalmeton**. Paris, Jules Taride, 1863, in-8.º

3617 Le Lycée et les Revenants, par Léop. **Chappe**. Paris, Hachette, 1864, br. in-8.º

3618 Vercingétorix, étude par M. Léop. **Chappe**. Paris, Tardieu, 1866, br. in-8.º

3619 Les quatre âges de l'Escaut, par **Brun-Lavainne**. Lille, br. in-8.º

3620 Fables, contes et autres poésies, par M. Valery **Derbigny**. Paris, Arras et Lille, 1854, in-8.º

3621 Fables, suivies de quelques idylles, par O. B. **Duhamel**. Paris, Lille, in-18.

3622 Fables, par J. **Héré**. Saint-Quentin, Tilloy, 1830, br. in-8.º

3623 Fables et poésies, par J. **Héré**. Paris et St-Quentin, 1860, in-8.º

3624 Fables et poésies diverses, par Gaston **Romieux**. La Rochelle, Siret, 1858, in-8.º

3625 Fables et poésies nouvelles, par Gaston **Romieux**. La Rochelle, Siret, 1867, in-8.º

3626 Stances à Meyerbeer, par Gaston **Romieux**. La Rochelle, 1865, br. in-8.º

3627 César le bossu, conte par Gaston **Romieux**. La Rochelle, Siret, 1865, br. in-8.º

3628 Penser et croire, poésies choisies, suivies de : Le Tasse à Sorrente, poème par Jules **Canonge**, nouvelle édition. Paris, Jules Tardieu, 1865, in-16

3629 Ysopet, fables par Alfred **de Martonne**. Paris, Charlier, 1858, br. in-8.º

3630 Poésies, par Fidèle **Delcroix**. Paris, Dentu, 1829, in-16.

3631 Fleurs d'outre-Rhin, chants, ballades et légendes, par F. **Delcroix**. Paris, 1843, in-12.

3632 Ode à la nuit, par Antoine **Cunyngham**. Paris, Firmin Didot, 1819, br. in-8.º

3633 La France en 1825, ou mes regrets et mes espérances, discours en vers de M. A. **Jullien**, 2.ᵉ édition. Paris, Antoine Renouard, in-8.º

3634 Trois fables sur la giraffe, par M. **Jauffret**, avec une traduction en vers latins de la première fable, par M. Ad. **Jauffret**. Paris, Marseille, 1827, br. in-8.º

3635 Les médailles, épitre à M. de Tersan, par M. **Chaudruc de Crazannis**. Paris, Arthur Bertrand, 1813, br. in-8.º

3636 Un Spartiate à ses concitoyens, ode par **Arcade Burgot**, citoyen de Calais; br. in-4.º

3637 Les Lilloises, chansons par L. **Debuire** (**Du Buc**). Lille, 1856, in-18.

3638 Almanach lillois chansonnier, par L. **Debuire (Du Buc)**, 1859, 1860 et 1861. Lille, 3 br. in-16.

3639 Œuvres complètes de **Debuire (Du Buc)**, chansonnier lillois. T. I, III, chansons en français ; — t. II, IV, chansons lilloises. Lille, Paris, 1861, 4 vol. in-8.º

3640 Chansons et pasquilles lilloises, par **Desrousseaux**. Lille, Cufay-Petitot, 1854, in-12.

3641 Chansons et pasquilles lilloises, suivies d'un vocabulaire, par **Desrousseaux**; t. II. Lille, 1855, in-12.

3642 Chansons et pasquilles lilloises, par **Desrousseaux**, avec musique, 4.ᵉ vol. Lille, 1865, in-8.º

3643 Chansons et pasquilles lilloises, par **Desrousseaux**, nouv. édit. 1.ᵉʳ vol. Lille, 1865, in-8.º

3644 Mes étrennes, almanach chantant avec les airs notés, par **Desrousseaux**, 1859, 1860, 1861. Lille, 3 br. in-16.

3645 Marquette, dédié aux fondateurs du tissage mécanique de Marquette, par Gustave **Desrousseaux**; br. in-8.º

3646 Idylles, précédées d'un essai sur les auteurs bucoliques françois, par M. N. **Conhaire**. Liége, J. A. Latour, 1824, in-8.°

3647 Poésies, par A. **Lomon**. Lille, Lefebvre-Ducrocq, 1853, in-8.°

3648 Les Rimes choisies, par Jules **Péroche**. Paris, Garnier frères, 1853, in-8.°

3649 La mission de Jeanne d'Arc, chronique en vers, par M. Georges **Ozaneaux**. Paris, Toulouse, 1835, in-8.°

3650 Une visite à Pompéï, par M. **Dutilleul**. Lille, 1869, br. in-8.°

3651 Erreurs poétiques de Georges **Ozaneaux**. Paris, Amyot, 1849, 3 vol. in-8.°

3652 Poésies de Louis **Dureau**. Paris, 1850, vol. in-8.°

3653 Petit recueil poétique dédié au jeune âge, par Alexandre **Deplanck**, 3.ᵉ édit. Paris, Lille, in-8.°

3654 Fables et poésies diverses, par Alexandre **Deplanck**, t. I. Lille, Horemans, 1860, in-12.

3655 Fables et poésies diverses, par Alexandre **Deplanck**, t. I, deuxième édition. Paris, Lille, 1860, in-12.

3656 Poésie, Où donc est le bonheur? par Alexandre **Deplanck**. Lille, Vanackere, br. in-8.°

3657 La Mode, boutade, par Alexandre **Deplanck**. Lille, L. Danel, 1863, br. in-8.°

3658 La Guerre, poésie, par Alex. **Deplanck**. Lille, Lefebvre Ducrocq, 1863, br. in-8.°

3659 Les Ioniennes, par Eugène **Ponchard**; — 1.ʳᵉ ionienne, La guerre d'Orient, Le Czar, 1853, 2.ᵉ édition; br. in-8.°

3660 La Guerre d'Orient, 1853, par Eugène **Ponchard**, br. in-8.°

3661 L'Affranchissement des Grecs, poésie, par Pierre-Auguste **Lemaire**. Paris, Didot, 1827, br. in-4.°

3662 La Guerre, par L. **R**. Troyes, 1859, br. in-8.°

3663 Monuments et curiosités de Paris, par Emile **Sarlat**. Dunkerque, Kien, 1858, br. in-12.

3664 Le Tombeau d'une jeune philhellène, élégie, par M. A. **Jullien**. Paris, 1827, br. in-8.°

3665 Poésies politiques, par Marc-Antoine **Jullien**. Paris, Sédillot, 1831, br. in-8.°

3666 Mon retour à Flémalle, idylle, par M. N. **Conhaire**. Liége, 1828, br. in-16.

3667 Les deux propriétaires, par Auguste **Galimard**. Paris, E. Dentu, 1859, br. in-8.°

3668 Contes, par A. G. **B.** Rouen, 1848, br. in-8.º

3669 Prière et souvenirs, par Alexandre **Couvez.** Paris, Lyon, Lille, 1836, in-8.º

3670 Aux enfants du Nord, V.ᵒʳ **Derode.** Lille, br. in-8.º

3671 La mission du poète, poésie par V.ᵒʳ **Derode.** Lille, 1841, br. in-8.º

3672 Brienne (1784-1814-1859), poésie, par L. **Richaud.** Troyes, 1859, br. in-8.º

3673 Quelques pièces de poésie religieuse par l'abbé **Bourlet.** Cambrai, Lesne-Daloin, 1836, br. in-18.

3674 Méditation religieuse, par M. **Delerue.** Lille, Danel, 1854, br, in-8.º

3675 Fables, par V.ᵒʳ **Delerue.** Lille, L. Danel, in-12.

3676 Fables, par V.ᵒʳ **Delerue.** Lille, L. Danel, 1850, br. in-12.

3677 Fables, par V.ᵒʳ **Delerue**, 2.ᵉ édition. Lille, Minart, 1854, in-8.º

3678 Fables et poésies diverses, par V.ᵒʳ **Delerue.** Lille, Danel, 1857, br. in-8.º

3679 Fables, par V.ᵒʳ **Delerue.** Lille, Danel, 1861, br. in-8.º

3680 Les Saisons, fantaisie, par V.ᵒʳ **Delerue.** Lille, Vanackere, 1855, br. in-8.º

3681 Fable et cantate, par V.ᵒʳ **Delerue.** Lille, L. Danel, 1856, br. in-8.º

3682 Hymne en l'honneur de N.-D. de la Treille, paroles de M. V.ᵒʳ **Delerue**, musique de M. Ferdinand **Lavainne**, exécuté par les orphéonistes de Lille, le 13 avril 1856, à l'occasion de la distribution des récompenses accordées aux architectes lauréats; br. in-8.º

3683 Mélanges, par V.ᵒʳ **Delerue.** Lille, L. Danel, 1863, in-8.º

3684 Souvenirs — 1862-1864. — La septantaine. — Le réveil du poète, par V. **Delerue.** Lille, Danel, br. in-8.º

3685 Un faux axiome : les libertins sont les meilleurs maris, par V. **Delerue.** Lille, br. in-8.º

3686 Les Libertins, satire, par Vᵒʳ **Delerue.** Lille, Danel, 1868, br. in-8.º

3687 Les Chrétiens d'Orient, cantate, paroles de M. **Delerue**, musique de M. **Lavainne.** Lille, 1860, br. in-8.º

3688 A l'armée d'Orient; Sébastopol, cantate, par V.ᵒʳ **Delerue.** Lille, Vanackere, 1855, br. in-8.º

3689 Cantate à l'occasion de l'inauguration, le 3 décembre 1854, du mouvement érigé à Napoléon I.ᵉʳ, dans l'enceinte de la Bourse de Lille, par V.^{or} **Delerue**. Lille, Danel, 1855, br. in-8.°

3690 A l'Empereur, la ville de Lille. — A Louis XIV, la ville de Lille, cantates, par V.^{or} **Delerue**. Lille, 1867, br. in-8.°

D. **Prose, sujets divers**.

3691 Collection des auteurs grecs expliqués par une traduction française en regard. — **Plutarque**, vie de César, par M. **Colincamp**. Paris, Dezobry et Magdeleine, in-12.

3692 **Démosthène**; philippiques, expliquées en français, suivant la méthode des collèges, par deux traductions d'après les principes de MM. de Port-Royal, Dumarsais, Beauzée, etc., traduction de l'abbé **Auger**, revue par M. G. **Cannissié**. Paris, Delalain, 1830, in-12.

3693 Notice sur les traductions françaises du manuel d'Epictète, suivi d'un épictétana, par M. G. A. J. **H*****. Valenciennes, J. Prignet, 1826, br. in-16.

3694 De pueris apud antiquas poetas, par M. **Jarry**; 1868, in-8.°

3695 Le livre de la récompense des bienfaits secrets, traduit du chinois, par Léon **de Rosny**. Paris, H. Carion, 1856, br. in-8.°

3696 Le trône enchanté, conte indien traduit du persan, par M. le baron **Lescallier**, membre de plusieurs sociétés savantes. New-York, Desnoues, 1817, in-8.°

3697 Bakhtiar nameh ou le favori de la fortune, conte traduit du persan, par M. **Lescallier**. Paris, Eberhart et Didot, an XIII, in-8.°

3698 Guy Le Fèvre de la Boderie, orientaliste et poète, l'un des collaborateurs de la polyglotte d'Anvers, par Félix **Nève**. Bruxelles, 1862, br. in-8.°

3699 Des recherches récemment mises au concours sur la littérature chrétienne de l'Ethiopie, par Félix **Nève**, professeur à l'Université de Louvain. Louvain, Fonteyn, 1860, br. in-8.°

3700 Enis el-djelis, ou histoire de la belle persanne, conte des mille et une nuits, traduit de l'arabe, par A. **de Biberstein Kasimirski**. Paris, Théophile Barrois, 1846, in-8.°

3701 Neh Manzer ou les Neuf loges, conte traduit du persan, par M. **Lescallier**. Gènes, Yves Gravier, 1808, in-8.°

3702 Thèse de littérature sur l'histoire et sur Tite-Live en particulier, présentée à l'examen par P. A.**Lemaire**. Paris, 1823, br. in-4.°

3703 Thèse de littérature sur les vicissitudes et les transformations

du cycle populaire de Robin Hood, par Edw. **Barry**.
Paris, Rignoux, 1832, in-8.°

3704 Les Romans en prose des cycles de la Table ronde et de
Charlemagne, par J. W. **Schmidt**, traduit de l'allemand
et annoté par le baron Ferdinand **de Roisin**, docteur
en droit et en philosophie. Saint-Omer, in-8.°

3705 Sagas du Nord, par M. L. **de Baecker**. Paris, Bruxelles,
et Leipzig, 1857, in-8.°

3706 Lettre au R. P. Dom Pitra sur l'auteur de l'imitation de
J.-C., par Louis **de Baecker**; br. in-8.°

3707 Etudes sur les mystères, monuments historiques et littéraires, la plupart inconnus, et sur divers manuscrits de
Gerson, y compris le texte primitif français de l'Imitation
de J.-C., récemment découvert, par Onésime **Leroy**.
Paris, L. Hachette, 1837, in-8.°

3708 Etudes morales et littéraires sur la personne et les écrits de
J. F. Ducis, par Onésime **Leroy**. Paris, Dufey et Vézard,
1832, in-8.°

3709 Les aventures de Télémaque, suivies des aventures d'Aris-
tonoüs; nouvelle édition, par M. **Colincamp**. Paris,
Dezobry et E. Magdeleine, in-12.

3710 Horace à Athènes, par M. G. **Hinstin**. Lille, Danel, 1862,
br. in-8.°

3711 Nouvelles et esquisses de mœurs; 1.re partie, par H. **C.**
Douai, Deregnaucourt, 1838, in-8.°

3712 Souvenirs d'un proscrit polonais, par M. **Corne**. Paris,
Michel Lévy, 1863, in-12.

3713 Marcel, par Hyacinthe **Corne**. Paris, L. Hachette, 1858,
2 vol. in-12.

3714 La vérité sur les femmes, par J. N. **Bidaut**. Paris, Dentu,
1859, in-18.

3715 L'œil de Dieu, par **R*** aîné. Paris, Delarue, in-8.°

3716 Notices et observations pour préparer et faciliter la lecture
des essais de Montaigne par M. **Vernier**, sénateur. Paris,
Testu et Delaunay, 1810, 2 vol. in-8.°

3717 Le jeune patriotisme, causerie de pensionnaires à propos
de la distribution des prix, par Constant **Portelette**.
Lille, L. Danel, 1859, br. in-12.

3718 Le Bourgeois de Lille, par Pierre **Legrand**. Lille, Béghin,
1851; in-12.

3719 Le Grillon du foyer, par Ch. **Dickens**, traduit de l'anglais,
par Ferdinand **Colincamp**. Paris, Hachette, 1853, in-12.

3720 Lettres écrites d'Orient, par Emilien **Frossard**; 2.e édition.
Toulouse, A. Chauvin, 1856, in-12.

3721 La Ville du refuge, rève philanthropique. Paris, Ladvocat et Levasseur , 1832 , in-8.°

3722 Le Sestine di Dante , paraphrase , per F. G. **Bergmann**. Bologna , Giacomo Monti , 1868 , br. in-8.°

3723 La Fascination de Gulfi (*Gylfa genning*), traité de mythologie scandinave composé par **Snorri** fils de Sturla, traduit du texte norrain en français et expliqué dans une introduction et un commentaire , par Fréd. G. **Bergmann**. Strasbourg , Paris, Genève , 1861 , in-8.°

3724 Œuvres diverses du baron **de Stassart**. Bruxelles, Paris, 1854 , in-4.°

3725 Epaves littéraires, par Henri **Bruneel**. Lille , L. Danel , 1850 , in-8.°

3726 Mélanges, par Félix **Van Hulst**. Liége, Félix Houdart, 1843 , gr. in-8.°

3727 Recherches historiques, bibliographiques, critiques et littéraires sur le théâtre de Valenciennes, par G. A. J. **H*****. Paris , Hécart, 1816 , in-8.°

3728 Simoniana, ou les loisirs d'un chauffeur à l'usage des oisifs, par M. F. **Simon** , inspecteur général des chauffages de l'armée des côtes de l'océan ; 2.ᵉ édition. Valenciennes , an XII de la République , in-12.

3729 La famille Paul, par le chevalier **Regnault**. Paris , Delaunay, 1829, in-12.

3730 Le droit d'aînesse , par M.ᵐᵉ **Bourdon**. Paris, Ambroise Bray , 1861 , in-12.

3731 Etudes populaires : Antoinette Lemire, l'ouvrière de Paris, par M.ᵐᵉ **Bourdon**. Paris , Putois-Cretté , 1861 , in-8.°

3732 Le livre de la cité, compte-rendu, par V.ᵒʳ **Derode**. Lille, Lefebvre-Ducrocq , 1862, br. in-16.

Essai de tablettes liégeoises , par Alb. **d'Otreppe de Bouvette** ; 31 volumes (*Collection incomplète*), savoir :

3733 Vestiges des âges, empreintes des siècles ou étude de l'histoire au moyen des fragments d'arts anciens et des débris des vieux monuments. Liége , Carmanne, 1860 , br. in-8.°

3734 Les Catacombes ouvertes comme étude de mœurs : 1.° aux anciens petits métiers et aux vieilles industries ; 2.° aux anciennes coutumes et aux vieux usages des sociétés ; 3.° aux nombreuses œuvres sans avenir d'une littérature légère. Liége , J. Carmanne , 1860 , in-12.

3735 Lettres sur les expositions d'objets d'art, les curiosités historiques et les musées, adressées à ses savants confrères, les fondateurs de l'Institut archéologique liégeois, par le Président de cet Institut. Liége , J. G. Carmanne, 1860, in-12.

3736 Des Sociétés savantes et des Congrès. Liége , de Thier et Lovinfosse , 1861, in-12.

3737 Rapport ou exposé sommaire des actes posés et des travaux accomplis par l'Institut archéologique liégeois, pendant une période de dix ans. Liége , J. G. Carmanne , 1862, br. in-8.°

3738 Musée d'art et d'archéologie à Liége et des difficultés opposées à sa formation. Liége, de Thier et Lovinfosse , br. in-12.

3739 La Hesbaye. — Promenades en zig-zag à la recherche d'objets d'antiquité et moyen-âge. Liége , 1862, in-12.

3740 Promenades d'hiver archéologiques et littéraires de Liége vers Maëstricht, rive droite de la Meuse. Liége, 1862, in-12.

3741 Promenades archéologiques et pittoresques à travers la province de Liége. Liége, 1862, in-12.

3742 Musée d'art et d'archéologie offert à la province, ou l'histoire enseignée par les Druines, les débris des âges, les révélations de la tombe, etc. Liége, 1863, in-12.

3743 Promenades en Belgique , nobles sentiments , pensées utiles, glorieux souvenirs, fêtes, monuments, œuvres d'art, objets d'antiquité. Liége, 1863, in-12.

3744 De la Conversation. Liége , J. Desoer , 1864, br. in-12.

3745 Hommage à la Société archéologique de Namur. Liége, 1864, in-12.

3746 Paris, Etude littéraire. Liége, 1865 , in-12.

3747 Tout ce qu'on voudra. — Antiquités, sentiments, pensées diverses. Liége , 1865, in-12.

3748 Qu'est-ce encore ? — Des idées nouvelles sur des choses anciennes, ou archéologie de l'esprit et du cœur. Liége, 1865, in-12.

3749 Entretien avec des amis sur la nature, les arts et l'instruction obtenue par la conversation et les voyages. Liége, 1865, in-12.

3750 Rapport lu en séance du Congrès des délégués des Sociétés savantes ouvert à Paris le 20 avril 1865, Liége, 1865, in-12.

3751 Promenades archéologiques, indication des courses aux bains de mer et visites de musées aux villes frontières de France. Liége, 1865, in-12.

3752 Esquisses ; Meuse et Rhin. Liége, 1866, in-12.

3753 La Belgique pittoresque et monumentale, esquisse patriotique. Liége, 1866, in-12.

3754 Petite galerie morale. Liége, 1866, in-12.

3755 Des voyages idéalisés exhumés de la mémoire, refaits par la pensée, renouvelés par le souvenir. Liége, 1866, in-12.

3756 L'octogénaire. — Une ombre qui fuit, une lumière qui s'éteint. Liége, 1867, in-12.

3757 Les échos lointains de l'esprit et du cœur. Liége, 1868, br. in-12.

3758 Qu'est-ce encore? Adieu à l'archéologie. — Réveil littéraire. Liége, 1868, in-12.

3759 Excursions dans le monde moral; souvenirs d'une longue vie et impressions de voyages. Liége, Carmanne, 1858, in-12.

3760 Causeries de salons. — Récits, anecdotes, souvenirs, premières lueurs et derniers reflets de la vie. Liége, Carmanne, 1859, in-12.

3761 Causeries littéraires ou recueil de récits, anecdotes, fragments d'histoire, impressions de voyages et pensées détachées. Liége, de Thier et Lovinfosse, 1861, 2 vol. in-12.

3762 Fragments de voyages en Hollande (1816, 1818, 1824); — Préparations nécessaires et conditions exigées pour voir avec intérêt, choisir avec goût, juger avec sûreté, classer et retenir avec bonheur; 1.ʳᵉ partie. Liége, De Thier et Lovinfosse, 1860, br. in-12.

3763 Fragments d'un voyage en Hollande; 2.ᵉ partie. Liége, Carmanne, 1860, in-12.

VI. HISTOIRE.

I. GÉOGRAPHIE.

3764 Bulletin de la Société de géographie rédigé avec le concours de la section de publication, par C. **Maunoir** et R. **Cortambert**, 1868 (*Incomplet*). Paris, in-8.º

3765 Abulfedæ tabulæ quædam geographicæ et alia ejusdem argumenti specimina e codd. biblioth. Leidensis nunc primum arabice edidit Fridericus Theodorus **Rinck**, philosophiæ doctor. Leipsiæ, Weidmannia, 1791, in-8.°

3766 Atlas universel de géographie, physique, politique, statistique et minéralogique sur l'échelle de $\dfrac{1}{1,641,836}$ ou d'une ligne par 1900 toises, dressé par Ph. **Vandermaelen**, membre de la Société de géographie de Paris, d'après les meilleures cartes, observations astronomiques et voyages dans les divers pays de la terre, lithographié par H. **Ode**, membre de la Société de géographie de Paris. Bruxelles, 1827, 6 vol. in-f.°

3767 Géodésie ou Traité de la figure de la terre et de ses parties, par L. B. **Francœur**. Paris, Bachelier, 1835, in-8.°

3768 Traité élémentaire de topographie, par M. J. B. **Liagre**. Bruxelles, A. Jamar, in-8.°

3769 Elementi di Geografia generale, pel dottor legale Antonio Maria **Lombardi**. Naples, Vincent Priggiobba, 1854, in-12.

3770 Pythéas de Marseille et la géographie de son temps, par Joachim **Lelewel**, publié par Joseph Straszéwicz. Paris, 1836, in-8.°

3771 Géographie du moyen-âge étudiée par Joachim **Lelewel**. Bruxelles, Pilliet, 1857, in-8.°

3772 Cours abrégé de géographie physique, civile et politique, par B. **Crepel**. Lille, 1822, in-12.

3773 Géographie ancienne et moderne, par L. **Devilly**; 7.° édition. Metz, L. Devilly, 1822, in-12.

3774 Hommage au Ministre de la guerre ou plan de géographie guerrière, par **Puthod-Maisonrouge**. Lyon, Boursy, 1810, br. in-8.°

3775 De Scriptoribus Frisiæ, decades XVI et semis : in quibus non modo peculiares Frisiæ, sed et totius Germaniæ communes antiquitates plurimæ indicantur, et veterum Historicorum ac Geographorum loci, tractenus non intellecti, explicantur auctore Suffrido Petro **Leovardi** Francquerae, Jacobi Horrei, 1699, in-16.

3776 Géographie primaire physique et politique de la France, par **Wacquez-Lalo**, 2.° édition. Lille, br. in-12.

3777 Résumé des conférences faites aux instituteurs et dans les écoles normales de l'Académie de Douai sur les applications et les développements de l'introduction à la géographie, par A. **Wacquez-Lalo**: Lille, br. in-12.

3778 Description de la Franche-Comté, par Gilbert **Cousin** (année 1550), traduite pour la 1.re fois, par M. Ach. **Chéreau**. Lons-le-Saunier, Gauthier, 1863, in-12.

3779 Tableau pittoresque, scientifique et moral de Nîmes et de ses environs à 20 lieues à la ronde, par Emilien **Frossart**, 3.e édition. Toulouse, Feillés et Cie, 1854, in-12.

3780 L'Orient, par Léon **de Rosny**. Paris, Challamel aîné, 1860, br. in-8.°

3781 Etudes asiatiques de géographie et d'histoire, par Léon **de Rosny**. Paris, Challamel, 1864, in-8.°

3782 Mœurs des Aïno, insulaires de Yéso et des Kouriles, par Léon **de Rosny**. Paris, Carion, 1857, br. in-8.°

3783 Lettres à M. Léon de Rosny sur l'archipel japonais et la Tartarie orientale, par le P. L. **Furet**. Paris, Rouvier et Dentu, 1857, br. in-8.°

3784 Lettre à M. Léon de Rosny sur l'Archipel japonais et la Tartarie orientale, par le P. L. **Furet**. Paris, Challamel, 1858, br. in-8.°

3785 Extrait d'un rapport fait à la Société asiatique par M. Léon **de Rosny** sur une nouvelle carte du royaume de Siam, dressée sous la direction de Mgr. Pallegoix, évêque de Mallos; 1854, br. in-8.°

3786 Guyane française. — Ses limites vers l'Amazone, par A. **de Saint-Quentin**. Paris, Paul Dupont, 1858, in-8.°

3787 Annuaire du Sénégal et dépendances pour l'année 1861, suivi du Journal des opérations de guerre de 1854 à 1861. Saint-Louis, in-12.

3788 Annuaire du Sénégal et dépendances pour 1858, avec une notice sur la colonie et les pays qui sont en relation avec elle, par L. **Faidherbe**. Saint-Louis, in-12.

3789 Annuaire du Sénégal et dépendances pour l'année 1864 suivi d'un résumé des voyages d'exploration faits par ordre du Gouverneur, 1859, 1860 et 1861. Saint-Louis, in-12.

3790 Annuaire du Sénégal et de ses dépendances, année 1865. Saint-Louis, in-12.

3791 Notice sur les oasis du Sahara et les routes qui y conduisent, par L. **de Colomb**. Paris, Ch. Lahure, 1860, in-8.°

3792 Chapitres de géographie sur le nord-ouest de l'Afrique avec une carte de ces contrées à l'usage des écoles de la Sénégambie, par L. **Faidherbe**. Saint-Louis, 1864, br. in-8.°

3793 Relazione della seduta pubblica della Società geografica ita-

19

liana tenuta il 4 dicembre 1868 nella casa del socio cav. Arduin ; br. in-8.º

3794 Discorso del comm. Cristoforo **Negri**, presidente della Società geografica italiana all'adunanza generale dei membri della medesima il 15 dicembre 1867. Firenze, 1868, br. in-8.º

3795 Notice ethnographique de l'encyclopédie japonaise wa-kan-san-saï-dzou-yé, par Léon **de Rosny**. Paris, Maisonneuve, 1861, br. in-8.º

3796 Notice descriptive de l'exposition ethnographique de la Société d'ethnographie rédigée par la Commission spéciale d'organisation de l'exposition de 1867. Paris, Amyot, 1867, br. in-8.º

3797 Cartes géographiques de la côte nord-ouest de l'Amérique reconnue par le capitaine Vancouver en 1792, 93 et 94; in-f.º

3798 Revue américaine et orientale; année 1859. Paris, Londres, vol. in-8.º

3799 Annuaire oriental et américain ; année 1860. Paris, in-12.

II. – VOYAGES.

3800 Voyage des cinq Nasamons d'Hérodote dans l'intérieur de la Lybie, par le général **Faidherbe**. Alger, Bastide, 1867, br. in-8.º

3801 Voyage d'Enée aux Enfers et aux Champs-Elysées, selon Virgile, par le chanoine André **de Jorio**, traduit de l'italien, par H. R. **Duthillœul**. Douai, Adam d'Aubers, 1847, br. in-8.º

3802 Guillebert de Lannoy et ses voyages en 1413, 1414 et 1421, commentés en français et en polonais, par Joachim **Lelewel**. Bruxelles, A. Van Dale, 1845, in-8.º

3803 Voyage de Georges Lenghérand, mayeur de Mons-en-Haynaut, à Venise, Rome, Jérusalem, Mont Sinaï et le Kayre, 1485-1486, avec Introduction, notes et glossaires du marquis **de Godefroy-Ménilglaise**. Mons, Masquillier et Dequesne, 1861, in-8.º

3804 Une promenade dans le Cambrésis, par Fidèle **Delcroix**. Valenciennes, Prignet, 1838, br. in-8.º

3805 Voyage à Arras et à Cambrai, par M.me **Clément-Hémery**. Cambrai, P. Lévêque, 1849, br. in-8.º

3806 Promenades dans l'arrondissement d'Avesnes, par M.me **Clément** née **Hémery**. Valenciennes, A. Prignet, 1829, 2 vol. in-12.

3807 Voyage agronomique, descriptif et archéologique dans le centre et l'Est de la France, par A. **Castel**. Bayeux, Duvant, 1851, in-8.º

3808 Itinéraire du département du Puy-de-Dôme, par MM. H. **Lecocq** et J.-B. **Bouillet**. Paris, Clermont-Ferrand, 1831, in-8.º

3809 Compte-rendu par Raymond **Bordeaux**, d'une excursion faite dans la vallée d'Orbec, aux environs de Lisieux, le 11 juin 1850. Paris et Caen, 1850, br. in-8.º

3810 De Lille à Saardam, extrait du carnet d'un voyageur en Hollande, auteur du *Bourgeois de Lille*, (P. **Legrand**); br. in-8.º

3811 De Lille au Mont-Blanc par le Rhin, par l'auteur du *Bourgeois de Lille* (P. **Legrand**). Lille, Leleux, 1843, br. in-8.º

3812 Voyage en Angleterre, en Russie et en Suéde, fait en 1775, par Daniel **Lescallier**. Paris, Firmin Didot, an VIII, in-8.º

3813 Voyages en Scandinavie, en Laponie, au Spitzberg et aux Feroe, considérations préliminaires, par A. **Bravais** et **Lilliehook**; br. in-8.º

3814 Voyages en Scandinavie, en Laponie, au Spitzberg et aux Feroe, par A. **Bravais** et C. B. **Lilliehook**; br. in-8.º

3815 Voyage en Laponie, de la mer glaciale au golfe de Bothnie, par A. **Bravais** et Ch. **Martins**; 1845, br. in-8.º

3816 L'expédition au Pôle nord, par Gustave **Lambert**. Paris, 1868, br. in-8.º

3817 Relation de différents voyages dans les Alpes du Faucigny, par MM. **D**. et **D**. Maestrich, Dufour et Roux, 1786, in-12.

3818 Souvenirs de voyage dans l'Italie septentrionale en 1842, fragment; br. in-8.º

3819 La Toscane et le midi de l'Italie, notes de voyage, études et récits, par F. B. **de Mercey**. Paris, Arthus Bertrand, 2 vol. in-8.º

3820 Voyage en Sicile fait en 1820 et 1821, par Aug. **de Sayve**. Paris, Arthus Bertrand, 1822, 3 vol. in-8.º

3821 Souvenirs d'Espagne, par Henri **Cornille**. Paris, Arthus Bertrand, 1836, 2 vol. in-8.º

3822 Extrait du Journal de la Meurthe et des Vosges du 19 décembre 1856, sur les Souvenirs d'Espagne et le Voyage autour de ma bibliothèque, ouvrages de M. **Fée**. Nancy, A. Lepage, br. in-8.º

3823 L'Espagne à 50 ans d'intervalle 1809-1859, par A. L. **Fée**. Paris, Strasbourg, 1861, in-12.

3824 Itinéraire de Gallipoli à Andrinople, par M. **Masquelier**. Paris, Corréard, 1858, br. in-4.º

3825 Voyage dans la Turquie d'Europe ; description physique et géologique de la Thrace, par A. **Viquesnel** ; livraison spécimen. Paris, Gide et Baudry, 1855, br. in-4.º

3826 Instructions à l'usage des voyageurs en Orient, publiées sous les auspices du Comité de la Langue. Les croisades, par M. le marquis **de Pastoret**. Paris, Imprimerie impériale, 1856, in-8.º

3827 Souvenirs d'Orient, par H. **Cornille** ; 2.ᵉ édition. Paris, Arthur Bertrand, 1836, in-8.º

3828 Expédition scientifique en Mésopotamie exécutée par ordre du Gouvernement de 1851 à 1854 par MM. Fulgence Fresnel, Félix Thomas et Jules Oppert, publiée sous les auspices de Son Excellence M. le Ministre d'Etat et de la Maison de l'Empereur, par Jules **Oppert**. Paris, Imprimerie impériale, 1859, 2 vol. in-4.º de texte (*le 1.ᵉʳ incomplet*) un vol. in-f.º de cartes et plans.

3829 Voyage en Perse de M. Eugène Flandrin, peintre, et Pascal Coste, architecte, attachés à l'ambassade de France en Perse en 1840 et 1841, entrepris par ordre du Ministre des affaires étrangères, relation par M. E. **Flandrin**. Paris, Gide et Baudry, 1851, 2 vol. in-8.º

3830 Voyage en Perse de MM. Eugène Flandrin, peintre, et Pascal Coste, architecte, attachés à l'ambassade de France en Perse pendant les années 1840 et 1841, entrepris par ordre de M. le Ministre des Affaires étrangères d'après les instructions dressées par l'Institut, publié sous les auspices de M. le Ministre de l'Intérieur et de M. le Ministre d'Etat, sous la direction d'une Commission composée de MM. **Burnouf**, **Lebas** et **Leclère**, membres de l'Institut ; Perse moderne et Perse ancienne. Paris, Gide et Baudry, 6 vol. in-f.º, un de texte, 5 de planches.

3831 Voyage en Barbarie, ou Lettres écrites de l'ancienne Numidie pendant les années 1785 et 1786 sur la religion, les coutumes et les mœurs des Maures et des Arabes-Bédouins, avec un essai sur l'Histoire naturelle de ce pays, par l'abbé **Poiret**. Paris, 1789, 2 vol. in-8.º

3832 Voyage du Luxor en Egypte entrepris par ordre du Roi pour transporter, de Thèbes à Paris l'un des obélisques de Sésostris, par M. **de Verninac Saint-Maur**. Paris, Arthus Bertrand, 1835, in-8.º

3833 Voyage en Abyssinie exécuté pendant les années 1839, 1840, 1841, 1842 et 1843, par une commission scientifique composée de MM. Théophile **Lefebvre**, A. **Petit**, **Quartin-Dillon** et **Vignaud**, sous les auspices du Ministre

de la Marine. Paris, Arthus Bertrand, 8 vol. in-8.º de
texte, 2 vol. in-folio de planches.

3834 Voyage dans le Soudan occidental par M. E. **Mège**, 1863-
1866 ; in-8.º

3835 Voyage au Sénégal, pendant les années 1784 et 1785 d'après
les mémoires de Lajaille, ancien officier de la marine
française, avec des notes sur la situation de cette partie
de l'Afrique jusqu'en l'an x (1801 et 1802) par M. **Labarthe**. Paris, Dentu, 1802, in-8.º

3836 Campagne de circumnavigation de la frégate l'*Artémise*
pendant les années 1837, 1838, 1839 et 1840 sous le commandement de M. Laplace, capitaine de vaisseau; publiée
sous les auspices du Ministre de la Marine. Paris, Arthus
Bertrand, 1841-1854, in-8.º

3837 Voyage de Dentrecasteaux, envoyé à la recherche de La
Pérouse, rédigé par M. **de Rossel**, ancien capitaine
de vaisseau. Paris, Imprimerie impériale, 1808, 2 vol. in-4.º

3838 Atlas du voyage de Bruny-Dentrecasteaux, contre-amiral
de France, commandant les frégates *La Recherche* et
L'Espérance, fait par ordre du Gouvernement en 1791, 92,
et 93; publié par C. F. **Beautemps-Beaupré**. Paris,
1807, 2 vol. in-f.º

3839 Rapport sur les voyages de M. d'Urville, capitaine de frégate, par M. P. A. **Lair**. Caen, 1828, br. in-8.º

3840 Voyage de découvertes dans la partie septentrionale de
l'Océan pacifique, fait par le capitaine W. R. **Brough-
ton** pendant les années 1795, 1796, 1797 et 1798, traduit
par J.-B. B. **E**. Paris, Dentu, 1807, 2 vol. in-8.º

3841 Voyage de découvertes, à l'Océan pacifique du Nord et
autour du monde, dans lequel la Côte nord-est de l'Amérique a été soigneusement reconnue et exactement relevée,
ordonné par le roi d'Angleterre, principalement dans la
vue de constater s'il existe, à travers le continent de
l'Amérique, un passage pour les vaisseaux de l'Océan
pacifique du Nord à l'Océan atlantique septentrional, et
exécuté en 1790, 1791, 1792, 1793, 1794 et 1795, par le
capitaine George **Vancouver**; traduit de l'anglais.
Paris, Imprimerie de la République, an viii, 3 vol. in-4.º

III. — HISTOIRE PROPREMENT DITE.

A. Généralités.

3842 Méthode pour étudier l'histoire, par J. B. **Mencke**, historiographe de S. M. polonaise. Leipzig, Jean Gleditsch, 1714, in-12.

3843 Rapport sur un tableau de l'abbé **Frère**, ayant pour titre: *Philosophie de l'histoire;* périodes et aptitudes de la vie humaine et de la vie des nations, par M. Casimir **Picard**, br. in-8.°

3844 Dionysii **Petavii** aurelianensis e societati Jesu Rationarium temporum editio novissima. Venetiis, Laurentium Basilium, 1749, 2 vol. in-8.°

3845 Epoques de l'Histoire universelle depuis le commencement du monde jusqu'à nos jours, avec un tableau des événements les plus remarquables qui se rattachent à chacune de ces époques, par F. J. **L.** Lille, L. Lefort, 1817, br. in-12.

3846 Des caractères physiologiques des races humaines considérées dans leurs rapports avec l'Histoire; lettre à M. Am. Thierry par W. F. **Edwards**. Paris, 1829, in-8.°

3847 Macaulay et l'Histoire contemporaine, par M. **Dareste de la Chavanne**. Lyon, Aimé Vingtrinier, 1860, br. in-8.°

3848 La langue de l'éloge; étude d'histoire et de morale, par M. Félix **Nève**. Bruxelles, 1863, br. in-8.°

3849 Rapport sur les Annales du moyen-âge, fait à l'Académie des sciences de Dijon, par M. **Nault**. 1826, br. in-8.°

3850 Introduction à l'Histoire de la civilisation en Europe depuis l'ère chrétienne jusqu'au xix.e siècle, par H. **Roux-Ferrand**; 2.e édition. Paris, L. Hachette, 1847, br. in-8.°

B. Histoire ancienne.

3851 La Storia antica restituita a verita e raffrontata alla moderna, dal commendatore **Negri** Cristoforo. Turin, 1865, vol. in-8.°

3852 Memorie storico-politiche sugli antichi Greci e Romani di Cristoforo **Negri**. Turin, 1864, in-8.º

3853 Les historiens grecs, ou choix des morceaux les plus intéressants de leurs ouvrages liés entre eux par des analyses, par F. **Legay**; 2.ᵉ édition. Paris, L. Hachette, 1830, in-8.º

3854 Les sophistes grecs, étude historique, par Constant **Portelette**. Paris, Besançon, 1845, in-12.

3855 L'histoire de **Thucydide** de la guerre du Peloponèse, continuée par Xénophon, traduite par M. **Perrot d'Ablancourt**. Paris, 1714, 3 vol in-12.

3856 Etudes sur la carrière politique et littéraire d'Asinius Pollion, par Octave **d'Hendecourt**. Louvain, Vanlinthout, br. in-8.º

3857 Les Romains, ou Tableau des institutions politiques, religieuses et sociales de la République romaine, par M. Georges **Ozaneaux**. Paris, A. Guyot et Scribe, 1840, vol. in-8.º

3858 Notice sur les traces de l'occupation romaine dans la province d'Alger, par M. **de Caussade**. Orléans, Jacob, 1851, br. in-8.º

3859 De l'influence exercée par les Slaves sur les Scandinaves dans l'antiquité, par F. G. **Bergmann**. Colmar, Decker, 1867, br. in-8.º

3860 Fragments d'un mémoire sur les Gaëls, par M. W. F. **Edwards**; br. in-8.º

3861 Origines gallo-romaines des Lémovikes, par M. E. **Buisson de Mavergnier**. Limoges, Sourilas-Ardilier, 1864, br. in-8.º

3862 Mémoire sur les Voconces, par M. **de Vérone**; 2.ᵉ article, vol. in-8.º

3863 Les Gètes ou la filiation généalogique des Scythes aux Gètes et des Gètes aux Germains et aux Scandinaves, démontrée sur l'histoire des migrations de ces peuples et sur la continuité organique des phénomènes de leur état social, moral, intellectuel et religieux, par Frédéric-Guillaume **Bergmann**, professeur. Strasbourg, Paris, 1859, in-8.º

3864 Nécessité des réformes dans l'exposition de l'histoire des peuples aryâs-européens et tourans, particulièrement des Slaves et des Moscovites, par F. H. **Duchinski** De Kiew. Paris, Klincksieck, 1864, in-8.º

3865 Antiquitates ecclesiæ orientalis clarissimorum virorum Card. **Barberini**, L. **Allatii**, etc. dissertationibus épistolicis enucleatæ, nunc ex ipsis autographis editæ, quibus præfixa est. Jos. Morini, congr. orat. paris. vita. Londini, Geo Wells, 1682, in-12.

3866 Revue des sources nouvelles pour l'étude de l'antiquité chrétienne en Orient, par M. Félix **Nève**. Louvain, Paris, etc., 1852, in-8.⁰

3867 L'église d'Orient et son histoire d'après les monuments syriaques, notice littéraire, par M. Félix **Nève**. Paris, Benjamin Duprat, 1860, br. in-8.⁰

3868 Etudes historiques sur le Coran, par M. **Roussel-Defontaine**. Lille, C. Vanackère, 1856, br. in-8.⁰

3869 Mirchondi historia seldschukidarum persice édidit d.ʳ Joannes, Aug. **Vullers**. Gissac, Heyer, 1837, in-8.⁰

3870 Saint-Jean de Damas et son influence en Orient sous les premiers Khalifes, par M. Félix **Nève**. Bruxelles, A. Decq, 1861, br. in-8.⁰

3871 Discours sur la destruction de l'Empire d'Occident, par M. l'abbé J. **Corblet**. Amiens, Duval et Herment, 1856, br. in-8.⁰

C. Histoire de France.

3872 Bulletin du Comité de la langue, de l'histoire et des arts de la France, institué près le Ministère de l'Instruction publique, 1853-1857. Paris, 4 vol. in-4.⁰

3873 Bulletin de la Société de l'Histoire de France, 1855-1858. Paris, 2 vol. in-8.⁰

3874 Recueil des historiens des Gaules et de la France, par dom Martin **Bouquet**, prêtre et religieux bénédictin de la Congrégation de Saint-Maur. Paris, libraires associés, 1738-1767, 11 vol. in-f.⁰

3875 Histoire de France depuis Pharamond jusqu'au règne de Louis le Juste, par le S.ʳ F. **de Mézeray**, historiographe de France; nouvelle édition. Paris, Denis Thierry, Jean Guignard, Claude Barbin, 1685, 3 vol. in-f.⁰

3876 Manuel de l'Histoire de France, par M. Achmet **d'Héricourt**. Paris, Roret, 1844-1846, 2 vol. in-8.⁰

3877 Histoire de France depuis son origine jusqu'au règne de Louis-Philippe I.ᵉʳ, par G. **Ozaneaux**. Paris, Dézobry, Magdeleine et C.ᵗᵉ, 1846, 2 vol. in-8.⁰

3878 Fastes de la France ou Tableaux chronologiques, synchroniques et géographiques de l'Histoire de France depuis l'établissement des Francs jusqu'à nos jours, par C. **Mullié** ; 3.e édition. Lille, Vanackère.

3879 Fastes de la France ou tableaux chronologiques, synchroniques et géographiques de l'Histoire de France, depuis l'établissement des Francs dans les Gaules jusqu'à nos jours, par M. C. **Mullié** ; 4.e édition. Lille, 1836, in-f.º

3880 Histoire financière de la France depuis l'origine de la monarchie jusqu'à l'année 1828, par Jacques **Bresson**. Paris, Bachelier, 1829, 2 vol. in-8.º

3881 Dictionnaire universel, historique, chronologique, géographique et de jurisprudence civile, criminelle et de police, des maréchaussées de France, contenant l'histoire des connétables et des maréchaux de France, etc., et une compilation chronologique des édits, déclarations, ordonnances, lettres patentes de nos rois depuis la 3.e race et des arrèts, réglements et décisions rendus jusqu'aujourd'hui, qui concernent les droits et la compétence de ces corps, juridictions et officiers, par M. G. H. **de Beauclas**. Paris, 1748, in-4.º

3882 Histoire de l'administration en France et des progrès du pouvoir royal depuis le règne de Philippe-Auguste jusqu'à la mort de Louis xiv, par M. **Dareste de la Chavanne**. Paris, Guillaumin, 1848, 2 vol. in-8.º

3883 Christoph Iakob **Kremers**. Geschichte des kheinischen Franziens unter den Merovingischen und Karolingischen konigen bis in das jahr 843 als eine grundlage zur pfalzischen staats-geschichte. Mannheim, 1778, in-4.º

3884 Luctérius, derniers efforts de la Gaule indépendante, entretien littéraire, par M. **Richaud**. Cahors, Plantade, 1866, br. in-8.º

3885 Les ancêtres des flamands en France, par M. V. **Derode**. Lille, Lefebvre-Ducrocq, 1866, in-8.º

3886 Origine et signification du nom de franc, par Frédéric-Guillaume **Bergmann**. Strasbourg et Colmar, Camille Decker, 1866, in-8.º

3887 Mémoire sur Charles-Martel, duc d'Austrasie et maire du palais de Neustrie (694-741), par Edm. **Croissant**. Nieuport, Henri Vaillant, 1861, br. in-8.º

3888 De la constitution de la Commune en France, par M. Laurent **Stein** ; traduit de l'Allemand par M. **Legrand de Reulandt** ; 2.e édition. Bruxelles, C. Muquardt, 1864, in-12.

3889 Mémoire sur l'importance pour l'histoire intime des communes de France, des actes notariés antérieurs à 1790, par M. Gustave **Saint-Joanny**. Thiers, Cuissac, 1861, br. in-4.º

3890 Une lettre d'Enguerrand de Marigny, au sujet des affaires de Flandre, 1312 ; Extrait du *Bulletin de la Société de l'Histoire de France*, par M. **de Godefroy-Ménilglaise**. Paris, 1860, br. in-8.º

3891 Mahaud, comtesse d'Artois : Accusation de sortilège et d'empoisonnement — Arrêt d'absolution — Confédération des nobles du Nord de la France, par M. **de Godefroy-Ménilglaise** ; br. in-8.º

3892 Notes sur le gouvernement de Mahaud, comtesse d'Artois, recueillies dans l'inventaire des chartes d'Artois (1304-1320), par M. **de Godefroy-Ménilglaise**. St-Omer, Fleury-Lemaire, 1864, br. in-8.º

3893 Corbeille de mariage et trousseau d'une impératrice d'Allemagne et d'une comtesse de Juliers, 1323 ; Extrait du *Bulletin de la Société de l'Histoire de France*, id. Paris, 1869, br. in-8.º

3894 Dissertation sur le cœur de saint Louis, à propos d'une lettre de M. A. Deville à M. A. Le Prévost, par M. Léon **Fallue**. Rouen, A. Péron, 1846, br. in-8.º

3895 Projet d'assassinat de Philippe-le-Bon par les Anglais (1424-1426), mémoire historique, par M. A. **Desplanque**. Bruxelles, Hayez, 1867, br. in-4.º

3896 De la véritable orthographe du nom de Jeanne d'Arc, par M. P. G. **de Dumast**. Nancy, Grimblot et V.ᵉ Raybois, 1856, br. in-8.º

3897 Maximilien I.ᵉʳ, empereur d'Allemagne, et Marguerite d'Autriche, sa fille, gouvernante des Pays-Bas, esquisses biographiques, par M. le D. **Le Glay**. Paris, Jules Renouard, 1839, in-8.º

3898 Conditions de la vie privée en Bourgogne au moyen-âge (1385) par M. Marcel **Canat**. Lyon, Vingtrinier, 1860, br. in-8.º

3899 Rôles des dépenses de la maison de Bourgogne, par V. **Derode**. Lille, Lefebvre-Ducrocq, 1862, br. in-8.º

3900 Analyse d'un compte de dépense de la maison du duc Charles de Bourgogne, par M. **Brun-Lavainne**. Lille, L. Danel, 1864, br. in-8.º

3901 Essai sur les négociations diplomatiques entre la France et l'Autriche pendant les trente premières années du XVI.ᵉ siècle, par M. **Le Glay**. Paris, Imprimerie royale, 1845, in-4.º

3902 Louis XII et l'alliance anglaise en 1514, par M. A. **Desjardins**. Douai, Lucien Crépin, 1866, br. in-8.º

3903 Captivité de François I.ᵉʳ, (fragment historique) par F. **Chon**. Bruxelles, Auguste Decq, 1859, br. in-8.º

3904 Le cardinal de Lorraine, son influence politique et religieuse au XVIe siècle, par M. J. J. **Guillemin**. Paris, Reims, 1847, in-8.º

3905 Renvoy de l'ordre de France par la Majesté de l'empereur Charles V, relation d'Anthoine de Beaulaincourt, roi d'armes de la Toison d'or, publiée avec notice, par Ch. **de Linas**. Valenciennes, Prignet, 1855, br. in-8.º

3906 Etudes sur l'ambassade d'Auger de Bousbecques en Turquie, par M. Albert **Dupuis**. Lille, Danel, br. in-8.º

3907 Lettres du baron **de Busbec**, ambassadeur de Ferdinand, roy des Romains, auprès de Soliman, empereur des Turcs, nommé ensuite ambassadeur de l'Empereur Rodolphe II à la cour de France sous le règne de Henry III, traduites du latin, par l'abbé **Defoy**. Paris, 1748, 3 vol. in-12.

3908 Ambassade en Espagne et en Portugal (en 1582) de Jean Sarrazin, abbé de Saint-Waast, du Conseil dEstat de S. M. catholique, son premier Conseiller en Arthois, etc., par Philippe **de Caverel**, religieux de Saint-Waast, publié par A. **d'Héricourt**. Arras, A. Courtin, 1860, in-8.º

3909 Entreprises de Henri IV sur l'Artois, par E. **Piers**. Saint-Omer, br. in-8.º

3910 Recherches historiques sur l'administration de la Marine française, de 1629 à 1815. Paris, Firmin Didot, 1849, in-8.º

3911 Le cardinal Mazarin (1642-1661), par H. **Corne**. Paris, L. Hachette, 1853, in-12.

3912 Le cardinal de Richelieu, par H. **Corne**; 2.e édition. Paris, Hachette, 1856, in-12.

3913 Les tombeaux des Richelieu à la Sorbonne, par un membre de la Société d'archéologie de Seine et Marne. Paris, Ernest Thorin, 1867, br. in-8.º

3914 Lettres et Mémoires de messire Philippe **de Mornay**, seigneur du Plessy-Marly. Amsterdam, Louis Elzevier, 1652, in-4.º

3915 Lettres inédites des Feuquières, tirées des papiers de famille de Mme la duchesse de Cazes, et publiées par Etienne **Gallois**; 1846, br. in-8.º

3916 Entrée en Espagne de Marie-Louise d'Orléans, femme du roi Charles II, 1679; extrait du *Bulletin de la Société de l'Histoire de France*. Paris, 1869, br. in-8.º

3917 Journal de la santé du roi Louis XIV, de 1647 à 1711, écrit par Vallot, d'Aquin et Fagon, tous trois ses premiers médecins, par M. J. **Le Roi**. Paris, Auguste Durand, 1862, in-8.º

3918 Réponse au chapitre IV de l'ouvrage que M. Necker a publié

sur l'administration des finances, remise à M. de Calonne par M. **de***** au mois de février 1783 ; in-8.º

3919 Discours du Roi et de M. de Calonne, contrôleur-général
des finances à l'Assemblée des notables tenue à Versailles
le 22 février 1787 ; br. in-8.º

3920 Requête au Roi, adressée à S. M. par M. **de Calonne**,
ministre d'Etat, 1787, in-4.º

3921 Lettre adressée au Roi, par M. **de Calonne** le 9 février
1789. Londres, Spilsburg, in-8.º

3922 Observations rapides sur la lettre de M. de Calonne, « lettre
sacrilège, dans laquelle, noircissant le courage du peuple,
empoisonnant son bonheur, il essaye de répandre dans le
cœur de Louis XVI des doutes, des soupçons et presque
des remords sur le bien qu'il a fait à la nation. » Paris,
1789, in-8.º

3923 Lettre à M. de Calonne, en réponse à son ouvrage sur l'état
de la France, présent et à venir, par M. **Deserres-
Latour**, citoyen français. Paris, Chalon, 1790, in-8.º

3924 Rapport sur les travaux de la collection des monuments
inédits de l'histoire du Tiers-Etat, adressé en 1838 au
Ministre de l'Intruction publique, par M. Augustin
Thierry. Paris, Imprimerie royale, br. in-4.º

3925 Récit fidèle et complet de tout ce qui a précédé et suivi la
découverte du testament de la reine Marie-Antoinette,
par M. **Montjoye**. Paris, V.e Lepetit, 1816, br. in-8.º

3926 Exposé de la situation de l'Empire français, présenté par
S. E. le Ministre de l'Intérieur au Corps législatif, le
2 novembre 1808. Paris, Imprimerie impériale, br. in-8.º

3927 Protestation contre le livre de M. A. Granier de Cassagnac,
intitulé : *Histoire des Girondins et des massacres de
septembre* ; et appréciation historique de ce livre, par J.
Guadet. Paris, Ledoyen, 1860, br. in-8.º

3928 Rapport fait à la Cour des Pairs, par M. le baron **Girod**,
sur l'attentat du 15 octobre 1840. Paris, Imprimerie royale,
1841, in-8.º

3929 Ce qu'il faut à la France, étude historique, par **Rosseeuw
Saint-Hilaire**. Paris, Dentu, 1861, in-8.º

3930 Lettre à M. le Directeur du journal le *Globe*, sur l'existence
des Jésuites en France, par le baron **Massias**. Paris,
Firmin Didot, 1828, br. in-8.º

3931 Traité avec les Etats-unis relatif à la créance de 25 millions.
Discours prononcé à la Chambre des députés, dans la
séance du 13 avril 1835, par M. Alph. **de Lamartine**,
député du Nord. Paris, Gosselin et Furne, 1835, br. in-8.º

3932 Mon candidat à la présidence de la République, par A. **Malzière**. Reims, Regnier, 1848, br. in-8.°

3933 Recherches statistiques sur la ville de Paris et le département de la Seine; recueil de tableaux dressés et réunis d'après les ordres du comte de Chabrol, préfet du département. Paris, Imprimerie royale, 1826-1829, 2 vol, in-4.°

3934 Les travaux historiques de la ville de Paris, étude critique sur les deux premiers volumes de la collection, par M. Urbain **Deschartres**. Paris, 1867, br. in-8.°

3935 L'obélisque de Luxor; histoire de sa translation à Paris; description des travaux auxquels il a donné lieu, suivi d'un extrait de l'ouvrage de Fontana sur la translation de l'obélisque du Vatican, par M. **Lebas**, ingénieur de la marine. Paris, Carilian-Gœury et V.ᵒʳ Dalmont, 1839, in-f.°

3936 Paris révolutionnaire; la presse révolutionnaire; les maillotins; Paris révolutionné, etc; 4 vol. in-8.°

3937 Histoire chronologique des lectures publiques et des conférences par le D.ʳ **Scoutetten**. Metz, Alcan, 1867, br. in-8.°

3938 Notice sur la guillotine, par l'abbé Ad. **Bloeme**. Hazebrouck, Guermonprez, 1865, br. in-8.°

3939 Notice historique et liturgique sur les cloches, par M. l'abbé J. **Corblet**. Paris, A. Pringuet, 1857, br. in-8.°

3940 Précis sur la franc-maçonnerie, son origine, son histoire, ses doctrines, etc., et opinions diverses sur cette ancienne et célèbre institution, extrait d'une notice sur la vie et les travaux scientifiques de M. César Moreau publiée dans la Revue biographique, annoté, complété et publié par César **Moreau** (de Marseille). Paris, Le Doyen, 1855, in-8.°

3941 Recherches sur le dernier sorcier et la dernière école de magie, par J.-B. **Millet St-Pierre**. Havre, Lepelletier, 1859, br. in-8.°

3942 Etude historique sur le rôle politique du Conseil d'Etat, par M. **Jonglez de Ligne**; 2.ᵉ édition. Paris, E. Dentu, 1867, br. in-8.°

3943 Etude historique sur les loteries, par M. l'abbé J. **Corblet**. Paris, Charles Blériot, 1861, br. in-8.°

3944 Précis historique des ordres de chevalerie, décorations militaires et civiles, reconnus et conférés actuellement par les souverains régnants en Europe et dans les Etats des autres parties du monde, par M. Jacques **Bresson**. Paris, Londres, 1844, vol. gr. in-8.°

3945 Les Chapitres nobles de Dames: recherches historiques,

généalogiques et héraldiques sur les chanoinesses régulières et séculières, avec l'indication des preuves de noblesse faites pour leur admission dans les chapitres et abbayes nobles de France et des Pays-Bas depuis les temps les plus reculés jusqu'à l'époque de leur suppression, par M. **Ducas**. Paris, 1843, in-8.°

3946 Instruction générale sur les devoirs ou fonctions des maires et autres fonctionnaires municipaux, précédée d'un traité de l'organisation de l'autorité municipale, par le baron **Lagarde**; t. I. Paris, Chauvay, 1827, in-8.°

3947 Supplique et remerciements à Sa Sainteté Pie IX en faveur de Florent Allard, ex soldat de la légion étrangère, détenu dans les Etats Romains pour 20 ans par commutation de la peine de mort, par H. L. **de Kerthomas**. Lille, Leleux, 1858, br. in-8.°

D. **Histoire de Belgique et autres Etats de l'Europe.**

3948 Messager des sciences historiques ou Archives des arts et de la bibliographie de Belgique, recueil publié par MM. **Van Lokeren**, baron **de St-Genois**, **Van der Meersch**, et **Kervyn de Volkaersbeke**; années 1857 à 1865. Gand, Hebbelynck, 9 vol. in-8.°

3949 Rapports trimestriels sur les travaux du Bureau de paléographie présentés à la Commission royale d'histoire de Belgique, par M. Em. **Gachet**; 1847-1848, br. in-8.°

3950 Rapport adressé en 1850 à la Commission royale d'histoire de Belgique, par M. Em. **Gachet**, chef du bureau paléographique; br. in-8.°

3951 Rapports adressés à la Commission royale d'histoire de Belgique, par M. Em. **Gachet**, chargé de rechercher une chronique de Flandre inédite qui pût entrer dans le *Corpus chronicorum Flandriæ*; 2 br. in-8.°

3952 Notices diverses présentées à la Commission royale d'histoire de Belgique, par M. Em. **Gachet**, chef du bureau de paléographie; br. in-8.°

3953 Mœurs, usages, fêtes et solennités des Belges, par M. **Moke**; t. I. Bruxelles, A. Jamar, in-12.

3954 Les Pays-Bas dans les temps anciens. — La Belgique. — L'inquisition, par Félix **Van der Taelen**. Bruxelles, C. Muquardt, 1866, in-8.°

3955 Recueil de pièces secrettes et intéressantes, tirées des registres des Etats généraux, des Etats d'Hollande, et particulièrement de ceux du Grand conseil de Dordrecht, pour et contre la question : Si les Provinces unies sont obligées de remplir la garantie qui résulte du traité de Vienne de 1731, quoique la Cour de Vienne n'y ait point satisfait, par L. H. **P.** Londres, John Nourse, 1743, 2 vol. in-12 reliés en un seul.

3956 Documents historiques inédits concernant les troubles des Pays-Bays (1577-1584), par MM. Ph. **Kerwyn de Volkaersbeke** et J. **Diegerick**. Gand, Gyselynck, 1849-1850; 2 vol. in-8.º

3957 De l'instruction publique au moyen âge (VIII.e au XVI.e siècle); Mémoire en réponse à la question posée par l'Académie royale de Belgique : Quel a été l'état des écoles et autres établissements d'instruction publique en Belgique jusqu'à la fondation de l'Université de Louvain? Quelles étaient les matières qu'on y enseignait, les méthodes qu'on y suivait, les livres élémentaires qu'on y employait et quels professeurs s'y distinguèrent le plus aux différentes époques, par Charles **Sallaert** et Pierre **Van der Haeghen**. Bruxelles, 1850, in-4.º

3958 Lettres inédites de Pierre-Paul **Rubens**, publiées d'après ses autographes, précédées d'une introduction sur la vie de ce grand peintre, et sur la politique de son temps, par M. Em. **Gachet**. Bruxelles, Hayez, 1840, in-8.º

3959 Francisci **Sonnii** ad Viglium Zuichemum epistolæ, edidit et commentario de Sonnii vita et scriptis illustravit P. S. X. **de Ram**; can. Bruxelles, Hayez, 1850, in-8.º

3960 Des remaniements qu'a subis la province belge des Carmes durant les guerres de Louis XIV, par M. A. **Desplanque**. Lille, Lefebvre-Ducrocq, 1864, br. in-f.º

3961 La Belgique, ses ressources agricoles, industrielles et commerciales, par M. **Meulemans**; 1 vol. gr. in-8.º

3962 Histoire des lettres, des sciences et des arts, en Belgique et dans les pays limitrophes, par M. F. N. **Goethals**. Bruxelles, 1840-1844, 4 vol. in-8.º

3963 Introduction à la chronique de Philippe Mouskes, publiée et commentée par le baron **de Reiffenberg**, 2.e partie. Bruxelles, Hayez, 1837, in-4.º

3964 Sur les anciennes cérémonies funèbres en Belgique, par M. Em. **Gachet**. Bruxelles, br. in-8.º

3965 Cérémonies funèbres célébrées à Bruxelles en l'honneur de Jeanne de Castille en l'année 1555. Arras, Paris, 1866, br. in-8.º

3966 Compte de la mission du citoyen Bouteville, commissaire du gouvernement dans les neuf départements réunis par la loi du 9 vendémiaire an IV. Bruxelles, an V, in-4.°

3967 Mémoire historique et littéraire sur le collège des Trois-langues à l'Université de Louvain, par Félix **Néve.** Bruxelles, Hayet, 1856, in-4.°

3968 Nouvelle place de St-Pierre à Gand, plans de M. **Leclercq-Restiaux.** Gand, De Busscher frères, 1849, br. in-8.°

3969 Description du cortège historique des Comtes de Flandre à Gand, par M. Ed. **de Busscher,** nouvelle édition. Gand, de Busscher, 1849, in-8.°

3970 Confrérie de Saint-Georges (société de l'arbalète) de Gand, par M. Em. **de Busscher.** Gand, de Busscher, 1850, br. in-8.°

3971 Légendes épiques : Qu'il n'existe aucun témoignage, aucune tradition en faveur de la légende d'un Fromond, comte de Bruges, par le baron **de Reiffenberg;** br. in-8.°

3972 Ternieuwing der wet van Ypre van het jaer 1443 tot 1480, met het geene daer binnen dezen tyd geschiet is door Pieter **Van de Letewe.** Ypres, 1863, in-8.°

3973 Analectes Yprois, ou recueil de documents inédits concernant la ville d'Ypres, publiés par M. **Diegerick.** Ypres, Vandecasteele-Werbrouck, 1860, in-8.°

3974 Les Frères cellites de Furnes, par M Raymond de **Bertrand.** Lille, Lefebvre-Ducrocq, 1860, br. in-8.°

3975 Rapport de M. Em. **Gachet** sur l'histoire de Liége depuis César jusqu'à Maximilien de Bavière, par M. E. C. de Gerlache; br. in-8.°

3976 Dissertation sur l'époque de la mort de Notger, évêque de Liége, par Em. **Gachet;** br. in-8.°

3977 Protocole des délibérations de la municipalité de Namur du 26 janvier au 25 mars 1793, publié par la Société archéologique de Namur. Namur, Wesmael-Legros, 1847, in-8.°

3978 Translation des restes de Charles le téméraire, de Nancy à Luxembourg, manuscrit d'Antoine de Beaulaincourt, roi d'armes de la Toison d'or, publié et précédé d'une dissertation sur le tombeau du duc de Bourgogne dans la collégiale Saint-Georges, par Ch. **de Linas.** Nancy, Lepage, 1855, br. in-8.°

3979 Note sur le *Rapiarium* d'Adrien de But de Saeftinghe, suivie d'une notice sur les 31 rois de Tournay, par M. Em. **Gachet.** Bruxelles, br. in-8.°

3980 Histoire des pêches, des découvertes et des établissements des Hollandais dans les mers du Nord, ouvrage traduit du Hollandais par les soins du gouvernement, par Bernard **de Deste**. Paris, Nyon, 1791, an IV, 3 vol. in-8.°

3981 Relation de l'enlèvement du navire *Le Bounty*, appartenant au roi d'Angleterre et commandé par le lieutenant Guillaume Bligh, écrit en anglais par Williams **Bligh** et traduit par Daniel **Lescallier**, commissaire général des colonies. Paris et Amsterdam, 1790, in-8.°

3982 De la nouvelle révolution ministérielle en Angleterre. Paris, Guiraudet, 1827, br. in-8.°

3983 Tableau de l'administration de la Grande-Bretagne, de l'Irlande et de leurs dépendances au commencement de 1823, écrit officiel publié par le ministère anglais et traduit en français sur la 4.e édition. Paris, in-8.°

3984 L'Angleterre en 1833, par M. **Jobard**. Paris, 1834, br. in-8.°

3985 La Suède au XIX.e siècle, par M. Jules **Defontaine**. Paris, E. Dentu, 1863, in-8.°

3986 Maximilian der Erste, Konig von Bayern, ober der oberstpostmeister Napoleon's sefangenschaft, errettung vom Tode und Flucht, par le D.r Jean **Gistel**. Munchen, 1854, br. in-12.

3987 Histoire de Pologne, par Joachim **Lelewel**. Paris, Lille, 1844, 2 vol. in-8.°

3988 Atlas de l'histoire de Pologne, par Joachim **Lelewel**. Paris, Lille, 1844.

3989 Les Polonais, les Lithuaniens et les Russiens célébrant en France les premiers anniversaires de leur révolution nationale du 29 novembre 1830 et du 25 mars 1831. Paris, Hector Bossange, 1832, in-8.°

3990 Les Polonais dispersés en Europe. Statuts du Comité national polonais. Paris, 1831, br. in-8.°

3991 Proclamation du Comité national de Pologne du 3 novembre 1832. Paris, A. Pinard, br. in-8.°

3992 La Pologne et l'Angleterre ou Adresse des réfugiés polonais en France à la Chambre des Communes de la Grande-Bretagne et de l'Irlande. Paris, A. Pinard, 1832, br. in-8.°

3993 Souvenirs de Pologne et scènes militaires de la campagne de 1812, par Aug. **de Sayve**, 2.e édition. Paris, P. Dufart, 1834, in-8.°

3994 La Pologne et 1815; réponse à M. Proudhon par Constant **Portelette**. Paris, Dentu, 1864, br. in-8.°

20

3995 De la Grèce au commencement de l'année 1827, par M. J. **de Sismondi**; br. in-8.º

3996 L'Espagne au xix.ᵉ siècle, par M. Jules **Defontaine**. Paris, E. Dentu, 1860, in-8.º

3997 Souvenirs de la guerre d'Espagne, dite de l'indépendance, 1809-1813, par A. L. **Fée**. Paris, Strasbourg, 1856, in-8.º

3998 Relation du voyage et de l'ambassade de Jean Sarrazin, archevêque de Cambrai et abbé de St-Vaast, en Espagne et en Portugal, au xvi.ᵉ siècle, par M. L. **de Baecker**. Bruges, Van de Casteele, 1851, br. in-8.º

3999 Notice sur un passage remarquable de la chronique de Sigebert de Gembloux, relatif à l'autorité prétendue par les Papes sur les couronnes des Rois. Bruxelles, Hayez, 1827, br. in-4.º

4000 Jean xxii, coup d'œil sur la papauté au commencement du xiv.ᵉ siècle, par M. **Richaud**. Cahors, J. Plantade, 1866, br. in-8.º

4001 Sulla vera epoca della morte di Federico Cesi, ii.º duca di Acquasparta e fondatore dell' accademia dei Lincei, con varie notizie ad esso ed all' accademia stessa relative, seguite da tredici lettere inedite del duca medesimo, nota historico-critica del prof. P. **Volpicelli**. Rome, 1863, br. in-4.º

4002 Recherches sur l'histoire et sur l'ancienne constitution de la monarchie de Savoie, par M. L. **Cibrario**, traduit de l'italien par M. A. **Boullée**. Paris, Moutardier, 1833, in-8.º

4003 La republica di Venezia e la Persia, par Guglielmo **Berchet**. Turin, Paravia, 1865, in-8.º

4004 Histoire de René d'Anjou, roi de Naples, duc de Lorraine et comte de Provence, par le vicomte **de Villeneuve Bargemont**. Paris, J. Blaise, 1825, 3 vol. in-8.º

4005 Le musée de Naples; br. in-8.º

4006 La Grandezza italiana, studi confronti e desiderii di **Negri** Cristoforo. Turin, 1864, in-8.º

4007 La Roumanie et le Prince Charles de Hohenzollern, par Auguste **Meulemans**. Bruxelles, 1869, br. in-8.º

4008 Essai historique sur le commerce et la navigation de la Mer Noire, par M. **Anthoine**, baron **de St-Joseph**, 2.ᵉ édition. Paris, 1820, in-8.º

4009 Réponse à quelques journaux relativement aux affaires des Turquies, par **Rustem-Effendi** et **Seid-Bey**, officiers de l'armée ottomane en mission à Liége. Bruxelles, F. Michel, 1853, br. in-8.º

4010 Ce que la France avait raison de vouloir dans la question d'Orient, lettres au rédacteur de l'Univers (novembre, décembre 1840), par P. G. **de Dumast**. Paris, Nancy, 1841 , br. in-8.º

4011 La France et l'Espagne en Orient, question d'équilibre international, par Léon **de Rosny**. Paris, Maisonneuve et C.ie, 1860, br. in-12.

4012 Les hôpitaux de Koulali et de Scutari ; épisodes de la charité pendant la guerre de Crimée, par M. F. **Chon**. Lille., Lefort, 1858, in-12.

E. **Histoire de l'Asie , de l'Afrique, de l'Amérique et de l'Océanie.**

4013 Vie du Sakarthivélo, ou histoire de la Georgie, par M. **Brosset** jeune ; in-8.º

4014 Les Maronites, d'après le manuscrit arabe du R. P. **Azar,** vicaire-général de Saïda. Cambrai, Deligne et Lesne, 1852, in-8.º

4015 Quelques observations sur le Gouzerati et le Maharatti, par M. Théodore **Pavie**; 1840, br. in-8.º

4016 Le Boudhisme, son fondateur et ses écritures, par Félix **Nève.** Paris, 1854, br. in-8.º

4017 Histoire de la Révolution de Siam arrivée en 1688, par M. **Vollant des Verquains.** Lille, Jean Chrysostome, Malte, 1691, in-12.

4018 Rapport annuel sur les progrès de l'ethnographie orientale, par M. Charles **de Labarthe**. Paris, Maisonneuve, 1862, br. in-8.º

4019 Mémoire sur la chronologie japonaise précédé d'un aperçu des temps anté-historiques, par Léon **de Rosny**. Paris, Maisonneuve et C.ie, 1857, br. in-8.º

4020 L'Empire japonais et les archives de M. de Siebold, par Léon **de Rosny**. Paris, imprimerie Impériale, 1862, br. in-8.º

4021 Pé-King et la Chine ; mesures, monnaies et banques chinoises, par M. Natalis **Rondot**. Paris, Guillaumin, 1861, br. in-8.º

4022 Documents inédits relatifs à la conquête de Tunis par l'empereur Charles-Quint en 1535, par Em. **Gachet.** Bruxelles, A. Van Dale, 1844, br. in-8.º

4023 La constitution de Tunis et sa nouvelle promulgation, par Léon **de Rosny**. Paris, br. in-8.º

4024 Recherches sur l'année égyptienne, mémoire par M. A. **Vincent**. Paris, V.ᵉ B. Duprat, 1865, br. in-8.º

4025 De la destination et de l'utilité permanente des Pyramides d'Egypte et de Nubie contre les irruptions sablonneuses du désert; développements du mémoire adressé à l'Académie royale des sciences de Paris, le 14 juillet 1844, par M. **Fialin de Persigny**. Paris, Paulin, 1845, in-8.º

4026 Macrizi historiam Regum Islamiticorum in Abyssinia interpretatus est et una cum Abulfedæ descriptione regionum nigritarum e codd. biblioth. Leidensis arabice édidit Fridericus Théodorus **Rinck**, philosophiæ doctor. — Lugduni Sam. et Joh. Luchtmans, 1790, in-8.º

4027 Notice sur l'Algérie, par M. J. J. **Huot**. Paris, in-8.º

4028 Bulletin de la compagnie algérienne; annales mensuelles de la colonisation française et étrangère publiées sous la direction de M. Hippolyte **Peut**; années 1852 et 1853. Paris, 2 vol. in-8.º

4029 Ministère de la guerre. — Tableau de la situation des établissements français dans l'Algérie de 1840 à 1849. Paris, 7 vol. grand in-4.º

4030 Une lettre de M. le Maréchal **Bugeaud** au sujet du Rapport de M. Ch. Dupin, du 15 février 1850, sur l'Algérie, avec note, glose et commentaire, par M. **Leroy**, de Béthune; 1850, br. in-8.º

4031 Le commerce et la navigation de l'Algérie avant la conquête française, par M. F. Elie **de la Primaudaie**. Paris, Ch. Lahure, 1861, in-8.º

4032 Etude archéologique et historique sur l'Afrique française, par M. A. **de Crozant-Bridier**. Toulouse, Rives et Faget, 1865, br. in-8.º

4033 Considérations destinées à servir de point de départ à ceux qui veulent étudier l'histoire de l'Afrique septentrionale et en particulier de la Sénégambie et du Soudan, par M. L. **Faidherbe**. St-Louis, 1856, br. in-8.º

4034 Recherches anthropologiques sur les tombeaux mégalithiques de Roknia, par M. le général **Faidherbe**. Bone, Dagaud, 1868, in-8.º

4035 L'Amérique, par M. J. **de Sismondi**. Paris, Rignoux, 1827, br. in-8.º

4036 Etudes sur la constitution du Nouveau-Monde et sur les origines américaines, par M. Charles **de Labarthe**. Paris, Challamel aîné, 1859, br. in-8.º

4037 La Guyane française, ses limites du côté du Brésil, état actuel de la question, par M. F. **Maury**. Paris, Paul Dupont, 1859, br. in-8.°

4038 La Guyane anglaise après quinze ans de liberté, par un propriétaire, traduit de l'anglais, par M. Félix **Nivière**. Paris, Paul Dupont, 1854, br. in-8.°

4039 Le président de la Société libre des anciens colons de Saint-Domingue aux anciens du village de France, ses bons amis, et à leurs enfants, les cultivateurs, marins et jeunes vétérans de l'armée. Bordeaux, Teycheney, 1836, br. in-8.°

4040 Documents inédits sur l'empire des Incas, par M. Charles **de Labarthe**. Paris, Maisonneuve, 1861, br. in-8.°

4041 Notice historique, ethnographique et physique sur la Nouvelle Calédonie, par le P. X. **Montrouzier**. Paris, Lahure, 1861, br. in-8.°

F. **Histoire particulière de Lille et du département du Nord**.

4042 Programme des principales recherches à faire sur l'histoire et les antiquités du département du Nord, par M. A. **Le Glay**. Cambrai, A. Hurez, 1831, br. in-8.°

4043 Nouveau programme d'études historiques et archéologiques sur le département du Nord, par M. le D.ʳ **Le Glay**. Lille, Paris, 1836, in-12.

4044 Discours d'introduction aux conférences sur l'histoire du Nord de la France, prononcé à l'Association lilloise le 28 mars 1838, par M. le D.ʳ **Le Glay**; br. in-8.°

4045 Mémoire sur Baudouin I.ᵉʳ, dernier vorstier et premier comte de Flandre, par M. Edm. **Croissant**. Nieuport, H. Vaillant, 1860, br. in-8.°

4046 Notice sur l'origine du comté de Flandre, par M. **Le Glay**; br. in-8.°

4047 Histoire de la Flandre et de ses institutions civiles et politiques jusqu'à l'année 1305, par L. **Warnkœnig**, traduite de l'allemand par A. C. **Gheldolf**, t. III. Bruxelles, Van Dale, 1850, in-8.°

4048 Organisation des Etats de Flandres depuis l'ordonnance du 5 juillet 1754 jusqu'à la réunion des provinces belges à la France (1794), par M. **Le Grand de Reulandt**. Anvers, J. E. Buschmann, 1863, br. in-8.°

4049 Le calendrier chez les flamands et les peuples du Nord, par
par M. L. **de Baecker**. Dunkerque, Vanderest, 1855,
br. in-8.°

4050 Les artistes et les ouvriers du Nord de la France, (Picardie,
Artois, Flandre), et du midi de la Belgique aux XIV.e, XV.e
et XVI.e siècles, par Al. **de La Fons-Mélicocq**. Béthune, V.e Savary, 1848, in-8.°

4051 Histoire des fêtes civiles et religieuses, des usages anciens
et modernes du département du Nord, par M.me **Clément**, née **Hémery**. Paris, Alb. Merklein, 1834,
in-8.°

4052 Histoire des fêtes civiles et religieuses, usages anciens et
modernes de la Flandre et de différentes villes de France,
par M.me **Clément**, née **Hémery**. Avesnes, C. Viroux,
1844-1845, 9 br. in-8.°

4053 De l'arsin et de l'abattis de maison dans le Nord de la France,
par M. **Le Glay**, 2.e édition. Lille, L. Danel, 1842, br.
in-8.°

4054 Petites histoires des pays de Flandre et d'Artois, par H. R.
Duthilloeul, 1.re et 10.e livraisons. Douai, Foucart, 1835,
5 br. in-8.°

4055 Chroniques populaires, surnaturelles, dramatiques et religieuses de la Flandre, par C. **Dautrevaux**. Lille, Horemans et Leleu, in-8.°

4056 Episodes de la révolution dans les Flandres, 1829-1831, par
Constantin **Rodenbach**. Bruxelles, Louis Haumann et
C.ie, 1833, in-12.

4057 De la perpétuité du principe électif dans les monastères de
la Flandre Wallonne, par M. A. **Faidherbe**. Lille, Lefebvre-Ducrocq, br. in-8.°

4058 Les Flamands de France : — Etudes sur leur langue, leur
littérature et leurs monuments, par M. L. **de Baecker**.
Gand, L. Hebbelynck, 1851, in-8.°

4059 Aperçu sur l'histoire de la réformation dans la Flandre française, avec deux épisodes de martyres de 1556 et 1566,
suivi d'une note sur l'état actuel de l'église réformée de
Lille, par C. L. **Frossard**, pasteur. Paris, 1857, br.
in-8.°

4060 Documents relatifs à la Flandre maritime, extraits du cartulaire de l'abbaye de Watten, par M. **de Coussemaker**. Lille, Lefebvre-Ducrocq, 1860, br. in-8.°

4061 Projet d'un programme d'études pour la monographie de la
Flandre maritime, par V.or **Derode**. Lille, Lefebvre-
Ducrocq, 1862, br. in-8.°

4062 Histoire religieuse de la Flandre maritime et en particulier de la ville de Dunkerque, par Victor **Derode**. Dunkerque, Benjamin Kien, 1857, in-8.º

4063 Anciennes relations de la Flandre avec le Nord de l'Europe, par le marquis **de Godefroy-Ménilglaise**; br. in-8.º

4064 De la réunion par Louis XIV à la France d'une partie de la Flandre et du Hainaut, par M. A. **Desplanque**. Lille, L. Danel, 1867, br. in-8.º

4065 Mémoires des intendants de la Flandre et du Hainaut français sous Louis XIV, publiés pour la première fois par M. A. **Desplanque**. Lille, Danel, 1868, in-8.º

4066 Archives historiques et littéraires du Nord de la France et du Midi de la Belgique, par MM. Aimé **Leroy** et Arthur **Dinaux**, t. v et vi de la 3.ᵉ série incomplète. Valenciennes, Paris, 1846-49, 2 vol. in-8.º

4067 Histoire de Lille, par V.ᵒʳ **Derode**. Paris, Lille, 1848, 3 vol. in-8.º

4068 Livre de lecture de l'écolier lillois, ou un homme célèbre, un monument remarquable, une institution utile, à Lille, sous chaque lettre de l'alphabet, par M. V.ᵒʳ **Delerue**. Lille, Blocquel-Castiaux, in-16.

4069 Lille, ses hommes célèbres, ses monuments remarquables, ses institutions utiles, par V.ᵒʳ **Delerue**, 2.ᵉ édition. Lille, L. Danel, 1866, in-12.

4070 Premiers désordres à Lille et dans les environs, mars et décembre 1789, par M. **Delerue**. Lille, 1869, br. in-8.º

4071 Observations sur l'histoire de Lille, par le chanoine **Wartel**. Avignon, Barthelemi Emeritoni, 1765, in-12.

4072 De l'artillerie de la ville de Lille, aux xiv.ᵉ, xv.ᵉ et xvi.ᵉ siècles, par M. **de la Fons-Mélicocq**. Paris, V.ᵒʳ Didron et J. Corréard, 1855, br. in-8.º

4073 Nouveau guide des étrangers à Lille, ou état présent de cette ville, par Emile **Dibos**. Lille, Malo, in-16.

4074 Armes de Lille, par M. **Imbert de la Phalecque**. Lille, Danel, br. in-8.º

4075 Petit dictionnaire historique et géographique de la châtelenie de Lille, nouvelle édition. Lille, Danel, 1733, br. in-18.

4076 Topographie historique, statistique et médicale de l'arrondissement de Lille, par J.-B. **Dupont**. Paris, Lille, 1863, in-8.º

4077 La campagne de l'Ille, contenant un journal fidèle de ce qui s'est passé au siège de cette importante place et à l'occasion de Wynendael, comme aussi le fameux passage de l'Escaut, par **Caton**. La Haye, Pierre Busson, 1709, in-12.

4078 Recueil d'actes des xii.ᵉ et xiii.ᵉ siècles en langue romane wallonne du Nord de la France, publié avec une introduction et des notes, par M. **Tailliar**. Douai, Adam D'Aubers, 1849, in-8.º

4079 Histoire du couvent des Pauvres-Claires de Lille (1453-1472), par M. l'abbé **Dancoisne**. Lille, L. Danel, 1866, in-8.º

4080 Notes et extraits des Archives de Lille concernant la Bourgogne et la Flandre, par le D.ʳ **de Smyttère**. Auxerre, Gustave Perriquet, 1865, br. in-8.º

4081 Rapport de M. A. **Desplanque** sur une communication de documents faite à la commission historique du Nord, par M. le baron de Girardot. Lille, Danel, br. in-8.º

4082 Nouvel essai sur l'histoire du chapitre de St-Pierre de Lille, par M. A. **Desplanque**. Lille, Lefort, 1863, br. in-8.º

4083 Notes sur l'origine du nom des Bleuets de Lille, sur les fondations de Louis de Croix et sur la famille du fondateur, par M. Th. **Leuridan**. Lille., L. Danel, 1867, br. in-8.º

4084 Souvenirs historiques applicables aux nouvelles rues de Lille, par le comte **de Melun**. Lille, Danel, 1863, br. in-8.º

4085 Agenda des gens d'affaires avec nouvelles éphémérides lilloises, recueillies par Ed. **Van Hende**; années 1862, 66, 67 et 68. Lille, Danel, 4 vol. in-16.

4086 Notice historique sur les sociétés chorales et autres réunions musicales de Lille, par E. **Debuire (Du Buc)**. Lille, Alcan Lévy., 1858, br. in-18.

4087 Journal inédit du siège de Lille en 1708, contenant des détails peu connus et éloge des Lillois, publiés par Henri **Bernard**. Lille, 1845, br. in-8.º

4088 Renouvellement de la loi de la ville de Lille, du 1.ᵉʳ novembre 1782, continué le 1.ᵉʳ novembre 1783, pour l'année 1783-1784. Lille, J.-B. Henry, in-18.

4089 Discours prononcé à l'Assemblée électorale du district de Lille, par M. **Malus**, pour la remercier de sa nomination à la place de procureur syndic du district; in-4.º

4090 Adresse de remercîment de M. **Coppens** à l'Assemblée électorale du département du Nord, lors de sa nomination à la présidence de ladite Assemblée, le 3 juillet 1790; in-8.º

4091 Discours prononcé à l'Assemblée électorale du département du Nord, par M. **Warenghien de Flory**, lors de sa nomination à la place de procureur-général-syndic, le 17 juillet 1790 , in-8.º

4092 Lettre de MM. **Merlin**, **Pilat** et **Aoust**, députés à l'Assemblée nationale, adressée à l'Assemblée électorale du département du Nord, le 1.ᵉʳ juillet 1790 ; in-4.º

4093 Discours de M. **Vanhœnacker**, maire de Lille, élu président de l'Assemblée électorale du district, et de M. **Malus**, commissaire ordonnateur des guerres, élu secrétaire de la même Assemblée ; in-4.º

4094 Discours de M. **D'Esquelbecq**, l'un des commissaires du Roi au département du Nord, prononcé avant l'ouverture de l'Assemblée électorale dudit département, le 1.ᵉʳ juillet 1790 ; in-4.º

4095 Copie de la lettre écrite à MM. les président et membres de l'Assemblée électorale du département du Nord, par M. **Merlin**, député de la ville de Douai à l'Assemblée nationale (5 juillet 1790); in-4.º

4096 Le siège de Lille en 1792, par V.ᵒʳ **Derode**. Lille, Bronner-Bauwens, 1842, br. in-18.

4097 Recueil de lettres et autres pièces adressées à la municipalité, ou au conseil permanent de la commune de Lille, à l'occasion du bombardement de cette place commencé le 29 septembre 1792, an premier de la République française. Lille, Jacquez, in-4.º

4098 Tableau des lauréats des classes supérieures de l'école centrale, de l'école secondaire communale, du collège communal, du collège royal, du lycée et du lycée impérial de la ville de Lille de 1796 à 1861, par M. V.ᵒʳ **Delerue**. Lille, Horemans, 1862, br. in-8.º

4099 Recherches sur l'enseignement secondaire donné au collège de Lille depuis la révolution de 1789, par V.ᵒʳ **Delerue**. Lille, Horemans, 1864, br. in-8.º

4100 Les souvenirs d'un canonnier lillois, par H. **Verly**. Paris, Lille, 1867, in-8.º

4101 Calendrier de Lille pour 1807. Lille, L. Danel, br. in-12.

4102 Relation du séjour du Roi à Lille les 7 et 8 septembre 1827. Lille, Reboux-Leroy, br. in-8.º

4103 Précis historique des réunions de la société du Nord, par M. Aug. **Delsart**. Valenciennes, A. Prignet, 1840, br. in-8.º

4104 L'église sous la Croix pendant la domination espagnole, chronique de l'Eglise réformée de Lille, par Ch. L. **Frossard**. Paris, Lille, 1857, in-8.º

4105 Rapport sur l'état de l'Eglise réformée de Lille pendant l'année 1860, par le conseil presbytéral de Lille. Lille, Leleux, 1861, br. in-8.º

4106 Ville de Lille : comptes d'administration des recettes et dépenses; budget; 1848-1850, 1851-1854, 1861. Lille, 7 vol. in-4.º

4107 Ville de Lille : propositions du maire pour la fixation du budget de 1849 à 1854, 1863 et 1864. Lille, 8 vol. in-4.º

4108 Tableau des notaires de l'arrondissement de Lille (1671-1861), par Henri **Pajot**. Lille, Reboux, 1861, vol. in-4.º grand format.

4109 Du projet d'agrandissement de la ville de Lille, par M. **Pascal.** Lille, Leleux, 1839, br. in-8.º

4110 Projet d'agrandissement de la ville de Lille. 2.ᵉ article. Lille, Guermonprez, 1858, br. in-8.º

4111 Projet d'agrandissement de la ville de Lille. Lille, Guermonprez, 1857, br. in-8.º

4112 Plan des alignements et percements de la ville agrandie : rapport de la sous-commission chargée de l'examen des observations recueillies à la seconde enquête, n.ᵒˢ 6 et 7. Lille, L. Danel, 1860, 2 br. in-8.º

4113 Ville de Lille; agrandissement. Rapport fait à la Commission du plan d'alignement, par le secrétaire. Lille, Guermonprez, br. in-8.º

4114 Rapport du Préfet et procès-verbaux des délibérations du Conseil général du Nord, années 1847 à 1868 (manquent 1849, 1851 à 1860). Lille, Danel, 11 vol. in-4.º

4115 Notes historiques sur Quesnoy-sur-Deûle, par M. Ch. **Fretin.** Lille, Lefebvre-Ducrocq, 1855, in-8.º

4116 Compte-rendu par le maire de Quesnoy-sur-Deûle au Conseil municipal de son administration du 22 août 1839 au 1.ᵉʳ janvier 1851. Lille, Lefebvre-Ducrocq, 1851, in-8.º

4117 Commune de Quesnoy-sur-Deûle : arrêtés municipaux portant règlement permanent. Lille, Lefebvre-Ducrocq, 1857, in-8.º

4118 Bondues, histoire de cette commune depuis son origine jusqu'à nos jours, par Louis **Dervaux**. Lille, L. Lefort, 1854, in-8.º

4119 Discours et détails relatifs à l'exécution et à l'inauguration du portrait de M. Alb. du Bosquiel, maire de Bondues. Lille, br. in-8.º

4120 Observations recueillies dans le chartrier de l'abbaye de Cysoing et présentées à la Commission historique du département du Nord, par le marquis **de Godefroy-Ménilglaise**, Lille, Danel, 1854, br. in-8.º

4121 Histoire des seigneurs de Tourcoing, par Alex. **Pruvost.**
Tourcoing, Mathon, 1863, in-8.º

4122 Histoire de la ville de Roubaix, par M. Th. **Leuridan.**
Roubaix, Paris, Lille, 1859-1864, 4 vol. in-8.º

4123 Recherches pour servir à l'histoire de la ville de Roubaix
de 1400 à nos jours, par M. L. **Marissal.** Roubaix,
Beghin, 1844, in-8.º

4124 Essai sur les relations industrielles qui ont existé entre
Roubaix et Arras de 1479 à 1789, par Th. **Leuridan.**
Arras, Courtin, 1867, br. in-8.º

4125 Ephémérides roubaisiennes, par M. Th. **Leuridan.** Roubaix, A. Lesguillon, 1866, in-12.

4126 Rapport sur l'administration et la situation des affaires de
la ville de Roubaix, présenté par le maire au conseil
municipal dans sa séance du 7 mai 1864. Roubaix, Reboux, in-4.º

4127 Histoire de Wattrelos, par Alexandre **Pruvost**, de la
compagnie de Jésus. Tourcoing, 1865, in-12.

4128 Relation du siège et du bombardement de Valenciennes en
mai, juin et juillet 1793, dédiée à l'armée française, par
A. **Texier de La Pommeraye.** Douai, V.ᵉ Adam,
1839, in-8.º

4129 Description des fêtes populaires données à Valenciennes
les 11, 12 et 13 mai 1851, par la société des Incas, par
M. A. **Dinaux.** Lille, Vanackère, 1856, in-8.º

4130 Histoire de la recherche, de la découverte et de l'exploitation de la houille dans le Hainaut français, dans la
Flandre française et dans l'Artois (1716-1791), par M. Ed.
Grar. Valenciennes, Prignet, 1847-1851, 3 vol. in-4.º

4131 Bavai et la contrée qui l'environne, par M. **Delhaye.**
Douai, 1869, in-8.º

4132 Monographie de l'Eglise de Notre-Dame de Douai, par
M. H. **Duthillœul.** Douai, Adam, 1858, br. in-f.º

4133 Notes sur la collégiale de St-Amé de Douai, depuis sa fondation jusqu'à nos jours et miracles du Saint-Sacrement,
634-1855, par Ch. **de Franciosi.** Lille, Vanackere, br.
in-8.º

4134 Gayant, le géant de Douai, sa famille et sa procession, par
M. le conseiller **Quenson.** Douai, Félix Robaut, 1839,
in-8.º

4135 Essai historique sur la bibliothèque publique de Douai, par M. H. **Duthillœul**. Douai, Ceret-Carpentier, 1846, br. in-8.º

4136 Douai ancien et nouveau, ou historique des rues, des places de cette ville et de ses alentours, par M. H. **Duthillœul**. Douai, Foucart, 1860, in-8.º

4137 Glossaire topographique de l'ancien Cambrésis, suivi d'un recueil de chartes et diplômes pour servir à la topographie et à l'histoire de cette province, avec annotations et remarques, par M. **Le Glay**. Cambrai, Deligne et Ed. Lesne, 1849, in-8.º

4138 Retour de la domination espagnole à Cambrai ; siège de 1595, Mémorial particulier d'un moine de l'abbaye de St-Sépulcre, recueilli par M.ᵐᵉ **Clément-Hémery**. Cambrai, J. Chanson, 1840, in-8.º

4139 Document inédit de l'histoire de Cambrai, extrait d'un autographe inconnu de maître Henricy, avocat et membre du conseil de l'archevêque, relatif à l'entrée de Robert de Fleury le 7 août 1775, recueilli par M.ᵐᵉ **Clément** née **Hémery**; br. in-8.º

4140 La réforme dans le Cambrésis au XVI.ᵉ siècle, manuscrit publié pour la première fois et annoté, par Ch. L. **Frossard**, pasteur de l'église réformée. Paris, Grassart, 1855, br. in-8.º

4141 Recherches sur l'église métropolitaine de Cambrai, par M. A. **Le Glay**. Paris, Cambrai, 1825, in-4.º

4142 Senac de Meilhan et l'Intendance du Hainaut et du Cambrésis sous Louis XVI, par M. L. **Legrand**; 1 vol. in-8.º

4143 Epigraphie des flamands de France, par A. **Bonvarlet**, 1.ᵉʳ fascicule. Lille, Lefebvre-Ducrocq, 1862, br. in-8.º

4144 Epigraphie des flamands de France, par A. **Bonvarlet**, 2.ᵉ fascicule. Lille, Lefebvre-Ducrocq, 1864, br. in-8.º

4145 Epigraphie des flamands de France, par A. **Bonvarlet**, 3.ᵉ fascicule. Lille, Lefebvre-Ducrocq, 1866, in-8.º

4146 Histoire de Dunkerque, par V.ᵒʳ **Derode**. Lille, E. Reboux, 1852, grand in-8.º

4147 La marine dunkerquoise avant le XVII.ᵉ siècle, par V.ᵒʳ **Derode**. Dunkerque, V.ᵉ Kien, 1866, br. in-8.º

4148 Annales dunkerquoises : le naufrage de l'*Elizabeth* et le capitaine Malo ; le vice-amiral Bart, par M. Raymond **de Bertrand**. Dunkerque, Kien, 1862, br. in-8.º

4149 Notice sur la topographie de Dunkerque depuis son origine jusqu'à nos jours, et plus particulièrement au XVI.ᵉ siècle et au XVIIe, par M. V.^{or} **Derode.** Dunkerque, Vanderest, 1856, br. in-8.°

4150 Notice historique sur la chapelle de Notre-Dame des Dunes à Dunkerque, par M. Raymond **de Bertrand.** Dunkerque, C. Drouillard, 1853, br. in-12.

4151 Notice historique sur la sous-préfecture de Dunkerque, par Raymond **de Bertrand.** Dunkerque, Benjamin Kien, 1863, br. in-8.°

4152 Le Parc de la ville de Dunkerque, par M. Raymond **de Bertrand**; br. in-8.°

4153 L'Orphéon dunkerquois, par M. Raymond **de Bertrand.** Dunkerque, Benjamin Kien, 1859, in-8.°

4154 Excursion de l'*Orphéon* et de la *Fanfare* Dunkerquoise à Douvres, par V.^{or} **Derode**; br. in-8.°

4155 Le festival de Londres et l'Orphéon dunkerquois, par M. V.^{or} **Derode.** Dunkerque, Benjamin Kien, 1860, br. in-8.°

4156 Documents pour servir à la chrétienté de Dunkerque, par A. **Bonvarlet.** Lille, Lefebvre-Ducrocq, 1862, br. in-8.°

4157 Brefve déclaration des intérests particulières de messire Jaques Van de Walle, (armateur dunkerquois), publiée par M. **Bonvarlet**. Dunkerque, br. in-8.°

4158 Les orphelines de Visschermoëre; esquisse des choses dunkerquoises au XVIe siècle, par V.^{or} **Derode.** Dunkerque, Benjamin Kien, 1863, 2 vol. in-12.

4159 La rade de Dunkerque, par M. **Jonglez de Ligne.** Paris, Challamel, 1864, br. in-8.°

4160 Notice sur le péristyle de l'église de St-Eloi à Dunkerque, par M. Raymond **de Bertrand**; 1857, br. in-8.°

4161 L'agrandissement de Dunkerque, par V.^{or} **Derode.** Dunkerque, Benjamin Kien, 1863, br. in-8.°

4162 Relation de la bénédiction de la statue de la Sainte-Vierge placée au frontispice de la chapelle de Notre-Dame des Dunes (21 août 1859), par M. Raymond **de Bertrand.** Dunkerque, Benjamin Kien, br. in-16.

4163 Histoire du couvent des Pauvres Clarisses anglaises de Gravelines, par M. Raymond **de Bertrand.** Dunkerque, Benjamin Kien, 1857, in-8.°

4164 Appréciation touchant l'Histoire des Pauvres Clarisses anglaises de Gravelines de M. Raymond de Bertrand, par M. l'abbé **Bloeme**, curé de Roquetoire. St-Omer, Fleury-Lemaire, 1859, br. in-8.°

4165 Correspondance de Valentin **de Pardieu**, seigneur de La

Motte, gouverneur de Gravelines, (1574-1594), publiée par J. L. **Diegeryck**. Bruges, Van de Casteele-Werbrouck, 1857, in-8.°

4166 Histoire de Mardick et de la Flandre maritime, par M. Raymond **de Bertrand**. Dunkerque, C. Drouillard, 1852, in-8.°

4167 Document inédit pour servir à l'histoire des guerres de Flandre et à celle de la ville et de la châtellenie de Bourbourg au XVII.e siècle, par M. **de Coussemaker**. Dunkerque, Benjamin Kien, 1857, br. in-8.°

4168 Hôpital et couvent de St-Jean à Bourbourg, par E. **de Coussemaker**. Lille, Lefebvre-Ducrocq, 1868, br. in-8.°

4169 Franche vérité rétablie dans la châtellenie de Bailleul en 1434, par E. **de Coussemaker**; br. in-8.°

4170 Keure de Bergues, Bourbourg et Furnes, traduite et annotée, par E. **de Coussemaker**. Lille, Lefebvre-Ducrocq, 1860, br. in-8.°

4171 L'industrie manufacturière à Hondschoote du XII.e au XVIII.e siècle, par M. Raymond **de Bertrand**. Dunkerque, Benjamin Kien, 1859, br. in-8.°

4172 Cassel, son ancien château-fort et sa terrasse, sa collégiale, leurs ruines, par le D.r **de Smyttère**; 1867, br. in-8.°

4173 Topographie historique, physique, statistique et médicale de la ville et des environs de Cassel, par M. **de Smyttère**. Paris, Lille, 1828, in-8.°

4174 Notice historique sur les armoiries, scels et bannières de la ville de Cassel, de ses seigneurs et dames, de sa noble cour, de sa châtellenie, de ses justices secondaires et de ses institutions religieuses, par le D.r **de Smyttère**. Lille, Lefebvre-Ducrocq, 1862, in-8.°

4175 Un combat judiciaire à Cassel en 1396, par E. **de Coussemaker**; br. in-8.°

4176 Fragments historiques sur les Pères Récollets de Cassel, par M. le D.r **de Smyttère**. Dunkerque, Benjamin Kien, 1862, br. in-8.°

4177 Mémoire sur l'apanage de Robert de Cassel (1320), par M. le D.r **de Smyttère**. Lille, Lefebvre-Ducrocq, 1864, br. in-8.°

4178 La bataille du Val-de-Cassel de 1677, ses préludes et ses suites, par le D.r P. **de Smyttère**. Hazebrouck, L. Guermonprez, 1865, in-8.°

4179 Recherches historiques sur les seigneurs, châtelains et gouverneurs de Cassel des xi.e xii.e et xiii.e siècles, par le D.r **de Smyttère**. Lille, L. Danel, 1866, br. in-8.º

4180 Troubles de la châtellenie de Cassel sous Philippe le Bon (1427-1431), par M. A. **Desplanque**. Lille, Lefebvre-Ducrocq, 1866, br. in-8.º

4181 Discours historique sur Cassel, prononcé à la session du congrès archéologique de France à Dunkerque, par le D.r **de Smyttère**. Caen, A. Hardel, 1861, in-f.º

4182 Histoire du château et des seigneurs d'Esquelbecq en Flandre, par MM. A. **Bergerot** et J. **Diegerick**. Bruges, Van de Casteele-Verbrouck, 1857, in-8.º

4183 Dévotions populaires chez les flamands de France de l'arrondissement d'Hazebrouck, par M. Raymond **de Bertrand**. Dunkerque, Vanderest, 1855, br. in-8.º

4184 Elections aux Etats-généraux de 1789 dans la Flandre maritime ; procès-verbaux, cahiers de doléances et autres documents, recueillis et publiés par E. **de Coussemaker**. Paris, Aug. Aubry, 1864, in-8.º

4185 Notice sur l'abbaye de Ravensberg, par E. **de Coussemaker**. Lille, Lefebvre-Ducrocq, br. in-8.º

4186 Notice sur la commune de Pitgam, par A. **Bonvarlet**. Lille, Lefebvre-Ducrocq, 1868, br. in-8.°

G. Histoire particulière des autres villes et provinces de France.

4187 Notices sur quelques villages d'Artois : Ablain Saint-Nazaire, par Achmet **d'Héricourt**. St-Pol, A. Thomas, 1841, br. in-8.º

4188 Petites histoires des cantons de St-Omer et d'Audruicq, par H. **Piers**. Lille, Aire, 1840, 1843, 2 br. in-f.º

4189 Engagement des Trois Etats de la ville de St-Omer d'observer les stipulations du traité d'Arras (1482), par M. L. **Deschamps de Pas**. St-Omer, Fleury Lemaire, 1865, br. in-8.º

4190 Guillaume Cliton à St-Omer, suivi des opinions des journaux du Nord et du Pas-de-Calais sur la Notice historique sur la bibliothèque de St-Omer, et le Catalogue des manuscrits de la même bibliothèque concernant l'histoire de France, par M. H. **Piers**. Aire, Poulain, 1844, br. in-8.º

4191 Notice historique sur la bibliothèque publique de la ville de St-Omer, par M. H. **Piers**. Lille, Ve Libert, 1840, br. in-8.°

4192 Les églises des jésuites à St-Omer et à Aire sur la Lys, par M. L. **Deschamps de Pas**; br. in-4.°

4193 Fondation de l'hôpital des Apôtres à St-Omer, par L. **Deschamps de Pas**. St-Omer, Fleury-Lemaire, br. in-8.°

4194 Essai sur l'art des constructions à St-Omer à la fin du xve et au commencement du xvie siècle, par L. **Deschamps de Pas**. St-Omer, Chanvin, 1853, br. in-8.°

4195 Notre-Dame des Miracles à St-Omer, par M. L. **Deschamps de Pas**. Paris, V.^{or} Didron, 1859, br. in-4.°

4196 Attaque de la ville de St-Omer par la porte Sainte-Croix, en 1594, par L. **Deschamps de Pas**. St-Omer, Chanvin fils, 1854, br. in-8.°

4197 Siège de St-Omer en 1638, par M. L. **Deschamps de Pas**. St-Omer, Chanvin fils, 1858, br. in-8.°

4198 Le Vieil Hesdin, par M. Jules **Lion**. St-Omer, L. Van Elslandt, 1857, in-12.

4199 Vicissitudes, heur et malheur du Vieil-Hesdin, par le Dr B. **Danvin**. St-Pol, Bécart-Renard, 1866, in-8.°

4200 Le diocèse de Boulogne, par Jules **Lion**. St-Omer, Chanvin fils, 1858, in-8.°

4201 Le diocèse de Boulogne, l'église d'Auchi et le combat du Bois-Guillaume, par Jules **Lion**. St-Omer, Chanvin, 1858, in-8.°

4202 L'église d'Auchi, par M. Jules **Lion**. St-Omer, L. Van Elslandt, 1858, br. in-8.°

4203 Le Portus Itius, par Jules **Lion**. St-Omer, Van Elslandt, 1860, br. in-4.°

4204 Notice sur l'église paroissiale de Lestrem (Pas-de-Calais), par Ch. **de Linas**. Arras, Tierny, 1856, br. in-8.°

4205 Notice historique sur Pernes, par M. Paul **Tailliar**. Lille, L. Lefort, 1863, in-8.°

4206 Notice historique sur Heuchin, par M. Paul **Tailliar**. St-Pol, Becquart, 1864, br. in-8.°

4207 Chronique de Guines et d'Ardre, par **Lambert**, curé d'Ardre, (918-1203), par M. le marquis **de Godefroy-Ménilglaise**. Paris, Renouard et Cie, 1855, in-8.°

4208 Les sièges d'Arras, histoire des expéditions militaires dont cette ville et son territoire ont été le théâtre, par M. Achmet **d'Héricourt**. Paris, Dumoulin, 1845, in-8.°

4209 Troubles d'Arras — 1577-1578 — t. ii. Relations de Pontus Payen, de Nicolas Ledé, et autres documents inédits, par M. Achmet **d'Héricourt.** Paris, Dumoulin, 1850, in-8.°

4210 Notice historique sur l'échevinage d'Arras, par M. **Lecesne.** Arras, Rousseau-Leroy, 1866, br. in-8.°

4211 Notice sur les bâtiments du collège d'Arras. St-Pol, br. in-8.°

4212 Discours de réception prononcé à l'Académie d'Arras dans sa séance du 19 mai 1853, par M. **de Linas.** Arras, V.ᵉ J. Degeorge, br. in-8.°

4213 Des dictons historiques et populaires de Picardie, par M. l'abbé J. **Corblet.** Amiens, Alfred Caron, 1850, br. in-8.°

4214 Notice historique sur la foire de la St-Jean à Amiens, par M. l'abbé J. **Corblet.** Amiens, Durat et Herment, 1856, br. in-8.°

4215 Journal historique de Jehan **Patte**, bourgeois d'Amiens, (1587-1617), publié par M. J. **Garnier.** Amiens, Lemer, 1863, in-8.°

4216 Discours prononcé par M. J. **Garnier**, à l'occasion du deuxième tirage de la loterie concédée par le gouvernement pour l'achèvement du monument fondé par l'Empereur à Amiens. Amiens, T. Jeunet, 1861, br. in-8.°

4217 Annuaire administratif et historique de la Somme pour 1852 et 1853, publié sous les auspices du Conseil général du département, par la société des antiquaires de Picardie. Amiens, Duval et Herment, 1852, in-8.°

4218 Historiæ regalis abbatiæ Corbeiensis compendium, auctore D. Benedicto **Cocquelin**, ejusdem abbatiæ officiali, seu fori ecclesiastici contensiosi præfecto, ab ann. 1672 ad 1678, publié et annoté par M. J. **Garnier.** Amiens, Duval et Herment, 1847, in-8.°

4219 Rapport au nom de la commission du prix offert par M. Thélu à l'auteur de la meilleure histoire de Doullens, par M. J. **Garnier.** Amiens, Lemer, 1863, br. in-f.°

4220 Le château de Ham et ses prisonniers, par M. Ch. **Gomart.** St-Quentin, Doloy et Teauzein, 1852, br. in-4.°

4221 Ham, son château et ses prisonniers, par M. Ch. **Gomart.** Ham, Paris, etc., 1864, in-8.°

4222 Extraits originaux d'un manuscrit de Quentin de la Fons intitulé : Histoire particulière de St-Quentin, publiés par M. Ch. **Gomart.** St-Quentin, Paris, 1856, 2 vol. in-8.°

4223 Etudes Saint-Quentinoises, par M. Ch. **Gomart**, 1852-1861, t. II. St-Quentin, Paris, 1862, in-8.°

21

4224 Essai historique sur la ville de Ribemont et son canton, par M. **Gomart**; 1869, in-8.°

4225 Recherches historiques sur la fête de l'âne à Beauvais, pendant le moyen âge, par M. J. **Corblet**. Amiens, br. in-8.°

4226 L'abbaye royale de Faremoutiers au diocèse de Meaux, par M. Eug. **de Fontaine de Resbecq**. Paris, Furne et Cie, 1863, in-12.

4227 Notice historique sur la Société libre des pharmaciens de Rouen, par M. A. **Malbranche**; br. in-f.°

4228 Election d'un haut doyen de l'Eglise métropolitaine de Rouen au xviiie siècle, par M. Hilaire **de Méville**; br. in-8.°

4229 Fédération rouennaise du 29 juin 1790, par E. **de la Quérière**; br. in-8.°

4230 Mémoire sur l'antiquité des peuples de Bayeux, par M. **Mangon de la Lande**. Bayeux, C. Groult, 1834, br. in-8.°

4231 Mémoires sur l'histoire du Cotentin et de ses villes, par Messire Réné **Toustain de Billy** : S.^t-Lo et Carantan, 1.re partie; in-8.°

4232 Notice sur l'origine et l'établissement de la foire St-Clair à Querqueville, par M. Aug. **Le Jolis**, 3.e édit. Cherbourg, Feuardent, 1855, br. in-8.°

4233 Notice historique sur le culte de St-Médard, par M. l'abbé J. **Corblet**. Amiens, Duval et Herment, 1856, br. in-8.°

4234 A Monsieur Jean-Baptiste Bouillet, auteur de l'épigraphe des Tablettes historiques de l'Auvergne et d'un grand nombre d'ouvrages dignes d'être mieux connus, membre de toutes les académies, en général, et de celle de Clermont en particulier, un dernier mot de P. P. **Matthieu**, membre de l'Académie de Clermont. Clermont-Ferrand, Thibaud-Landriot, 1847, br. in-8.°

4235 Description historique et scientifique de la Haute-Auvergne, (département du Cantal), par J.-B. **Bouillet.** Paris, Londres, 1834, 2 vol. in-8.°

4236 Précis historique du Poitou pour servir à l'histoire générale de cette province, suivi d'un appendice contenant un aperçu historique des départements de la Vienne, des Deux Sèvres et de la Vendée, par M. J. **Giraudeau**. Paris, B. Dussillion, in-8.°

4237 Recherches historiques sur les armoiries d'Auxerre et de Nevers, par le Dr **de Smyttère**. Auxerre, Perriquet, 1867, br. in-8.°

4238 Sur les vraies armoiries de la ville de Nancy, par P. G. **de Dumast.** Nancy, A. Lepage, 1856, br. in-8.º

4239 Chapelle ducale de Nancy ou Notice historique sur les ducs de Lorraine, leurs tombeaux, la cérémonie expiatoire du 9 novembre 1826, par M. le vicomte **de Villeneuve-Bargemont.** Nancy, Paris, 1826, in-8.º

4240 Nancy, histoire et tableau, par M. P. **Guerrier de Dumast.** Nancy, Paris, 1837, br. in-8.º

4241 Philosophie de l'histoire de la Lorraine, suivi de cent années de l'Académie de Stanislas (Nancy), par M. P. **de Dumast.** Nancy, Vagner, 1850, br. in-8.º

4242 Sur les Grands et petits chevaux de Lorraine. Nancy, A. Lepage, 1861, br. in-8.º

4243 Histoire des sciences, des lettres, des arts et de la civilisation dans le pays Messin depuis les Gaulois jusqu'à nos jours, par M. Em. **Bégin.** Metz, Verronnais, 1829, in-f.º

4244 Recherches faites d'après des documents du XII.ᵉ siècle, sur la patrie et la famille de Wibald, 42.ᵉ abbé des monastères de Stavelot et de Malmédy, par Marie-Anne **Libert.** Bruxelles, br. in-8.º

4245 Etudes sur la chronologie des sires de Bourbon (X.ᵉ-XIII.ᵉ siècle), par M. A. **Chazaud.** Moulins, Desrosiers, 1865, in-8.º

4246 De l'état politique de la ville de Lyon depuis le dixième siècle jusqu'à l'année 1789, par Th. **Grandperret.** Lyon, Marle, 1843, in-8.º

4247 Revue historique et littéraire de la Champagne : Guillaume Champeaux, évêque de Châlons-sur-Marne, suite et fin; br. in-8.º

4248 Recherches sur La Puisaye, Saint-Fargeau, etc., par le D.ʳ **de Smyttère.** Auxerre, 1869, br. in-8.º

4249 Notice historique sur la ville de Chabeuil, par l'abbé **Vincent;** br. in-8.º

4250 Notice historique sur la ville de Nérac, par **de Villeneuve-Bargemont,** préfet du Lot-et-Garonne. Agen, Raymond Noubel, 1807, in-8.º

4251 Une excursion à Romorantin, par Ch. **Gomart.** St-Quentin, Jules Moureau, 1863, br. in-8.º

4252 L'abbaye de Fontgombaud et les seigneurs d'Alloigny de Rochefort, esquisse historique par M. A. **Desplanque.** Paris, Chaix, 1861, br. in-8.º

4253 Chronologie des évêques de Limoges et de ce qui a été

.établi ou détruit sous leur pontificat ; — Chronologie des évêques de Tulle ; — Dictionnaire géographique de la Marche et du Limousin. Limoges, br. in-4.º

4254 L'église et la féodalité dans le Bas-Berry au moyen-âge, par M. A. **Desplanque.** Paris, Napoléon Chaix et C.ie, 1862, br. in-8.º

4255 Essai sur les vicissitudes des institutions monastiques dans le Bas-Berry, par M. A. **Desplanque** ; br. in-8.º

4256 Du pillage de quelques abbayes de l'Indre dans le courant du xvi.e siècle, par M. A. **Desplanque** ; br. in-8.º

4257 Précis historique sur la vie de Réné d'Anjou, roi de Naples, comte de Provence, et principalement sur son séjour dans cette province, par le comte **de Villeneuve.** Aix, Mouret, 1820, in-8.º

4258 Tablettes historiques de l'Auvergne comprenant les départements du Puy-de-Dôme et du Cantal, par J.-B. **Bouillet.** Clermont-Ferrand, Pérol, 1840-1847, in-8.º (*incomplet*).

4259 Les granges du Béarn (1778), par C. L. **Frossard**, pasteur de l'église réformée. Paris, Ch. Meyrueis, 1857, br. in-8.º

IV. — STATISTIQUE.

4260 Statistique des peuples de l'antiquité. Les Egyptiens, les Hébreux, les Grecs, les Romains et les Gaulois, par M. Alex. **Moreau de Jonnès.** Paris, Guillaumin, 1851, 2 vol. in-8.º

4261 De la statistique considérée sous le rapport du physique, du moral et de l'intelligence de l'homme, par M. A. **Quetelet** ; 1.er mémoire, br. in-4.º

4262 Statistique générale de l'Europe, l'Asie, l'Afrique, l'Amérique et l'Océanie et chacun des Empires, Royaumes, et Colonies qui en dépendent, par MM. C. **Moreau** et A. **Slowaczinski.** Paris, 1838, in-16.

4263 Journal des travaux de la Société française de statistique universelle pour 1833 et 1834 rédigé sous la direction de M. César **Moreau.** Paris, 2 in-4.º

4264 Sur le Concours international de statistique, tenu à Londres le 16 juillet 1868 et les cinq jours suivants, par A. **Quetelet** ; br. in-4.º

4265 Sur la sixième session du Congrès statistique des différents peuples, tenu à Florence , du 27 septembre au 5 octobre 1867, communication de M. A. **Quetelet**. Bruxelles, M. Hayez, br. in-8.°

4266 Statistique de la France — Territoire et population : 1837, 1855. — Mouvement de la population : 1851, 1852, 1853, 1854, 1856, 1857. — Agriculture : 1840, 1841. — Statistique agricole : 1858, 1860. — Industrie : 1847, 1848, 1850, 1852. — Commerce extérieur : 1838. — Administration publique : 1843, 1844. — Assistance publique : 1842 à 1853. — Etablissements d'aliénés : 1842 à 1853. Paris, Imprimerie du gouvernement, 21 volumes grand in-4.°

4267 Statistique de la Grande-Bretagne et de l'Irlande, par M. Al. **Moreau de Jonnès**. Paris, Debourgogne et Martinet, 1838, 2 vol. in-8.°

4268 Statistique de l'Espagne, par M. Al. **Moreau de Jonnès**. Paris, Cosson, 1834, in-8.°

4269 Essai sur la statistique générale de la Belgique, composé sur des documents publiés et particuliers par Xavier **Heuschling** et publié par Ph. **Vandermaelen**, 2.° édition. Bruxelles, 1841, in-8.°

4270 Statistique du département du Nord, par M. **Dieudonné**, Préfet. Douai, 1804, 3 vol. in-8.°

4271 Statistique du département de l'Aisne, par J.-B. **Brayer**, 2.° partie. Laon, Melleville, 1825, in-4.°

4272 Rapport du baron **de Mortemart-Boisse** sur la statistique du département de l'Aisne; par M. Brayer. Laon, Melleville, 1827, br. in-4.°

4273 Statistique du département de Maine-et-Loire, publiée par la Société d'agriculture, sciences et arts d'Angers, 1.re partie. Angers, Pavie, 1842, in-8.°

4274 Extrait d'un essai sur la statistique du canton du Grand-Couronne, par M. A. **Ballin**. Rouen, N. Périaux, 1837, br. in-8.°

4275 Statistique générale du département du Haut-Rhin publiée par la Société industrielle de Mulhausen et mise en ordre par Ach. **Penot**, livraisons 2 à 6. Mulhausen, Jean Kisler, 1831, 5 br. in-4.°

4276 Statistique de la commune de la Celle lez-St-Cloud, canton de Marly-le-Roi, département de Seine-et-Oise, par M. le V.te **de M.-V.**, P. de F. Versailles, Dufaure, 1834, br. in-8.°

4277 Table de mortalité d'après le recensement de 1856, par M. A. **Quetelet**; br. in-4.°

4278 Annuaire statistique du département du Nord publié par
S. **Bottin**, continué successivement par MM. **Demeunynck** et **Devaux**; manquent : 1805, 1808, 1818-1828,
1851 à 1860. Lille, 38 vol. in-8.º

4279 Notice statistique sur le département du Nord, par le D.ʳ
Chrestien, 1.ʳᵉ partie : population. Lille, L. Danel,
1862, br. in-f.º

4280 Notes statistiques sur la mortalité de la ville de Lille pendant l'année 1856, par le D.ʳ **Chrestien**. Lille, br. in-8.º

4281 Recherches statistiques sur le mouvement de la population
de la ville de Lille pendant l'année 1859, par le D.ʳ
Chrestien. Lille, Danel, 1861, br. in-8.º

4282 Recherches statistiques sur le mouvement de la population
de la ville de Lille pendant l'année 1860, par le D.ʳ
Chrestien. Lille, L. Danel, 1863, br. in-8.º

4283 Recherches statistiques sur le mouvement de la population
de la ville de Lille pendant l'année 1861, par le D.ʳ
Chrestien. Lille, Danel, br. in-8.º

V. — ARCHÉOLOGIE.

A. **Généralités**.

4284 Cours d'archéologie. — Discours d'ouverture par M. **Beulé**,
professeur. Paris, Firmin Didot, 1858, br. in-8.º

4285 Bulletin des Comités historiques publié par le ministère de
l'Instruction publique et des cultes : archéologie, beaux-
arts, 1850-1852. Paris, 2 vol. in-8.º

4286 Antiquités anté-diluviennes; réponse à MM. les antiquaires
et géologues présents aux assises archéologiques de Laon,
par M. **Boucher de Perthes**. Amiens, V.ᵉ Herment,
1849, br. in-8.º

4287 Réflexions sur l'utilité de la recherche et de la conservation
de nos antiquités nationales. Rouen, Le Grand, 1839,
br. in-8.º

4288 Rapport fait à l'Académie des inscriptions et belles-lettres
au nom de la Commission des antiquités nationales sur
le Concours de 1839, lu le 2 août de cette année par le
comte Alex. **de Laborde**; br. in-4.º

4289 Rapports faits à l'Académie des inscriptions et belles-
lettres au nom de la Commission des antiquités de la

France, par MM. **Lenormand**, **Berger de Xivrey**, Adrien **de Longpérier**. Paulin, Paris 1840-1849-1851-1852-1853-1855-1856-1858, br. in-4.°

4290 Rapport fait par M. Adrien **de Longpérier** à l'Académie des inscriptions et belles-lettres au nom de la Commission des antiquités de la France. Paris, Firmin Didot, 1857, br. in-4.°

4291 Rapport fait à l'Académie des inscriptions et belles-lettres, au nom de la Commission des antiquités de la France, par M. Alfred **Maury**, lu le 7 décembre 1860. Paris, Firmin Didot, br. in-4.°

4292 Rapport à l'Académie des inscriptions et belles-lettres au nom de la Commission des antiquités de la France lu le 31 juillet 1863, par M. Alf. **Maury**. Paris, Firmin Didot, br. in-4.°

4293 Rapport fait à l'Académie des inscriptions et belles-lettres au nom de la Commission du Concours des antiquités de la France, par M. B. **Hauréau**. Paris, Firmin-Didot, 1864, br. in-4.°

4294 Rapport fait à l'Académie des inscriptions et belles-lettres au nom de la Commission des antiquités de la France, par M. B. **Hauréau**, lu dans la séance du 7 juillet 1865. Paris, Firmin Didot, 1865, br. in-4.°

4295 Rapport présenté au Ministre de l'Intérieur au nom des Sociétés savantes de la France départementale par la Société archéologique de Soissons; demande de la création d'un musée monumental d'architecture du moyen-âge. Laon, Fleury et Chevergny, 1852, br. in-8.°

4296 Rapport verbal fait à la Société française pour la conservation des monuments historiques le 21 novembre 1854 sur divers monuments et sur plusieurs excursions archéologiques, par M. **de Caumont**. Paris, Caen, 1856, in-8.°

4297 Mémoires de l'Académie celtique, ou mémoires d'antiquités celtiques, gauloises et françaises, publiés par l'Académie celtique, 1807-1810. Paris, 5 vol. in-8.°

4298 Programme de la session du congrès archéologique de France, tenue à Lille en 1845; br. in-4.°

4299 Compte-rendu de l'excursion faite à Tournai par le congrès archéologique de Lille le 5 juin 1845, par M. **Castel**. Lille, Vanackère, br. in-8.°

4300 Précis historique sur la Commission des antiquités du département de la Seine-Inférieure, par M. A. **Ballin**. Rouen, 1862, br, in-8.°

4301 Le Congrès archéologique de France à Trèves en 1846. Trèves, Fr. Lintz, br. in-12.

4302 Matériaux d'archéologie et d'histoire, par MM. les archéologues de Saône-et-Loire et des départements limitrophes, n.º 1. Châlon-sur-Saône, 1869, br. in-8.º

4303 Matériaux d'archéologie et d'histoire, par MM. les archéologues de Saône-et-Loire; notices et dessins; colligés par M. J. **G.** et L. **L.** Chalon, br. in-8.º

4304 Mémoires et documents divers insérés dans les Mémoires de la Société archéologique d'Avesnes, par M. **Michaux** aîné; br. in-8.º

4305 Description des antiquités et objets d'arts contenus dans les salles du Palais-des-Arts de la ville de Lyon, par le D.ʳ **Comarmond**. Lyon, Dumoulin, 1855-57, in-4.º

4306 Description du musée lapidaire de la ville de Lyon; épigraphie antique du département du Rhône, par le D.ʳ A. **Comarmond**. Lyon, Dumoulin, 1846-1854, in-4.º

4307 Catalogue de la collection d'antiquités, meubles, porcelaines, tableaux, délaissée par M. J. Segers. Anvers, 1862, br. in-8.º

4308 Catalogue du musée archéologique de Nantes et de la Loire-Inférieure. Nantes, 1856, br. in-8.º

4309 Rapport sur le musée d'antiquités d'Amiens et les objets les plus remarquables offerts à cet établissement depuis sa création jusqu'au 5 juillet 1837, par MM. **Dusevel** et **de Grattier**; br. in-8.º

4310 Rapport présenté à la Société des fouilles du Palais de Justice, au nom de la Commission chargée de la direction des travaux, par M. **Brun-Lavainne**; br. in-8.º

4311 Rapport sur les fouilles à entreprendre dans le département de la Somme, par M. **Garnier**; br. in-8.º

4312 Rapport sur les fouilles de Beuvraignes, par M. J. **Corblet**. Amiens, Lemer aîné, 1865, br. in-8.º

4313 Notice sur les fouilles faites, pour la seconde fois, dans le lit de la Saône, à Pontaillier, en septembre 1807, par P. **Leschevin**, de Dijon; br. in-8.º

4314 Fouilles de Neuvy-sur-Baranjon, réponse à M. Léon Renier par M. H. **Boyer**. Bourges, Paris, 1862, br. in-8.º

4315 Rapport sur les monuments du Puy-de-Dôme, par M. **Bouillet**. Caen, A. Hardel et T. Chalopin, 1838, br. in-8.º

4316 Mémoire sur les monuments religieux et historiques du département de la Somme, par M. J. **Garnier**. Amiens, Duval et Herment, 1839, br. in-8.º

4317 Statistique archéologique du département du Nord , publication de la Commission historique du département du Nord. Lille et Paris , 1867 , 2 vol. in-8.°

4318 Statistique archéologique du département du Nord : arrondissements de Dunkerque et d'Hazebrouck. Lille,L. Danel, 1862-1863 , 2 br. in-8.°

4319 Observations sur un passage du troisième rapport fait par M. S. Bottin à la Société des antiquaires de France, par un habitant de Valenciennes. Valenciennes , J.-B. Henry, 1823, br. in-8.°

4320 Etudes archéologiques sur l'histoire de Jules César par l'empereur Napoléon III et sur la carte officielle des Gaules, par Léon **Fallue.** Paris, 1867, in-12.

4321 Les progrès de l'archéologie religieuse en France et à l'étranger, depuis 1848, discours de réception prononcé par M. l'abbé **J. Corblet** à la séance du 16 janvier 1855 de la Société des antiquaires de Picardie. Amiens, Duval et Herment, br. in-8.°

4322 Chasse aux souvenirs dans le pays de Liége , par M. André **Muret**, 2.° édition. Paris, Félix Oudart, 1846 , br. in-8.°

4323 Notice des objets d'arts, d'antiquité, de curiosité et des tableaux, dessins et gravures exposés à Moulins du 1.er au 31 mai 1862. Moulins, Desrosiers , in-12.

4324 Discours prononcé à la séance d'ouverture du comité d'archéologie américaine le 23 juillet 1863, par A. **de Bellecombe**, président. Paris , br. in-8.°

4325 Etude d'archéologie américaine comparée, par Lucien **de Rosny-Foucqueville**. Paris 1864 , br. in-8.°

4326 Lettre à M. Hase, membre de l'Institut, sur les antiquités de la régence de Tunis , par M. E. **Pélissier** , consul de France à Soussa. A. Leleux , 1845 , br. in-8.°

4327 Essais historiques sur les antiquités du département de la Haute-Loire , par M. **Mangon de la Lande.** Saint-Quentin , Tilloy, 1826 , in-8.°

4328 Promenade archéologique de Bourges à Clermont , par M. **Bouillet**. Caen, A. Hardel et T. Chalopin, 1858 , br. in-8.°

4329 Catalogue du Musée archéologique et numismatique de la ville de Lille , publié aux frais de la ville, par un membre de la Société impériale des Sciences , de l'Agriculture et des Arts. Lille , Danel, 1860 , in-8.°

B. Monuments et objets divers.

4330 Lettre relative aux silex taillés de main d'homme ou anté-historiques adressée à M. Boucher de Perthes. Caen, br. in-8.º

4331 Notice sur les silex taillés des temps anté-historiques, par M. J. **Garnier**. Amiens, E. Yvert, 1862, br. in-8.º

4332 Sur les silex ouvrés de Spiennes, par M. **Malaise**.Bruxelles, 1866, br. in-8.º

4333 Monument de Ninive découvert et décrit par M. P. E. **Botta**, mesuré et dessiné par M. E. **Flandin**; ouvrage publié par ordre du Gouvernement sous les auspices de M. le Ministre de l'Intérieur et sous la direction d'une Commission de l'Institut. Paris, Imprimerie nationale, 1 vol. in-8.º de texte, 4 vol. in-8.º de planches.

4334 Le Sérapéum de Memphis découvert et décrit par Aug. **Mariette**, ouvrage dédié à S. A. I. Mgr le prince Napoléon et publié sous les auspices de S. Exc. M. le Ministre d'Etat. Paris, Gide, 1857, in-f.º

4335 Examen et explication du tableau peint au plafond du tombeau des Rois, à Thèbes, par M. l'abbé **Halma**. Paris, Merlin, 1822, br. in-8.º

4336 Rapport sur des momies d'Egypte et sur la pratique des embaumements depuis les temps anciens jusqu'à nos jours, par M. H. **Scoutetten**. Metz, F. Blanc, 1859, br. in-8.º

4337 Sur quelques monuments celtiques découverts dans le département du Nord, par S. **Bottin**. Lille, V.ᵗ Leleux, 1843, br. in-8.º

4338 Notice sur des instruments celtiques en corne de cerf, par M. Casimir **Picard**; br. in-8.º

4339 Manné-er-h'roek, dolmen découvert sous un tumulus à Locmariaquer, par M. **Lefebvre**, préfet du Morbihan, et M. René **Galles**. Vannes, J. M. Galles, 1863, br. in-8.º

4340 Thesaurus græcarum antiquitatum, in quo continentur effigies virorum ac fœminarum illustrium, quibus in Græcis aut Latinis monumentis aliqua memoriæ pars datur, et in quocumque orbis terrarum spatio ob historiam, vel res gestas, vel inventa, vel locis nomina data, ac doctrinam meruerunt cognosci, auctore Jacobo **Gronovio**. Lugduni Batavorum, Petrus, Balduinus et Hildebrandus Van der Aa, 1697-1702, 14 vol in-f.º

4341 Thesaurus antiquitatum romanarum , in quo continentur lectissimi quique scriptores, qui superiori aut nostro seculo romanæ reipublicæ rationem, disciplinam , leges., instituta , sacra , artesque togatas ac sagatas explicarunt et illustrarunt, congestus a Joanne Georgio **Grævio**; accesserunt variæ et accuratæ tabulæ æneæ. Lugduni Batavorum apud Franciscum , Halmam Petrum Van der Aa , 1694-1699 , 12 vol. in-f.º

4342 Des êtres mythologiques figurés sur les monuments de l'antiquité , par Marcel **de Serres**. Bordeaux , Henri Faye , 1850 , br. in-8.º

4343 Remarques sur une inscription grecque publiée à Aix , chez Ant. Henricy , an VII de la République , par M. **Chardon La Rochette**; br. in-8.º

4344 Nouvelle restitution et explication d'une inscription Greco-latine du IV.ᵉ siècle , tracée sur un vase de terre cuite trouvé près de Bourges en 1848, par M. Eloi **Johanneau**. Paris , Techener et Dumoulin , 1840 , br. in-8:º

4345 Observations sur l'inscription: *Flavio Valerio Constantino nobilissimo Cœsari*, découverte à Saint-Hippolyte (Pyrénées-Orientales) en octobre 1847, par M. **de G***. Perpignan, Alzine , 1848, br. in-8.º

4346 Inscriptions inédites ou peu connues du Musée de Narbonne, par M. **Tournal**. Caen, A. Hardel , 1864, br. in-8.º

4347 Antiquités gallo-romaines des Eburoviques publiées d'après les recherches et les fouilles dirigées par M. Th. **Bonnin**. Paris , Dumoulin , 1860, in-4.º

4348 Notice sur une découverte d'objets romains faite à Saint-Acheul-lès-Amiens en 1861, par M. J. **Garnier**. Amiens, Lemer ainé , 1863 , in-8.º

4349 Rapport sur les travaux de la Commission chargée de dresser la carte de l'itinéraire romain dans la Picardie , lu à la Société des Antiquaires de la Picardie les 7 juillet 1839 et 12 juillet 1840, par M. **Garnier**. Amiens , 2 br. in-8.º

4350 Notice sur la borne romaine trouvée à côté de la source intermittente de Fontaine-Ronde , près Pontarlier (Doubs), par M. **Bourgon**; br. in-8.º

4351 Vases gallo-romains découverts à Souchez (Pas-de-Calais), par M. le comte Achmet **d'Héricourt**. Arras , 1866, br. in-8.º

4352 Passages les plus intéressants d'un ouvrage italien concernant deux sépulcres romains découverts par M. le marquis Campana , traduits par M. **Ballin**; br. in-8.º

4353 Mémoire sur des tombeaux antiques découverts en 1809 ,

1815 et 1816, sur le territoire de Vézelise (Meurthe) par M. **Bottin**; br. in-8.º

4354 Dissertation sur le tombeau romain de Varenilla à Poitiers, par M. **Mangon de la Lande**, 1835; br. in-8.º

4355 Dissertation sur un tombeau antique, par M. C. A. **Chaudruc**; 1808, br. in-8.º

4356 Notice sur des objets trouvés dans une tombe antique au village d'Esne, près Cambrai, par M. A. **Tordeux**; 1844, br. in-8.º

4357 Alesia, par M. G. M. **de Bouriane**; 2.e édition. Paris, Dentu, 1863, br. in-8.º

4358 Dissertation sur Samarobriva, ancienne ville de la Gaule, par M. **Mangon de la Lande.** Saint-Quentin, Tilloy, 1825, in-8.º

4359 Mémoire en réponse au rapport fait à la Société académique de Douai, sur l'ouvrage intitulé: Dissertation sur Samarobriva, ancienne ville de la Gaule, par M. **Mangon de la Lande.** Saint-Quentin, Tilloy, 1827, br. in-8.º

4360 Mémoire en réponse à celui de M. Rigolot sur l'ancienne ville des Gaules, Samarobriva, par M. **Mangon de la Lande.** Saint-Quentin, Tilloy, 1827, br. in-8.º

4361 Notice sur la position d'une bourgade gauloise et d'un oppidum romain au Puy de Gaudi (Creuse), par M. **Mangon de la Lande**; br. in-8.º

4362 Rapport sur la question de l'Ascia, par M. **Mangon de la Lande**; br. in-8.º

4363 Recherches sur l'ancien Forum Hadriani et ses vestiges, près de La Haye en Hollande, par le baron **de Westreenen de Tiellandt.** Amsterdam et La Haye, Van Cleef, 1826, br. in-16.

4364 Notes sur l'amphithéâtre de Pouzzoles; — description d'un clou magique, etc. etc. Alais, 1845-1847; br. in-8.º

4365 Notice sur le prétendu temple romain de Saint-Georges-lez-Roye, par l'abbé J. **Corblet.** Amiens, Duval et Herment, 1842, br. in-8.º

4366 Antica Romana via del Sempione nuovamente osservata e illustrata, con monumenti contemporanei, Memoria del cavaliere Giovanni **Labus.** Milan, Bernardoni, 1842, br. in-4.º

4367 Notice sur Hermoniacum, station romaine située entre Cambrai et Bavai, par M. **Le Glay.** Cambrai, Berthoud, 1824, br. in-8.º

4368 Lettre au citoyen Millet sur l'origine des diptyques consulaires , par le citoyen **Coste**. Paris , Fuchs , 1803 , br. in-8.°

4369 Nouvel essai d'explication du monument d'Igel, par Marie-Anne **Libert**. Bonn, Ch. Georgie, 1852 , br. in-8.°

4370 Lettre à M. Oppert sur quelques particularités des inscriptions cunéiformes anariennes, par Léon **de Rosny** ; br. in-8.°

4371 Temple et hospice du Mont-Carmel, notice par M. Alex. **Dumas**. La Rochelle, br. in-8.°

4372 La cathédrale de Cologne, notice archéologique sur les restaurations, ensemble les travaux exécutés , en voie d'exécution ou projetés , pour l'achèvement intégral de ce monument, par le baron Ferdinand **de Roisin**. Amiens, Duval et Herment 1845 , br. in-8.°

4373 Inventaires du trésor de la cathédrale d'Amiens , publiés d'après les manuscrits , par J. **Garnier**. Amiens, Duval et Herment , 1850, in-8.°

4374 Description de l'église collégiale , aujourd'hui paroissiale , de Lillers, par M. **de Linas** ; br. in-4.°

4375 Notice sur l'église de Namps-au-Val (arrondissement d'Amiens), par M. **J. Garnier**. Amiens , Duval et Herment, 1842, br. in-8.°

4376 L'église de Brou et ses tombeaux par C. **Dufay**. Lyon, Scheuring , 1867, in-12.

4377 Notice sur le beffroi de la ville de Bergues. Lille, Danel, 1841 , br. in-4.°

4378 Notice historique et archéologique sur l'ancien couvent de Berlaimont , par le d.ʳ **Wallez**. Bruxelles, F. Verteneuil, 1855 , br. in-8.°

4379 Notice sur le château de Selles, à Cambrai, par M. Fidèle **Delcroix**. Valenciennes, E. Prignet, 1842 , br. in-8.°

4380 Notice sur l'hôtel de Soubise, à Lille, par le vicomte **de Melun**. Lille, Danel, 1848 , br. in-8.°

4381 Les chapiteaux mérovingiens de l'église de Chivy; dessins de **Midoux**, texte de Ed. **Fleury**. Laon, br. in-8.°

4382 Vitraux peints et incolores des églises de la Flandre maritime, par M. **de Coussemaker**. Lille, Lefebvre-Ducrocq, 1860, br. in-f.°

4383 Essai sur le pavage des églises antérieurement au xv.ᵉ siècle, par L. **Deschamps de Pas**. Paris, V.ᵒʳ Didron, 1852, in-4.°

4384 Tours des églises de Thourout et de Lichtervelde ; fonts baptismaux de cette dernière commune, par M. **Le Grand
de Reulandt**. Gand, L. Hebbelynck, 1857, br. in-8.º

4385 Fonts baptismaux de la collégiale de Dinant, par M. **Le
Grand de Reulandt**. Anvers, Buschmann, br. in-8.º

4386 Rapport à la Société d'archéologie d'Avranches sur la ver-
rière de Martigny, par M. **Mangon - Delalande**.
Avranches, 1843, br. in-8.º

4387 Notice sur un tableau triptyque du commencement du xvi.e
siècle, monument funèbre de Hugues Le Cocq, en l'église
collégiale de Saint-Pierre, à Lille, par l'abbé **Carnel**.
Lille, L. Danel, 1862, br. in-8.º

4388 Notice sur les chandeliers d'église au moyen-âge, par
M. l'abbé J. **Corblet**. Paris, Alphonse Pringuet, 1859,
br. in-8.º

4389 Notice sur le mausolée de la famille de Gros, avec des
données historiques sur cette famille, par M. l'abbé **Van
de Putte**. Bruges, Gaillard, 1842, br. in-4.º

4390 Quelques épitaphes des églises de Comines, Cambrai,
Condé, Esne, Estaires, Halluin, Solre-le-Château et Valenciennes, par E. **de Coussemaker**. Lille, L. Danel,
1860, br. in-8.º

4391 Le couvent des Pères capucins à Bourbourg, par M. **de
Coussemaker**. Lille, Lefebvre-Ducrocq, 1866, br. in-8.º

4392 Mémoire sur la quinzième question du programme du
Congrès archéologique de France, 27e session : Signaler
et reproduire textuellement les épitaphes des églises de
la Flandre maritime qui seraient antérieures au xviiie
siècle et qui présenteraient de l'intérêt, par M. A. **Bonvarlet**. Dunkerque, Benjamin Kien, 1861, br. in-8.º

4393 Graf en gedenkschriften der provincie oost Vlaenderen,
Inscriptions funéraires et monumentales de la province de
la Flandre orientale, publiées par MM. **Blommaert, de
Saint-Genois**, **Gaillard**, **Herry**, **Kervyn de
Volkaersbeke**, **Schoorman**, **Serrure**, baron
Surmont, **Vandamme-Bernier**. Gand, Hebbe-
lynck, 1865-1866, 2 vol. in-folio.

4394 Notice sur les tombeaux de Charles-le-Téméraire et de
Marie de Bourgogne, par le marquis de **Villeneuve-
Trans**. Nancy, Grimblot et C.ie, 1840, br. in-8.º

4395 Les ruines de Saint-Bavon à Gand, par M. Ed. **de Busscher**. Gand, de Busscher, 1830, br. in-8.º

4396 Tour des cloîtres de l'abbaye de Saint-Pierre à Gand, par
M. Edm. **de Busscher**. Bruxelles, Hayez, 1854, br. in-8.º

4397 Anciens vêtements sacerdotaux et anciens tissus conservés en France, par Ch. **de Linas**. 1.re série. Paris, Didron, 1860, in-8.º

4398 Anciens vêtements sacerdotaux et anciens tissus conservés en France, par M. Ch. **de Linas**; 2.e série. Paris, Didron, 1862, grand in-8.º

4399 Anciens vêtements sacerdotaux et anciens tissus conservés en France, par M. Ch. **de Linas**. 3.e série. Paris, 1863, in-8.º

4400 Rapport sur les anciens vêtements sacerdotaux et les anciens tissus, par M. Ch. de Linas. Paris, V. Didron, 1857, br. in-8.º

4401 Notice sur cinq étoffes tirées de la collection de M. Léonard à Verdun, par M. C. **de Linas**.

4402 Notice sur la tapisserie de Charles-le-Téméraire, conservée à la Cour royale de Nancy, par le marquis **de Villeneuve-Trans**. Nancy, Thomar et C.ie, 1838, br. in-8.º

4403 Notice sur un pied de statuette en bronze et une tessère en ivoire trouvés au quartier de Montierneuf, par M. **Mangon de la Lande**; br. in-8.º

4404 Note sur une cloche fondue par M. G. Moral, de Lyon, par M. l'abbé J. **Corblet**. Paris, Alphonse Pringuet, 1859, br. in-8.º

4405 Pierres d'Acques ou notice sur quelques anciens monuments des environs d'Arras, par M. **Quenson**. Douai, Wagrez, 1830, br. in-4.º

4406 Notice historique sur un monument des environs de Saint-Omer, la Croix Pélerine, par M. **Quenson**. Douai, Wagrez, 1835, br. in-8.º

4407 Les Rues de Troyes, anciennes et modernes, revue étymologique et historique, par M. **Corrard de Breban**. Troyes, Paris, 1837, in-8.º

4408 Rapport sur les galeries souterraines ou l'antique enceinte de la ville de Poitiers, par M. **Mangon de la Lande**. 1836, br. in-8.º

4409 Dissertation sur la pierre levée de Poitiers, par M. **Mangon de la Lande**. Br. in-8.º

4410 Notice sur les anciennes fabriques de drap de Cherbourg, par M. A. **Le Jolis**. Cherbourg, 1854, br. in-8.º

4411 Mémoire sur quelques inscriptions historiques du département du Nord, par M. **Le Glay**. Lille, L. Danel, 1841, br. in-8.º

4412 Orfèvrerie du xiiie siècle, chasse et croix de Bousbecque décrites par M. E. **de Coussemaker.** Paris, Lille, 1861, br. in-4.°

4413 Orfèvrerie du xiiiᵉ siècle, la Sainte chandelle d'Arras, par M. **de Linas.** br. in-4.°

4414 Orfèvrerie du xiiiᵉ siècle, la croix de Clairmarais, par M. L. **Deschamps de Pas.** Paris, V. Didron, 1855, br. in-4.°

4415 Notice sur quelques enseignes de pélérinage en plomb concernant la Picardie, par M. **Garnier.** Amiens, 1865, br. in-8.°

4416 Monographie du coffret de M. le duc de Blacas, par M. **Mignard.** Paris, Dumoulin, 1852, in-4.°

4417 Suite de la monographie du coffret de M. le duc de Blacas, ou preuves du manichéisme de l'ordre du Temple, par M. **Mignard.** Paris, Dumoulin, etc., 1853, in-4.°

4418 Les casques de Falaise et d'Amfreville-sous-les-Monts, par M. **de Linas.** Arras, 1869, in-8.°

4419 Ornement en bronze conservé au musée de Saint-Omer, par M. **de Linas.** Arras, br. in-8.°

4420 Les œuvres de Saint-Eloi et la verroterie cloisonnée, par M. Ch. **de Linas.** Paris, Didron, 1864, in-8.°

4421 Notice sur quelques émaux byzantins du xiᵉ siècle, conservés au musée national de Pesth (Hongrie), par M. Ch. **de Linas.** Paris, br. in-8.°

4422 Notice sur une vie manuscrite de Saint-Omer, précédée d'un essai sur l'orfèvrerie appliquée à la reliure des livres, par M. Ch. **de Linas.** Amiens, Caron et Lambert, br. in-8.°

4423 Recherches sur les manufactures lilloises de porcelaine et de faïence, par M. Jules **Houdoy.** Lille, L. Danel, 1863, in-8.°

4424 Histoire de la céramique lilloise, par J. **Houdoy**; édition nouvelle. Paris, 1869, grand in-8.°

4425 Les carrelages muraux en faïence et les tapisseries des Godelins, à Dunkerque; — Notice biographique sur le docteur Thibault, par M. Raymond **de Bertrand.** Dunkerque, d'Hubert, 1861, br. in-8.°

4426 Notice sur les ruines de l'ancien phare de Nieuport, par M. **Le Grand de Reulandt.** Anvers, Buchmann, 1856, br. in-8.°

4427 Essai sur les girouettes, épis, crêtes et autres décorations des anciens combles et pignons pour faire suite à l'histoire des habitations du moyen-âge, par M. Em. **de la Quérière.** Paris, Rouen, 1846, in-8.°

4428 Etude sur les Almanachs d'Artois, par M. Aug. **Parenty.** Arras, Rousseau-Leroy, 1860, br. in-8.°

4429 Une décoration des Philalèthes, par M. E. **Van Hende**. Lille, Danel, 1859, br. in-8.°

C. Numismatique et Sigillographie.

4430 Extrait d'un mémoire sur les coins en bronze, par M. **Mangon de la Lande**. Br. in-8.°

4431 De la rareté et du prix des médailles romaines, par M. T. **Mionnet**; 2.ᵉ édition. Paris, 1827, 2 vol. in-8.°

4432 Notice sur une médaille gauloise, par M. **Mangon de la Lande**. 1836, br. in-8.°

4433 Numismatique gauloise, par M. Fénélon **Farez**. Br. in-8.°

4434 Etudes numismatiques et archéologiques, par M. Joachim **Lelewel**. Bruxelles, P. Voglet, 1841, in-8.° avec atlas.

4435 Numismatique du moyen-âge, considérée sous le rapport du type, par Joachim **Lelewel**, publiée par J. Straszéwicz. Paris, 1835, 2 vol. in-8.°

4436 Rapport fait par M. Charles **Roth**, à la Société d'Emulation de Cambrai, sur une pièce de monnaie de Vespasien trouvée à Crèvecœur en 1858. Br. autogr. in-8.°

4437 Contrefaçon des monnaies de Charles VI par Jean-Sans-Peur, duc de Bourgogne, par L. **Deschamps de Pas**. Br. in-8.°

4438 Instruction de Philippe-le-Bon, duc de Bourgogne, pour la fabrication de monnaies à Amiens et à Saint-Quentin, par M. L. **Deschamps de Pas**. Br. in-8.°

4439 Quelques méreaux et plombs de marque relatifs à l'Artois, par M. L. **Deschamps de Pas**. Br. in-8.°

4440 Notes sur quelques poids monétaires, par M. L. **Deschamps de Pas**. Br. in-8.°

4441 Essai sur l'histoire monétaire des comtes de Flandre, de la maison de Bourgogne, et descriptions de leurs monnaies d'or et d'argent, par M. L. **Deschamps de Pas**. Paris, E. Thunot, 1863, in-8.°

4442 Supplément aux Jetons d'Artois, par M. **Deschamps de Pas**. Br. in-8.°

4443 Médailles et monnaies du Cambrésis à joindre aux Recherches sur la numismatique cambrésienne de M. Aug. **Thibou**. Cambrai, P. Berthoud, 1826, br. in-8.°

4444 De quelques monnaies frappées à Lille sous la domination des comtes de Flandre, par M. Ed. **Van Hende**. Lille, Vanackere, 1852, br. in-8.º

4445 Numismatique lilloise ou description des médailles, méreaux, jetons, etc., de Lille, essai par M. Ed. **Van Hende**. Paris, V. Didron, 1858, in-8.º

4446 Note sur la découverte d'un méreau de la collégiale de Saint-Pierre et de deux louis d'or frappés à Lille, par M. **Van Hende**. Br. in-8.º

4447 Note sur quelques jetons de la Chambre des Comptes de Lille, par M. E. **Van Hende**. Lille, L. Danel, 1853, br. in-8.º

4448 Aquilius Sabinus et Mirabeau, description de deux médailles par M. Ed. **Van Hende**. Br. in-8.º

4449 Histoire métallique des XVII provinces des Pays-Bas, depuis l'abdication de Charles-Quint jusqu'à la paix de Bade en 1716, traduite du hollandois de M. Gérard **Van Loon**. La Haye, Gosse, Neaulme et Dehondt, 1732-1737, 5 vol. in-folio.

4450 Monnaies qui avaient cours à Lille et à Douai aux XIV.ᵉ, XV.º et XVI.ᵉ siècles; leurs variations diverses, par M. **de La Fons-Mélicocq**. Lille, Danel, br. in-8.º

4451 Les familles de la France illustrées par les monuments des médailles anciennes et modernes, tirées des plus rares et curieux cabinets du royaume, sur les métaux d'or, d'argent et de bronze, ouvrage dédié au cardinal de Richelieu, par Jacques **de Bie**, chalcographe. Paris, Jean Camusat, 1636, in-folio.

4452 Catalogue des médailles et monnaies grecques, romaines et autres composant la collection de feu M. **Lebarbier-Auroux**. Valenciennes, A. Prignet, 1843, br. in-8.º

4453 Catalogue du cabinet de monnaies et médailles de l'Académie royale des sciences à Amsterdam, rédigé par MM. A. J. **Enschedé** et J. P. **Six**. Amsterdam, Frédéric Muller, 1863, in-8.º

4454 Numismatique béthunoise, recueil historique de monnaies, méreaux, médailles et jetons de la ville et de l'arrondissement de Béthune, par M. L. **Dancoisne**. Arras, Brissy, 1859, in-8.º

4455 Souvenirs numismatiques de la Révolution de 1848; — recueil complet des médailles, monnaies et jetons qui ont paru en France depuis le 22 février, jusqu'au 20 décembre 1848. Paris, J. Rousseau, in-4.º

4456 Description des médailles, jetons, monnaies, du règne de S. M. l'empereur Napoléon III, précédée des pièces de la représentation et de la Présidence, par C. **Verly.** Lille, Reboux, 1853, 17 liv. in-8.°

4457 Recueil de documents et de mémoires relatifs à l'étude spéciale des sceaux du moyen-âge et des autres époques, publiés par la Société de sphragistique : Du but de la société, par F. **Bertrand.** Paris, A. Forguais, 1851, br. in-8.°

VI. BIOGRAPHIE.

4458 Dictionnaire des hommes de lettres, des savants et des artistes de la Belgique, présentant l'énumération de leurs principaux ouvrages, suivi de la description des principales collections que renferme l'établissement géographique de Bruxelles. Bruxelles, 1837, in-8.°

4459 Biographie nationale publiée par l'Académie royale des sciences de Belgique, lettre B. Bruxelles, Van Buggenhoudt, 1866, in-8.°

4460 Biographie nationale publiée par l'Académie royale des sciences, des lettres et des beaux-arts de Belgique. T. II. Bruxelles, Thiry Van Buggenhoudt, 1868, in-8.°

4461 Notice sur la vie et les ouvrages de Pline l'Ancien, extraite de la traduction de l'histoire naturelle, par M. **Ajasson de Grandsagne.** Paris, C. Panckoucke 1829, in-8.°

4462 Eloge de Pline le naturaliste, par A. L. A. **Fée.** Paris, Dondey-Dupré, 1821, br. in-8.°

4463 Histoire des membres de l'Académie française, morts depuis 1700 jusqu'en 1771, pour servir de suite aux éloges imprimés et lus dans les séances publiques de cette compagnie, par M. **d'Alembert**, secrétaire perpétuel de l'Académie. Paris, Moutard, 1787, 6 vol. in-12.

4464 Un mot sur ce que la biographie des hommes remarquables de la Flandre occidentale contient au point de vue des Flamands de France, par A. **Bonvarlet.** Lille, Lefebvre-Ducrocq, 1862, br. in-8.°

4465 Rapport de M. Edm. **de Busscher** sur une notice sur Liévin Van den Clite, peintre gantois du xv.ᵉ siècle, par M. Alex. Pinchart. Bruxelles, br. in-8.°

4466 Eloge de Casimir Delavigne, par Paul-Antoine **Cap.** Paris, Dubochet et C.ⁱᵉ, 1847, br. in-8.°

4467 Eloge de Benjamin Delessert, éloge qui a remporté le prix fondé par M. Mathieu Bonafous, et confié au jugement

de l'Académie de Lyon, par Paul **Cap**. Paris, Plon, 1850,
br. in-8.°

4468 Etudes biographiques pour servir à l'histoire des sciences,
par Paul-Antoine **Cap**. Paris, Victor Masson, 1857-1864,
2 vol. in-8.°

4469 Eloge de Matthieu Bonafous, par M. Paul-Antoine **Cap**.
Lyon, F. Dumoulin, 1854, br. in-8.°

4470 Philibert Commerson, naturaliste voyageur, étude biographique, par Paul-Antoine **Cap**. Paris, Victor Masson,
1861, br. in-8.°

4471 Etude biographique sur Audubon, naturaliste américain,
par M. P.-A. **Cap**. Paris, Victor Masson, 1862, br. in-8.°

4472 Etude biographique sur Scheelle, chimiste suédois, par
M. Paul-Antoine **Cap**. Paris, Victor Masson, 1863, br.
in-8.°

4473 Camille Montagne, botaniste, par Paul-Antoine **Cap**. Paris,
J.-B. Baillière, 1866, in-8.°

4474 Notice sur M. Montagne, chirurgien-major retraité, par
M. le baron **Larrey**. Paris, Victor Rozier, 1866, br. in-8.°

4475 Etude sur Dom Jacques Coëne, abbé de Marchiennes, 1501-
1542, par M. Ch. **de Linas**. Amiens, Lenoel-Hérouart,
1856, br. in-8.°

4476 Notice sur la vie et les écrits d'Antoine de Beaulaincourt,
roi d'armes de la Toison-d'Or, 1550-1561, par M. **de
Linas**. Saint-Omer, Chanvin fils, 1854, br. in-8.°

4477 Notice sur Antoine de Caulincourt, official de Corbie, 1521-
1540, par M. J. **Garnier**. Amiens, Duval et Herment,
1856, br. in-8.°

4478 Notice sur Jean Pagès, marchand et historien d'Amiens,
1655-1723, par M. J. **Garnier**. Amiens, E. Herment,
1857, br. in-8.°

4479 Paul Chevalier, 1564, par C.-L. **Frossard**, pasteur de
l'église réformée de Lille. Paris, Grassart, 1856, br. in-8.°

4480 Notice sur Dufresne Du Cange et sa statue, précédée du
programme des fêtes qui seront célébrées à Amiens, les
19 et 20 août 1849, pour l'inauguration de son monument.
Amiens, Alfred Caron, 1849, br. in-8.°

4481 Anthoinette Bourignon, par M. **Dupuis**. Lille, Danel, br.
in-8.°

4482 Notice sur la vie, les écrits et les doctrines d'Alain de Lille,
par M. **Dupuis**. Lille, L. Danel, 1850, br. in-8.°

4483 Alain de Lille, études de philosophie scholastique, par Alb.
Dupuis. Lille, Danel, 1859, br. in-8.°

4484 Articles nécrologiques avec une note sur les coutumes et les anciennes effigies judiciaires en Flandre, par M. Raymond **de Bertrand**. Dunkerque, Benjamin Kien, br. in-8.º

4485 Biographie de M. Joseph Macquet, grand doyen de l'arrondissement de Dunkerque, décédé en 1811, par M. Raymond **de Bertrand**. Dunkerque, Benjamin Kien, 1857, br. in-8.º

4486 Notice nécrologique sur M. Thelu, par M. Raymond **de Bertrand**. Br. in-8.º

4487 Eloge de Jean de Bologne, sculpteur né à Douai en 1524, par H. **Duthilloeul**. Douai, 1820, br. in-4.º

4488 Eloge historique de Pierre de Francqueville, 1.ᵉʳ sculpteur d'Henri IV, né à Cambrai en 1548, par M. H. **Duthilloeul**. Douai, Wagrez-Tasfin, 1821, br. in-4.º

4489 Notice sur François Vanderburch, archevêque de Cambrai, au XVI.ᵉ siècle, par M. H. **Duthilloeul**. Cambrai, Berthoud, 1824, broch. in-4.º

4490 Guillaume Haudent, poète normand du XVI.ᵉ siècle, par J.-B. **Millet Saint-Pierre**. Havre, Lepelletier, 1866, br. in-8.º

4491 Un mot sur Louis de Blois et ses œuvres, par M. le docteur **Le Glay**. Valenciennes, E. Prignet, 1856, br. in-8.º

4492 Histoire de la vie et des travaux de Philippe-Etienne Lafosse, hippiatre, par M. Arm. **Goubaux**. Paris, E. Penaud, 1857, br. in-8.º

4493 Le marquis de Turbilly, agronome angevin du XVIII.ᵉ siècle par **Guillery** aîné, avec appréciations historiques et critiques, par MM. E. **Chevreul** et P. **Clément**. Paris, Angers, 1862, in-12.

4494 Notices biographiques sur plusieurs personnes remarquables par leur piété, originaires de Tourcoing, ou qui ont rendu des services signalés aux habitants de cette ville, par le P. Alex. **Pruvost**. Tourcoing, Pruvost, 1854, in-12.

4495 Vie de Gustave Martini, de la compagnie de Jésus, par le P. Alex. **Pruvost**; 2.ᵉ édition. Paris, Tournai, 1862, in-12.

4496 Vie du R. P. Philippe de Scouville, de la compagnie de Jésus, par le P. Alex. **Pruvost**. Luxembourg, Bruck, 1866, in-8.º

4497 Notice sur la vie et les écrits de Malte-Brun, par M. J.-J. **Huot**. Br. in-8.º

4498 Notice nécrologique sur feu M. Masquelier, par Ch. **Lecarpentier**. 1811, br. in-8.º

4499 Notice nécrologique sur N.-F. Masquelier, graveur lillois, par S. **Bottin**. Lille. L. Danel, br. in-8.°

4500 Notice nécrologique sur M. Claude-Louis Masquelier, graveur, par M. **Ballin**. Br. in-8.°

4501 Notes relatives à Corneille, par M. **Ballin**. Rouen, A. Péron, 1850, br. in-8.°

4502 Notice sur Jules de Blosseville, navigateur, par M. **Ballin**. Br. in-8.°

4503 Notice nécrologique sur M. Thil, savant jurisconsulte, par M. **Ballin**. Br. in-8.°

4504 Notice nécrologique sur M. le comte de Murat, par M. **Ballin**. Br. in-8.°

4505 Notice sur la vie et les ouvrages de A. P. de Candolle, par le professeur A. **de La Rive**. Genève, Ferd. Ramboz, 1845, in-8.°

4506 Notice sur Michel Faraday, sa vie et ses travaux, par M. le professeur A. **de La Rive**. Genève, Ramboz et Schuchardt, 1867, br. in-8.°

4507 Discours prononcé aux funérailles de M. le chevalier Gillet de Laumont, par M. le vicomte **Héricart de Thury**, au nom de l'Académie royale des sciences et d'autres sociétés. Paris, Firmin Didot, 1834, br. in-4.°

4508 Obsèques du docteur Rigollot, décédé à Amiens, le 29 décembre 1854 (extrait du Mémorial d'Amiens). Br. in-8.°

4509 Discours prononcé à l'inauguration de la statue de Bichat, au nom de la Société médicale d'émulation de Paris, par M. H. B.ᵒⁿ **Larrey**. Paris, 1843, br. in-8.°

4510 Discours prononcé aux obsèques de M. Amussat, le 16 mai 1856, par M. H. B.ᵒⁿ **Larrey**. Paris, J.-B. Baillière, 1856, br. in-8.°

4511 Discours prononcé aux obsèques de M. Ambroise Willaume, ancien chirurgien en chef de l'hôpital militaire de Metz, par M. le baron **Larrey**, le 22 mars 1863. Paris, Victor Rozier, br. in-8.°

4512 Discours prononcé le 15 avril 1816 aux obsèques de Guislain d'Arquier, par G. **Roux**. Br. in-8.°

4513 Discours prononcé aux obsèques de J.-B. Féron, médecin en chef et premier professeur à l'hôpital militaire d'instruction de Lille, par G. **Roux**. 1819, br. in-8.°

4514 Quelques mots à la mémoire de S. A. R. le Grand-Duc de Hesse Louis II, par le vicomte J. **de Kerckhove**. Anvers. J.-E. Buschmann, 1848, br. in-8.°

4515 Discours prononcé par M. le comte E. **de Rets** sur la tombe de M. le baron d'Hombres Firmas, le 7 mars 1857. Alais, veuve Veirun, br. in-8.º

4516 Discorso pronunziato presso al feretro del conte di Camaldoli Francesco Ricciardi presidente interino della Societa reale Borbonica, dall' avocato Pasquale **Borrelli**. Naples, 1842, br. in-8.º

4517 Elogio del conte Francesco Ricciardi letto nella solenna adunanza della reale Accademia delle scienze del II guigno 1843, dal socio ordinario Giuseppe Ceva **Grimaldi**. Naples, Porcelli, 1843, br. in-8.º

4518 Eloge académique du docteur Navet, par M. **Vingtrinier**. Rouen, A. Péron, 1845, br. in-8.º

4519 Eloge historique de Philibert Parat, par le docteur **Martin** (jeune). Lyon, Barret, 1839, br. in-8.º

4520 Notice historique sur le général Legrand, par M. **Devilly**. Metz, 1822, br. in-8.º

4521 Notices biographiques sur J.-B. Huzard, par MM. le baron **de Sylvestre** et **Renault**. Paris, M.ᵐᵉ veuve Huzard, 1839, br. in-8.º

4522 Notice sur Jean-Guill. Garnier, par M. A. **Quetelet**. Bruxelles, Hayez, 1841, br. in-12.

4523 Notice historique sur Jean-Baptiste Van Mons, par M. A. **Quetelet**. Bruxelles, Hayez, 1843, br. in-12.

4524 Notice sur Mathieu-Edouard Smits, par M. A. **Quetelet**. Br. in-4.º

4525 Biografia di Carlo Gemmellaro, per Salvatore **Brancaleone**. Catania, C. Galatola, 1866, br. in-8.º

4526 Sull' elogio di Carlo Gemmelaro per il prof. Andrea Aradas letto nello seduta straordinaria di quest' Accademia gioenia il 1.º dicembre 1867, per Salvatore **Brancaleone**. Catania, Galatola, 1867, br. in-8.º

4527 Notice nécrologique sur F.-V. Mérat, par M. **Bouchardat**. Paris, veuve Bouchard-Huzard, br. in-8.º

4528 Notice des travaux du docteur de Haldat, de Nancy. Br. in-4.º

4529 Notice biographique sur Jos. Franç. de Martinel, par M. **Bonafous**. Paris, M.ᵐᵉ Huzard, 1829, br. in-8.º

4530 Travaux scientifiques de M. Ed. Roche, chargé de la chaire de mathématiques à la faculté des sciences de Montpellier. 1851, br. in-8.º

4531 Notice sur les ouvrages de Jérémie Bentham, par M. **Saint-Amand**. Br. in-8.º

4532 Notice sur Nicolas-Joseph Ruyssen, par M. **Rouzière** aîné. Lille, Lefebvre-Ducrocq, 1851, br. in-8.º

4533 Notice sur la vie et les travaux de Giovanni Labus. Br. in-4.º

4534 Eloge de Palfyn, célèbre médecin de XVII.e siècle, par M. **de Mersseman**. Bruxelles, de Mortier, 1846, br. in-8.º

4535 Encyclopédie biographique du XIX.e siècle — huitième catégorie — médecins célèbres: Giraudeau de Saint-Gervais. Paris, 1843, br. in-8.º

4536 Geoffroy Saint-Hilaire, son caractère, ses découvertes, par M. J. **de Mersseman**. Bruges, Félix de Pachtere, br. in-8.º

4537 Notice biographique sur François Boissier de la Croix de Sauvages, conseiller-médecin du roi, par le baron L.-A. **d'Hombres-Firmas**. Nismes, Baillivet et Fabre, 1838, br. in-8.º

4538 Eloge de Juste Bodin, par F.-V. **Mérat**. Paris, Migneret, 1817, br. in-8.º

4539 Notice sur Jean-Nicolas Corvisart, par F.-V. **Mérat**. Br. in-8.º

4540 Notice biographique sur M. le vicomte de Jessaint, ancien préfet de la Marne, par M. **Sellier**. Châlons, E. Laurent, 1854, br. in-8.º

4541 Mémoire sur la vie et les écrits philosophiques de S'Gravesande, par M. C. **Mallet**. Paris, A. Durand, 1858, br. in-8.º

4542 Notice biographique sur Jouffroy, par M. C. **Mallet**. Paris, Ch. Lahure, 1861, br. in-8.º

4543 Laromiguière, philosophe français, par M. C. **Mallet**. Paris, br. in-8.º

4544 Eloge historique de M. de Mirbel, de l'Institut, par M. **Payen**. Paris, veuve Bouchard-Huzard, 1858, in-8.º

4545 Discours prononcé sur la tombe de M. Latreille, président honoraire de la Société entomologique de France, par M. Victor **Audouin**, le 8 février 1833. Paris, br. in-8.º

4546 Quelques notes sur M. de Dombasle et sur l'influence qu'il a exercée, par un élève de Roville. Nancy, 1846, br. in-8.º

4547 Rapport fait à l'Académie de Lyon, sur les honneurs à rendre à la mémoire du major-général Claude Martin, par le docteur **Polinière**. Lyon, Barret, 1840, br. in-8.º

4548 Notice nécrologique sur M. Darcy, inspecteur général des ponts et chaussées, par M. **Charié-Marsaines.** Paris, Victor Dalmont, 1858, br. in-8.º

4549 Comité de patronage ; notice sur Georges Stephenson, 1.ʳᵉ et 2.ᵐᵉ parties. Paris, Ch. Meyrueils, 1857, 2 br. in-8.º

4550 Notice historique sur M. le comte Félix de Mérode, ministre d'état de Belgique, par M. **Gossart** père. Avesnes, Dubois-Leroux, 1857, br. in-8.º

4551 Notice biographique sur Laurent Mascheroni, géomètre italien, mort le 14 juillet 1800, par M. **Carette.** Paris, Bachelier, 1828, br. in-8.º

4552 Eloge historique de l'abbé François Rozier, restaurateur de l'agriculture française, par Arsène **Thiébaut de Berneaud.** Paris, 1833, in-8.º

4553 Rapport fait à la Société des sciences de l'Yonne sur le concours pour le prix Crochot ; éloge historique du maréchal Davout. Auxerre, G. Perriquet, 1864, br. in-12.

4554 Notice ayant trait à Arnould de Vuez, peintre historique et magistrat de Lille, par Ach. **Delobel.** Lille, M.ᵐᵉ Bayart, 1863, br. in-16.

4555 Notice sur J.-B. Balbis, par M. **Grognier.** Lyon, J. Barbet, br. in-8.º

4556 Notice sur M. Le Chanteur, suivie d'actes inédits relatifs aux siéges de Flessingue et d'Anvers, en 1809 et 1814, par M. Ed. **Thierry.** Cherbourg, Thomine, 1848, br. in-8.º

4557 Notice biographique sur M. F.-A. Philippar, par C. **Bailly de Merlieux.** Paris, veuve Bouchard-Huzard, br. in-8.º

4558 Quelques détails sur la vie et les ouvrages de François Philippar, par M. J. **Girardin.** Rouen, Berdalle, 1849, br. in-8.º

4559 Notice biographique sur Edouard Adam, par M. J. **Girardin.** Rouen, E. Le Grand, 1837, br. in-8.º

4560 Notice historique sur la vie et les travaux de Dambourney, de Rouen, par M. J. **Girardin.** Rouen, E. Le Grand, 1837, br. in-8.º

4561 Notice nécrologique sur M. Lévy père, par M. J. **Girardin.** Rouen, A. Péron, 1853, br. in-8.º

4562 Notice sur les travaux de M. Eugène Catalan. Rome, 1867, br. in-4.º

4563 Notice sur E. C. Catalan, professeur d'analyse à l'Université de Liége. Liége, 1869, br. in-8.º

4564 M. de Gasparin, notice par J. A. **Barral** ; 2.ᵉ édition. Paris, br. in-8.º

4565 Biographie de François Cottigny dit Brûle-Maison, par Louis **Vermesse**. Lille, Leleu, 1863, br. in-16.

4566 Histoire du colonel Amoros, de sa méthode d'éducation physique et morale et de la fondation de la gymnastique en France, par C. J. B. **Amyot**. Paris, Colas, 1852, in-12.

4567 Notice historique sur le citoyen Broche, lue par le citoyen **Guilbert** à la Société libre d'émulation de Rouen. Rouen, V. Guilbert, année XII.e, br. in-8.º

4568 Eloge de haut et noble prince Louis-Antoine-Henri de Bourbon-Condé, duc d'Enghien, par M. V. **Derode**. Lille, Reboux-Leroy, 1827, in-8.º

4569 Notice biographique sur M. J.-B. Desplas, par M. A. F. **Silvestre**. Paris, M.me Huzard, 1823, br. in-8.º

4570 Notice sur M. Chibourg, par M. S. B. **Thierry**, fils. Caen, F. Poisson, 1807, br. in-8.º

4571 Le général Guilleminot, esquisse historique, par M. Hipp. **Bis**. Paris, E. Duverger, 1842, br. in-8.º

4572 Notice biographique sur M. Redouté, peintre de fleurs du cabinet de la Reine, par M. Aug. **Delsart**. Valenciennes, A. Prignet, 1841, br. in-8.º

4573 Necrologia di Stefano Borson, par G. **Gené**. Milan, 1833, br. in-8.º

4574 Necrologia di Giuseppe Gautieri, par G. **Gené**. Milan, 1833, br. in-8.º

4575 Notice sur quatre religieuses de Port-Royal des Champs, exilées dans divers monastères d'Amiens, par M. l'abbé J. **Corblet**. Amiens, Lemer, 1861, br. in-8.º

4576 Notice sur M. de Janville, ancien conseiller au Parlement et président de la Chambre des Comptes de Rouen, par S. A. **Lair**. Caen, F. Poisson, 1809, br. in-8.º

4577 Biographie des hommes du jour: Jacques Bresson, par G. **Sarrut** et B. **Saint-Edme**. Paris, Pilout, br. in-8.º

4578 Eloge de Scipion de Dreux, marquis de Brézé, prononcé le 19 mars 1846 à la Chambre des Pairs, par M. le duc de **Noailles**. Paris, in-8.º

4579 Eloge historique de J.-B. Dugas-Montbel, membre de l'Académie des sciences de Lyon, par J.-B. **Dumas**. Lyon, Barret, 1835, br. in-8.º

4580 Eloge historique de Antoine-François-Marie Artaud, par J.-B. **Dumas**. Lyon, Barret, 1840, br. in-8.º

4581 Famille de Le Bidard de Thumaide et le chevalier Alphonse Ferdinand de Le Bidard de Thumaide, par E. **de Glatigny**. Anvers, J. C. Buschmann, 1859, br. in-8.º

4582 Notice biographique sur le chevalier Philippe de Girard, par M. Ém. **Deschamps**, 1853, br. in-8.°

4583 Philippe de Girard, inventeur de la filature mécanique du lin, par **Chapsal**; 1853, br. in-8.°

4584 Essai biographique sur Jehan Perréal dit Jehan de Paris, peintre et architecte lyonnais, par M. C. **Dufay**. Lyon, Aug. Brun, 1864, in-8.°

4585 Notice biographique sur M. Aug. Le Comte, par Ch. **Ruelle**. Paris, Paul Dupont, 1864, br. in-8.°

4586 Notice nécrologique sur M. Coget, conseiller général du Nord. Lille, Danel, br. in-8.°

4587 Demesmay, notice, par M. **Dubrunfaut**; 1869, br. in-8.°

4588 Notice nécrologique sur M. Demesmay, par M. **Meurein**. Lille, br. in-8.°

4589 Notice nécrologique sur M. Hary, par M. **Heddebault**. Lille, Blocquel-Castiaux, 1867, br. in-8.°

4590 Mémoire sur la vie d'Eugène Jacquet, de Bruxelles, et sur ses travaux relatifs à l'histoire et aux langues de l'Orient, par M. Félix **Nève**. Bruxelles, Hayez, 1856, in-4.°

4591 Discours prononcé sur la tombe de Jean Maillier, professeur d'histoire à l'Université catholique de Louvain, par M. Félix **Nève**. Louvain, Bruxelles, 1863, br. in-8.°

4592 Elogio di Bonaventura Cavalieri recitato inaugurandosi un monumento alla memoria di lui all' occasione del sesto congresso scientifico italiano in solenne adunanza straordinaria dell' J. R. Instituto Lombardo di scienze, lettere ed arti, da Gab. **Piola**. Milan, 1844, in-4.°

4593 Biographie du général baron Testot-Ferry, vétéran des armées républicaines et impériales et exposé des événements militaires de 1792 à 1815, par M. **Mignard**. Paris, Dijon, 1859, in-8.°

4594 Notice biographique et littéraire sur Félix Bogaerts, professeur à l'Athénée d'Anvers, par M. Edm. **de Busscher**. Gand, de Busscher, 1851, br. in-8.°

4595 Biographie historique et artistique de J.-C. de Meulemeester, de Bruges, graveur en taille douce, par M. Ed. **de Busscher**. Gand, de Busscher, br. in-8.°

4596 Monsieur Hécart, secrétaire perpétuel de l'Académie de peinture de Valenciennes, né en 1755, par M.me **Clément-Hémery**. Br. in-4.°

4597 Etat des services et note des titres scientifiques du docteur Robert Scoutetten, médecin en chef de l'hôpital militaire de Metz; 1857, br. in-4.°

4598 Notice biographique et scientifique sur le professeur Schœnbein, par H. **Scoutetten**. Metz, Blanc, 1869, br. in-8.°

4599 Notice historique sur la vie et les travaux de Simon Stevin, de Bruges, suivie de remarques sur le Dodoens de M. Van Meerbeeck, par M. Félix-Victor **Goethals**. Bruxelles. 1841, br. in-8.°

4600 Notice biographique sur M. le général marquis de Chambray, par M. Raymond **Bordeaux**. Caen, A. Hardel, 1850, br. in-8.°

4601 L'architecte Caloine, par M. Henri **Pajot**. Lille, Horemans, 1860, br. in-8.°

4602 Les grands artistes contemporains : Aubry-Lecomte, dessinateur-lithographe, 1797-1858, par M. Aug. **Galimard**. Paris, E. Dentu, 1860, br. in-8.°

4603 Notice nécrologique sur M. de Forest de Quartdeville, premier président de la cour impériale de Douai, par le conseiller **Bigant**. Douai, Adam d'Aubers, 1852, br. in-8.°

4604 Notice sur Benoit d'Alignan, évêque de Marseille, par M. **Poitevin-Peitavi**. Montpellier, Tournel, br. in-8.°

4605 Notice biographique sur M. Bailly de Merlieux, par la Revue générale biographique, politique et littéraire publiée sous la direction de M. C. **Pascallet**. Paris, 1843, br. in-8.°

4606 Notice sur César Moreau, de Marseille, extrait de la Revue générale biographique et littéraire. Paris, 1841, br. in-8.°

4607 Esquisse biographique du baron de Giey, maréchal de camp, 1649-1733, par M. Gustave **Van Hoorebeke**. Gand, Annoot-Braeckman, 1858, br. in-8.°

4608 Coup d'œil sur la carrière politique et littéraire d'Alexandre Rodenbach. Bruxelles, 1860, br. in-8.°

4609 Paroles prononcées sur la tombe de M. Le Glay, président de la Commission historique, par M. E. **de Coussemaker**, vice-président. Br. in-8.°

4610 Notice sur la vie et les travaux de feu M. le docteur Le Glay, par M. A. **Desplanque**. Lille, Danel, 1864, br. in-8.°

4611 Biographies départementales du Nord, par M. A. **Desplanque** : Arthur Dinaux. Lille, L. Danel, 1865, br. in-8.°

4612 Biographies départementales du Nord ; M. de La Fons, baron de Mélicocq, par M. A. **Desplanque**. Valenciennes, Giard, 1868, br. in-8.°

4613 Galerie départementale du Nord, 2.me série, érudits vivants,

M. E. de Coussemaker, par A. **Desplanque**. Lille, 1870, br. in-8.°

4614 Notice sur la vie et les travaux de M. Victor Derode, par M. A. **Desplanque**. Lille, Danel, 1868, br. in-8.°

4615 Notice sur la vie et les travaux de M. Victor Derode, par M. Philippe **Guthlin**. Dunkerque, Kien, 1868, br. in-8.°

4616 Essai de biographie lilloise contemporaine, 1800-1869, par Hippolyte **Verly**. Lille, 1869, in-8.°

4617 La vie et les œuvres de François Verly, par Hippolyte **Verly**. Lille, 1869, gr. in-8.°

4618 Sœur Natalie, fondatrice de la congrégation de l'Enfant-Jésus de Lille, par M. le comte **de Melun**. Lille, L. Lefort, 1859, in-8.°

4619 Anne Dubois, fondatrice des Brigittines de Lille, par M. A. **de Norguet**. Lille, 1868, in-8.°

4620 Notice nécrologique sur M. Taranget, médecin, par M. A. **Maugin**. Douai, veuve Adam, br. in-8.°

4621 Notice historique sur Jean-Rodolphe Perronet, membre de l'Académie des sciences de Paris, par M. le baron **de Prony**. Paris, Firmin Didot, 1829, br. in-4.°

4622 Eloge historique de R. P. Lesson, premier pharmacien en chef de la marine, par M. A. **Lefebvre**. Rochefort, Loustau, 1850, br. in-8.°

4623 Eloge historique de M. Fourcroy, directeur-général de l'instruction publique, décédé en 1809, par M. **Palisot de Beauvois**, de l'Institut. Paris, br. in-4.°

4624 Notice sur M. Charles-François Hazard, émailleur oculiste, par M. **Hazard-Mirault**. Paris, 1813, br. in-4.°

4625 Intorno ad Alessandro barone di Humboldt necrologico cenno compilato dal profess. P. **Volpicelli**. Rome, 1860, br. in-4.°

4626 Cenno biografico dell' illustre G.-B. Biot, redatto dal profess. P. **Volpicelli**. Rome, 1862, br. in-4.°

4627 Exposé des travaux scientifiques de M. Gosselet, docteur ès-sciences naturelles. Br. in-8.°

4628 Notice analytique sur les travaux scientifiques de M. Martin Saint-Ange. Paris, 1860, br. in-4.°

4629 Notice sur les travaux scientifiques de M. Yvon **Villarceau**. Paris, Gauthier-Villars, 1866, br. in-4.°

4630 Notice sur les travaux et titres scientifiques de M. de Saint-Venant. Paris, Mallet-Bachelier, février 1858, br. in-4.°

4631 Notice biographique sur J.-M. Cordier, ingénieur-mécani-
cien, par M. A. **Fabregat.** Béziers, veuve Millet, 1860 ;

4632 Notice biographique sur M. E. Millon, par M. Hippolyte
Faure. Châlons-sur-Marne, Leroy, 1868, br. in-8.º

4633 Notice sur A.-J.-H. Vincent, par M. Ernest **Havet.** Paris,
Lainé et Havard, 1869, br. in-8.º

4634 M. Vincent, notice biographique, par M. H. **Wallon.** Paris,
Douniol, 1869, br. in-8.º

VII. GÉNÉALOGIE.

4635 Archéologie des familles de Belgique, par M. Félix-Victor
Goëthals ; 1.ʳᵉ livraison, spécimen et planches. Bruxelles,
Polack-Duvivier, 1864, in-4.º

4636 Dictionnaire généalogique et héraldique des familles nobles
du royaume de Belgique, par Félix-Victor **Goëthals.**
Bruxelles, 1849, 4 vol. in-4.º

4637 Miroir des notabilités nobiliaires de Belgique, des Pays-Bas
et du Nord de la France, par Félix-Victor **Goëthals.**
Bruxelles, 1857, 2 vol. in-4.º

4638 Mélanges généalogiques, n.º 1, maison de Wavrin, par F.-V.
Goëthals. Br. in-4.º

4639 Mémoire généalogique sur la branche de la très-ancienne
noble famille de Van den Kerckhove, surnommée Van der
Varent, qui s'est établie dans le Limbourg, par M. P. **de
Borcht.** Bruxelles, J. Franck, 1830, br. in-8.º

4640 Mémoire historique et généalogique sur la maison de Kerckhove, traitant spécialement de la branche de Kerckhove
dite Van der Varent, par P.-E. **de Borcht.** Nouvelle
édition. Anvers, Janssens, 1839, in-8.º

4641 Notices historiques et généalogiques sur les maisons de
Kerckhove-Varent, Van den Winckèle et Van der Donckt,
par M. J. **Van der Heyden.** Anvers, J. Buschmann,
1853, br. in-8.º

4642 Extrait du nobiliaire de Belgique, concernant la famille de
Kerckhove-Varent et contenant la biographie du vicomte
Joseph-Romain-Louis de Kerckhove-Varent, par M. J.
Van der Heyden. Anvers, J. Conart, 1853, br. in-8.º

4643 Notice sur la très-ancienne noble maison de Kerckhove,
dite Van der Varent et sur son représentant actuel M. le
vicomte Joseph-Romain de Kerckhove-Varent, par M. J.

Van der Heyden. Anvers, J.-C. Buschmann, 1856, br. in-8.º

4644 Notice sur la maison de Kerckhove, dite Van der Varent et sur son représentant actuel M. le vicomte Joseph de Kerckhove-Varent, par M. J. **Van der Heyden**; 2.ᵉ édit. Anvers, Buschmann, 1859, br. in-8.º

4645 Notices historiques et généalogiques sur les nobles et très-anciennes maisons Van der Heyden, de Bylandt, Vander Moten, etc., par M. J. **Van der Heyden**. Anvers, L. Decort, 1847, br. in-8.º

4646 Notice historique et généalogique de l'ancienne et illustre famille des seigneurs et comtes du nom de Lalaing, par M. **Brassart**. Douai, Adam d'Aubers, 1847, in-8.º

4647 Généalogie de la famille de Bryaerde, par M. A. **Bonvarlet**. Dunkerque, Benjamin Kien, 1859, br. in-8.º

VIII. — BIBLIOGRAPHIE.

4648 Essai historique et critique sur l'invention de l'imprimerie, par Ch. **Paeile**. Paris, Lille, 1859, br. in-8.º

4649 Manuel du libraire et de l'amateur de livres contenant : 1.º un nouveau dictionnaire bibliographique ; 2.º une table en forme de catalogue raisonné par Jacques-Charles **Brunet**. 5.ᵉ édition. Paris, Firmin Didot, 1860-1865, 6 vol. in-8.º

4650 Archives du bibliophile, revue mensuelle. (*numéros dépareillés*).

4651 Le bibliophile français, paraissant deux fois par mois, Paris, 1865-1867, in-8.º (*incomplet*).

4652 Revue critique et bibliographique publiée sous la direction de M. Ad. **Hatzfeld**. Paris, 1864, in-8.º (*incomplet*).

4653 Bulletin du bouquiniste, spécimen. Paris, Aubry, in-8.º

4654 Variétés bibliographiques et littéraires, par le capitaine Auguste **de Reume**. Bruxelles, Muquardt, 1849, br. in-8.º

4655 Observations sur la troisième classe du système bibliographique de Debure, par M. P.-X. **Leschevin**. Paris, Pajou, 1808, br. in-8.º

4656 Recherches historiques, généalogiques et bibliographiques sur les Elzevier, par A. **de Reume**. Bruxelles, Ad. Varlen, 1847, vol. in-8.º

4657 Bibliographie de la France, journal général de l'imprimerie et de la librairie; catalogues de livres classiques. Paris, 1862 et 1865, 2 vol. in-8.º

4658 Bibliographie académique ou liste des ouvrages publiés par les membres correspondants et associés résidents de l'Académie royale des sciences, des lettres et des beaux-arts de Belgique, 1854. Bruxelles, Hayez, 1855, in-12.

4659 Bibliographie des ingénieurs et architectes, des chefs d'usines industrielles et d'exploitations agricoles et des élèves des écoles polytechnique et professionnelles, publications de Lacroix, à Paris, 1861, 3 br. in-8.º

4660 Anagrapheana, sive bibliographiæ peculiaris librorum ana dictorum iisque affinium prodromus, par Jean-Gislebert **Phitakaert**. Valenciennes, H. Prignet, 1821, br. in-12.

4661 Notes bibliographiques pour servir à l'étude de l'histoire et de l'archéologie, publiées par Alexis **Dureau**. Paris, Joubert, 1866, in-12.

4662 Catalogue de la bibliothèque de la Société royale des Sciences de l'agriculture et des arts de Lille, par le docteur **Hauterive**. Lille, Leleux, 1839, br. in-8.º

4663 Bibliographie douaisienne ou catalogue historique et raisonné des livres imprimés à Douai depuis 1565 jusqu'à nos jours, par H.-A. **Duthillœul**. Douai, Adam d'Aubers, 1842, br. in-8.º

4664 Appendice à la bibliographie douaisienne de M. Duthillœul, (édition de 1842), par Emile **Nève**. Bruxelles, J.-M. Heberdé, 1850, br. in-8.º

4665 Recherches sur les livres imprimés à Arras depuis l'origine de l'imprimerie dans cette ville jusqu'à nos jours, par MM. **d'Héricourt** et **Caron**. Arras, veuve Degeorge, 1851, br. in-8.º

4666 Catalogue descriptif et raisonné des manuscrits de la bibliothèque communale de la ville d'Amiens, par J. **Garnier**. Amiens, Duval et Hermont, in-8.º

4667 Note sur un manuscrit provenant de la corporation des poissonniers de Saint-Omer, par M. L. **Deschamps de Pas**. Saint-Omer, Fleury-Lemaire, 1867, br. in-8.º

4668 Catalogue des manuscrits de la bibliothèque de Saint-Omer, concernant l'Histoire de France, par H. **Piers**. Lille, veuve Libert-Petitot, 1840, br. in-8.°

4669 Note sur un manuscrit relatif à la hanse de Saint-Omer, par M. L. **Deschamps de Pas**. Br. in-8.°

4670 Notice sur un manuscrit de la bibliothèque communale d'Arras, par M. **Achmet d'Héricourt**. Br. in-8.°

4671 Notice sur un évangéliaire manuscrit de la bibliothèque de Lille, par Ch. **de Linas**. Paris, Pringuet, 1857, br. in-8.°

4672 Notice d'un manuscrit de la bibliothèque de l'Université de Liége, par M. Em. **Gachet**. Br. in-8.°

4673 Notice sur un manuscrit de la bibliothèque royale de Bruxelles, par M. Em. **Gachet**. Bruxelles, Hayez, 1842, br. in-8.°

4674 Notices of public libraries in the United states of America by Charles C. Jewett, librarian of the Smithsonian institution. Washington, 1851, in-8.°

4675 La bibliothèque Tamoule de M. Ariel, de Pondichéry. Paris, 1866, br. in-8.°

4676 Coup d'œil sur les monuments du christianisme primitif, publiés récemment en syriaque, par Félix **Nève**. Paris, Benjamin Duprat, 1856, br. in-8.°

4677 Catalogue de livres anciens et modernes de mathématiques, d'astronomie et de physique de S. Calvary, à Berlin. Br. in-8.°

4678 Catalogue des livres relatifs à la Chine qui se trouvent à la librairie de Benjamin Duprat, à Paris. 1861, br. in-8.°

4679 Annual report of the trustees of the state library of the state of New-York. Albany, Charles Van Benthuysen, 1855, br. in-8.°

4680 Catalogue des livres d'histoire naturelle (particulièrement de zoologie) de philosophie, d'histoire, etc., composant la bibliothèque de feu M. Fréd. Cuvier. Paris, L.-F. Delion, 1846, in-8.°

4681 Etat de la bibliothèque publique de Lyon, pendant le cours de l'an 1807, par Ant. **Delandine**, conservateur. Br. in-8.°

4682 Catalogue des livres de la bibliothèque de l'Académie royale des Sciences, des Lettres et des Beaux-Arts de Belgique. Bruxelles, Hayez, 1850, in-8.°

4683 Catalogue des livres qui composent la bibliothèque de la Société royale d'agriculture, sciences et arts du Nord, à Douai, par M. **Brassart**. Douai, Adam d'Aubers, 1841, in-8.°

4684 Catalogue de la bibliothèque de Lille : sciences et arts, belles-lettres, histoire, théologie, manuscrits. Lille, 1839-1859, 7 vol. in-8.º

4685 Catalogus codicum manuscriptorum græcorum bibliothecæ regiæ Bavaricæ, auctore Ignatio **Hardt**, ejusdem bibliothecæ subpræfecto. Monachii, J.-E. Seidel, 1806-1812, 5 vol. in-4.º

4686 Le Cabinet historique, revue mensuelle contenant le catalogue général des manuscrits que renferment les bibliothèques publiques de Paris et des départements touchant l'histoire de l'ancienne France et de ses diverses localités, sous la direction de Louis **Paris**. T. III, IV, V, VI. Paris, 1857-1860, 7 vol. in-8.º

4687 Vente de livres d'art et de curiosité, le 15 mai 1861, à Paris. Paris, Aubry, 1861, br. in-8.º

4688 Notice sur la bibliothèque communale de Bourbourg, par M. E. **de Coussemaker**. Lille, L. Danel, 1853, br. in-8.º

4689 Les miniatures des manuscrits de la bibliothèque de Cambrai, album par A. **Durieux**. Cambrai, Simon, in-f.º

4690 Notices et extraits des manuscrits de la bibliothèque dite de Bourgogne, relatifs aux Pays-Bas, par le baron **de Reiffenberg**. T. I, 1.ʳᵉ partie. Bruxelles, Hayez, 1829, in-4.º

4691 Catalogue des ouvrages imprimés et manuscrits concernant l'Auvergne, extrait du catalogue général de la bibliothèque de Clermont-Ferrand, mis en ordre par feu M. **Gonod** et publié par l'Académie des sciences de ladite ville. Clermont, Thibaut-Landriot, 1849, in-8.º

4692 Catalogue des livres de la bibliothèque de feu M. le comte de Sainte-Aldegonde. Lille, J. Ducrocq, br. in-8.º

4693 Catalogue des livres de la bibliothèque de feu M. Séb. Bottin. Paris, Victor Thilliard, 1853, br. in-8.º

4694 Catalogue raisonné des écrits de M. Armand Maizière, ancien professeur aux écoles centrales et dans les lycées. Reims, br. in-8.º

4695 Notice d'un joli choix de livres anciens provenant de la bibliothèque de feu M. J. Tencé, antiquaire à Lille. Br. in-8.º

4696 Catalogue des livres anciens et modernes, rares et curieux, en tous genres, en vente à la librairie Bachelin-Deflorenne, 1868.

4697 Catalogue de la librairie d'Eugène Lacroix, à Paris, 1861, in-8.º

4698 Catalogue des livres de fonds et d'assortiment de Mallet-Bachelier, imprimeur-libraire, à Paris. Lille, Vanackère, in-8.º

4699 Catalogue de la librairie de Joël Cherbuliez, à Paris et Genève, 1862, br. in-8.º

4700 Catalogue de livres provenant de diverses bibliothèques, chez Delaroque frères, à Paris. Br. in-8.º

4701 Catalogue de la librairie de Benjamin Duprat, à Paris. Br. in-8.º

4702 Notice de quelques livres relatifs à l'histoire et à la géographie de l'Inde, qui se trouvent à la librairie de Benjamin Duprat, libraire de l'Institut. Paris, Remquet, 1858, br. in-8.º

4703 Catalogue des livres, manuscrits, autographes et archives formant le cabinet de M. Bigant. Douai, V.ᶜ Adam, in-8.º

4704 Catalogue de la bibliothèque d'histoire naturelle, de médecine et autres sciences, de feu M. G. Vrolik. Amsterdam, Muller, 1860, in-8.º

4705 Bibliothèque de M. le baron de Stassart, léguée à l'Académie royale de Belgique. Bruxelles, Hayez, 1863, grand in-8.º

4706 Catalogue de la bibliothèque de feu M. de Golbéry, ancien député. Paris, 1863, br. in-8.º

4707 Viersigster verzeichniss der buch et antiquariats, handlung von W. Weber, in Berlin. Br. in-8.º

4708 Verzeichniss der abhandlungen gelehrter gesellschaften und der wissenschaftlichen zeitschriften in der bibliotheck der Königl-Preussischen akadémie der Wissenschaften, in Berlin. Berlin, 1864, br. in-8.º

4709 Notes bibliographiques, les *Poètes de Lille*, par Henri **Pajot**. Lille, Horemans, 1864, in-8.º

4710 Notice des ouvrages de marine et autres composés par M. **Lescallier**. Br. in-8.º

4711 Liste méthodique des ouvrages publiés par le professeur Fée, de Strasbourg. Strasbourg, 1846, in-4.º

4712 Causerie sur les œuvres bibliographiques du docteur Le Glay, par M. Jules **Deligne**. Lille, Lefebvre-Ducrocq, 1868, br. in-8.º

4713 Diplomata et chartæ merovingicæ ætatis in archivo Franciæ asservata (publication du Ministère de l'intérieur). Paris, Kœppelin, 1851, br. in-8.º

4714 Diplomata et chartæ merovingicæ ætatis in archivo Franciæ asservata delineanda curavit A. **Letronne**. Paris, Kœppelin, in-f.º

4715 Vente des chartes, documents historiques, titres nobiliaires etc., composant les archives du collége héraldique et historique de France, 1.ʳᵉ partie, Picardie. Paris, 1866, in-8.º

4716 Vente des chartes, documents historiques, etc., composant les archives du collége héraldique et historique de France, 3.ᵉ partie. (Artois-Flandre-Hainaut). Paris, Techener, 1866, br. in-8.º

4717 Fragments du cartulaire de la chapelle Aude, recueillis et publiés par M. **Chazaud**, archiviste du département de l'Allier. Moulins, Desrosiers, 1860, in-8.º

4718 Inventaire général des chartes, titres et papiers appartenant aux hospices et aux bureaux de bienfaisance de Douai, par M. **Brassart**. Douai, V.ᵉ Adam, 1840, in-8.º

4719 Notes sur quelques chartes concernant l'hôpital d'Aire-sur-la-Lys, par M. **Deschamps de Pas**. Arras, br. in-8.º

4720 Archives municipales de Lille : Lettre de M. Ch. Paeile, bibliothécaire-archiviste, à M. le maire de Lille, au sujet de plusieurs collections de documents reposant aux archives de la ville, revendiquées par le ministre de l'Intérieur, au profit de celles du département et des administrations hospitalières. Lille, Horemans, 1863, br. in-8.º

4721 Notice sur les archives du département du Nord, par le docteur **Le Glay**. Lille, L. Danel, 1839, br. in-8.º

4722 Histoire et description des archives générales du département du Nord, à Lille, partie historique, par M. **Le Glay**. Paris, Firmin Didot, 1843, br. in-4.º

4723 Nouveau mémoire sur les archives départementales du Nord, par M. **Le Glay**. Lille, Danel, 1861, br. in-8,º

4724 Notice sur les archives de la chambre des comptes de Lille, par le docteur **Le Glay**. Lille, L. Danel, 1835, br. in-8.º

4725 Inventaire analytique et chronologique des archives de la chambre des comptes à Lille, publié par les soins et les frais de la société impériale des Sciences, de l'agriculture et des arts de Lille. 1865, 2 vol. in-4.º

4726 Archives de la chambre de commerce de Lille, t. I à VII, Lille, 1850-1867, 6 vol. in-8.º *(manque t. v.)*

4727 Mémoire sur les archives du chapitre des chanoinesses de Bourbourg, par M. **Le Glay**. Dunkerque, Vanderest, 1855, br. in-8.º

4728 Notice sur les archives de l'abbaye de Bourbourg, par M. **de Coussemaker**. Dunkerque, Benjamin Kien, 1860, in-8.º

4729 Mémoire sur les archives de l'abbaye de Marchiennes, par M. le docteur **Le Glay**. Douai, Adam d'Aubers, 1854, br. in-8.º

4730 Mémoire sur les archives de l'abbaye de Saint-Amand-en-Pévèle, par M. le docteur **Le Glay**. Valenciennes, B. Henry, 1854, br. in-8.º

4731 Mémoire sur les archives des églises et maisons religieuses du Cambrésis, par M. **Le Glay**. Lille, Danel, 1852, in-8.º

4732 Mémoire sur les archives des abbayes de Liessies et de Maroilles, par M. **Le Glay**. Lille, Danel, 1853, in-8.º

4733 Mémoire sur les archives de l'abbaye de Vicoigne, par le docteur **Le Glay**. Valenciennes, 1855, br. in-8.º

4734 Archives de Picardie, histoire, littérature et beaux-arts, prospectus spécimen. Amiens, E. Yvert, 1841, br. in-8.º

4735 Rapport présenté par M. Henri **Hardouin**, au nom de la commission chargée de la recherche des titres les plus importants déposés aux archives départementales de la Somme. Amiens, 1837, br. in-8.º

4736 Mémoire sur les archives de l'Indre antérieures à 1790, par M. A. **Desplanque**. Paris, Chaix, 1863, in-8.º

4737 Il regio archivo centrale di Stato in Firenze. Quarta edizione con l'aggiunta degli archivi riuniti dal 1855 al 1861. 1861, br. in-8.º

MÉMOIRES

DES SOCIÉTÉS CORRESPONDANTES

ABBEVILLE. — Mémoires de la Société royale d'Emulation d'Abbeville, 1833 à 1866. Abbeville, 8 vol. in-8.º

AGEN. — Recueil des travaux de la Société d'Agriculture, Sciences et Arts d'Agen. Agen, Noubel, 1863, in-8.º

AIX. — Mémoires de l'Académie des Sciences, Agriculture, Arts et Belles-Lettres d'Aix, t. ix, avec les comptes-rendus des séances publiques de 1862 à 1868. Aix, vol. in-8.º et 6 br. in-8.º

ALBI — Journal des Sociétés d'Agriculture du département du Tarn. Albi, 1820, in-8.º

ALGER. — Bulletin de la Société d'Agriculture d'Alger. Alger, 1849-1860, 2 vol. in-8.º

AMIENS. — Le Cultivateur de la Somme, ou Bulletin central des comices agricoles d'Amiens, de Montdidier et de Doullens, années 1840 à 1854. Amiens, Yvert, in-8.º

— Bulletin des travaux de la Société médicale d'Amiens. 1861 et 1862. Amiens, Caron, 2 vol. in-8.º

— Mémoires de l'Académie des Sciences, Agriculture, Commerce, Belles-Lettres et Arts du département de la Somme, 1835 à 1867. Amiens, 17 vol. in-8.º

— Mémoires de la Société des antiquaires de Picardie. Amiens, 1838-1865, 20 vol. in-8.º

— Bulletins de la Société des antiquaires de Picardie. Amiens, Paris, 1844-1868, 9 vol. in-8.º

— Publication in-4.º de la Société des antiquaires de Picardie. Documents inédits concernant la province. Amiens, 6 vol. in-4.º

— Rapport sur les travaux de la Société des Antiquaires de Picardie, pendant les années 1839-1841, par M. J. **Garnier**. Amiens, Duval et Herment, 1840-1842, 2 br. in-8.º

— Rapport sur les travaux de la Société des Antiquaires de Picardie, pendant l'année 1857-1858, par M. J. **Gar-**

nier, secrétaire perpétuel. Amiens, V.ᵉ Herment, 1858, br. in-8.°

— Rapport sur les travaux de la Société des Antiquaires de Picardie, pendant l'année 1858-1859, par M. J. **Garnier**. Amiens, V.ᵉ Herment, 1860, br. in-8.°

— Rapport sur les travaux de la Société des Antiquaires de Picardie, durant les années 1859-1861, par M. J. **Garnier**. Amiens, Lemer, 2 br. in-8.°

— Rapport sur les travaux de la Société des Antiquaires de Picardie pendant les années 1861-1863, par M. J. **Garnier**. Amiens, Lemer aîné, 1863-1864, 2 br. in-8.°

— Bulletin de la Société industrielle d'Amiens. Amiens, Paris, 1862-1868, 7 vol. in-8.° grand format.

— Mémoires de la Société linnéenne du Nord de la France, année 1866. Amiens, Lemer, 1867, vol. in-8.°

AMSTERDAM. — Verslagen en mededeelingen der koninklijke Akademie van Wetenschappen. Amsterdam, 1853-1866, 27 vol. in-4.°

— Verhandelingen der koninklijke Akademie van Wetenschappen, 1854-1865. Amsterdam, 12 vol. in-4.°

— Verhandelingen der eerste klasse van het koninklijk-nederlandsche instituut van Wetenschappen, letterkunde en schoone kunsten te Amsterdam. Amsterdam, 1849-1852, 5 vol. in-4.°

— Tijdschrift voor de wis en natuurkundige Wetenschappen, uitgegeven door de eerste klasse van het koninklijk-nederlandsche instituut van Wetenschappen. Amsterdam, 1847-1852, 5 vol. in-8.°

— Jaarbock van de koninklijke Akademie van Wetenschappen gevesdigd te Amsterdam, van avril 1857-1865. Amsterdam, 9 vol. in-8.°

— Verslag over den paalworm, uitgegeven door de natuurkundige afdeeling der koninklijke Akademie van Wetenschappen. Amsterdam, 1860, in-8.°

— Catalogus vandeboekerij der koninklijke Akademie van Wetenschappen gevestigd te Amsterdam. Amsterdam, 1855-1866, 4 vol. in-8.°

ANGERS. — Annales de la Société linnéenne du département de Maine-et-Loire. Angers, Cosnier et Lachèse, 1862-1868, 3 vol. in-8.°

— Mémoires de la Société académique de Maine-et-Loire. Angers, Cosnier et Lachèse, 1857-1868, 17 vol. in-8.°

— Mémoires de la Société d'Agriculture, Sciences et Arts d'Angers. Angers, 1831-1868, 21 vol. in-8.°

— Bulletin de la Société industrielle d'Angers et du département de Maine-et-Loire. Angers, 1835-1868, 18 vol. in-8.°

ANGOULÊME. — Annales de la Société d'Agriculture, Arts et Commerce du département de La Charente. Angoulême, 1849-1868, 7 vol. in-8.°

ANVERS. — Annales de l'Académie d'archéologie de Belgique. Anvers; 1843-1867, 8 vol. in-8.°

APT. — Annales de la Société littéraire, scientifique et artistique d'Apt. Apt, 1865-1867, 3 vol. in-8.°

ARRAS. — Mémoires de l'Académie d'Arras, 1821-1866, 15 vol. in-8.°

— Bulletin agricole publié par la Société centrale d'Agriculture du département du Pas-de-Calais. Arras, 1842-1867, 3 vol. in-8.°

AUCH. — Revue agricole et horticole, bulletin de la Société d'Agriculture et d'Horticulture du Gers, publié sous la direction de l'abbé D. **Dupuy**. Auch, 1855-1869, 4 vol. in-8.°

AUXERRE. — Bulletin de la Société médicale de l'Yonne, année 1866. Auxerre, Gallot, vol. in-8.°

— Bulletin de la Société centrale de l'Yonne pour l'encouragement de l'Agriculture. Auxerre, Perriquet, 1857-1868, 11 vol. in-8.°

AVESNES. — Mémoires de la Société archéologique de l'arrondissement d'Avesnes. Avesnes, 1864-1865, 2 vol. in-8.°

— Bulletin de la Société d'agriculture de l'arrondissement d'Avesnes. Avesnes, 1849-1851, in-8.°

AVIGNON. — Bulletin de la Société d'Agriculture et d'Horticulture de Vaucluse. Avignon, 1856-1864, in-8.°

BAGNÈRES. — Bulletin de la Société d'encouragement pour l'Agriculture et l'Industrie dans l'arrondissement de Bagnères-de-Bigorre, 1868-1869. Bagnères, in-8.°

BATAVIA. — Verhandelingen van het Bataviaasch genootschap van Kunsten en Wetenschappen. Tomes 27 à 32. Batavia, Lange et C.°, 1860-1866, 6 vol. in-8.°

— Tijdschrift voor indische taal, land en volkenkunde uitgegeven door het Bataviaasch genootschap van Kunsten en Wetenschappen. Batavia et La Haye, 1856-1866, 11 vol. in-8.°

— Notulen van de algemeene en bestuurs-vergaderingen van het Bataviaasch genootschap van Kunsten en Wetenschappen. Batavia, Lange et C.°, 1863-1866, 3 vol. in-8.°

— Catalogus der bibliotheck van het Bataviaasch genootschap van Kunsten en Wetenschappen, door M. J.-A. **Van der Chijs**, bibliothecaris. Batavia et La Haye, 1854, in-8.°

BAYEUX. — Mémoires de la Société d'Agriculture, Sciences, Arts et Belles-Lettres de Bayeux. T. I et III. Bayeux, 1842-1846, 2 vol. in-8.°

— Mémoires de la Société vétérinaire des départements du Calvados et de la Manche, 1830-1856. Bayeux, 17 vol. in-8.°

BAUVAIS. — Bulletin de l'Athénée du Bauvaisis, 1846-1854. Bauvais, 3 vol. in-8.°

BERLIN. — Monatsbericht der koniglichen Preuss-Akademie der Wissenschaften zu Berlin. Berlin, 1856-1869, 15 vol. in-8.°

— Abhandlungen der koniglichen Akademie der Wissens-chaften zu Berlin, 1841-1867. Berlin, 30 vol. in-4.°

BEZANÇON. — Mémoires de l'Académie des Sciences, Belles-Lettres et Arts de Besançon, 1818-1852. Besançon, 14 vol. in-8.°

— Mémoires de la Société d'Agriculture et Arts du département du Doubs, 1820-1845, Besançon, 5 volumes in-8.°

BÉTHUNE. — Bulletin des travaux du comice agricole de l'arrondissement de Béthune, 1841, 1845, 1850, 1857, 1862. Béthune, 5 br. in-8.°

BÉZIERS. — Programme de la Société archéologique de Béziers, pour le concours de 1853. Br. in-8.°

— Bulletin de la Société archéologique de Béziers, 1836-1867. Béziers, 20 vol. in-8.°

BLOIS. — Bulletin trimestriel de la Société d'Agriculture de Loir-et-Cher, 1843-1844. Blois, 2 vol. in-8.°

— Mémoires de la Société des Sciences et des Lettres de la ville de Blois, 1852-1867. Blois, 4 vol. in-8.°

BONE. — Bulletin de l'Académie d'Hippone, société de recherches scientifiques et d'acclimatation, 1866-1868. Bone, 2 vol. in-8.°

BORDEAUX. — Bulletin polymathique du muséum d'instruction publique de Bordeaux, ou journal littéraire, historique et statistique du département de la Gironde. Bordeaux, 1802-1812, 5 vol. in-8.°

— Annales de la Société d'Agriculture de la Gironde, 1846-1848. Bordeaux, 3 vol. in-8.°

— Actes de l'Académie des Sciences, Belles-Lettres et Arts de Bordeaux, 1819-1867. Bordeaux, Paris, 39 vol. in-8.°

— Bulletin de la Société philomathique de Bordeaux, 1857-1862. Bordeaux, 3 vol. in-8.°

— Mémoires de la Société des Sciences physiques et naturelles de Bordeaux. Bordeaux, 1854-1867, 6 vol. in-8.°

— Actes de la Société linnéenne de Bordeaux. Bordeaux, Paris, 1826-1858, 26 vol. in-8.°

— Analyse des travaux de la Société linnéenne de Bordeaux, pendant les années 1832 et 1833, par M. J.-L. **Laporte**. Br. in-8.°

— Analyse des travaux de la Société linnéenne de Bordeaux, pendant l'année 1834, par M. J.-L. **Laporte**. Bordeaux, Villeneuve, br. in-8.°

— Notice des travaux de la Société de médecine de Bordeaux, pour 1858, par M. le docteur E. **Dégranges**. Bordeaux, M.me Crugy, 1859, br. in-8.°

— Notice des travaux de la Société de médecine de Bordeaux en 1859, par M. le docteur E. **Dégranges**. Bordeaux, M.me Crugy, 1860, br. in-8.°

— Notice des travaux de la Société de médecine de Bordeaux pour 1861 et 1862, par M. le docteur E. **Dégranges**. Bordeaux, M.me Crugy, 1862-1863, 2 br. in-8.°

BOSTON. — Mémoirs of the American academy of Arts and Sciences. Cambridge, 1833-1867, 9 vol. in-4.°

— Proceedings of the American academy of Arts and Sciences. Boston et Cambridge, 1848-1867, 7 volumes in-8.°

— Proceedings of the Boston Society of natural history. Boston, 1856-1868, 5 vol. in-8.°

— Mémoirs read before the Boston Society of natural history; being a new series of the Boston journal of natural history, t. I. Boston, 1858, in-4.°

— Boston journal of natural history, containing papers and communications read before the Boston Society of natural history and published by their direction, t. VII. Boston, 1863, vol. in-8.°

— Condition and doings of the Boston Society of natural history as exhibithed by the annual reports of the custodian, thesaurer, librarian and curators. Boston, 1865, 1868, 2 br. in-8.°

— Annual of the Boston Society of natural history, 1868-69, t. I. Boston, 1868, vol. in-8.°

— Annual report of the trustees of the museum of comparative zoology, at Harvard college, in Cambridge, together with the report of the director, 1863-1866. Boston, 4 br. in-8.°

— Bulletin of the museum of comparative zoology, Cambridge, Massachusetts. 1865, in-8.°

BOURGES. — Bulletin de la Société d'Agriculture du département du Cher. Bourges, 1832-1859, 12 vol. in-8.°

BOULOGNE. — Mémoires de la Société d'Agriculture, du Commerce, des Sciences et des Arts de Boulogne-sur-mer. Boulogne, 1834-1839, 2 vol, in-8.°

— Procès-verbaux des séances publiques tenues par la Société d'Agriculture, du Commerce et des Arts de Boulogne-sur-mer, en 1818, 1823, 1824, 1830, 1832, 1834, 1842, 1846, 1858. Boulogne, 9 vol. in-8.°

— Bulletin de la Société d'Agriculture de l'arrondissement de Boulogne-sur-mer, 1858-1869. Boulogne, 8 vol. in-8.°

— Bulletin de la Société académique de Boulogne-sur-mer, 1864-1867. Boulogne, br. in-8.°

— Mémoires de la Société académique de Boulogne-sur-mer, 1864-1867. Boulogne, 2 vol. in-8.°

BREMEN. — Abhandlungen herausgegeben vom naturwissenschaftlichen vereine zu Bremen. Bremen, Muller, 1866-1868, 3 vol. in-8.°

BREST. — Bulletin de la Société académique de Brest. Brest, Lefournier, 1857-1867, 4 vol. in-8.°

BRUXELLES. — Bulletin et procès-verbaux de la Société royale de Flore de Bruxelles, 1822-1860. Bruxelles, 2 vol. in-8.°

— Compte-rendu des séances de la Commission royale d'Histoire de Belgique, 1845-1859. Bruxelles, Hayez, 8 vol. in-8.°

— Mémoires de l'Académie royale des Sciences, des Lettres et des Beaux-Arts de Belgique, 1830-1869. Bruxelles, Hayez, 32 vol. in-4.°

— Bulletins de l'Académie royale des Sciences, des Lettres et des Beaux-Arts de Belgique. Bruxelles, 1836-1868, 68 vol. in-8.° avec tables générales.

— Mémoires couronnés et mémoires des savants étrangers publiés par l'Académie royale des Sciences, des Lettres et des Beaux-Arts de Belgique; collection in-4.°, 1832-1867. Bruxelles, Hayez, 27 vol.

— Mémoires couronnés et mémoires des savants étrangers, publiés par l'Académie royale des Sciences, des Lettres et des Beaux-Arts de Belgique; collection in-8.°, 1852-1868. Bruxelles, Hayez, 20 volumes.

— Annuaire de l'Académie royale des Sciences et Belles-Lettres de Bruxelles; 1836-1845. Bruxelles, Hayez, 9 vol. in-16.

— Annuaire de l'Académie royale des Sciences, des Lettres et des Beaux-Arts de Belgique; 1846-1869. Bruxelles, Hayez, 22 vol, in-12.

— Annales de l'observatoire de Bruxelles publiées par M. A. **Quetelet**. Bruxelles, Hayez, 1834-1868, 19 vol. in-4.°

— Annuaire de l'observatoire de Bruxelles, pour 1837, par A. **Quetelet**. Bruxelles, Tircher, 1836, in-12.

CAEN. — Travaux de la Société d'Agriculture et de Commerce de Caen; 1805-1819. Caen, 2 vol. in-8.°

— Mémoires de l'Académie des Sciences, Arts et Belles-Lettres de Caen. Caen, 1847-1868, 15 vol. in-8.°

— Mémoires de la Société d'Agriculture et de Commerce de Caen; 1827-1858. Caen, 8 vol. in-8.°

— Bulletin mensuel de la Société d'Agriculture et de Commerce de Caen; 1862, 1863, 1866. Caen, 3 vol. in-8.°

— Mémoires de la Société linnéenne de Normandie; 1843-1848. Caen, in-4.°

— Bulletin de la Société linnéenne de Normandie; 1859-1865. Caen, 5 vol. in-8.°

— Annuaire des cinq départements de la Normandie, publié par l'Association normande; 1863, 1864, 1869. Caen, Paris, 3 vol. in-8.°

CAHORS. — Bulletin de la Société agricole et industrielle du département du Lot; 1830-1845. Cahors, 10 vol. in-8.°

CALAIS. — Mémoires de la Société d'Agriculture, du Commerce, des Sciences et des Arts de Calais; 1839-1851. Calais, 3 vol. in-8.°

— Almanach de la ville et du canton de Calais; années 1844, 1846, 1847, 1848. Calais, 4 vol. in-12.

CAMBRAI. — Bulletin semestriel du Comice agricole de l'arrondissement de Cambrai. Cambrai, 1865-66, 2 br. in-8.º

— Mémoires de la Société d'Emulation de Cambrai ; 1815-1867. Cambrai, 29 vol. formant 20 in-8.º

CAMBRIDGE. — Proceedings of the American association for the advancement of science. Cambridge , Lovering , 1858-1866 , 4 vol. in-8.º

CASTRES. — Procès-verbaux des Sciences de la Société littéräire et scientifique de Castres ; 1857-1867. Castres, 6 vol. in-8.º

CATANE. — Atti del l'Accademia gioenia di Scienze naturali di Catania ; 1844-1861. Catane , 22 vol. in-4.º

— Relazione del lavori scientifici trattati nell' anno xxxx dell' Accademia gioenia di scienze naturali , letta nell' adunanza generale di giugno del 1866 dal secretario generale Carmelo **Sciuto-Patti**. Catania , Galatola , 1867 , br. in-4.º

CHALONS-SUR-SAONE. — Journal de la Société d'Agriculture et d'Horticulture de Châlons-sur-Saône ; 1844-1848. Châlons-sur-Saône , in-8.º

CHALONS-SUR-MARNE. — Le Cultivateur de la Champagne , bulletin des travaux des comices agricoles de la Marne ; 1854-1869. Châlons , 5 vol. in-8.º

— Bulletin du comice agricole du département de la Marne ; 1847-1854. (*Incomplet*). Châlons , 3 vol. in-8.º

— Journal du comice agricole de l'arrondissement de Châlons-sur-Marne ; 1826-1829. Châlons , 4 vol. in-8.º

— Mémoires de la Société d'Agriculture , Commerce, Sciences et Arts du département de la Marne ; 1824-1867. Châlons-sur-Marne, 32 vol. in-8.º

CHAMBÉRY. — Journal de la Société centrale d'Agriculture du département de la Savoie; 1862-1868. Chambéry , 4 vol. in-8.º

— Bulletin annuel de la Société centrale d'Agriculture du département de la Savoie ; 1862-1863. Chambéry , 2 vol. in-8.º

CHARTRES. — Bulletin agricole d'Eure-et-Loire ; 1845-1848. Chartres , 2 vol. in-8.º

CHATEAUROUX. — Annales de la Société d'Agriculture de Châteauroux ; 1862-69. Châteauroux , 3 vol. in-8.º

— Ephémérides de la Société d'Agriculture du département de l'Indre ; 1832-1855. Châteauroux , 5 vol. in-8.º

— Cours de géologie agricole , par V. **Godefroy**, n.º 62 des Annales de la Société d'Agriculture de Châteauroux. Châteauroux, 1867, in-8.º

CHAUMONT. — Bulletin des travaux de la Société départementale de la Haute-Marne. Chaumont, 1840-1845,
in-8.°

CHERBOURG. — Mémoires de la Société impériale des Sciences
naturelles de Cherbourg; 1852-1867. Paris, Cherbourg,
13 vol. in-8.°

— Mémoires de la Société académique de Cherbourg; 1852-
1867. Cherbourg, 4 vol. in-8.°

CHRISTIANIA. — Meteorologische beobachtungen aufgezeichnet
auf Christiania's observatorium; 1837-1863. Christiania,
3 vol.

— Meteoroliske iagttagelser paa Christiania observatorium;
1864-1867. Christiana, 4 br.

— Om cirklers beroring af C.-M. **Guldberg**. Christiania,
1861, br. in-4.°

— Om Siphonodentalium vitreum, en ny slaegt og art af den-
talidernes familie af D.ʳ Michael **Sars**. Christiania, 1861,
br. in-4.°

— Beskrivelse over Lophogaster typicus, en maerkvaerdig
form af de lavere tifoddede krebsdyr, af D.ʳ Michael
Sars. Christiania, 1862, br. in-4.°

— Norske vaegtlodder fra fjortende aarhundrede, beskrevne
af C.-A. **Holmboe**. Christiania, 1863, br. in-4.°

— Malacozoologiske iagttagelser af professor Michael **Sars**.
Christiania, 1864, br. in-8.°

— Om de i norge forekommende fossile dyrelevninger fra
quartaerperioden, et bidrag til vor faunas historie, af
D.ʳ Michael **Sars**. Christiana, 1865, br. in-4.°

— Beretning om ladegaardsœns hovedgaard for 1862 og 1863.
Christiana, 1865, br. in-4.°

— Forhandlinger i vidensekabs selskabet i Christiania; 1858-
1864. Christiania, 7 vol. in-8.°

— Det kougelige norste Frederiks universitets aarsberetning
for aaret 1864-1867. Christiania, 4 br. in-8.°

— Bidrag til bygningsskikkens udvikling paa landet i norge
iste hefte huse med kun eet vœresse. Christiania, 1865,
br. in-4.°

— Veiviser ved geologiske excursioner i Christiania omegn
med et farvetrykt kart og flere traesnit, af lector Theodor
Kjerulf. Christiania, 1865, br. in-4.°

— Norges lerskvandskrebsdyr, forste afsnit branchiopoda.
Cladocera ctenopoda, af Georg Ossian **Sars**. Christiania,
1865, br. in-4.°

— Aarsberetning fra aas hoiere landbrugsskole for tidsrummet fra denlapril 1864 til samme tid 1865. Christiania, 1866, br. in-4.°

— Maerker efter en üstid i omegnen af hardangerfjorden af S. A. **Sexe**. Christiania, 1866, br. in-4.°

— Ezechiels syner og chaldaeernes astrolab af C.-A. **Holmboe**. Christiania, 1866, br. in-4.°

— Etudes sur les affinités chimiques, par C.-M. **Guldberg** ét P. **Waage**. Christiania, 1867, br. in-4.°

— Mémoires pour servir à la connaissance des crinoïdes vivants, par Michael **Sars**. Christiania, 1868, br. in-4.°

— Traité élémentaire des fonctions elliptiques, par le docteur J. **Broch**. Christiania, 1866-1867, in-8.°

—. Morkinskinna. Pergamentsbog fra forste halvdel af det trettende aarhundrede. Indeholdende en af de aeldste optegnelser af norske kongesagaer. Udgiven af C.-A. **Unger**. Christiania, 1867, vol. in-8.°

— Ungedruckte, unbeachtete und wenig beachtete quellen zur geschichte des taufsymbols und der glaubensregel, herausgegeben und in abhandlungen erlautert von D.ʳ **Caspari**. Christiania, 1866, vol. in-8.°

— Udsigt over de vaeSentligste forbedringer oed serntlvirkningen de seneste Decennier, af Rick. F. **Stalsberg**. Christiania, 1866, vol. in-8.°

— Index scholarum in universitate regia Fredericiana centesimo duodecimo ejus semestri anno 1866, ab augusto mense ineunte habendarum; 1866 et 1867. Christiania, 2 br. in-4.°

CLERMONT. — Le Musée, bulletin de la Société d'Agriculture de l'arrondissement de Clermont-Oise; 1836-1869. Clermont, 8 vol. in-8.°

CLERMONT-FERRAND. — Mémoires de l'Académie des Sciences, Belles-Lettres et Arts de Clermont-Ferrand; 1859-1867. Clermont-Ferrand, 11 vol. in-8.°

— Annales scientifiques, littéraires et industrielles de l'Auvergne, publiées par l'Académie des Sciences, Belles-Lettres et Arts de Clermont-Ferrand; 1845-1858. Clermont, Paris, 14 vol. in-8.°

COLMAR. — Bulletin de la Société d'histoire naturelle de Colmar; 1860-1868. Colmar, 3 vol. in-8.°

COLOMBUS. — Annual report of the Ohio state board of agriculture with an abstract of the proceedings of the county agricultural societies ; 1850-1867 , Colombus , 16 vol. in-8.°

COMPIÈGNE. — L'Agronome praticien, journal de la Société d'Agriculture de l'arrondissement de Compiègne; 1845-1869. Compiègne , 7 vol. in-8.°

CONSTANTINE. — Recueil des notices et mémoires de la Société archéologique de la province de Constantine; 1865-68. Alger, Paris , 4 vol. in-8.°

COULOMMIERS. — Annales de la Société d'horticulture de l'arrondissement de Coulommiers; 1866. Coulommiers, in-8.°

DIJON. — Journàl d'agriculture de la Côte-d'Or, publié par le Comité central d'agriculture de Dijon; 1856-1865. Dijon, 7 vol. in-8.°

— Mémoires de l'Académie impériale des Sciences, Arts et Belles-Lettres de Dijon ; 1821-1865. Dijon , 27 vol. in-8.°

DRESDE. — Jahresbericht der vereins fur Erdkunde zu Dresden; 1868. Dresde , br. in-8.°

DUNKERQUE. — Mémoires de la Société dunkerquoise pour l'encouragement des Sciences, des Lettres et des Arts; 1853-1868. Dunkerque , 10 vol. in-8.°

— Annales du Comité flamand de France; 1853-1865. Lille , 8 vol. in-8.°

— Bulletin du Comité flamand de France ; 1857-1869. Lille, 4 vol. in-8.°

DOUAI. — Mémoires de la Société impériale d'Agriculture, de Sciences et d'Arts séant à Douai, centrale du département du Nord; 1812-1860. Douai, 21 vol. in-8.°

— Publications agricoles et horticoles de la Société impériale d'Agriculture, de Sciences et d'Arts séant à Douai, centrale du département du Nord ; 1849, 1851 et 1852. Douai, 3 vol. in-8.°

— Procès-verbaux des séances du Comice agricole de l'arrondissement de Douai et de la commission d'Agriculture; 1866-1867. Douai, 2 br. in-8.°

— Association vétérinaire des départements du Nord et du Pas-de-Calais; procès-verbaux des séances de 1852, 1861, 1862 et 1864. Douai , 4 br. in-8.°

DUBLIN. — Journal of the geological Society of Dublin; 1843-1855. Dublin , 5 vol. in-8.°

EDIMBOURG. — Transactions of the royal Society of Edinburgh ; 1847-1868. Edimbourg, 11 vol. in-4.°

— Proceedings of the royal Society of Edinburgh; 1844-1868. Edimbourg, 6 vol. in-8.º

—. Papers read to the botanical Society of Edinburgh by George **Lawson**. Edimbourg, 1858, br. in-8.º

ELBEUF. — Bulletin des travaux de la Société industrielle d'Elbeuf; 1859-1868. Elbeuf, 6 vol. in-8.º

EPINAL. — Annales de la Société d'Emulation du département des Vosges ; 1850-1868. Paris, Epinal, 17 vol. in-8.º

EVREUX. — Annuaire de la Société de Médecine du département de l'Eure, de 1813 à 1822. Evreux, 11 vol. in-8.º

— Bulletin de la Société d'Agriculture, Sciences et Arts du département de l'Eure; 1822-1823. Evreux, 2 vol. in-8.º

— Journal d'Agriculture, de Médecine et des Sciences accessoires, faisant suite au Bulletin de la Société d'Agriculture, Sciences et Arts du département de l'Eure; 1824-1829. Evreux, 6 vol. in-8.º

— Recueil des travaux de la Société libre d'Agriculture, Sciences, Arts et Belles-Lettres du département de l'Eure ; 1830-1863. Evreux , 24 vol. in-8.º

— Notice historique sur la Société libre d'Agriculture , Sciences, Arts et Belles-Lettres de l'Eure et ses travaux , suivie de tables des matières contenues dans les 24 vol. composant les 3 premières séries du recueil (1830 à 1860) par E. **Dramard**. Evreux, Auguste Hérissey, 1865, vol. in-8.º

FALAISE. — Annuaire de l'arrondissement de Falaise, de 1839-1843. Falaise, 5 vol. in-16.

— Mémoires et bulletin de la Société académique, agricole, industrielle et d'instruction de l'arrondissement de Falaise; 1855-1847. Falaise, 5 vol, in-8.º

FLORENCE. — Bollettino della Società geografica italiana ; 1868. Florence, vol. in-8.º

FOIX. — Annales agricoles, littéraires et industrielles de l'Ariège; 1820-1851. Foix , 6 vol. in-8.º

GAND. — Messager des Sciences historiques ou Archives des Arts et de la bibliographie de Belgique ; 1824, 1825, 1857-1869, Gand, 5 vol. in-8.º

— Annales de la Société royale des Beaux-Arts et de Littérature de Gand ; 1844-1858. Gand, 7 vol. in-8.º

—. Précis historique de la Société royale des Beaux-Arts et de Littérature de Gand, par Edmond **de Busscher** ; 1840 à 1845. Gand , vol. in-8.º

GENÈVE. — Mémoires de la Société de Physique et d'Histoire naturelle de Genève; 1821 à 1861. Genève, 16 vol. in-4.°

GIEFSEN. — Bericht der oberhessischen gesellschaft fur natu-rund keilkunde ; 1855-59. Giefsen, 3 vol. in-8.°

GRENOBLE. — Bulletin de l'Académie delphinale ; 1867. Grenoble, 1868, in-8.°

— Bulletin, comptes-rendus des travaux et almanachs de la Société d'agriculture de l'arrondissement de Grenoble; 1845-1852. Grenoble, 3 vol. in-8.°

INDIANOPOLIS. — Annual report of the trustees and super intendent of the Indiana Institute for the Education of the blind; 1866-69 ; 5 fascicules.

KONIGSBERG. — Schriften der Koniglichen physikalisch-ekono-mischen gesellschaft zu Konigsberg ; 1860-1867. Konigs-berg, 4 vol. in-4.°

LAON. — Bulletin de la Société académique de Laon ; 1852-1867. Laon, Paris, 17 vol. in-8.°

LA ROCHELLE. — Académie de la Rochelle: — Sections des sciences naturelles et de littérature ; 1850, 1866-1868. La Rochelle, in-8.°

— Annales de la Société d'Agriculture de La Rochelle; 1840-1848. La Rochelle, 2 vol. in-8.°

LAUSANNE. — Bulletin de la Société vaudoise des Sciences na-turelles; 1842-1869. Lausanne, 10 vol. in-8.°

LE HAVRE. — Recueil des publications de la Société impériale havraise, d'études diverses ; 1835-1868. Le Havre, 14 vol. in-8.°

LE MANS. — Société libre des Arts du département de la Sarthe, séant au Mans : Comptes-rendus des séances publiques de 1806 à 1809 et de 1821. Le Mans, 5 br. in-8.°

— Analyse des travaux de la Société royale des Arts du Mans, depuis l'époque de son institution, en 1794 jusqu'à la fin de 1819. Le Mans, 1820, in-8.°

— Extraits des journaux et ouvrages périodiques, concernant l'économie rurale et domestique, résumés par MM. les membres de la Société royale des Arts séant au Mans. Le Mans, Monnoyer, 1817, in-8.°

— Bulletin de la Société d'Agriculture, Sciences et Arts de la Sarthe ; 1833-1869. Le Mans, 23 vol. in-8.°

— Bulletin de la Société d'Horticulture de la Sarthe. Le Mans, 1856-67, 2 br. in-8.°

LIÉGE. — Mémoires de la Société libre d'émulation de Liége; années 1850 et 1861. Liége, 2 vol. in-8.°

— Annuaire de la Société libre d'émulation de Liége ; 1856 , 1862, 1863 , 1864, 1867. Liége, 5 vol. in-12.

— Bulletin de la Société liégeoise de littérature wallonne ; 1866-67. Liége , in-8.°

LILLE. — Collége des Philalèthes — Précis historique de la réforme des lois du Collége des Philalèthes. Br. in-4.°, Lille, 1787.

— Liste des membres honoraires, résidans et correspondans du Collége des Philalèthes, 1789.

— Séance publique du Collége des Philalèthes du 19 mai 1788. Br. in-4.°

— Projet d'une histoire universelle des sciences, par **Delory** ; discours qui a remporté le prix au Collége des Philalèthes. Br. in-4.°

— Discours sur le commerce, par **Bonvallet des Brosses** , du Collége des Philalèthes. Lille , br. in-8.°

— Discours sur cette question proposée par le Collége des Philalèthes : *Quelle est la source de l'amour de la Patrie? — Quelle est son influence sur le bonheur social? — Quelle forme de gouvernement peut lui donner plus d'énergie?* par **Deville**. Br. in-8.°, Lille , 1788.

— Discours sur une Association de bienfaisance prononcé par **Lagarde** le 19 mai 1788, au Collége des Philalèthes. Lille , 1788, br. in-8.°

— Dissertation sur l'enchaînement des êtres , lue au Collége des Philalèthes, par Aubert **de Boumois** , le 19 mai 1788.

— Mémoires de la Société impériale des Sciences, de l'Agriculture et des Arts de Lille ; 47 vol. in-8.°

— Publications agricoles de la Société impériale des Sciences, de l'Agriculture et des Arts de Lille , 1838-1852. Lille , Leleux , 11 vol. in-8.°

— Annales de la Société d'Horticulture du département du Nord ; 1828-1851. Lille, reliés en 8 vol. in-8.°

— Journal du Cercle horticole du Nord, n.°ˢ 1 , 2 , 3. Lille , 1869 , in-8.°

— Bulletin médical du Nord de la France, publié par la Société centrale de médecine du département du Nord ; 1845-1865. Lille , 8 vol. in-8.°

— Bulletin de la Commission historique du département du Nord ; 1843-1868. Lille, 10 vol. in-8.°

— Rapport sur les travaux du Conseil central de salubrité et des Conseils d'arrondissement du département du Nord présenté à M. le Préfet du Nord ; de 1828 à 1867. Lille, 20 vol. in-8.°

— Archives de l'agriculture du Nord de la France publiées par le Comice agricole de Lille ; 1853-1869. Lille, 18 vol. in-8.°

— Bulletin scientifique, historique et littéraire du département du Nord et des pays voisins, publié sous la direction de MM. **Gosselet** et **Desplanque** ; 1869. Lille, Blocquel-Castiaux, in-8.°

LIMOGES. — L'Agriculteur du Centre, Bulletin de la Société d'Agriculture, des Sciences et des Arts de la Haute-Vienne ; 1849-1858 , 2 vol. in-8.°

— Bulletin de la Société royale d'Agriculture , Sciences et Arts de Limoges ; 1843-47 Limoges , 2 vol. in-8.°

— Bulletin de la Société archéologique et historique du Limousin ; 1852-1867. Limoges , 11 vol. in-8.°

— Nobiliaire du diocèse et de la généralité de Limoges , par l'abbé Joseph **Nadaud** , curé de Teyjac, publié sous les auspices de la Société archéologique et historique du Limousin , par l'abbé J.-B. L. Roy de Pierrefitte ; t. 1.ᵉʳ. Limoges, Chapoulaud, 1856-63, in-8.°

— Registres consulaires de la ville de Limoges publiés sous la direction de M. Emile Ruben , secrétaire-général de la Société archéologique et historique du Limousin, avec le concours de MM. Hervy , Garrigou-Lagrange , Debort et Chapoulaud. Limoges, Chapaud, 1867 , 2 vol. in-8.°

LISIEUX. — Bulletin de la Société d'Horticulture du centre de la Normandie ; 1868. Lisieux , br. in-8.°

LONDRES. — The journal of the royal agricultural Society of England ; 1839-1869. Londres, 17 vol. in-8.°

— Proceedings of the geological Society of London; 1833-1841. Londres, 3 vol. in-8.°

— The natural history Review, and quarterly journal of science; 1854-1855. Londres, 5 vol. in-8.°

— The transactions of the entomological Society of London ; 1835-1846. Londres, 4 vol. in-8.°

— The Atlantis : or register of litterature and science of the catholic University of Ireland ; 1858-1860. Londres, 5 vol. in-8.°

— Abrégé des transactions philosophiques de la Société royale de Londres , ouvrage traduit de l'anglais et rédigé par M. **Gibelin** , docteur en médecine : — Histoire naturelle, physique expérimentale, chimie, anatomie et physique animale, médecine et chirurgie, matière médicale et pharmacie, botanique. Londres, 1787-90, 11 vol. in-8.º

LONS-LE-SAULNIER. — Mémoires de la Société d'émulation du Jura; 1828-1868. Lons-le-Saulnier, 11 volumes in-8.º

LOUVIERS. — Bulletin de l'ancienne Société d'Agriculture, Sciences, Arts et Belles-Lettres du département de l'Eure; 1833-1837. Louviers, 5 vol. in-8.º

LUND. — Acta universitatis Lundensis. Lunds universitets ars-skrift. 1866. — Theologi.

— Acta universitatis Lundensis. Lunds universitets ars-skrift. 1841-1866. — Philosophi, sprakvetenskap och historia; 3 vol. in-4.º

— Acta universitatis Lundensis. Lunds universitets ars-krift. 1841-1866. — Mathematik och naturvetenskap; 3 volumes in-4.º

— Acta universitatis Lundensis. Lunds universitets ars-skrift. 1866. — Medicinska vetenskaper, in-4.º

— Acta universitatis Lundensis. Lunds universitets ars-skrift. 1865. — Ratts och statsvetenskap; in-4.º

LUXEMBOURG. — Mémoires de la Société des Sciences naturelles du Grand-Duché de Luxembourg; 1853-1859. Luxembourg, 10 vol. in-8.º

LYON. — Annales de la Société linnéenne de Lyon; 1845-1855. Lyon, 5 vol. in-8.º

— Mémoires de l'Académie impériale des Sciences, Belles-Lettres et Arts de Lyon: — classe des sciences; 1850-1866. Lyon, Paris, 10 vol. in-8.º

— Mémoires de l'Académie impériale des Sciences, Belles-Lettres et Arts de Lyon: classe des lettres; 1845-1868. Lyon, 8 vol. in-8.º

— Académie impériale des Sciences, Belles-Lettres et Arts de Lyon: comptes-rendus de ses travaux en 1813-1826, 1835, 1836, 1837, 1839, 1841 et 1865. Lyon, 2 vol. in-8.º

— Annales de la Société des Sciences industrielles de Lyon: 1862. Lyon, in-8.º

— Mémoires de la Société royale d'Agriculture, Histoire naturelle et Arts utiles de Lyon; 1832. Lyon, 1833, in-8.º

— Annales des Sciences physiques et naturelles d'Agriculture et d'Industrie, publiées par la Société impériale d'Agriculture de Lyon; 1838-1859. Lyon, 20 vol. in-8.º

— Compte-rendu des travaux de la Société de médecine de Lyon; 1833-1836. Lyon , 1838 , in-8.°

MACON. — Annales de l'Académie de Macon , Société des Arts, Sciences , Belles - Lettres et d'Agriculture ; 1821-1867. Macon, 10 vol. in-8.°

MADISON. — Transactions of the Wisconsin state agricultural Society, with portions of the correspondence of the secretary ; 1851-1852. Madison, 2 vol. in-8.°

MANCHESTER. — Rules of the literary and philosophical Society of Manchester, instituted 28 february 1781. Manchester, 1861, br. in-8.°

— Mémoirs of the literary and philosophical Society of Manchester, 1805-1865. Londres , Paris, 16 volumes in-8.°

— Procedings of the literary and philosophical Society of Manchester; 1860-1865. Manchester, 3 vol. in-8.°

MARSEILLE. — Répertoire des travaux de la Société de statistique de Marseille ; 1854-1867. Marseille, 4 volumes in-8.°

— Mémoires de l'Académie des Sciences, Belles-Lettres et Arts de Marseille; 1802 , 1865-67. Marseille, 2 vol. in-8.°

MAYENNE. — Bulletin de la Société d'Archéologie, Sciences, Arts et Belles-Lettres de la Mayenne ; 1865. Mayenne , in-4.°

MEAUX. — Publications de la Société d'Agriculture , Sciences et Arts de Meaux; 1834-1868. Meaux, 18 vol, in-8.°

— Bulletin de la Société d'Archéologie, Sciences , Lettres et Arts du département de Seine et Marne, fondée à Melun, le 16 mai 1864. Meaux , 1864, in-8.°

MELUN. — Société d'Agriculture de Melun (Seine-et-Marne); mémoires et bulletin ; 1845 , 1868. Melun , 2 vol. in-8.°

— Société d'Horticulture des arrondissements de Melun et de Fontainebleau ; 20.° bulletin. Melun , 1868, br. in-8.°

MENDE. — Bulletin de la Société d'Agriculture , Industrie, Sciences et Arts du département de la Lozère; 1847-1859. Mende , 5 vol. in-8.°

METZ. — Mémoires de l'Académie impériale de Metz ; 1819-1867. Metz, 38 vol. in-8.°

— Bulletin de la Société d'Horticulture du département de la Moselle; 1844-1848. Metz , 3 br. in-8.°

— Bulletin des Comices agricoles du département de la Moselle : Metz, Briey, Sarreguemines ; 1860-1865. Metz, 3 vol. in-8.°

— Bulletin du Comice agricole de l'arrondissement de Metz ; 1867-1869. Metz, in-8.º

— Bulletin de la Société d'histoire naturelle du département de la Moselle; 1846-1868. Metz, 5 vol. in-8.º

— Exposé des travaux de la Société des sciences médicales du département de la Moselle; 1838-1867. Metz, 23 volumes in-8.º

MILAN. — Memorie del reale Istituto lombardo di Scienze e Lettere, classe di scienze matematiche e naturali; 1819-1865. Milan, 14 vol. in-4.º

— Reale Istituto lombardo di Scienze et Lettere: Rendiconti; 1868. Milan, in-8.º

— Reale Istituto lombardo di Scienze e Lettere : Rendiconti; classe di Scienze matematiche e naturali ; 1854-1867. Milan, 4 vol. in-8.º

— Reale Istituto lombardo di Scienze e Lettere : Rendiconti ; classe di lettere et scienze morali et politiche; 1864-1866. Milan, 3 vol. in-8.º

— Giornale dell' Istituto lombardo di Scienze, Lettere ed arti; 1841-1847. Milan, 8 vol. in-8.º

— Giornale dell' Istituto lombardo di Scienze, Lettere ed Arti e biblioteca italiana; 1847-1857. Milan, 9 vol. in-4.º

— Atti dol reale Istituto lombardo de Scienze, Lettere ed Arti; 1860-1863. Milan; 3 vol. in-4.º

— Solenni adunanze del reale Istituto lombardo di Scienze e Lettere; 1864-1867. Milan, in-8.º

— Annuario del reale Istituto lombardo di Scienze e Lettere; 1866. Milan, vol. in-16.

— Sul caglio vitellino, memorie di Davide **Nava** e del prof. Francesco **Selmi**. Milan, 1857, br. in-8.º

— Sull' insegnamento dell' economia politica o sociale in Inghilterra, communicazione dal prof. Baldassare **Poli**. Milan, 1861, br. in-8.º

— Confini et denominzioni della regione orientale dell' alta Italia proposte del prof. Amato **Amati**. Milan, 1866, br. in-8.º

— Atti della fondazione scientifica cagnola dalla sua istituzione in poi; 1856-1861. Milan, 3 vol. in-8.º

MONTAUBAN. — Recueil agronomique publié par les soins de la Société des Sciences, Agriculture et Belles-Lettres du Tarn et Garonne; 1820-1850. Montauban, in-8.º

MONTBÉLIARD. — Mémoires de la Société d'émulation de Montbéliard ; 1862-1866. Montbéliard, 3 vol. in-8.º

MONT DE MARSAN. — Annales de la Société d'Agriculture, Commerce, Arts et manufactures du département des Landes ; 1847-1867. Mont de Marsan , 3 vol. in-8.º

MONTPELLIER, — Annales de la Société d'Horticulture et de Botanique de l'Hérault ; 1862 - 1863. Montpellier , 1 vol. in-8.º

— Académie des Sciences et Lettres de Montpellier, mémoires de la section des lettres ; 1847-1864. Montpellier, 4 vol. in-4.º

— Académie des Sciences et Lettres de Montpellier ; mémoires de la section des Sciences ; 1847-1864. Montpellier , 6 vol. in-4.º

— Mémoire historique et biographique sur l'ancienne Société royale des Sciences de Montpellier, par Junius **Castelnau**, précédé de la vie de l'auteur et suivi d'une notice historique sur la Société des Sciences et Belles-Lettres de la même ville, par Eugène **Thomas**. Montpellier, Boehn , 1858 , in-4.º

MONS. — Mémoires et publications de la Société des Sciences, des Arts et des Lettres du Hainaut ; 1852-1868. Mons, 12 vol. in-8.º

MORLAIX. — Annales de la Société vétérinaire du département du Finistère ; 1839-1841. Morlaix , 2 vol. in-8.º

MOULINS. — Bulletin de la Société d'émulation du département de l'Allier ; 1847-1857. Moulins, 7 vol. in-8.º

MULHOUSE. — Bulletin de la Société industrielle de Mulhouse ; 1828-1869. Mulhouse , 38 vol. in-8.º

MUNICH. — Abhandlungen der Bayerischen Akademie uber gegenstande der schonen wissenschaften. Munich, 1781 , in-8.º

— Abhandlungen der historischen classe der koniglich Bayerischen Akademie der wissenschaften ; 1779-1809. Munich , 21 vol. in-4.º

— Abhandlungen der mathematisch-physikalischen classe der koniglich Bayerischen Akademie der wissenschaften ; 1803-1862. Munich , 12 vol. in-4.º

— Abhandlungen der philosophisch philologischen classe der koniglich Bayerischen akademie der wissenschaften ; 1778-1867. Munich, 30 vol. in-4.º

— Abhandlungen der natur-wissenschaftlich-technischen commission bei der konigl. Bayerischen Akademie der wissenschaften in Munchen. Munich, 1857 , vol. in-8.º

— Bulletin der konigl. Akademie der wissenschaften zu München ; 1844-1853. Munich , 4 vol. in-4.⁰

— Sitzunsberichte der konigl. Bayer. Akademie der wissenschaften zu München ; 1860-1868. Munich , 9 vol. in-8.⁰

— Verzeichniss der mitglieder der K. B. Akademie der wissenschaften ; 1860-1862. Munich, 2 br. in-4.⁰

— Geschafts-ordnung der Akademie der wissenschaften. Munich , 1866 , br. in-8.⁰

— Annalen der koniglichen steenwarse bey München , auf offentliche kosten herausgegeben von D.ʳ J. **Lamont**. 1848-1865. Munich , Franz - Seraph. Hubschmann , 12 vol. in-8.⁰

— Ueber die einwohner deutschlands im zweyten jahrhundert der christlichen zeitrechnung , namentlich uber Sachsen und Bayern nach Claudius Ptolemaus von D.ʳ Andreas **Buchner**. Munich, in-4.⁰

— Ueber die morgenlandischen handschriften der koniglichen hof und central-bibliotek in Munchen bemerkungen von Othmar **Frank**. Munich , 1814 , in-8.⁰

— Ueber die epochen der bildenden kunst unter den Griechen , von Friedrich **Thiersch**. Munich , 1819-1825 , 2 br. in-4.⁰

— Ueber die einheit im bauplane der erdveste , von D.ʳ G.-H. **Schubert**. Munich, 1835 , br. in-4.⁰

— Vergleichende betrachtungen uber die mannigfaltigkeit in der organischen und inorganischen natur. Eine akademische rede von Franz **Van Kobell**. Munich, 1836 , br. in-4.⁰

— Muhammed's religion nach ihrer inneren entwicklung und ihrem einflusse auf das leben der volker von Joh-Jos **Dollinger**. Munich, 1838 , br. in-4.⁰

— Die geologie in ihrem verhaltnisse zu den ubrigen naturwissenschaften, von Karl **Schafhautl**. Munich, 1843, br. in-4.⁰

— Die Japhetiden und ihre gemeinsame heimath Armenien , von Joseph **Gorres**. Munich , 1844, in-4.⁰

— Der fortschritt der sprachenkunde und ihre gegenwartige aufgabe , von Fredrich **Windischmann**. Munich , 1844 , br. in-4.⁰

— Andentungen zur charakteristik des organischen lebens

nach seinem austreten in den verschiedenen erdperio-
den, von D.ʳ A. **Wagner**. Munich, 1845, br. in-4.º

— Die verberbleibsel der altagyptischen menschenraçe, von
docteur Franz **Pruner**. Munich, 1846, br. in-4.º

— Die tonleitern und musiknoten der griechen exlautert
durch D.ʳ Fredrich **Bellermann**. Berlin, 1847, br.
in-4.º

— Die chemie in ihrem verhaltnisse zur physiologie und
pathologie, von D.ʳ Max **Pettenkofer**. Munich, 1848,
br. in-4.º

— Denkrede auf Joseph Gerhard Zuccarini, von Carl. **Martius**. Munich, 1848, br. in-4.º

— Ueber das ethische element im kechtsprinzip. Eine rede
zur feier des geburtstages sr. majestat Maximilian II
konigs von Bayern, von prof. Andreas **Buchner**.
Munich, 1848, br. in-4.º

— Abhandlungen uber das schulund lehrwesen der muhame-
daner im mittelalter, von D.ʳ Daniel **Haneberg**. Munich, 1850, br. in-4.º

— Die germanen und die romer in ihrem wechselverhaltnisse
vor dem falle des westreiches, von D.ʳ **Bittmann**.
Munich, 1851, br. in-4.º

— Architektonische zeichnungen als beilage, von Eduard
Mezger. Munich, 1851, br. in-4.º

— Schilderung der naturverhaltnisse in sud-Abyssinen, von
D.ʳ J.-R. **Roth**. Munich, 1851, br. in-4.º

— Die gegenwartge auf gabe der philosophie, von D.ʳ Carl
Prantl. Munich, 1852, br. in-4.º

— Die classischen studien und ihre gegner, von Johann-
Georg. **Krabinger**. Munich, 1853, br. in-4.º

— Ueber das verhaltniss der wissenschaften des geistes und
der natur, von Fredrich **Von Thiersch**. Munich, 1854,
br. in-4.º

— Denkrede auf die akademiker D.ʳ Thaddaus siber und
D.ʳ Georg-Simon Ohm, im auszuge vorgetragen in der
offentlichen sikung der k. b. Akademie der wissenschaften in Munchen von D.ʳ **Lannons**. Munich, 1855,
br. in-4.º

— Denkrede auf Christian Samuel Beick, gehalten in der
osfentlichen sikung der konigl. Bayer Akademie der
wissenschaften am 28 november 1856, von D.ʳ Carl
Fried Phil. von **Martius**. Munchen, 1857, br. in-4.º

— Ueber den anbau und ertrag der bodens im konigreiche

Bayern, von Dr J.-B.-N. von **Hermann**. Munich, 1857, br. in-4.º

— Ueber die physik der molecularkrafte, von Dr **Jolly**. Munich, 1857, broch. in-4.º

— Ueber konigliche masznahmen fur das gedeihen der wissenschaften, von Friedrich von **Thiersch**. Munich, 1858, br. in-4.º

— Ueber die geschichtlichen vorstusen der neueren rechtsphilosophie, von Dr Carl **Prantl**. Munich, 1858, br. in-4.º

— Ueber nenaufgefundene dichtungen Francesco Petrarca, von Dr G.-M. **Thomas**. Munich, 1858, br. in-4.º

— Ueber das verhaltnisz der Akademie zur schule, von Friedrich von **Thiersch**. Munich, 1858, br. in-4.º

— Untersuchungen uber die richtung und starke des erdmagnetismus an verschiedenen puncten der sudwestlichen Europa im allerhochten auftrage seiner majestat dew konigs Maximilian II von Bayern ausgefuhrt, von Dr J. **Lamont**. Munich, 1858, vol. in-4.º

— Momumenta sœcularia. Berausgegeben von der koniglich Bayerischen Academie der wissenschaften zur feier ihres hundertjahrigen bestehens am 28 marz 1859. I classe : G.-M. **Thomas**, Francisci Petracœrc Aretini carmina incognita;— **L. Seidel**, unter suchungen uber die richtstarke der planeten Venus, Mars, Jupiter, und satura, etc. Munich, in-4.º

— Erinnerungen an Johann Georg von Lori, von Dr Georg Thomas, von **Rudhart**. Munich, 1859, br. in-4.º

— Magnetische untersuchungen in Nord-deutschland, Belgien, Holland, Danemark von Dr J. **Lamont**. Munich 1859, in-4.º

— Rede in der offentlichen sitzung der K. Akademie der Wissenschaften am 28 mars 1860 zur feier ihres einhundert und ersten stiftungstages gehalten von Justus von **Liebig**. Munich, 1860, br. in-4.º

— Von der bedeutung der sanskritstudien fur die griechische philologie von Dr Christ, **Wilhelm**. Munich, 1860, br. in-4.º

— Gedachnikrede auf Friedrich von Thiersch, von Georges Martin **Thomas**. Munich, 1860, br. in-4.º

— Nede auf sir Thomas Babington Macausan, den essanisten und geschichtschreiber Englands. Borjetragen in der feierlichen bersammlung der Academie der Wissenschaften am 28 mars 1860, von Dr Georg. Thom. **von Rudhart**. Munich, 1860, br. in-4.º

— Denkrede auf Alexander von Humboldt, von Carl. Fried. Phil. **Martius**. Munich, 1860, br. in-4.°

— Grenzen und grenzgebiete der Physiologischen forschung, von D.ʳ G. **Harlek**. Munich, 1860, br. in-4.°

— Gedachtniszrede auf Friedrich Tiédemann, von D.ʳ T. L. N. **Bischoff**. Munich, 1861, br. in-4.°

— Ueber brieffteller und formelbucher in Deutschland wahrend des mittesasters, von D.ʳ L. **Rockinger**. Munich, 1861, br. in-4.°

— Rede zur vorseier des einhundert und zweiten stiftungstages der Akademie der Wissenschaften am 26 marz 1861 gehalten von Jussus **Freiherrn** von Liebig. Munich, 1861, br. in-4.°

— Rede inder offentlichen sitzung der Akademie der Wissenschaften am 28 november 1861, von J. F. von **Liebig**. Munich, 1861, br. in-4.°

— Denkrede auf D.ʳ G. T. von Rudhart, von Karl August **Muffat**. Munich, 1861, br. in-4.°

— Denkrede auf Gotthilf Heinrich von Schubert, von D.ʳ Andreas **Wagner**. Munich, 1861, br. in-4.°

— Ueber die lange dauer und die entwickelung der Chinesischen reiches von D.ʳ Joh. H. **Plath**. Munich, 1861, br. in-4.°

— Zum gedachtniss an Jean-Baptiste Biot. Gesprochen in der offentlichen sitzung der K. B. Akademie der Wissenschafsen am 28 mars 1862 von Carl. Frid. Phil. von **Martius**. Munich, 1862, br. in-4.°

— Ueber parthenogenesis, von D.ʳ C. Th. E. von **Siébold**. Munich, 1862, br. in-4.°

— Ueber den regriff der burgerlichen gesellschraft von D.ʳ W. H. **Riehl**. Munich, 1864, br. in-4.°

— Die stellung venedigs in der weltgeschichte von D.ʳ G. M. **Thomas**. Munich, 1864, br. in-4.°

— Chinisische texte zu D.ʳ Joh. H. Plath's abhandlung. — Abthielung II, der cultus der alten Chinessen. Munich, 1864, br. in-4.°

— Konig Maximilian II und die Wissenschaft, rede gehalten inder festzitzung der Akademie der Wissenschaften zu Munchen von J. **Dossinger**. Munich, 1864, br. in-8.°

— Die verhandlungen der protestantischen fursten in den jabren 1590 und 1591 zu grundung einer union, von Kall August **Muffat**. Munich, 1865, br. in-4.°

— Die entwicklung der ideen in der naturwissenschaft, von J. F. von **Liebig**. Munich , 1866 , br. in-4.º

— Die gottesurtheile der Indier von Emil **Schlagintweit**. Munich , 1866 , br. in-4.º

— Die bedeutung moderner gradmessungen, von D.ʳ Carl. Maxim. **Bauernfeind**. Munich , 1866 , br. in-4.º

— Verzeichniss von 9412 æquatorial-sternen zwischent 3.º und— 3.º declination , welche in den Munchener zonen beobachtungen vorkommen , reducirt auf den anfang des jahres 1860 nebft vergleichung mit den beobachtungen von Lalande , Bessel , Rumker und Schjellerup , auf offentliche Kossen herausgegeben von D.ʳ J. **Lamont**. Munich , 1866 , in-8.º

— Ueber einige altere darstellungen der deutschen Kaiserzeit, von D.ʳ W. von **Giesebrecht**. Munich , 1867, br. in-4.º

— Ueber die veschiedenheit in der schadelbildung des Gorilla , Chimpansi und Orang-outang , vorzuglich nach geschlecht und alter , nebst einer bemerkung uber die Darwinsche theorie, von D.ʳ Th. S. **Bischoff**. Munich, 1867 , br. in-4.º

— Ueber die brauchbarkeit der in verschiedenen europaïschen staaten veroffentlichten resultate des recrutirungsgeschaftes zur beurtheilung des entwicklungs , und gesundheits-zustandes ihrer bevolkerungen , von D.ʳ Th. L. **Bischoff**. Munich , 1867 , br. in-8.º

— Zweiundzwanzig tafeln zu der abhandlung des prof. Th. Bischoff uber du schadel der menschenahnlichen asfen. Munich , 1867 , gravures , in-folio.

— Dunkrede auf Heinrich August von Vogel, von August **Vogel**. Munich , 1868 , br. in-8.º

— Ueber die theorien der ernahrung der thierischen organismen , von Carl **Voit**. Munich , 1868 , br. in-4.º

NAMUR. — Annales de la Société archéologique de Namur , 1857-1869. Namur, 6 vol. in-8.º

— Rapports sur la situation de la Société archéologique de Namur , 1864-1868. Namur , in-8.º

NANCY. — Mémoires de l'Académie de Stanislas , 1829-1867. Nancy , 28 vol. in-8.º

— Travaux des Conseils d'hygiène publique et de salubrité du département de la Meurthe, 1856-1857. Nancy , in-8.º

— Compte-rendu des travaux de la Société de médecine de Nancy , 1863-1864. Nancy , br. in-8.º

NANTES. — Annales de la Société académique de Nantes et du

département de la Loire-Inférieure, 1820-1867. Nantes, 43 volumes in-8.⁰

— Journal de la section de Médecine de la Société académique du département de la Loire-Inférieure, 1825-1861. Nantes, 20 vol. in-8.⁰

— Société Nantaise d'Horticulture, 1829-1852. Nantes, 2 vol. in-8.⁰

NAPLES. — Atti della reale Accademia delle scienze, sezione della Societa reale Borbonica, 1819-1843. Naples, 5 vol. in-4.⁰

NAPOLÉON-VENDÉE. — Annuaire de la Société d'émulation de la Vendée, 1854, 1860. Napoléon-Vendée, 2 vol. in-8.⁰

NICE. — Annales de la Société des Lettres, Sciences et Arts des Alpes maritimes, 1865. Nice, in-8.⁰

— Bulletin de la Société centrale d'Agriculture, d'Horticulture et d'Acclimatation de Nice et du département des Alpes maritimes, 1861-1863. Nice, in-8.⁰

NIMES. — Mémoires de l'Académie du Gard, 1832-1867. Nimes, 21 vol. in-8.⁰

— Bulletin de la Société d'Agriculture du Gard, 1855-1868. Nimes, 2 vol. in-8.⁰

NIORT. — Journal de la Société d'Agriculture et des Comices agricoles du département des Deux-Sèvres, 1853-1854. Niort, in-8.⁰

NOGENT-SUR-SEINE. — Bulletin de la Société d'agriculture de l'Aube, 1859. Nogent-sur-Seine, in-8.⁰

ORLÉANS. — Mémoires de la Société archéologique de l'Orléanais, 1853, 1855, 1860. Orléans, 3 vol. in-8.⁰

— Atlas des Mémoires de la Société archéologique de l'Orléanais, 1853, 1866. Orléans, in-folio.

— Bulletin de la Société archéologique de l'Orléanais, 1848-1867. Orléans, in-8.⁰

— Bulletin du Comice agricole de l'arrondissement d'Orléans. Orléans, 1866, br. in-8.⁰

PARIS. — Mémoires de la Société impériale des antiquaires de France, 1826-1868. Paris, 15 vol. in-8.⁰

— Bulletin de la Société impériale des antiquaires de France, 1857-1867. Paris, 8 vol. in-8.⁰

— Annuaire de la Société impériale des antiquaires de France, années 1848, 1449, 1850, 1852, 1855. Paris, 5 vol. in-16.

— Revue archéologique, ou recueil de documents et de mémoires relatifs à l'étude des monuments, à la numismatique et à la phylologie de l'antiquité et du moyen-âge, publiés par les principaux archéologues français et étrangers, 1862-1868. Paris, 9 vol. in-8.°

— Annuaire publié par le Bureau des Longitudes, 1837-1862. Paris, 16 vol. in-24.

— Annuaire du Bureau des Longitudes, années, 1863, 1864, 1865 et 1867. Paris, 4 vol. in-16.

— Mémoires d'agriculture, d'économie rurale et domestique, publiés par la Société impériale et centrale d'Agriculture de France, 1807-1868. Paris, 50 vol. in-8.°

— Bulletin des séances de la Société impériale et centrale d'Agriculture de France, 1841-1869. Paris, 24 vol. in-8.°

— Rapports sur les travaux de la Société royale et centrale d'Agriculture, pendant les années 1819, 1820 et 1822, par M. **Silvestre**, secrétaire perpétuel. Paris, Mme Huzard, 3 br. in-8.°

— Annuaire de la Société centrale d'Agriculture, années 1817, 1819, 1821, 1824, 1825, 1834, 1839. Paris, 7 vol. in-12.

— Annales de la Société impériale d'Horticulture de Paris et centrale de France, journal spécial de l'état et des progrès du jardinage, 1827-1854. Paris, 26 vol. in-8.°

— Journal de la Société impériale et centrale d'Horticulture de France (*Suite du précédent*), 1855-1869. Paris, 14 vol. in-8.°

— Mémoires et travaux de la Société d'ethnographie, 1860-1869. Paris, 3 vol. in-8.°

— Rapport annuel sur les travaux de la Société d'ethnographie et sur les progrès des sciences ethnographiques, pendant l'année 1864, par Léon **de Rosny**. Paris, br. in-8.°

— Exposé général de la Société ethnographique. Paris, 1819, br. in-8.°

— Annuaire de la Société d'ethnographie, par **Castaing**, année 1861. Paris, in-12.

— Annuaire de la Société d'ethnographie publié avec le concours de la Commission des travaux littéraires, par Alfred **Ledier**. Paris, 1864, br. in-12.

— Annuaire de la Société philotechnique, 1855, 1858, 1861, 1862, 1864. Paris, 5 vol. in-16.

— Annuaire de la Société philotechnique, 1866-1868. Paris, 3 vol. in-8.°

— Revue artistique et littéraire, 1865-1869. Paris, 7 vol. in-8.°

— Bulletin de là Société d'encouragement pour l'industrie nationale , 1858 , 1865 à 1869. Paris , 6 vol. in-4.°

— Mémoires et compte-rendu des travaux de la Société des ingénieurs civils , 1858-1868. Paris , 11 vol. in-8.°

— Comptes-rendus des séances de la Société des ingénieurs civils , 1864-1867. Paris , 2 vol. in-8.°

— Bulletin de la Société géologique de France , 1831-1868. Paris , 13 vol. in-8.°

— Bulletin de la Société protectrice des animaux , 1859-1869. Paris , 11 vol. in-8.°

— Bulletin mensuel de la Société impériale zoologique d'acclimatation , 1866-1869. Paris , 4 vol. in-8.°

— Annuaire philosophique , examen critique des travaux de physiologie , de métaphysique et de morale accomplis dans l'année , par Louis-Auguste **Martin** , 1867-69. Paris , 2 vol. in-8.°

— Journal d'éducation populaire , bulletin de la Société pour l'instruction élémentaire , 1867-1869. Paris , 3 vol. in-8.°

— Revue des Sociétés savantes des départements , publiée sous les auspices du Ministre de l'instruction publique , 1854-1869. Paris , 29 vol. in-8.°

— Mémoires lus à la Sorbonne dans les séances extraordinaires du Comité impérial des travaux historiques et des sociétés savantes : Histoire , Philologie et Sciences morales , 1863-1868. Paris , 6 vol. in-8.°

— Mémoires lus à la Sorbonne dans les séances extraordinaires du Comité impérial des travaux historiques et des sociétés savantes : Archéologie , 1862-1868. Paris , 6 vol. in-8.°

— Annuaire de l'Institut des provinces et des Congrès scientifiques , 1846, 1851 , 1854 , 1856 , 1857 , 1858. Paris , 6 vol. in-12.

— Annuaire de l'Institut des provinces , des Sociétés savantes et des Congrès scientifiques , 2.ᵉ série , t. II. Paris , Caen , 1860 , in-8.°

PERPIGNAN. — Société agricole , scientifique et littéraire des Pyrénées-Orientales , 1841-1868. Perpignan , 11 v. in-8.°

PESARO. — Esercitazioni del l'Accademia agraria di Pesaro , 1850-1861. Pesaro , 3 vol. in-8.°

— Dei lavori dell' Accademia agraria di Pesaro nell' ultimo quinquennio per Luigi **Guidi**. Pesàro , 1861 , br. in-8.°

PHILADELPHIE. — Laws and regulations of the american philosophical Society , as finally amended and adopted , december 16, 1859, together with the charter of the Society, and a list of its members. Philadelphie, br. in-8.°

— Transactions of the american philosophical Society, held at Philadelphia, for promoting useful Knowledge, 1818-1865. Philadelphie, 13 vol. in-4.°

— Proceedings of the american philosophical Society, held at Philadelphia, for promoting useful Knowledge, 1838-1866. Philadelphie, 11 vol.; in-8.°

— Catalogue of the american philosophical Society library. Philadelphie, 1863-66, 2 vol. in-8.°

— Early history of the american philosophical Society; a discourse prononced by appointment of the Society, at the celebration of its hundredth anniversary, by Robert M. **Patterson**. Philadelphie, 1843, br. in-8.°

— A public discourse in commemoration of Peter's du Ponceau, late president of the american philosophical Society, delivered before the Society pursuant to appointement by Robley Dunglison. Philadelphie, 1844, br. in-8.°

—. Account of the proceedings on laying the corner stone of the Girard college for orphans, on the fourth of july 1835: together with the address, pronounced on that occasion at the request of the building committee, by Nicolas **Biddle**. Philadelphie, 1853, br. in-8.°

— Annual report of the controllers of the public schools of the first school district of Pennsylvania, comprising the city of Philadelphia, for the year ending december 31, with their accounts, 1855-1857. Philadelphie, 3 vol. in-8.°

— The annual report of the board of managers of the house of refuge, with the annual statement of the treasurer, the annual report of the superintendents, etc. Philadelphie, 1867, br. in-8.°

— The annual report of the board of directors of the Pennsylvania institution for the deaf and dumb for 1866. Philadelphie, br. in-8.°

— The journal of prison discipline and philantropy, 1867. Philadelphie, br. in-8.°

— Introductory report of the commissioner of patents for 1863. Philadelphie, br. in-8.°

— The public ledger building, Philadelphia: with an account of the proceedings connected with its opening june 20, 1867. Philadelphie, George Childs, 1868, in-8.°

25

— Proceedings of the Academy of natural sciences of Philadelphia, 1846-1867. Philadelphie, 14 vol. in-8.º

— A notice of the origin, progress, and present condition of the Academy of natural sciences of Philadelphia by W. S. W. **Ruschenberger**. Philadelphie, 1852, br. in-8.º

— Act of incorporation and by laws of the Academy of natural sciences of Philadelphia. Philadelphie, 1857, in-8.º

— Journal of the Academy of natural sciences of Philadelphia, 1847-1867. Philadelphie, 6 vol. in-4.º

— American zoological, botanical, and geological bibliography, for the year 1851, by Charles **Girard**. Philadelphie, br. in-8.º

— Reports of a geological reconnoissance of the southern and middle counties of Arkansas. Philadelphie, 1858-1859, 2 vol. in-8.º

— Catalogue of the invertebrate fossils of the cretaceous formation of the United States, with references, by Wm. M. **Gabb**. Philadelphie, 1859, in-8.º

— Catalogue of the fishes of the eastern coast of north America, from Groenland to Georgia, by Theodore **Gill**. Philadelphie, 1861, in-8.º

— Proceedings of the american Academy of arts and sciences, 1860-1866. Philadelphie, 2 vol, in-8.º

POITIERS. — Mémoires de la Société des antiquaires de l'Ouest, 1863. Poitiers, in-8.º

— Bulletin de la Société académique d'agriculture, belles-lettres, sciences et arts, de Poitiers, 1825-1869. Poitiers, 13 vol. in-8.º

PUY. — Annales de la Société d'Agriculture, Sciences, Arts et Commerce du Puy, 1848-1867. Puy, 19 vol. in-8.º

RENNES. — Annales de la Société d'Agriculture et d'Industrie du département d'Ille-et-Vilaine, 1833-1842. Rennes, in-8.º

— Mémoires de la Société des Sciences physiques et naturelles d'Ille-et-Vilaine. Rennes, 1863, in-8.º

RODEZ. — Bulletin de la Société d'Agriculture de l'Aveyron, 1838-1847. Rodez, 3 vol. in-8.º

ROME. — Atti dell' Accademia pontificia de' nuovi lincei compilati del segretario, 1854-1865. Roma, in-4º.

ROUEN. — Rapport sur les travaux de l'Académie de Rouen (classe des Sciences), pendant les années 1848, 1849, 1854-1857, par M. J. **Girardin**, secrétaire. Rouen, Péron, 4 br. in-8.º

— Rapport sur les travaux de la classe des Sciences de l'Académie de Rouen, par M. A. **Lévy**. Rouen, Péron, 1859, br. in-8.°

— Bulletin de la Société impériale et centrale d'Horticulture du département de la Seine-Inférieure, 1837-63. Rouen, 2 vol. in-8.°

— Extrait des travaux de la Société centrale d'Agriculture du département de la Seine-Inférieure; 1844, in-8.°

— Union médicale de la Seine-Inférieure, journal de la Société de médecine de Rouen, 1863-64. Rouen, in-8,°

— Bulletin des travaux de la Société libre des Pharmaciens de Rouen, 1851, in-8.°

— Bulletin des travaux de la Société libre d'Emulation du commerce et de l'industrie de la Seine-Inférieure, 1810-1860. Rouen, 34 vol. in-8.°

— Précis analytique des travaux de l'Académie impériale des Sciences, Belles-Lettres et Arts de Rouen, 1831-1867. Rouen, 26 vol. in-8.°

— Revue de la Normandie : Littérature, Sciences, Beaux-Arts, Histoire, Archéologie, par une société d'hommes de lettres de la Normandie. Rouen, 1862, 2 vol. in-8.°

ROCHEFORT.— Travaux de la Société d'Agriculture, des Belles-Lettres, Sciences et Arts de Rochefort, 1854-1865. Rochefort, 9 vol. in-8.°

REIMS. — Travaux de l'Académie impériale de Reims, 1842-1865. Reims, 40 vol. in-8.°

SAINT-ETIENNE. — Annales de la Société impériale d'Agriculture, Industrie, Sciences, Arts et Belles-Lettres du département de la Loire, 1861-68. Saint-Etienne, 8 vol. in-8.°

— Bulletin de la Société agricole et industrielle de l'arrondissement de Saint-Etienne, 1820-1856. Saint-Etienne, 20 vol. in-8.°

SAINT-JEAN D'ANGELY. — Bulletin des travaux de la Société historique et scientifique de Saint-Jean d'Angély, 1865-1866. Saint-Jean d'Angély, 2 vol. in-8.°

SAINT-LOUIS. — The transactions of the Academy of science of Saint-Louis, 1857-58. Saint-Louis, 2 vol. in-8.°

SAINT-OMER. — Mémoire de la Société des Antiquaires de la Morinié, 1844-1869. Saint-Omer, 4 vol. in-8.°

— Bulletin historique de la Société des Antiquaires de la Morinie, 1852-1869. Saint-Omer, 5 vol. in-8.°

— Mémoires de la Société d'Agriculture de l'arrondissement de Saint-Omer, 1837. Saint-Omer, in-8.°

— Bulletin de la Société d'Agriculture de l'arrondissement de Saint-Omer, 1855-1864. Saint-Omer, in-8.º

SAINT-PÉTERSBOURG. — Mémoires de l'Académie impériale des Sciences de Saint-Pétersbourg; VI.ᵉ série: Sciences politiques, Histoire et Philologie, 1841-1859. Saint-Pétersbourg, 5 vol. grand in-4.º

— Mémoires de l'Académie impériale des Sciences de Saint-Pétersbourg. VI.ᵉ série: Sciences mathématiques, physiques et naturelles, 1841-1859. Saint-Pétersbourg, 9 vol. grand in-4.º

— Mémoires de l'Académie impériale des Sciences de Saint-Pétersbourg. VII.ᵉ série : 1859-1868. Saint-Pétersbourg, 12 vol. grand in-4.º

— Mémoires de l'Académie impériale des Sciences de Saint-Pétersbourg : Savants étrangers, 1841-1859. Saint-Pétersbourg, 6 vol. grand in-4.º

— Bulletin de l'Académie impériale des Sciences de Saint-Pétersbourg, 1860-1867. Saint-Pétersbourg, 13 vol. grand in-4.º

— Compte-rendu de l'Académie impériale des Sciences de Saint-Pétersbourg, 1852-56. Saint-Pétersbourg, 4 vol. in-8.º

— Recueil des Actes des Séances publiques de l'Académie impériale des sciences de Saint-Pétersbourg, 1840-1848. Saint-Pétersbourg, 3 vol. grand in-4.º

SAINT-POL. — Bulletin des travaux de la Société d'Agriculture de l'arrondissement de Saint-Pol, 1862-69. Saint-Pol, 2 vol. in-8.º

SAINT-QUENTIN. — Société académique de Saint-Quentin : Annales agricoles, scientifiques et industrielles du département de l'Aisne, 1826-1854. Saint-Quentin, 20 vol. in-8.º

— Travaux de la Société académique des Sciences, Arts, Belles-Lettres, Agriculture et Industrie de Saint-Quentin, 1834-42, 1855-67. Saint-Quentin. 10 vol. in-8.º

— Bulletins du Comice agricole de l'arrondissement de Saint-Quentin, 1852-1868. Saint-Quentin, 15 vol. in-8.º

SOISSONS. — Bulletin de la Société archéologique, historique et scientifique de Soissons; 1868, in-8.º

STRASBOURG. — Mémoires de la Société d'Histoire naturelle de Strasbourg, 1835-66, 5 vol. in-4.º

— Nouveaux Mémoires de la Société des Sciences, Agriculture et Arts du Bas-Rhin; 1811-1868. Strasbourg, 14 vol. in-8.º

TOULON. — Bulletin semestriel de la Société des Sciences, Belles-Lettres et Arts du département du Var, séant à Toulon, 1856-1866. Toulon, 5 vol. in-8.°

TOULOUSE. — Journal d'Agriculture pratique et d'Economie rurale, pour le Midi de la France, publié par les Sociétés d'Agriculture de la Haute-Garonne et de l'Ariège. 1852-1869. Toulouse, 18 vol. in-8.°

— Journal des Propriétaires ruraux, pour le Midi de la France, rédigé par des Membres de la Société royale d'Agriculture de Toulouse, 1816-1835. Toulouse, 19 vol. in-8.°

— Mémoires de l'Académie impériale des Sciences, Inscriptions et Belles-Lettres de Toulouse, 1825-1866. Toulouse, 34 volumes in-8.°

— Travaux de la Société impériale de Médecine, Chirurgie et Pharmacie de Toulouse, 1861-68. Toulouse, 2 vol. in-8.°

— Bulletin de la Société impériale de Médecine, Chirurgie et Pharmacie de Toulouse, 1863-66. Toulouse, 2 vol. in-8.°

— Revue médicale de Toulouse, publiée par la Société impériale de Médecine, Chirurgie et Pharmacie, 1867-1869. Toulouse, 2 vol. in-8.°

— Annales de la Société d'Horticulture de la Haute-Garonne, 1859-62. Toulouse, 3 vol. in-8.°

— Mémoires de la Société impériale d'Archéologie du Midi de la France, établie à Toulouse, 1840-1868. Toulouse, 6 vol. in-4.°

— Recueil de l'Académie des jeux floraux, 1806-1862. Toulouse, 32 vol. in-8.°

— Bulletin de la Société d'Histoire naturelle de Toulouse, 1866-1867. Toulouse, br. in-8.°

TOURNAI. — Mémoires de la Société historique et littéraire de Tournai, 1853-1867. Tournai, 9 vol. in-8.°

— Bulletin de la Société historique et littéraire de Tournai, 1849-1868. Tournai, 12 vol. in-8.°

TOURS. — Annales de la Société d'Agriculture, Sciences. Arts et Belles-Lettres du département d'Indre et Loire, 1806-1869. Tours, 28 vol. in-8.°

— Recueil des travaux de la Société médicale du département d'Indre et Loire, année 1862. Tours, Ladevèze, br. in-8.°

TROYES. — Mémoires de la Société académique d'Agriculture,

des Sciences, Arts et Belles-Lettres du département de l'Aube. 1820-66. Troyes, 36 vol. in-8.º

TULLE. — Bulletin de la Société historique et littéraire du Bas-Limousin, 1857. Tulle, in-8.º

VALENCE. — Bulletin de la Société de Statistique des Arts utiles et des Sciences naturelles du département de la Drôme, 1837-43. Valence, 2 vol. in-8.º

— Bulletin des travaux de la Société départementale d'Agriculture de la Drôme, 1836-53, 1865-69. Valence, 3 vol. in-8.º

VALENCIENNES. — Mémoires de la Société d'Agriculture, Sciences et Arts de Valenciennes, 1832-1853. Valenciennes, 9 vol. in-8.º

— Revue agricole, industrielle et littéraire du Nord, publiée sous le patronage de la Société d'Agriculture, Sciences et Arts de Valenciennes, 1849-69. Valenciennes, 23 vol. in-8.º

VANNES. — Bulletin de la Société polymatique du Morbihan, 1868. Vannes, in-8.º

VENISE. — Mémorie del reale Istituto Veneto di Scienze, Lettere ed Arti, 1868. Venise, in-4.º

— Atti del reale Istituto Veneto di Scienze, Lettere ed Arti, 1867-1869. Venise, 2 vol. in-8.º

VERSAILLES. — Mémoires de la Société des Sciences morales, des Lettres et des Arts de Seine et Oise, 1847-66. Versailles, 7 vol. in-8.º

— Mémoires de la Société d'Agriculture et des Arts du département de Seine-et-Oise, 1820-1864. Versailles, 23 vol, in-8.º

— Mémoires de la Société des Sciences naturelles de Seine-et-Oise, 1835-1842. Versailles, 2 vol. in-8.º

— Mémoires de la Société des Sciences naturelles et médicales de Seine-et-Oise, 1864-65. Versailles, in-8.º

— Bulletin de la Société d'Agriculture et des Arts de Seine-et-Oise, 1866-1869. Versailles, 4 vol. in-8.º

VESOUL. — Recueil agronomique, industriel et scientifique, publié par la Société d'Agriculture de la Haute-Saône, 1853. Vesoul, in-8.º

— Mémoires de la Commission d'Archéologie et des Sciences historiques, 1867. Vesoul, in-8.º

VIENNE. — Verandlungen der Kaiserlich-Koniglichen Zoologisch-Botanischen Gesellschaft in Wien, 1860-1868. Vienne, 8 vol. in-8.º

— Personen-, orts- et sach- Register der zweiten sunfja-
   hrigen Reihe (1856-60) der sitzungs berichte und abhandlungen der Wiener zoologisch botanischen Gesel-
   lschaftt, von A. Fr. Grafen Marschall. Vienne, 1862,
   in-8.º

— Verandlungen der Kaiserlich - Koniglich geologischen
   Reichsanstalt, 1867-69. Vienne, grand in-8.º

— Jahrbuch der Kaiserlich-Koniglichen geologischen Reichs
   anstalt, 1850-1869. Vienne, 19 vol. grand in-8.º

— Diagnosen der in Ungarn und Slavonien bisher beobach-
   teten gefasspflanzen welche in Koch's synopsis nicht
   enthalten sind, von D.ʳ August **Neilrich**. Vienne,
   1867, in-8.º

— Beitrag zu einer monographie der Sciarinen von Jop.
   Winnertz in Crefeld. Vienne, 1867, in-8.º

— Die diatomeen der hohentatra bearbeitet von J. **Schu-
   mann**. Vienne, 1867, in-8.º

— Contribuzione pella fauna dei molluschi dalmati per Spi-
   ridione **Brusina**. Vienne, 1866, in-8.º

— Nachtrage zur Flora von Nieder - oesterreich von D.ʳ
   August **Neilrich**. Vienne, 1866, in-8.º

— Ueber die bisher eingelangten diessjahrigen Berichte von
   landwirthschaftlichen Insektenschaden. Von Georg **Ritter** von **Fravenfeld**. Vienne, 1866, br. in-8.º

— Zoologische miscellen: IX et X, von Georg **Ritter** von
   Frauenfeld. Vienne, 1866, br. in-8.º

— Veitere mittheilung uber die rapswespe von Georg **Ritter**
   von **Frauenfeld**. Vienne, 1866, br. in-8.º

— Die vegetations verhaltnisse von Croatien von D.ʳ August
   Neilrich. Vienne, 1868, in-8.º

— Die zoophyten und echinodermen des Adriatischen mee-
   res, von prof. Cam. **Heller**. Vienne, 1868, in-8.º

VITRY-LE-FRANÇOIS. — Société des Sciences et Arts de Vitry-
   le-François, 1861-1868. Vitry-le-François, 2 vol. in-8.º

WASHINGTON. — Smithsonian contributions to knowledge,
   1848-1847. Washington, 11 vol. in-4.º

— Directions for collecting, preserving, and transporting
   specimens of natural history, prepared for the use of
   the Smithsonian Institution. Washington, 1852-1854,
   2 br. in-8.º

— List of works published by the Smithsonian Institution.
   Washington, br. in-8.º

— Publications of learned societies and periodicals in the

library of the Smithsonian Institution , december 31 , 1854 , part. I. Washington , in-4.°

— List of foreign institutions in correspondence with the Smithsonian Institution. Washington 1854 , 1856 , 2 br. in-8.°

— List of foreign correspondents. Washington 1860 , br. in-8.°

— Catalogue of publications of the Smithsonian Institution corrected to june 1862 , Washington , br. in-8.°

— Smithsonian miscellaneous collections, 1862-1867. Washington , 7 vol. in-8.°

— Annual report of the board of regents of the Smithsonian Institution , showing the operations , expenditures , and condition of the Institution , 1849-1867. Washington , 17 volumes in-8.°

— Discourse on the objects and importance of the national institution for the promotion of science , by Joel R. **Poinsett**. Washington , 1841 , br. in-8.°

— Report on the geology and topography of a portion of the lake superior land district , in the State of Michingan, 1850. Washington , in-8.°

— Report of hon. T. **Butler King** on California. Washington , 1850 , br. in-8.°

— Report of the Smithsonian Institution , on the history of the discovery of Neptune, by Benjamin **Apthrop Gould** Washington , 1850 , br. in-8.°

— Smithsonian report on recent improvements in the chemical arts by prof. James C. **Booth** , and **Campbell Morfit**. Washington , 1851 , in-8.°

— Portraits of north American Indians , with sketcher of scenery , etc. , painted by J. M. **Stanley**. Washington, 1852 , br. in-8.°

— The relations of the english language to the teutonic and classic branches of the indo-european family of languages , with remarks on the study of the anglo-saxon by John S. **Hart**. Washington , 1854 , br. in-8.°

— Results of meteorological observations , made under the direction of the United States patent office and the Smithsonian Institution , from the year 1854 to 1859 inclusive. Washington , 1861-64 , 2 vol. in-4.°

— An account of the Smithsonian Institution , its founder, building , operations, etc., prepared from the reports of prof. **Henry** to the regents and other authentic sources. Washington , 1857 , br. in-8.°

— Report of the Commissioner of patents : Agriculture, années 1854 à 1861. Washington, 6 vol. in-8.º

— Report of the Commissioner of agriculture, 1866. Washington, in-8.º

— Monthly reports of department of agriculture, for the year 1866 und 1867. Washington, 2 vol. in-8.º

— Annual report of the Commissioner of patents, 1861-1866. Washington, 11 vol. in-8.º

— Report of the superintendent of the censors, 1851-1852. Washington, in-8.º

— Report of the select committee of the house of representatives to which were referred the messager of the president U. S. With accompanging documents ; and a report and resolutions of the legislature of Georgia. Washington, 1827, in-8.º

·· Message from the president of the united states, to the two houses of congress, at the commencement of the first session of the thirty-first congress. Washington, 1849-50, 2 vol. in-8.º

— Report of the secretary of war, with accompanying papers, 1866. Washington, in-8.º

YPRES. — Annales de la Société historique, archéologique et littéraire de la ville d'Ypres et de l'ancienne West-Flandre, 1861-1863. Ypres, 3 vol. in-8.º

TABLE DES NOMS D'AUTEURS.

Balbis (J. B.), 1316, 1382, 1402, 1403, 1404, 1405.
Barberino, 3865.
Barbier-Vémars (J. N.), 397, 398.
Barker-Webb (Phil.), 1400.
Baronnat (l'Abbé), 798.
Barral (J. A.), 4564.
Barrau (P. B.), 2337.
Barrère (Pierre), 1198.
Barrot (Odilon), 801.
Barry (Edward), 3703.
Batailhé (J.), 2904.
Batailler (A. P. E.), 2127.
Baucarne-Leroux, 2149.
Baudet-Lafarge, 1832, 2152.
Baudrillard, 2487.
Baudrimont (A.), 1216, 2119, 2980.
Baumann (P.), 3359.
Bazelaire (de), 2486.
Bazin (C.), 1981.
Beauclas (de), 3881.
Beaugrand (C.), 2519.
Beaumont (Elie de), 1288.
Beaupoil (Armand), 2703, 2725, 2738, 2741, 2802, 2905, 2908.
Beausobre (de), 297, 298.
Beautemps-Beaupré (C. F.), 3838.
Beauvais (C.), 1874.
Beauzée, 3372.
Béclard (J.), 2579.
Becquet de Mégille, 896.
Becquey, 752.
Bégin (Em.), 4243.
Bélanger (Ch.), 458.
Bella (A.), 2045.
Bellardi (Luigi), 1709, 1715, 1716, 1717, 1927, 1928.
Bellecombe (de), 4324.
Bellermann (Fr.), 3289.
Bélon (Pierre), 1185, 1186, 1628, 1657.
Benoit, 2362.
Benson (W. H.), 1682.
Bentz (L.), 2069.
Benvenuti (A.), 2233.
Berchet (Guglielmo), 4003.
Berchon, 2861.

Berger de Xivrey, 4189.
Bergerot (A.), 4182.
Bergery (C.), 3012, 3058.
Berglund (E. H.), 1965.
Bergmann (F. G.), 3521, 3522, 3722, 3723, 3859, 3863, 3886.
Berkeley (M. J.), 1157, 1235, 1473, 1474, 1475, 1476, 1479, 1480, 1481, 1482, 1483, 1484, 1485, 1486, 1487, 1488, 1489, 1490, 1491, 1492, 1493, 1494, 1495, 1496, 1497, 1498, 1499, 1501, 1691, 1692.
Bernard (Henri), 4087.
Bernard (l'Abbé), 352.
Bernard-Derosne, 2792.
Bernier, 2301.
Berr (Michel), 3468.
Berryer, 801.
Bertherand (E. L.), 2512, 2531, 2618, 2657, 2693, 2753, 2804, 2805, 2806, 2829, 2884, 2900, 2903, 2947.
Berthier, 2100.
Berton (H.), 3299.
Bertrand, 3563.
Bertrand (F.), 4457.
Bertrand (Raymond de), 3300, 3974, 4148, 4150, 4151, 4152 4153, 4160, 4162, 4163, 4166, 4171, 4183, 4425, 4484, 4485, 4486.
Berville, 801.
Besnou (L.), 495, 535, 564, 1090, 1374, 1444, 1478, 2230, 2438, 2544, 2545, 2546.
Bethmont (Réné), 2252.
Beudant (F. S.), 1215.
Beulé, 3242.
Biasoletto (B.), 1521.
Biberstein – Kasimirski (de), 3700.
Bidard, 2433.
Bidard (A.), 2744, 2764, 2907.
Bidaut (J. N.), 204, 205, 3714.
Bigant, 4603.
Bie (Jacques de), 4451.
Bigo (Emile), 1130.
Billet, 803, 809.

Bingham, 3264.
Biot (J. B.), 1046.
Bir (H.), 1624.
Bis (Hippolyte), 3482, 3484, 3529, 4571.
Bisson, 510, 512.
Bixio (Alex.), 2030.
Blaikie (Francis), 2176.
Blainville (de), 853, 1523.
Blanchart (Emile), 1536, 1592, 1669, 1735.
Blandin, 2916.
Blanpignon, 2745.
Blanquart-Evrard, 3260, 3261, 3262.
Blatin (H.), 2696.
Bligh (William), 3981.
Bloeme (l'Abbé Ad.), 3938, 4164.
Blommaert, 4393.
Blondel de Neele, 3567.
Blume (C. L.), 1413.
Blumenbach. (J. F.), 1468.
Bobierre, 2416.
Bœek (W.), 2623.
Boheman (C. H.), 1852.
Boisduval (J. A.), 1791, 1794, 1862.
Boissonneau, 2663.
Bonafous (Mathieu), 418, 1610, 2183, 2286, 2287, 2288, 2289, 2294, 2295, 2302, 2303, 2384, 2612, 4529.
Bonaparte (Napoléon Louis), 681.
Bonard (J.), 2524.
Bonelli (André), 1770.
Bonjean (Joseph), 2267.
Bonnet (Auguste), 554.
Bonnez (L. C.), 71.
Bonnier, 74, 75, 802.
Bonpland (A.), 1357, 1576.
Bonvarlet (A.), 4143, 4144, 4145, 4146, 4157, 4186, 4392, 4464, 4647.
Bonvoisin, 1230.
Borcht (P. de), 4639, 4640.
Bordeaux (Raymond), 3809, 4600.

Bordier, 2347.
Borelli (Pasquale), 4516.
Borie (Victor), 845.
Bormans (J. H.), 1341.
Bornot, 1071.
Bortier (P.), 2166, 2432, 2436, 2440, 2441, 2444.
Bory de Saint-Vincent, 854.
Bos (H.), 265, 3055, 3080.
Bosc, 502, 1189, 2409, 2431.
Bosson (A.), 2488.
Botta (P. E.), 4333.
Bottin (Sébastien), 409, 500, 2828, 4278, 4337, 4353, 4499.
Bottin, 2205, 2206, 2352.
Bouchard (J. N.), 2084.
Bouchard-Chantereaux, 1694, 1695, 1696, 1697.
Bouchardat, 2503, 4527.
Bouché de Vitray, 2683.
Boucher de Perthes, 194, 195, 196, 1564, 1565, 4286.
Bouillaud, 2942.
Bouiller (F.), 136.
Bouillet (J. B.), 1226, 1279, 1296, 1667, 1688, 3808, 4235, 4258, 4315, 4328.
Boulet (J. B. J.), 2524.
Bouley (H.), 2935.
Boullay, 579.
Boullée (A.), 4002.
Boullenois (Frédéric de), 2292.
Bouquet (Martin), 3874.
Bourdon (Madame), 3730, 3731.
Bourdon (H.), 66, 1874, 2291, 2309, 2311.
Bourdon, 3006, 3007, 3008, 3027, 3028, 3030, 3052.
Bourdot de Richebourg (Charles) 56.
Bourgeois (Xavier), 2562, 2563.
Bourgeois (D.), 274.
Bourgon, 4350.
Bourguet (J. B. du), 562.
Bourianne (G. M. de), 4357.
Bourlet (l'Abbé), 1417, 2010, 2011, 3673.
Boutard (Charles), 795.
Bouteiller, 2598.

C.

D.

3425, 3468, 3530, 3896, 4010, 4238, 4240, 4241.

Duméril (A.), 1647.

Duméril (Constant), 1169, 1548, 1574, 1647, 1729, 1730, 1994, 1997.

Dumesnil-Marigny, 309, 655.

Dumont (A. F.), 3575.

Dumortier (B.), 1192, 1367, 1395, 1420, 1427, 1466, 2470.

Dumoulin, 3456.

Dunand (J.), 2083.

Dupasquier (Alp.), 2858.

Dupin (Charles), 413, 522, 3083.

Duponchel, 1747, 1864.

Dupont (J. B.), 4076.

Dupont, 378.

Dupont, 609.

Dupont de Nemours, 1160.

Dupuis (Albert), 3906, 4481, 4482, 4483.

Dupuis (Aristide), 2463.

Durand, 2465.

Durand (Quentin), 2115.

Durand - Fardel, 2639, 2640, 2641, 2642, 2643, 2824.

Dureau (Alexis), 4661.

Dureau (Louis), 3652.

Durieux (A.), 4691.

Dusevel, 4309.

Dusseau (J.), 2604.

Duthillœul (H. R.), 3801, 4054, 4135, 4136, 4487, 4488, 4489, 4663.

Dutilleul (J.), 3650.

Dutoit (Benoit Edouard), 2931.

Dutrochet, 1654.

Dutrone (J. F.), 459, 839.

Duverne (T.), 3108.

Duvernoy (G. L.), 1175, 1176, 1554, 1556, 1559, 1560, 1561, 1581, 1655, 1660, 1663, 1993, 2012.

Duvivier de Streel (l'Abbé Ch.), 3543.

E.

Ecrement (A.), 1164.

Edwards (F.), 327.

Edwards, 1338.

Edwards (W. F.), 3422, 3846, 3860.

Eenens (A.), 2172.

Elice (Ferdinando), 898.

Ehrenberg (D. C. G.), 1166.

Engramelle, 1863.

Enschedé (A. J.), 4453.

Erard (Sébastien), 3315.

Escallier, 2212.

Eschenauer (A.), 4, 5, 6, 2852.

Esquelbecq (d'), 4094.

Estaintot (le comte d'), 2164.

Estancelin, 705.

Esterno (d'), 2125.

Etienne, 3456.

Eucher (F. M.), 3325, 3339, 3340.

Euler (Léonard), 3171.

Evrard (Cl.), 1018.

F.

Fabre (D.), 542.

Fabre-Palaprat, 608.

Fabrégat (A.), 4631

Fabricius (J. C.), 1722, 1749, 1751, 1755, 1756, 1757, 1758, 1759, 1760.

Faguet (Victor), 3478, 3545.

Faidherbe (L.), 3788, 3792, 3800, 4033, 4044.

Faidherbe (A.), 4057.

Falconer (H.), 1621.

Fallue (Léon), 363, 3894, 4320.

Fauchet, 2163.

Faucompré (Casimir), 3599, 3600.

Faure (Hippolyte), 4632.

Fée (A. L. A.), 144, 200, 1179, 1209, 1329, 1337, 1342, 1351,

G.

Guenon (François) , 2377.
Guérard (A.) , 893, 2021, 2551 ,
2566 , 2599, 2779, 2839, 2869.
Guérin (F. E.), 1150, 1973, 2000.
Guérin (Jules), 2521 , 2915.
Guérin-Méneville , 1545 , 1808 ,
1811 , 1813, 1873, 1878, 2091,
2306.
Guettard , 1335.
Guiet (E. L.) , 1239 , 1240.
Guilbert (P. J.) , 150, 197, 2849 ,
3581 , 3596 , 4567.
Guillard , 3040.
Guillaume (Ch.) , 2328.

Guillemin (J. J.) , 3904.
Guillemin , 1325 , 1327 , 1414 ,
1437.
Guillery (Ainé) , 481 , 4493.
Guillet (Ad.) , 2904.
Guilmot , 270.
Guilmot , 2203.
Guinon , 595.
Guiraudet , 3021 , 3087, 3097.
Guthlin (Philippe) , 4615.
Guyot (Jules) , 2314 , 2315.
Guyot (Arnold) , 1013.
Gyllenhal (Léonard), 1788, 1852.

H.

Haan (W. de), 1199, 1744, 2019.
Hachette , 2352.
Hagenbach (J.) , 1823.
Haïdinger , 1036.
Haime (Jules) , 2020 , 2024.
Haldeman (F.) , 1825.
Haldat (de) , 914, 915, 917, 920,
921, 926, 948, 949, 3486.
Halma (l'Abbé) , 4335.
Hamonière (G.) , 3413.
Hannequand-Brame (C.) , 460.
Hardouin (Henri) , 4737.
Hardy , 2250.
Hare , 1049.
Hatzfeld (Ad.) , 4652.
Hauer (Fr. de) , 1283.
Haureau (B.) , 4293 , 4294.
Hauterive (A.), 1196, 2524, 4662.
Haüy (l'Abbé), 1213, 1214, 1218.
Havée , 2334.
Havet (Ernest) , 3285 , 4633.
Hay (F.) , 3484.
Hazard-Mirault , 4624.
Hébert (L.) , 2519.
Hécart , 1373.
Hécart (G. A. J.) , 3533.
Hecker (A. F.) , 2775.
Heddebault , 4589.
Heggmann (Alphonse) , 3168.
Hélot (Henri) , 3550.
Hélot (Léon) , 3550.

Hendecourt (Octave d') , 3856.
Hennet , 3509.
Henry (Jos.) , 991.
Hensmans (P. J.) , 1073 , 1089 ,
1119 , 2509 , 2863.
Héré (J.) , 3622, 3623.
Héricart de Thury (le Vicomte),
1309, 2120, 2121, 2130, 2345,
2451, 4507.
Héricourt (Achmet d'), 141, 2856,
3876, 3908, 4187, 4208, 4209,
4352, 4665, 4672.
Herland (A.), 3308.
Hérold , 3485.
Héroguer (l'Abbé) , 353.
Herpin (J. C.) , 235 , 493 , 660 ,
843, 1438 , 1810, 1882, 1883 ,
1884, 2190, 2226 , 2233, 2789,
2876.
Herry , 4393.
Hertel (N.) , 850 , 2191.
Heuschling (Xavier) , 4269.
Hinstin (Gustave) , 262, 3710.
Hombres-Firmas (le Baron L.
A. d') , 867, 963 , 1200 , 1277,
1304 , 1381, 1877, 2293, 2299,
2499 , 3311, 4537.
Homolle (E.) , 2503 , 2791.
Honnorat (L. J.) , 3408.
Houzé de l'Aulnoit (Alfred) ,
2575 , 2852.

Houdoy (J.), 4423 , 4424.
Huber (P.) , 1920.
Huber (François) , 1353 , 1911 , 1972.
Hubert (Louis), 3697.
Hubert-Valleroux , 344 , 345 , 2646, 2647.
Hugueny (C. A.) , 939.
Humbert (Auguste) , 292 , 390.
Humblot-Conté , 2348.
Humboldt (de) , 1357 , 1576.

Humphry-Marschall , 1411.
Hunault de la Peltrie , 2210.
Hunter (John) , 2894.
Huon de Mery , 3564.
Huot (J. J.), 578, 708, 1030, 1233, 1286, 1307, 4027, 4497.
Hurtrel (A.), 3608.
Hurtrel d'Arboval, 2395, 2932 , 2933, 2945, 2946, 2962, 2974.
Huzard , 2076 , 2451.

I.

Imhaus (G.) , 446.

J.

Jacob (A.), 2655.
Jacotot (J.) , 225.
Jacquemont (Victor) , 1597.
Jacquemyns (Ed.), 1094 , 1121.
Jal (A.) , 3396.
Jamet (Emile), 2068.
Jansen (H.) , 332.
Jacquemet , 2855.
Jardin , 2667.
Jarry , 3505 , 3694.
Jault (A. F.) , 3385.
Jauffret , 3634.
Jauffret (Pierre) , 2412.
Jauffret (J.) , 2524.
Jay , 3456.
Jeanron (P. A.), 3218.
Jenner , 2698.
Jobard (J. B.), 254 , 299 , 319 , 320 , 322, 323, 389, 390, 393, 442, 611, 614, 616, 704, 1044, 3111 , 3117.
Jobert , 2916.
Joffrin , 2478.
Johanneau (Eloi) , 1450 , 4344.

Johanys , 1298.
Johnston (F. W.) , 2062.
Joigneaux (P.), 2413.
Joly (N. A.) ; 1599 , 1613 , 2305.
Joncourt (de) , 3026.
Jonglez de Ligne , 603 , 3942 , 4159.
Jordan (Alexis), 1421, 1422, 2466.
Jorio (André de), 3801.
Jouvin (A.) , 568, 913.
Jourdan (A. J. L.) , 1151, 1552 , 1553 , 1598.
Judas, (A. C.), 2570 , 3427, 3428, 3429.
Juillet (J.) , 1321.
Julien (Marc-Antoine) , 220.
Julien (Stanislas) , 2284.
Julien (A.) , 153 , 3633 , 3664 , 3665.
Jurine (L.), 1894.
Jusserand (F.), 685, 2096, 2401, 2419.
Juvénal , 3577.
Juvigny (J. B.), 3014.

K.

Kaula (H.), 2832.
Keller (J. C.) , 1944.
Kerckhoff (J. R. L.), 2583, 2882.
Kerckove (J. R. de), 2747, 4514.

Kerckove d'Exaerde (le Comte de), 2435.
Kergorlay (de) , 840.
Kerthomas (H. L. de), 3947.

Kerwyn de Volkaersbeke (Ph.), 3948, 3956, 4393.
Kestner, 1126.
Kirby (William), 1161.
Klaproth (J.), 971.
Klein (Pierre), 810.
Klein (Jacques Théodore), 1537, 2015.
Klemczynski (Julien), 3316.
Klopstock, 3581.
Knoor (Georges Wolffgang), 1665.
Kolb-Bernard, 686.

Kolb (J.), 1123.
Kopczynskiego (X. O.), 3417.
Kraptius (Jansenius), 3090.
Kremers (C. J.), 3883.
Kuhlmann (Fr.), 420, 462, 466, 569, 570, 571, 572, 617, 667, 725, 754, 4085, 1086, 1087, 1132, 1133, 2428, 2430, 2862.
Kuhn (Charles), 1027.
Kunze (Gustave), 1399, 1463, 1467, 1508, 1509, 1510, 1511, 2704.

L.

Labarraque (A. G.), 2808.
Labarthe, 3835.
Labarthe (Ch. de), 4017, 4036, 4037.
Labbé, 2244, 2258, 2259, 2346, 2352.
Laborde (Léon de), 3275.
Laborde (le Comte Alexandre de), 4288.
La Boulée (Camille de), 2189.
Labus (Giovanni), 4366.
Lacaille (l'Abbé de), 3001, 3002, 3084.
Lacaze-Duthiers, 1689, 1690, 1736, 1737, 2022.
Lacepède (de), 1594.
Lachenée (Bertrand), 1374.
Lachez (Théodore), 550, 551, 877.
Lacodre (J. M. de), 214.
Lacordaire (Th.), 1791, 1830.
Lacretelle, 3456.
Lacroix (S. F.), 3029.
La Faye (Georges de), 2888.
Laffiley, 2217.
La Fons-Mélicocq (le Baron de), 84, 3504, 4050, 4072, 4450.
Laforest, 2353.
Lagarde (le Baron), 3946.
Lagentie de Lavaisse (E.), 303.
Laharpe (Ph. de), 1580.
Lainé, 2281.
Lainé (J. J.), 2050.

Lair (P. A.), 451, 1379, 3228, 3839, 4576.
Lairas (l'Abbé de), 3388.
Laisné (A. M.), 258, 3005.
Lalande (de), 3163.
Laloière (de), 3405.
Lamartine (de), 108, 109, 232, 234, 271, 272, 338, 672, 3477, 3931.
Lamarck (de), 1016, 1189, 1319, 1370, 1549.
Lamare-Piquot, 2235.
Lamarle (G.), 739, 762.
Lambert (G.), 584, 598, 599, 601.
Lambert (Gustave), 3816.
Lambert, 538, 1066.
Lambert (Carlos), 3318.
Lambert d'Ardres, 4207.
Lambertye (Léonce de), 1376.
Lamétherie (J. C. de), 853.
Lamont (J.), 1014, 1015.
Lamotte (Martial), 1375.
Lamy, 548, 1100, 1101, 1102, 1103, 1104.
Lamouroux (J. P.), 1318.
Lamouroux (J. V. F.), 2207.
Lancelot, 3061.
Landouzy (H.), 2679.
Langlebert, 165, 166, 167, 168.
Langlés (L.), 3440.
Lanzi (l'Abbé), 3240.
La Phalecque(Eugène de), 4074.
Lapostolle, 2355, 2356.

M.

Morel-Vindé (le Vicomte de),
317, 326, 709, 713, 1163, 2411,
2113, 2114, 2361, 2389, 2390,
2391, 2392, 2393, 2396, 2970,
2972, 2975.
Moret de Moy, 807.
Morière (J.), 431, 477, 497, 354,
1208, 1253, 1254, 1289, 1365,
1385, 1387, 1423, 1424, 1434,
1435, 1712, 1713, 2002, 2163,
2178, 2211, 2372, 2379, 2386,
2387, 2414, 2442.
Morin, 1112.
Morin (Arthur), 3103, 3116.
Morin (A. S.), 14.
Moris (J.), 1408.
Mornay (Philippe de), 3914.

Morny (de), 2403.
Morris (Charles), 1050.
Mortemart (le Baron de), 2398.
Mortemart-Boisse(de), 73, 4272.
Moulas (Paul), 3534.
Moullart, 456.
Moulon (Amédée Mathieu de),
2556, 2645, 2733, 2748, 2758.
Mouronval (J.), 2524, 2723.
Mouton Fontenille, 1323.
Mullié (G.), 3878, 3779.
Mulsant (E.), 1785, 1786, 1823,
1860.
Muret (André), 4321.
Mutel, 1426, 3140.
Mutru, 2841.
Murville (F.), 2524.

N.

Nadaud (Gustave), 5611, 3612.
Namias (Giacinto), 2819.
Nauche (J.), 2537.
Nault, 3849.
Necker (Noel Joseph de), 1171,
1173, 1314.
Negri (Cristophoro), 3794, 4006.
Nerée-Boubée, 1236.
Neufchateau (François de), 2107,
2108, 2122, 2198, 2451.
Néve (Emile), 4664.
Néve (Félix), 161, 3412, 3430,
3466, 3469, 3510, 3511, 3523,
3525, 3698, 3699, 3794, 3848,
3851, 3852, 3967, 4016, 4590,
4678.
Newton, 179.
Nicholson, 3108.
Nicklès (J.), 1069.

Niel (P. G. J.), 3256.
Niklès (Napoléon), 2071, 2231.
Niobey (P.), 2754.
Nivière (Félix), 4038.
Noailles (le Duc de), 4578.
Nodier (Charles), 1726, 3337.
Noir (J.), 280.
Noirot (A.), 429.
Noirot (Louis), 2072.
Norguet (Anatole de), 1590,
1621, 1739, 1858, 1980, 2097,
2098, 2474, 4619.
Notaris (J. de), 1408, 1516, 1517.
Nouel, 251.
Nougarède de Fayet (Auguste),
897.
Nourrigat (Emile), 2304.
Nysten (P. H.), 2300.

O.

Obard, 3984.
Obeuf (H.), 2524.
Ode (H.), 3766.
Olivier, 1752.
Opoix, 2383.
Oppert (Jules), 3828.
Orbigny (A. Dessallines d'),
1677, 1700.

Orbigny (Ch. d'), 1153, 1394.
O'Reilly, 398.
Orioli, 2358.
Osten-Sacken (R.), 1948.
Otreppe de Bouvette (d'), de
3733 à 3763.
Ozaneaux (G.), 170, 3485, 3649,
3651, 3857, 3877.

P.

Q.

R.

Ray (Jules), 1587.
Rayer, 2916.
Raynal, 2653.
Razoumouski (de), 1589.
Réaumur, 1724.
Reboulleau, 2538, 2757.
Redouté, 2480.
Regnault, 3729.
Regnault (V.), 985.
Regnier, 2817.
Regnier (Maturin), 3578.
Reiffenberg (le Baron de), 3963, 3971, 4692.
Reiset (J.), 1069.
Rémon (L.), 1388.
Renault, 4521.
Rendu (Victor), 2147, 2154.
Répécaud, 2856.
Restaut (P.), 3392.
Rets (de), 4515.
Reume (Aug. de), 4654, 4656.
Revel de Labrouaize, 1913.
Réville, 3081.
Rey (Rodolphe), 279.
Reynal, 2935, 2951.
Reynart (Edouard), 3244, 3245.
Reynaut (E.), 3016.
Reynoso (Alvaro), 162.
Rhodin (P. N.), 1968.
Ribes (F.), 2540.
Ricard (Samuel), 405.
Richard (du Cantal), 1819.
Richard (L.), 3480, 3481, 3672.
Richaud, 3513, 5884, 4000.
Riche (A.), 1737.
Ridder (G. de), 729.
Rigby (Edw.), 2176.
Rinck (Fréd. Thed.), 3765, 4026.
Ripault (H.), 2909.
Riquet, 2404.
Risso (A.), 1197.
Rivard, 3003.
Rivière (le Baron de), 2039.
Robert (Charles), 250.
Robert (J.), 663.
Robert (Eugène), 2306.
Robineau-Desvoidy, 1930, 1940, 1992.
Robinet, 531, 1091, 2776.

Robouam (A.), 2321.
Rochas (L. J. B.), 2950.
Roche (Éd.), 855, 964, 983, 1029, 1059, 3157, 3158, 3161, 3164, 3170, 3200, 3201.
Roché (E.), 2775.
Rodenbach (A.), 362.
Rodenbach (C.), 832, 4056.
Rodet (J. B. C.), 2934, 2936, 2967, 2952, 2955, 2957, 2958.
Rodet (Léon), 3409, 3414, 3431, 3432.
Roget (Baron de Belloguet), 137.
Roger (Claude Félix), 3392.
Rohart (F.), 2420.
Rohlwes, 2072.
Roisin (le Baron Ferdinand de), 60, 3704, 4372.
Romain (E.), 2298.
Romanet (le Vicomte de), 635, 682, 700.
Romme, 561.
Romieux (Gaston), 3519, 3537, 3624, 3625, 3626, 3627.
Rondani (Camille), 1949, 1950, 1951, 1952, 1953, 1954, 1955, 1956, 1957, 1958, 1959.
Rondelet (Guillaume), 1658.
Rondot (Natalis), 437, 528, 536, 3227, 4021.
Roosmalen (A. de), 412.
Rosny (Joseph de), 3452.
Rosny (Lucien de), 4324.
Rosny (Léon de), 281, 1439, 2182, 3435, 3437, 3438, 3440, 3441, 3442, 3445, 3446, 3695, 3780, 3781, 3782, 3785, 3795, 4011, 4019, 4120, 4023, 4370.
Rossel (de), 3837.
Rosseeuw Saint-Hilaire, 3929.
Roth (Charles), 4436.
Roty, 801.
Roucol (F.), 1372.
Roucher (C.), 1093, 2576, 2697, 2810, 2830, 2846, 2866.
Rougé (Louis de), 2134.
Rougier de la Bergerie, 2067.
Roussel-Défontaine, 3868.
Rousset, 2252.

Roux (G.), 2707, 2765, 4512, 4513.
Roux (Polydore), 1998.
Roux-Ferrand, 203, 3850.
Rouzière (Ainé), 4532.
Rovière (Jules), 208.
Roy (J.), 891.

Royer, 2103, 2174, 2265.
Rubens (P. P.), 3958.
Ruelle (Ch.), 255, 3378, 4585.
Ruffiny, 2072.
Rustein-Effendi, 4009.
Ryan (Matthew), 2978, 2979.
Ryckholt (le Baron de), 3410.

S.

Sabbagh (Michel), 1644.
Sacy (A. J. Silvestre de), 1644.
Sageret, 2258.
Saint-Amand, 4531.
Saint-Brice (P. de), 1247.
Saint-Edme (B.), 4577.
Saint-Genois (le Baron de), 3948, 4393.
Saint-Joanny (Gustave), 3889.
Saint-Loup, 3068.
Saint-Quentin (A.), 3786.
Saint-Venant, 765, 873, 2336, 3093, 3094, 3122, 3123, 3124, 3125, 3126, 3127, 3130, 3131, 3132, 3133, 3136, 3137, 3138, 3178, 3179, 3180, 3181.
Sainte-Fare-Bontemps, 2221.
Saive (J. M. J. de), 2964.
Sallaert (Charles), 3957.
Salle, 2247.
Sallenave, 2587, 2588.
Salles (Marie Charles), 2610.
Samuels (E.), 1664.
Sarlat (Emile), 3663.
Sarrut (G.), 4577.
Saulcy (E. de), 1876.
Saunders (W.), 1784.
Saunderson, 3026.
Sauzeau, 2370.
Savary des Brulons (Jacques), 387.
Savigny (Jules César).
Savioli, 3571.
Sayve (Auguste de), 3820, 3993.
Schauenburg (E. R. de), 2073.
Schellenberg (J. R.), 1923.
Schlipf (J. A.), 2071.
Schmidt (J. H.), 3704.

Schonheer (C. J.), 1763, 1764, 1851, 1852.
Schoorman, 4393.
Schwerz (J. N.), 2073, 2154.
Scoutetten (H.), 201, 371, 2524, 2541, 2554, 2571, 2572, 2585, 2601, 2605, 2688, 2706, 2730, 2812, 2813, 2814, 2822, 2823, 2838, 2840, 2890, 2891, 2903, 2906, 2917, 2937, 4336, 4598.
Scribe, 2385.
Seba, 1191.
Seguin (Ainé), 3107.
Seid-Bey, 4009.
Sellier, 4540.
Sellier (A.), 2215.
Sélys - Longchamps (Edmond de), 1615, 1616, 1617, 1865, 1983, 1984, 1985, 1986.
Semet (L. T.), 3538.
Senarmont (H. de), 857.
Senebier (Jean), 938, 1353, 1354, 2574.
Séringe, 1322, 2052.
Serres, 2916, 2942.
Serres (Marcel de), 1272, 1287, 1602, 1714, 4342.
Serres (Olivier de), 2026, 2027.
Serret (J.), 2987, 3185, 3188.
Serrure, 4393.
Seydoux, 522.
Shenstone, 3581.
Sicard (l'Abbé), 3365.
Sigaud-Lafond, 2811.
Silbermann (G.), 1727.
Silvestre, 2259, 4569.
Simon (Jules), 307.
Simon (F.), 3728.

Simons (P.) , 729.
Sismondi (J. de), 3995 , 4035.
Six (J. P.) , 4453.
Slowaczinski (A.) , 4262.
Snellaert (F. A.), 2527.
Snorri , 3723.
Soane , 3273, 3274.
Somoff (J.) , 3071.
Sonnius (François) , 3959.
Sophocle , 3479. 3480, 3481.
Soubeiran , 2942.
Soubeiran (E.) , 2255.
Soubeyran (J. Léon), 1648.
Soudan (J.) , 2524.
Soulange-Bodin , 2081 , 2481 , 2482.
Spallanzani , 2574.
Spengler (L.) , 2832.
Spiers , 3516.

Spineux , 2057.
Spinola (le Marquis Maximilien), 1773, 1846, 1886, 1899.
Sproit (J.) , 813.
Stassart (le Baron de) , 3724.
Stein (Laurent) , 3888.
Steuart (le Chevalier Jacques), 290.
Stiévenart , 2740, 2798.
Stogers (C.) , 1979.
Stoltz (J. L.) , 2155.
Sturm (C.) , 874.
Stuys (T.) , 3272.
Surmont (le Baron) , 4393.
Swammerdam , 1721.
Swainson (William) , 1532.
Sylvestre (de) , 4521.
Szerlecki (L. A.) , 2773.

T.

Tailliar, 4078 , 4205 , 4206.
Talma (A. F.) , 2728.
Tanchon (S.) , 825 , 2631 , 2669, 2692 , 2693 , 2821.
Tancrez (J. B.), 2365 , 2872.
Tapié (L.) , 3109.
Taranget , 2227.
Tarbé (Prosper) , 3399 , 3557, 3558, 3559, 3560, 3561, 3562, 3563 , 3564, 3565, 3566, 3567, 3568 , 5569, 3570, 3571.
Tassi, 1406 , 1407 , 1440 , 1441.
Taupiac (Louis) , 2156.
Teinturier (Ferdinand), 186, 187.
Teisserenc (Edmond) , 725.
Tell , 3374.
Telliez (Réné), 79.
Temminck (C. J.) , 1632 , 1633.
Tencé (Ulysse) , 3610.
Terme (J. F.) , 480.
Terwagne (Ad.) , 636.
Terwangne (Louis) , 507 , 508 , 509.
Tessier , 712 , 2259.
Testelin , 3019.

Testelin (Achille) , 2651 , 2652 , 2655 , 2660, 2664, 2665, 2718, 2852.
Tetens (J. N.) , 3090.
Texier de la Pommeraye (A.) , 4128.
Thaer (A.) , 2329.
Thalès-Bernard , 3613.
Thénard , 1072 , 2159.
Théveneau , 3002.
Thiac (Eugène) , 2157.
Thibou (Aug.) , 4443.
Thiebauld de Berneaud (Arsène), 1204, 4552.
Thielens (A.) , 1398, 1423, 2785.
Thierry (Augustin) , 2924.
Thierry (Ed.) , 4556.
Thierry (S. B.) , 4570.
Thiers (A.) , 654.
Thirault (C. J.) , 2324.
Thirion (Ch.) , 3518.
Thomson (Jacques) , 3534.
Thorain , 594.
Thouin , 2462 , 2467 , 2468.
Thouret (Antony) , 689.

U.

V.

W.

Wallon (H.) , 4634.
Warenghien de Flory, 4091.
Warlomont , 2628 , 2651.
Wartel , 4071.
Wartmann (Elie), 894, 909, 927,
950 , 951, 973, 977, 993.
Watier, 3341, 3342, 3344, 3345,
3346 , 3347, 3348, 3549, 3350,
3351 , 3352, 3353, 3354, 3355,
3356 , 3357, 3358.
Wattemare (Hyppolyte) , 526.
Weiler , 3171.
Wells (W. C.) , 1045.
Wesmael (A. C.), 1398 , 1868 ,
1893 , 1904, 1905, 1916, 1917,
1918 , 1919, 1921.

Westendorp (G. D.) , 2018.
Westreehen de Tiellandt (de) ,
4363.
Westwood (J. O.), 1742 , 1745 ,
1746 , 1766, 1779, 1783, 1787,
1792 , 1793, 1795, 1837, 1838,
1839 , 1889, 1900, 1938, 1974,
1975 , 1990, 1991, 2476.
Whitney (J. D.) , 1281.
Wiedemann (C. R. G.) , 1723 ,
1933 , 1936, 1946.
Wiers (F. B. de) , 3609.
Wilhem (B.) , 245.
Williams (J.) , 2648 , 2649.
Woets (J. B.) , 3317.
Worbe (J.) , 2524.

Y.

Yvart (Victor) , 712 , 2105 , 2112 , 2126, 2335 , 2346 , 2397.

Z.

Zandyck, 2513, 2619, 2673, 2759,
2760, 2842.
Zantedeschi (F.) , 879, 880, 881,
882 , 883 , 884, 885, 886, 887,
900, 901, 902,903,935,968,980.

Zetterstedt (J. W.) , 1934.
Zimmermann (E. V.) , 1162.
Zuanni (Giuseppe) , 1623.

27*

TABLE DES MATIÈRES.

www.ingramcontent.com/pod-product-compliance
Lightning Source LLC
Chambersburg PA
CBHW071958270326
41928CB00009B/1479